农村

幼儿园教师生存状态:历史与现状

NONGCUN YOUERYUAN JIAOSHI
SHENGCUN ZHUANGTAI LISHI YU XIANZHUANG

李云淑 —— 著

Wuhan University Press
武汉大学出版社

图书在版编目（CIP）数据

农村幼儿园教师生存状态：历史与现状/李云淑著. —武汉：武汉大学
出版社，2020.7
　ISBN 978-7-307-21551-1

　Ⅰ.农… Ⅱ.李… Ⅲ.农村－幼教人员－教师－现状－中国 Ⅳ.G615

中国版本图书馆CIP数据核字(2020)第091365号

责任编辑：黄朝昉　　　责任校对：孟令玲　　　版式设计：中北传媒

出版发行：**武汉大学出版社**　　（430072　武昌　珞珈山）
　　　　　（电子邮件：cbs22@whu.edu.cn　网址：www.wdp.com.cn）
印刷：天津雅泽印刷有限公司
开本：787×1092　1/16　　印张：27　　字数：350千字
版次：2020年7月第1版　　2020年7月第1次印刷
ISBN 978-7-307-21551-1　　定价：98.00元

前　言

2002—2005 年，我在华东师范大学求学。期间参与了导师的课题，多次到上海、浙江、海南等地的中小学、幼儿园采访优秀教师，逐渐产生了研究教师的兴趣。结合访谈资料分析我还发表过"关于如何整理、分析访谈叙事材料"的论文，也运用叙事研究的方法完成了关于教师专业成长个案研究的硕士学位论文，该研究成果后来发表于《中国教育：研究与评论》。这些算是本研究的基础。

我对农村教师生存状态的关注则始于阅读学生的实习日记。我校学前教育专业学生自 2010 年 9 月去农村实习支教，在某民族乡中心幼儿园实习的珊珊同学在日记中这样记录：

一个月的时间里，自己除了任幼儿园小班教师外，还同时担任了该民族乡中心小学三个年级共三个班的体育与健康教育老师、民族中学初一一个班的音乐老师，同时还帮厨 9 天：早上 5 点去食堂帮忙蒸饭、洗 / 切菜，做馒头包子，以及打菜，打扫食堂卫生等。

除珊珊之外，还有学生说自己到农村幼儿园的第二天就被委任为"代理副园长"；也有学生提到中心小学校长向园长隐瞒幼教实习生的情况，要把他们留在小学，但最终被园长知道带回幼儿园的事件……

这些日记震惊了我，没想到一个实习生竟然需要身兼数职，更没想到一个还没有教师资格证的实习生还可以当代理副园长。它从侧面反映出农村幼儿教

育（包括义务教育）存在着严重的"教师荒"，促使我想对农村幼儿园实习生
及农村幼儿园教师的生存状态做更多了解。后来我连续多年主动承担实习支教
指导老师的任务，踏遍了福建省三明市永安市的乡镇。那段时间，我结合实习
指导与管理对农村幼儿园职前职后教师的生存状态进行了持续关注。几年之中，
我慢慢看到一些令人欣喜的变化：2011 年，永安市新增幼儿园编内教师 50 名，
几乎所有的乡镇中心幼儿园都多了一两名正式教师；破旧的园舍开始逐年旧
貌换新颜，硬件开始按照城市的标准配备；教师开始探讨区域活动的开展，
园长开始主持研究课题……这些改变就是人们所盼望的"学前教育的春天"
的景象吧。

　　后来，在我校省级"区域农村教师发展协同创新中心"研究团队的影响下，
我开始对职后农村幼儿园教师生存状态进行量化和质性两方面的专门研究。慢
慢地，研究由任务变成了习惯，由习惯而变成了享受，尤其是在把研究的视线
向历史纵向延伸之后。在与农村幼儿园教师面对面深度访谈的过程中，我们由
陌生到熟悉，由熟悉到理解，由理解而合作，更与其中一些教师成为了朋友，
我寻访到了几位六七十岁的退休老教师，每一个人的故事中都有沟沟坎坎，但
他们都努力跨越，如今仍然乐观向上，让我受到激励和鼓舞。小珍老师更与我
建立了深厚的感情，我多次去她家拜访，与她交往时，总感觉她的心灵有一种
如婴孩般纯净的善与美，有一颗如孟子所说的"赤子之心"。第一次给小珍老
师打电话，她就对我说"感谢你让我有一个怀旧的机会"，让我体验到这个研
究的意义，她的话也坚定了我对此研究的信心。她十分热情地帮我联系她的老
同事、老相识，带我去她年轻时奋斗过的石美幼儿园，使我能够对这所幼儿园
和那个时代的农村幼儿园教师的精神风貌有了非比寻常的了解。

　　有位小学校长认为，农村幼儿园教师的生存状态从过去到现在可以说是
发生了"翻天覆地"的变化。他有切身体会，因为他的岳母曾是 20 世纪 70 年

代的农村幼儿园教师。本研究确实也发现，1950—1970 年、1980—2000 年、2001 年至今三个历史时期参加工作的农村幼儿园教师对其外在生存环境的满意度呈现持续提升的趋势，但他们对于农村幼儿园教师的社会地位的体验并非如此，他们的精神生活日趋复杂多元。当前，在国家连续几轮实施"三年行动"计划之后，又有确切消息表明，国家给予农村幼儿园的教师编制已越来越少，现在的农村幼儿园教师大多属于"劳务派遣"，他们的生态状态如何还值得进一步关注。本书留下了我十几年来走过的研究之路的脚印，它表明我一直在前行，而且还将继续沿着这条路走下去。

本书共五章。第一章介绍了研究缘起，回顾了我对农村幼儿园教师持续十几年的研究之路，梳理了农村幼儿园教师生存状态的已有研究文献，界定了本研究的关键概念，并介绍研究设计的思路。后四章按照研究内容分为上下两篇。

上篇为福建省农村幼儿园教师生存状态的历史探寻，各章具体内容如下。

第二章是对 1950—1970 年间参加工作的、同一所农村幼儿园的三位教师精神生活的多面探寻。她们的共性是具有很强的奉献精神，一心扑在工作上。小珍老师干工作就像"傻牛往前冲"，谈起在文艺宣传队的生活如数家珍；春华老师坦然面对"像海浪一样的困难"，迎来了幸福的晚年生活；而蔡老师事业的辉煌与人生的孤独形成强烈的反差。

第三章是对 1980—2000 年间参加工作的、三个不同地方、三所不同性质或类型的幼儿园里三位农村幼儿园教师精神生活的研究，可以看到改革开放以后农村幼儿园教师精神生活的共性减少，而差异性增大的现实。民办幼儿园的陈老师几乎没有专业理论提升方面的学习生活，休闲文化生活也以单一的看电视为主，但她知足常乐。独立的乡镇中心幼儿园的洪老师认为自己偏向男性性格，希望自己是一匹踏实的马、一棵成长中的树，会不断地成长，追求一种有品质的生活，这种品质包含了工作幸福、家庭美满和自我成长三方面的含义，她的个案也揭示现代农村幼儿园教师在"双重负担"下的生存压力；燕子老师有着强烈的传统女性角色意识，更看重家庭的幸福生活。小学的附属幼儿园是"小学校长说了算"，让人感觉幼儿园的园长和教师们的内心都不够强大。

下篇为福建省农村幼儿园教师生存状态的现状考察，各章具体内容如下。

第四章对分散实习和支教实习的两种实习生的生存状态进行了研究。研究发现：支教实习后，一部分人乡村执教意愿增强，一部分人则坚决不愿做农村幼师了，其影响因素是错综复杂的，但与专业性向有着不可分割的关系。内心"喜欢孩子"的实习支教生更能承受实习支教生活的各种境遇，更能体验到职业幸福感。同时，有"人情味"的环境是实习生专业成长的港湾。

第五章主要包括了对农村幼儿园教师"外在"生存环境现状的问卷调查与实地考察，对农村幼儿园教师"内在"精神生活现状的问卷调查。研究发现：福建省农村幼儿园教师大多具有良好的专业精神，对幼教职业的工作和生活环境整体比较满意，但对于工资收入和文化休闲生活普遍不满意。不同群体的教师精神生活质量存在显著差异：其中，民办园教师精神生活质量显著高于公办园教师的结论与人们的常识不相符，值得进一步关注。本章关于农村幼儿园教师继续从教意愿的研究有一定的创新，结果发现：9个因素对农村幼儿园教师的继续从教意愿产生显著影响，其中个人专业性向是影响继续从教意愿的决定性因素，因此，应采取措施提高师范生和在职教师的专业性向与教师职业的匹配度。

附录是笔者根据职前农村幼儿园教师的生存状态研究结果所做的综合思考与实践探索。

本研究在以下几个方面具有开创性。

第一，研究对象多元化。首先是职前和职后农村幼儿园教师相结合。已有研究重农村中小学教师而轻农村幼儿园教师。本研究从职前职后教师教育一体化的角度选择农村幼儿园教师为研究对象，既为人们了解学前专业学生在农村的实习支教情况打开一扇窗，也有助于人们更好地认识到职前教师的成长与职后教师成长之间的必然联系，从而为职前职后教师教育一体化设计提供一定的实证依据。其次是在职教师与退休教师相结合，在抽样上考虑深度与广度，既有对同一园所的几位教师的深入研究，也有对较广地域园所教师的研究。

第二，研究内容"内""外"兼顾，以"内"为重。蒙台梭利说，教师的工作是"为儿童的精神服务"，他"必须像火焰一样用温暖去振奋、活跃和鼓舞所有的儿童"。[1] 苏霍姆林斯基说："教师要成为学生的知识的源泉，就要永远处在一种丰富的、有意义的、多方面的精神生活中。"[2] 本研究既研究农村幼儿园教师的"外部生存环境"，也研究其"内在精神生活"，而重点是研究农村幼儿园教师的精神生活和内心世界。

第三，研究方法定性与定量相结合。定量研究方面尤其对"农村幼儿园教师的继续从教意愿及其影响因素"进行了开创性的研究与分析，依据态度测量理论（布鲁姆教育目标分类学中情感领域目标的五个层级选择了中间层级"评价—信奉"理论）、职业兴趣理论与生活质量理论提出研究假设，自编继续从教意愿和影响因素调查问卷。定性研究方面，综合运用多种研究视角，把"微观史学"（以口述史为主）、人类学的田野调查、性别分析等统一于叙事研究之中，研究成果运用故事与场景描述等来呈现，让人们看到一部"别样的农村幼儿园教师的精神生活史"。

第四，找回农村女性幼儿园教师的历史。本研究找到了福建省农村幼儿园的源头——石美幼儿园，第二章对该园的创办者进行了间接研究，并对另外两位尚在世的老一辈教师进行了深度访谈，为人们了解中华人民共和国成立到改革开放之前这段时期的农村幼儿园教师的精神生活与内心世界提供了难得的参照。把她们与改革开放后三位教师相比，可能有助于人们发现福建省农村幼儿园教师精神生活变迁的历史轨迹及其对今天农村幼儿园教师队伍建设的启示。李小江教授说："女性学者的学术关怀不仅是女性的，也应该是历史的。对'未载史册'的女人而言，找回女人的历史是责任也是义务。"（李小江，2016：190）本研究也为找回农村女性幼儿园教师的历史尽一份义务。

　　在研究的过程中，我曾向北京师范大学多年从事农村教师研究的郑新蓉教授请教，她给我诸多鼓励，肯定本研究"在选题上是具有现实意义和历史意义的，用口述历史等方法研究农村学前教师目前在国内还是领先的……对幼儿教育、农村教育以及教师研究等学科都是有意义的"。从历史与现状两方面对我国农村幼儿园教师的生存状态进行研究的专著目前还未见到，拙作可能是第一部，我在其中做了一些原创性的探索，但"始生之物，其形必丑"，本研究可能会有纰漏谬误之处，恳请专家、同行、读者批评。

李云淑

2019 年 7 月

目 录
CONTENTS

上 篇

福建省农村幼儿园教师生存状态的历史探寻

下 篇

福建省农村幼儿园教师生存状态的现状考察

第四章 职前农村幼儿园教师生存状态

第一章　绪　论

第一节　研究缘起与研究过程

我自十几年前开始实习生生存状态的研究，无论是否担任实习指导教师，都会通过各种方式研究或了解实习生的情况。后来，我所在的学校闽南师范大学开启了实习支教的工作，又获批区域农村教师发展协同创新中心，给我提供了频繁接触农村幼儿园的机会，也让我对职前职后农村幼儿园教师的生存状态有了真切的体验，促使我沿着这条研究道路一直走下来。本节将对我的研究缘起与研究过程进行详细的回顾。

一、对职前农村幼儿园教师生存状态的研究

2004 级实习生生存状态研究

2005 年我来到本单位学前教育专业工作，2004 级是我任教的第一批大学生。当时省内几所高校的学前教育专业都是新专业，专业课程的设置都在摸索之中，尤其是教育实践类课程还没有得到重视。当时我校的实践基地尚未建立，正好学生也希望回家乡实习，以便之后在家乡找工作。因此，2004 级 87 名大专生就分散到了不同城乡的 59 所幼儿园实习。那时，我们只有 5 名全职的专任教师，驻点实习指导显然不可能，所以我们主要通过电话与邮件与实习生进行联系，了解到实习中存在不少问题。如，好的公立幼儿园不愿接收实习生，

小型的私立幼儿园期盼学生去实习，却不能对学生提供指导，只是把学生当作免费劳动力；一些学生只愿实习教学工作，不愿实习保育工作，不喜欢在托班实习等。为了更全面地了解他们实习园所的情况，以及实习生专业成长情况，实习结束后，我从实习日记中随机抽取了 30 本详细阅读，从实习环境（重点研究实习指导）和专业成长两个方面进行归纳和整理，撰写了"分散实习生存状态：对幼师生实习日记的叙事研究"的文章。针对研究发现的实际问题，我觉得很有必要探索新型的教育实习模式以提高实习质量，最终提高学生在幼师职场中的竞争力。从理论文献来看，当时已有不少师范院校对中小学教育专业的教育实习模式进行了创新，但针对学前教育专业的教育实习模式的改革，只有杭州幼儿师范学院，他们提出了"全实践"的理念，并对实践整合课程进行了探索。可见，学前教育专业的教育实习模式的理论研究还近乎于空白。于是，2006 年我就申请第一个校级研究基金资助项目"学前教育专业教育实习的调查与模式建构"，由此开启了我对职前幼儿园教师的研究。

老校长的农村教育情怀

我对于职前农村幼儿园教师生存状态的关注始于我校的师范生实习支教制度。我们的老校长是有教育情怀的人，有一次跟老师们座谈时，他说作为师范学校的校长，不忍心看着农村的孩子，尤其是那些留守儿童不能受到良好的教育。他希望学生们"到祖国最需要的地方去，到艰苦的地方磨炼提高，在实践中感悟人生，增强社会适应能力，提高就业竞争力"，当他退休后，也打算再去农村支教。因此，他积极落实教育部《关于大力推进师范生实习支教工作的意见》。2010 年 8 月底，在上学期小范围试点的基础上，我校共有 8 个系 634 名大四师范生分别到永安、平和、龙海、南靖、华安、长泰、漳浦、东山、诏安、同安 10 个县市的 81 所中小学、幼儿园进行一学期的实习支教工作。

2007 级实习生在农村的生存状态

2010 年，学前教育专业 2007 级的首届本科生开启了赴农村幼儿园一学期的实习支教之旅。这一届我没有担任实习支教的现场指导老师，但常通过电话与学生交流，看了不少学生的实习日记、党员实习生的心得体会和实习作业、学院的实习支教工作总结报告，了解到农村极度缺乏幼儿园教师，在岗的教师很多是初、高中毕业生，几乎没有受过专业训练，乡镇在岗的园长也大多没有编制，由一些早年毕业于中等幼师职业学校的人担任。

我们的实习生到农村往往有两种遭遇：一是上班的第一天就顶岗，园长完全放手让他们干，如果他们干不好就会受到质疑；二是被当作全能型人才，凡事都叫他们去帮忙，让他们疲惫不堪，让他们体会了"吃苦耐劳"。在某民族乡中心幼儿园的学生们还被安排到中小学任教和帮厨，其中一名学生 9 月份担任了三个年级共二个班的体育与健康教育老师、初一一个班的音乐老师，同时兼幼儿园小班教师。这样的安排显然与专业相悖，但他们大多"尽职尽责，把教育的阳光播洒到每个孩子身上"。这一个月内这名学生还帮厨 9 天：早上 5 点多开始去食堂帮忙蒸饭，洗 / 切菜、肉，做馒头包子以及打菜，打扫食堂卫生等。这从一个侧面看出民族乡农村义务教育教师和人员的匮乏，同时也看到了实习生的成长。但是在实习日记中也不乏消极的观点与情绪的流露。当时的生活条件很艰苦，有名学生说他们住在小学由办公室改成的房间里，"床只有床板，房间的一扇窗户还是坏的，没有其他任何东西了，卫生间是在走廊的尽头。很多人从小到大别说去农村，有的连寄宿都没有过。遇到这么艰苦的条件，心里肯定会有落差。"但是他们靠自己调整心理状态，慢慢适应了。当然，也有个别学生称病，让家长接回家休息了两个月。看了这些日记，我作为高校的专业教师既欣慰又从内心里感到对不起他们，开始思考如何能够既支援农村幼教工作又促进实习生的专业成长。本届同学实习结束后，我指导刘颖同学对本班实习支教情况进行了调查与反馈研究，对实习支教学生的生存状态有了更为全面的了解。

2008 级实习生生活环境考察

2011 年上半年，2008 级学生作为第二届实习支教生开赴农村。教科院 97 名学生（其中学前教育专业 40 名）分布在永安市 14 个实习支教点（此外，还有体育等专业的实习生），其中学前专业有 8 个支教点在乡镇。为了真实了解实习支教学生的情况，我主动报名担任了指导老师。这一学期，永安实习支教点共有 5 位指导老师，轮流到现场指导，每人负责一周，去现场要同时负责 14 个支教点所有实习生的指导工作。平时每人负责 19 人的联系与指导。

这一年的 5 月 16 日—5 月 21 日，我第一次作为实习支教指导老师赴永安带队。去永安前，我逐一打电话和每个实习点的学生们联系，了解到他们迫切希望有专业老师过去进行指导。因此，在这一周里，我尽可能到每一个实习支教点倾听学生们的心声，在时间允许的情况下进入教室观看学生们的课堂教学与一日活动的组织情况。我利用一天半的时间跑完了市区 5 个实习点（晚上还有市区学生赶到我住宿的宾馆请教关于毕业论文的问题），其他时间都用来跑乡镇的实习点，每天至少两个点，早出晚归，每天晚上回到宾馆已是精疲力竭。到 5 月 20 日晚上为止，除上坪之外，全部实习点都去过了。在洪田中心园，全园 5 个班，编内教师仅 1 名，是 2010 年刚从福州艺校毕业考进来的。其他老师有的中专毕业（非学前专业）、有的高中或初中毕业，都没有专业进修和培训经历。正副园长都是非编制、早年的职业高中幼师生，在中心园干了 20 多年。陈副园长告诉我，当年有考编机会，全县共招聘 50 人，其中在职 30 名，应往届 20 名，年龄 45 岁以下都可以考，笔试占 40%，面试占 60%。其中洪田中心园就有 4 个编制指标，但陈副园长对于要和年轻人一起考没有信心。欣慰的是她十分赞赏我们的实习生："曾燕平很负责，理论和实际结合得很好……曾燕平来，我们也可以学到很多东西。她会把理论运用到实践中，然后再反思。会把她的反思拿出来跟我们讨论。"

为了了解上坪的情况，5 月 21 日（周六，正好全班学生要到机关幼儿园参加培训）上午，我赶到永安市机关幼儿园与上坪实习点的两名学生座谈。对 2008 级学前专业的实习支教情况、学生们的心声做了比较全面的了解。大家经过前期的"阵痛"，都能较好地适应实习支教的生活，有了较大的收获，但也反馈了诸多问题。年轻的师范生很多没有老一辈那种吃苦耐劳的精神了，家长也舍不得让孩子吃苦。这一次也让我对乡镇中心幼儿园软硬件均匮乏的情况有了直观的印象，比如，八所乡镇中心幼儿园在职教师共 75 人，在编教师只有 14 人，仅占在职教师总数的 18.7%。

实习支教生专业成长研究

2012 年前后，我指导 2008 级的范雯同学撰写了《实习支教教师的专业成长》的毕业论文，该论文对 2008 级和 2009 级完成实习支教的 77 名实习生进行了问卷调查（回收有效问卷 72 份）。研究发现，实习后学生们更了解孩子了，有 33.3% 的支教实习生认为自己能够根据幼儿的兴趣和特点安排教学活动，52.8% 的人认为自己教育教学能力提高很大，47.2% 的人认为实习支教是令人开心的事。如，有学生回忆自己以闯关游戏的形式进行猜谜语活动，孩子很喜欢；有的学生组织感受水的流动性的活动，让孩子用一个袋子装水，用一根吸管戳破袋子，观察水的流动，孩子很感兴趣，整个课堂活而不乱；有的学生发现了琴声对小班孩子的魅力，孩子很乐意跟着琴声做律动，等等。72 名学生中，当初第一志愿选择学前教育专业者占总人数的 75%，被调剂而分配到该专业的学生为 25%，经过三年的专业学习和实习支教，72.22% 的人没有改变对幼教职业的态度，有 16.67% 的人更加喜欢幼儿园教师这个职业了。但也有 44.4% 的学生认为实习支教后自己教育教学能力提高不大，11.1% 的人有些惧怕幼教职业。之后，我针对实习支教指导教师不足的情况，对高师实践课程如何改革以促进顶岗实习生的专业成长进行了思考，形成了"实习支教背景下高师学前教育专业'8421'实践课程模式构建"的方案，提交给了系里的领导，也在 2012 年全国学前教育专业高师年会上进行了交流。

农村幼儿园在悄悄地变

2013 年 11 月下旬，我再赴永安农村，去看望 2011 级实习支教的学生，重点走访了以前没有去过的青水、上坪和西洋三个镇的中心幼儿园。青水和西洋两所幼儿园的模样与我 2011 年看到的乡镇中心幼儿园相似，也是破旧的园舍、狭窄的教室，每个教室的空间只够摆下桌椅，孩子们的活动空间严重不足；而上坪中心幼儿园的园舍是重建的，幼儿园的教室相对宽敞，每个教室里设置了区角，在宇晶同学实习的班级里，自然角的盆栽绿油油的，建构区的孩子正在专注地操作，阅读区也有一定数量的绘本，她还在语言区制作了一个迷你的故事箱，可以把绘本放到故事箱的窗口讲故事，孩子每每讲得绘声绘色。

2014 年 5 月，我第三次去永安。13 日上午先到城区的实验与机关幼儿园，下午就开始走乡镇了。第一站是曹远中心幼儿园，园长告诉我，他们幼儿园正准备做课题，研究利用家长资源开展户外活动，我看到幼儿园的攀爬墙、钻爬网、绳梯、秋千、双杠、荡桥、小木桩、轮胎路等都有，在农村幼儿园中还算是比较丰富的。让我意外的是幼儿园还有一间宽敞的 0~3 岁婴儿的早教教室，这所幼儿园因为离市区较近，在编老师比较多。可惜的是，原本 13 个在编老师有 5 个考到了城区，只剩 8 个了，需要自聘的教师还是比较多。

农村幼儿园的区域活动和艺术坊

14 日首站是小陶镇。上午九点半左右到达小镇，刚下车就看见崭新的 3 层大楼中间闪着"小陶中心幼儿园欢迎您"几个红字。进入园内，和园长聊了会儿，实习学生陪我转了一圈，发现活动室宽敞明亮，各个区的操作材料也比较丰富。幼儿园的规模从在旧园时的 8 个班变为了 12 个班。在课程方面也一改过去只有集中教育活动的情况，全部开始做区域了。如小陶中心园大二班有 5 个区域，分别为科学区、益智区、美工区、生活区和建构区，幼儿园的走廊上是大班公共游戏区"小吃店"，每个班轮着玩一个下午。不过，老师们在区域活动开展的实践中遇到了不少困惑，园长想请我和幼儿园老师做一个座谈，和老师一起探讨解决问题的方案。因我下午还约好去城区的燕南中心园，所以与小陶中心园老师的座谈安排在中午。此前上午还要去看附近的八一村幼儿园，这所幼儿园我上次（2011 年 5 月）来的时候还没看到，据说是 2011 年 9 月开园的，目前有 4 个班，7 个在编老师，是永安市实验幼儿园的分园，园长是从实验幼儿园派来的。幼儿园有一间大大的艺术工作坊，艺术坊的环境创设以稚拙的装饰画和挂饰为主，桌上有一些几何纹样装饰的陶壶，造型简洁明了，有点远古时代半坡居民彩陶的风格。

农村教师区域活动实践的困惑

十二点半，我们又回到了小陶中心幼儿园，已经有 25 位老师（20 位在编）等在那里，我被他们的求知精神感动。有这样的老师，我也愿意牺牲自己的午休时间。我们的实习生也在现场。座谈持续了一个多小时，老师们提出的主要问题整理如下。

小一班的老师：孩子在区角活动中缺少耐心，玩一会儿就不想玩了，或者东摸摸，西摸摸。怎么办？

中二班的黄老师：有的孩子一直玩益智区，其他的都不玩；有的孩子就一刻也坐不住。比如，今天指导了主题建构活动，搭建幼儿园，搭好一部分后倒了，孩子就不再重来，就会选择玩别的。怎么引导孩子坚持？

大一班邱老师：理论上倡导同时投放高结构和低结构的材料，但孩子更喜欢玩高结构的，如何解决？

其他问题还有：能否介绍一些外面的幼儿园集中教育活动、区域活动的时间分配？有些区角只有一个，如何在一次活动中让所有孩子都达成目标，是否要让孩子在一次活动中都轮流玩一遍，那样时间不够怎么办？如果孩子对区角活动感兴趣，我可不可以一直开展下去，把户外活动的时间也占用呢？

我们就这些问题一一进行了探讨。我很高兴看到农村幼儿园的老师们在硬件条件改善的同时，自身的素质也在不断提高。座谈完我马上去赶车，下午到城区的燕南中心幼儿园听课与评课。这所幼儿园规模也在扩大，正在新增一栋楼，修好后将扩大到 18 个班。

农村幼儿园的课题研究

15 日第一站是贡川镇。这一次到贡川镇中心幼儿园发现那里的新园舍正建设中，邓园长很高兴地带我到旁边的工地上去看，当时正在打地基，据说总投资 1500 万元。她还告诉我幼儿园于 2011 年 8 月实现了"三独立"，即人事、财政、编制独立。幼儿园正在开展一个"贡堡文化资源的探究与利用"的课题。园长拿给我一本书，是永安市文学艺术界联合会编著的《贡川古韵》（三明市文化与出版局，内部资料），书里提到贡川的名胜古迹（会清桥、古城墙、纹山书院等）、庙宇祠堂、寻访名人、名优特产（贡席、贡笋、棍子鱼）等。结合课题研究，老师们从中选择了一些内容纳入课程之中。该园 6 月份要进行片区开放，主要展示他们的大型建构游戏。当天正好是家长开放日，家长和孩子们正在操场上搭建贡堡。这个建构游戏结合课题，建构古代贡堡和现代贡堡。中午，邓园长邀请我为全园教师做课题研究指导，我给老师们介绍了主题活动的设计、实施与成果展示等有关内容，并为大家答疑解惑。最初他们的问题仅仅是想知道如何整理结题材料，因为课题结题的时间到了，他们担心不能通过。后来经过谈话，他们才反映了一些真问题：第一，把主题当作单元，每个主题活动都只有两三个活动，每周开一个主题，比如，会清桥的主题就带孩子去参观会清桥，回来画画，开展建构游戏就算完成了；第二，都是采用教师"教"的形式开展活动，每一个主题都很表面，停留在让幼儿"知道"家乡的某个名人或某个自然景观的层面，没有深入开展；第三，普遍的问题就是内容的超载，这所农村幼儿园的教师竟然既用《主题活动指导》，又用《领域活动指导》，以为两套书上的内容都要讲完，其实前者主要针对较高素质的城市园教师编写，后者小足针对农村园教师编写，两套教材选择任何一套内容都是充足的；第四，迎合家长的需要，认为幼儿学习包的内容一定要做完，理由是家长会有意见，会说教师没有教完；第五是为了做课题而做课题，没有把课题研究与日常的课程结合起来，课题研究是利用本土资源开展主题活动，可是这些活动并没有进入课表，仅仅只是一个外在的、临时任务。

农村幼儿园春天的气息

不管怎么样，至少农村幼儿园开始做研究了，而且园长也想要做好，教师们也开始反思实践中存在的问题，并具有积极向上的面貌，教师的整体素质有所提升，幼儿园的自主权也日益增强，更多的附属在小学的幼儿园开始独立了。在幼儿园的园风园貌方面充分感受到了"农村幼儿园春天的气息"。以前我去过的大多数乡镇中心幼儿园都旧貌换新颜，新园舍的规模基本上都扩大了，如青水中心园 2011 年只有 3 个班，2014 年发展到 6 个班，有 10 位在编教师，自聘 2 位；西洋中心幼儿园全新的园舍有 12 个班的规模，目前只有 4 个班，在编教师 11 人（其中 3 人借调其他单位），有大量的空房间可以作为专用游戏室。每个教室都配有一体机，据园长说这是最新款的设备，其他幼儿园都没有。随着国家对农村幼儿教育的重视，农村幼儿教育教师荒逐渐得到缓解。

此时的乡镇中心幼儿园对实习生已经有了一定的指导能力。我在青水中心幼儿园时，园里没课的老师和我一起听了两名实习生开的公开课：美术欣赏活动《星月夜》、数学活动《数字宝宝找朋友》，然后进行了集体评课与研讨，还顺带评价了另一名实习生前一天开的公开课《鲜花时针》，现场老师们积极发言，对实习学生的公开课做了细致的评析。看得出来，幼儿园很认真地对待实习生的公开课，老师们的点评也比较到位。这一次实习指导除了听课评课外，我与所有实习支教的学生都进行了座谈，座谈的主题是教育教学实践中遇到的困难，并鼓励学生们通过行动研究加以解决。

6 月份我又去了一趟永安，和实习支教中心的老师共同把实习生接回来，这也是我们学前教育专业的最后一批实习支教生。返校后，我指导 2011 级的刘慧同学以本届实习生生存状态的调查作为毕业论文的选题，结合论文指导我完成了对该届学生实习支教工作的评价与反馈调查，进一步积累了农村职前教师生存状态研究的资料。从 2012 级学生开始，我校学前专业的师范生就改为到厦、漳、泉三地最好的幼儿园实习了。

实习支教生生存状态研究

这个研究实际上 2012 年就启动了。2011 年 9 月—2012 年 6 月，我到华东师范大学访问学习，师从学特学院的周欣教授。我与博士研究生一起修习了周老师开设的课程《质的研究方法》，结合这门课程的研究作业，我通过网络对 2009 级实习支教的 3 名学生的生存状态进行了远程访谈，每名学生的访谈都持续了好几天。因为学生们非常忙碌，所以就抽晚上的时间进行访谈。实习结束后，其中 2 名学生把实习支教日记完整的电子版也发给了我。事后我完成了实习支教生生存状态研究报告的初稿，但是不太满意。后来我也给 2009 级本科生开设"质性研究方法"方面的选修课，我们一起重新设计了访谈提纲，大家按实习支教的幼儿园分成 12 个研究小组，其中一人作为访谈对象，其他人分工负责访谈（每一组至少进行两次访谈，第一次整理完成后寻找问题再进行补充访谈）、资料转录、编码等任务，因为时间的关系，最后学生们没能参与论文的撰写。我把 12 名学生的访谈记录汇总打印出来，反复阅读、修订编码，必要时进行补充访谈，最后结合他们的实习日记与作业等资料撰写了两篇研究论文：一篇是 6 名实习后不愿做农村幼儿园教师的学生的实习生存状态，另一篇是 4 名实习后乡村执教意愿增强学生的实习生存状态。文章完成后，编入了中国学前教育研究会学前教育教师发展专业委业会 2014 年年会暨全国高师学前教育第七届学术研讨会论文集。后承蒙周欣教授拨冗为论文进行了认真批阅，提出了详尽的修改建议，经反复修改，均得以发表。

二、对职后农村幼儿园教师生存状态的研究

加入农村教师研究团队

如果说前面几年担任实习支教指导教师的过程中，我对农村幼儿园教师的生存状态也有所了解的话，那都是以实习生生存状态为背景所得到的了解，从 2015 年开始，我才真正开始关注农村幼儿园教师本身。这一年，我校的省级"区域农村教师发展协同创新中心"的培育阶段（2013—2015 年）建设的扫尾工作开始由我们教科院牵头来做（以前由教师教育学院负责）。院领导组织大

家学习了《区域农村教师发展协同创新中心实施方案（试行）》，明确了中心的两大目标即通过协同创新提升农村教师队伍素质和师范生培养质量。我们下阶段的主要任务有：开展农村教师专题研究，了解农村教师生存、专业实践和专业发展的现实困境；探索农村教师专业发展支持体系；探索 G–U–S 等协同创新机制；重点关注农村教师发展、留守儿童教育、农村教师心理、闽南文化教育资源开发等方面的研究；建立农村教师教育网络平台等五个方面。

协同创新中心项目组成员分组调研

2015 年 9 月，我校正式获批省级协同创新中心。在此之前，我们教科院在培育阶段已经开始各项工作，根据中心的目的和任务分成研究小组开展了各项任务的前期调研与计划、方案的设计与论证等工作。如，2015 年年初（2 月 6 日）院长带领一批教师到平和县大溪中学调研，我负责镇中心幼儿园。据说大溪以前很偏远，这次我们去的时候已经通了高速，不到两小时就到了。陈园长是早年泉州幼儿师范学校的毕业生，幼儿园的园舍从 2011 年开始新建，可以容纳 12 个班，到我们调研时刚投入使用半年，但设施设备还没有完全配套，区域材料基本上没有。当时幼儿园共有 5 个班，幼儿两百多人，但在编教师只有 3 人，自聘教师达到 10 人！在编教师的比例比永安的乡镇园似乎要低很多。以前的旧园也留不住考进来的新老师，2014 年就有一位教师放弃公办教师职位，到厦门打工去了。不过，搬进新园之后，新教师更安心了。令人欣慰的是，政府也采取了一些有利于稳定农村幼师队伍的政策，即在幼儿园工作 25 年以上的老教师——多为早年职高幼师班毕业的，政府为她们办理了社保，交满 15 年以后，到退休年龄时每月就可以领取最低 650 元的退休工资。中心园同时也负责为 14 所村级幼儿园符合条件的老教师办理了社保。在保育工作方面，当时该园还没有为孩子提供中餐，也没有保育员，园长计划从 2016 年开始提供中餐，并增聘保育员。目前园里教师的年龄结构以四十多岁的老教师为主，二十多岁和三十多岁各有两三个，每个班两位老师，在开学头一个月两人同时带班，之后就一人半天班，另半天可以回家带孩子、做农活等。幼儿园搬入新园后，入园孩子数逐年增长，到2016年2月19日，孩子已达到321人（其中留守儿童53人）。当时园里最大的困难是教师的培训问题，尤其是自聘老师的培训。我深感农村幼儿教育硬件的变化之快速与巨大，也为农村幼儿园教师的福利问题受到政府关注而高兴。但农村教师的专业水平与培训仍然存在问题。

制订农村幼儿园教师发展研究计划

在各组调研的基础上，大家分头制订研究计划。我负责制订农村幼儿园教师发展研究计划，希望配合我校的区域农村教师发展协同创新中心的项目，协同整合各种资源与平台服务区域农村幼儿教育均衡发展，促进农村幼儿园教师素质和我校学前教育师范生素质的同步提升。我初步拟定了以下目标：开展农村幼儿园教师发展现状研究，深入调查农村幼儿园教师专业发展需求，建构完善农村幼儿园教师专业发展支持体系，深化学前教师教育人才培养模式和课程体系改革，建设区域农村幼儿园教师发展研究基地，为区域农村幼儿园教师发展提供各项服务。我们的研究团队还初步确定了以下研究内容：区域农村幼儿园教师生存状态调查及对策研究、农村幼儿园教师培训需求及对策研究、农村幼儿园教师音乐素养现状与提升策略研究、基于示范园帮扶的农村幼儿园教师专业成长档案袋制作与策略研究、农村卓越幼儿园教师培养研究等。在此基础上，我们拟定了研究团队的建设措施：筹备幼儿园教师发展研究中心，配备专门的办公设备，专人负责日常事务，如团队研究资料的保存与保管、会议召集与记录等；选择确定合适的农村幼儿园作为研究基地；请国内外知名的农村幼儿园教师研究专家讲座与指导；到各地农村幼儿教育研究中心参观学习；积极参加与农村幼儿园教师发展相关的学术会议；组织开展研究计划、中期研究和研究报告的交流会。

面向区域农村幼儿园教师开放的讲座

2015 年以来，我先后邀请国内外多位知名专家为农村幼儿园教师开设讲座或答疑解惑。如请上海师范大学博士生导师丁念金教授做"教师行为的转变"的讲座，为幼儿园教师如何引导幼儿自主学习提供了理念与实践思路（2015–11–27）；请教育部教育发展研究中心比较教育专职研究员熊建辉博士做"世界教育：2030 年愿景与行动框架"，开阔农村教师的视野（2015–12–01）；请湖南师范大学教育科学学院学前教育系博士生导师杨莉君与农村幼儿园教师座谈，帮助大家解决了的实践中许多疑惑（2015–12–02）；请华南师范大学博士生导师袁爱玲做"更新思维模式，加速专业成长"的讲座，启发教师要摆脱二元对立的思维定势，尝试建构多元和开放的思维模式（2016–06–28）；请早稻田大学人类科学研究所教授、国际健康儿童支援联盟代表前桥明做"如何提升幼儿的学习能力——从幼儿健康生活的重要性谈起"的讲座，让教师们明白了为什么健康的生活习惯能够提升幼儿的学习能力。每次活动，农村幼儿园教师均踊跃报名参加，活动效果良好，受到了农村幼儿园园长和老师的一致好评。农村幼儿园很多教师甚至是园长，以前参加的培训基本上没出过本市，能参加省内培训的也是凤毛麟角，大家很高兴能到我校聆听国内外专家的讲座，报名人数往往超过我们给定的名额。每次过来他们往往需要起个大早，赶五六点钟的早班车，真心为农村教师们点赞。

杨莉君教授与农村幼儿园教师的座谈

以杨教授的座谈为例，漳浦赤湖中心幼儿园、云霄火田镇中心幼儿园、长泰陈巷中心幼儿园、龙文区朝阳中心幼儿园等十余所中心幼儿园的老师围绕着幼儿园教师或幼儿的成长提出了众多的问题，如幼儿园环境创设怎么样体现教育价值？怎样避免老师疲于环境创设？走廊楼梯这些环境布置有什么要求？为促进园所快速发展及教师专业发展，新教师前三年培养的主要方向有哪些？面对同时起步的新教师，整齐划一的培训方式是否可行？新教师看不懂孩子的行为，怎么办？幼儿园人数多班额大，如何更好地开展区域活动和创造性游戏？孩子超标这些问题真的好严重，怎么去解决？农村幼儿园要有一些办园特色，它的园本课程从哪方面切入比较好？城乡结合部的幼儿园怎么做出特色？

杨教授的幼儿园课程观、教师观、教材观给了大家与时俱进的理念上的引领。比如，她认为，我们幼儿园环境创设，过去只重审美的价值，重视发挥教师的美工技能，忽视幼儿的参与，忽视环境对幼儿的教育价值。在环境与儿童的关系上，她指出：有教育价值的环境创设一定要适合儿童，让孩子能够从环境中学习，并且是从潜移默化中去学习。如，小班可以放一些全家福的照片，对安抚孩子的情绪有帮助。又如，上海的一所幼儿园，把孩子一日生活的最精彩的表现，随时拍下来，把它放到班级环境中，设置了整理小达人、智慧小达人、生活小达人等，有的孩子一早来园时会牵着妈妈的手就说：妈妈，你看这里有我的照片呢，他妈妈看到他在幼儿园会剥毛豆、会自己穿衣服，就说：哎呀，你在幼儿园里这么能干啊！这样的环境对孩子以后的自理生活、热爱劳动以及爱动脑筋的习惯的养成会很有帮助。其次，在环境与课程的关系上，杨教授认为环境创设要配合主题，需要与五个领域、生活和游戏都挂起钩来。幼儿园集体教学活动、游戏活动、生活环节以及家园共育等都要与环境创设结合起来。此外，环境的空间规划还要适合不同的功能区，进门的大厅、户外活动场地、班级环境的创设各不相同。

如何避免教师疲于环境创设，杨教授认为，功夫在平时，要随时创设环境，让幼儿参与进来，多一些孩子活动的照片，这对于孩子的学习和生活都有一种激励作用。走廊、楼梯有一些标识还是可以的，不要搞得过于复杂，特别宽敞的过道，那就布置活动区域。环境都要为孩子们所用，也要容易做。如可以有修补图书的流程、洗手流程、怎样使用电脑、怎样放 CD 碟等温馨小贴士；比较低矮的部分，放一些挂钩，挂钩上面放一些体育器械和羽毛球、毽子等。

在幼儿园教师专业标准里面，对艺术技能这块要求弱化了，但是对教育技能这一块强化了，需要教师在孩子的一日生活中随时随地抓住教育的契机，帮助孩子成长。湖南省根据教师专业标准对教育能手大赛进行了改革，由传统的只重集体教学和艺术技能改为理论考试（10%）、课件制作（5%）、手工制作（自制玩教具5%）、艺术技能（幼儿舞蹈创编、即兴弹唱10%）、答辩（10%）、一日活动（五大领域的教育活动、游戏活动、生活活动）的设计与组织和说课反思（60%）等内容的考核相结合，体现对游戏和幼儿自主学习的重视。从重视教师的教到重视孩子自主的学，也引发了教材观的变革。杨教授指出，现在不提"教材"的概念了，而是提教学资源，因为对于幼儿的学习，它本身是学习资源。湖南省已经开发了两三套教学资源，有配套的孩子操作材料、建构材料，有些学完了可以直接把它贴到墙上去，能成为环境创设的一部分，而且和当月的主题能很好地结合起来。杨教授还提醒大家对于游戏活动的组织，老师要走在前面，要介绍新材料的游戏规则和玩法，孩子们的游戏内容由孩子选择；游戏的过程中要观察孩子，要根据观察到的不同情况来决定是否介入，以及介入时间，如何介入；游戏之后要让孩子进行分享、交流和评价，教师帮助孩子提升和梳理经验。

关于农村幼儿园如何在条件资源比较缺乏的情况下办出特色，杨教授认为，农村幼儿园就办成农村幼儿园的样子，不要城市化，不要洋化，本土化就好啦。农村里面的资源很多，比如，安吉游戏就是利用农村里面的资源来开发的，他们都没有什么专用教室，他们就是充分开发农村的资源。又如，湖南株洲的一所农村幼儿园有一个水池放了鱼让孩子们捞，孩子的手眼协调、耐心都得到发展，几个小朋友合作把鱼给捞上来也很好；孩子们在户外架铁锅炒菜，以青草为菜；有一个小房间里喂了小鸡、小鸭、小鹅；他们还有大沙坑，小朋友在里面弄沙堡、沙雕都有；他们的角色游戏是模仿村里的赶集，卖各种各样的农产品。农村特色就是开发当地资源，利用当地资源，根据当地的一些风俗习惯来创设这种环境，让农村的孩子们利用孩子们熟悉的乡村生活来学习，让孩子在生活化的活动情景里挑战思维、学习社交。比如小南瓜多少钱一个，西红柿又多少钱一个。建构也可以利用乡村的特色资源等。比如湖南常德一所农村幼儿园用竹子做了全套玩教具得了全国一等奖。

农村幼儿园教师生存状态研究

《国家中长期教育改革和发展规划纲要（2010—2020 年）》提出"重点发展农村学前教育"，明确要求"各地把发展学前教育作为社会主义新农村建设的重要内容，将幼儿园作为新农村公共服务设施统一规划，优先建设，加快发展"。并且提出了"依法落实幼儿园教师地位和待遇"的具体任务。2015 年 6 月国务院办公厅印发关于《乡村教师支持计划（2015—2020 年）》，表明了中央对实现教育公平性、均衡性的关注。文件指出"发展乡村教育，教师是关键，必须把乡村教师队伍建设摆在优先发展的战略地位"。关注农村幼儿园教师的生存状态研究，至少有以下三方面的意义：第一，通过研究总结地方改善农村幼儿园教师生存状态方面的经验，促进学前教育的均衡化发展；明确我国农村幼儿园教师队伍建设中最需迫切解决的问题，为进一步落实国家农村教育政策提供实践依据；第二，通过研究展现农村幼儿园教师真实的生存状态，让人们了解农村幼儿园教师的实际工作状况以及他们对工作的真实感受，引起社会各界关注他们的生存现状和内心世界，为改善他们的生命质量寻找契机；第三，为农村幼儿园教师提供言说自己的平台，打破以往农村幼儿园教师失语的状态，也让幼儿园教师在叙说与思考中成为走向专业成长的主体，保障我国学前教育的可持续发展。

2015 年，我和部分教师、研究生及优秀本科生陆续调研了 6 所乡镇中心幼儿园，并初步确立 2 所农村幼儿园作为研究基地，一所在县郊，另一所是相对偏远的乡镇中心幼儿园。之后撰写了"乡镇中心幼儿园教师生存发展困境"的调查报告。为了更全面地了解农村幼儿园教师的生存状态，提升农村教师的生活质量，我计划先开展"福建省老区农村幼儿园教师生存状态"的专题研究，并成功申请到了 2015 年度省社会科学规划项目。研究历时两年半，超额完成了预期的研究任务。课题结题之后，研究仍在继续，因为积累的很多访谈资料还在整理之中。此后，结合我校"福建省区域农村教师发展协同创新中心"的研究任务，我继续开展"福建省农村幼儿园教师生存状态研究"，在前期研究成果的基础上进行整合、深化与拓展。如，对职前农村幼儿园教师增加一个个案研究；对职后农村幼儿园教师生存状态进行了比较研究，包括转岗教师与科班教师的比较、公办园教师与民办园教师的比较；把已经完成访谈资料收集的职后教师的个案研究整理成研究报告。

2018 年我又申请了新的省社科规划课题"闽台农村幼儿园教师精神生活叙事研究（1950 年至今）"，把研究的时间线向历史延伸，把研究的对象向台湾地区延伸，把研究的重点集中到农村幼儿园教师内在的精神生活，至今为止走访了不同历史时期的十几位教师。我挺喜欢这样的研究，在调研的过程中，我与许多农村幼儿园教师都成了朋友。今年 7 月，经由小珍老师牵线，我寻访到了福建省第一所农村幼儿园创办者的女儿金百玲老师，看着两位四十年没见面的老人拥抱在一起，跟她们一起聊过去的时光，是一种很神奇的感觉，仿佛我也穿越到了过去。出于深度与广度相结合考虑，本书选择了其中 6 位研究对象的资料加以整理，三位来自福建省第一所农村幼儿园，另外 3 位来自三个不同的县域，从而让读者可以对福建省农村幼儿园教师的精神生活状态有较为深入的了解。回顾十几年来的历程，前期的研究十分稚嫩，后来的研究相对成熟一些，不管水平如何，我都把它放到这本书中。这些深深浅浅的脚印只是表明我一直在前进，而且还要继续沿着这条路走下去。因为 2019 年教育部的人文社科规划基金项目"我国农村幼儿教师精神生活变迁及启示研究（1950—2019年）"又将等待着我去开拓。

第二节　农村幼儿园教师生存状态研究综述

　　本节从研究课题与研究文献两方面对职前、职后农村教师的研究现状进行了概括与分析，发现关于农村职前、职后教师培养的立项、研究成果均较少。但农村幼儿园教师生存状态调查研究成果从 2010 以后逐年增长，表明这一主题开始被人们重视；在研究内容上，整体精神状态的研究已开始出现；在研究方法上，质性研究方法开始受到关注。

一、职前农村幼儿园教师生存状态研究现状

1. 研究课题

　　查询国家社科教育科学规划课题近十年立项情况，关于师范生培养方面每年都有一两项课题立项。其中，研究对象少量为一般师范生的研究，多数为免费师范生、卓越师范生，只有极个别研究关注一般农村教师职前培养；研究内容主要指向师范生能力培养、培养模式创新，个别关注到了免费师范生就业政策；研究方法多为实证取向。举例如下：第一，师范生能力培养方面的研究课题。如，"高师院校师范生教育技术能力发展的实证研究"（杨宁，2010）；"基于混合学习的免费师范生'4+2'教育技术能力培养创新研究"（赵呈领，2010）；"构建'三位一体'师范生教育技术能力培养模式的创新研究"（黄映玲，2011）；"师范生从教能力模块训练与集成训练的研究和实验"（刘彩霞，2011）；"师范生专业能力分阶行为指标及学习支持体系研究"（吴卫东，2016）；"核心素养视域下我国师范生专业能力培养模式构建与实证研究"（王

家云，2018）。第二，师范生培养模式方面的研究课题。如，"师范生免费教育政策下体育教师教育模式的创新与实证研究"（罗小兵，2010）；"普通高中通用技术教师职前培养模式研究"（陈伟强，2010）；"培养反思型教师——职前教师教育课程与教学改革研究"（闵钟，2013）；"卓越教师职前成长微环境研究"（龙宝新，2015）；"基于'课例研究'理念的职前物理教师培养模式研究"（吴登平，2016）；"卓越教师教育计划背景下德国职前教师培养模式改革研究"（于喆，2016）；"农村小学全科教师的素质结构及其职前专业发展研究"（邱芳婷，2017）；"教育现代化进程中高质量乡村教师职前培养机制研究"（戴伟芬，2018）；"卓越中小学教师核心素养构成及职前培养对策研究"（庞国彬，2018）。其他还有"免费教育师范生核心能力结构及同伴协作网络系统的研究"（董艳，2008）；"我国免费师范生教师职业认同研究"（李敏，2009）；"部属师范大学免费师范生就业政策执行状况追踪研究"（商应美，2016）等。

关于师范生实习方面的课题相对少一些，主要集中于实习支教的管理研究，包括网络管理、实习督导和指导、成本分担，只有个别关注实习生本身的权益保障与能力提升。如，"大学生实习及其权益保障的法律与政策研究"（张勇，2007）；"高等师范院校实习支教研究"（戴建兵，2007）；"高质量教师培养中教育实习的构建与实施的实证研究"（李广平，2008）；"知识管理视角下基于网络的教育实习共同体的实证研究"（郑燕林，2009）；"免费师范生实习支教行动中的督导与研究——以西南农村地区农村中学语文实习为例"（胡爱东，2010）；"职业院校学生顶岗实习成本及分担机制研究"（邓东京，2013）；"教师教育改革创新实验区支持下的教师职前实践教学共同体研究"（朱桂琴，2013）；"教育实习'指导真空'研究"（高芳，2016）；"援疆实习支教对师范生职业能力提升的实效性研究"（杨彬，2018）；等等。

2. 研究成果

在中国知网上以"师范"和"实习生"为主题词查询，共有文献1277篇，但是进一步在结果中检索主题含"农村"或"乡村"的文献，只有56篇；再以"实习教师""支教生"等结合"农村"或"乡村"为主题检索，所获得文献为51、45篇，其中主要为实习支教管理方面的研究，包含政策分析、课程改革、机制创新、模式探索、制度研究等，极少关于农村学校实习生的研究，关于农村学校实习生生存状态的研究就更少，而关于农村幼儿园实习生的研究则是凤毛麟角。查找"两岸关系数据库"只有数篇关于幼儿园实习教师的研究。因此，经过仔细阅读所检索文献，最后扩大范围，选出了所有与实习生生存状态关联度较高的20篇文献加以分析。从时间来看，20世纪70年代已经出现了对农村顶岗实习方面的调查报告，但后面停了几十年，直到2010年后才重新出现顶岗实习生生存状态方面的研究成果。已有研究主要有以下研究发现。

第一，有的研究发现了实习中值得关注的问题：①实习生面临的困惑。学前教育实习教师经历了儿童中心理念与教师中心现实、亦生亦师、个别需求与团体需求的冲突等困境[3]；"如何树立教师威信"是实习教师面临的主要问题之一[4]，他们可能会陷入妥协以接受期待或拒绝以保持自我的两难中[5]；他们在实习/支教学校处于"边缘参与"的生存状态[6]，始终只是"外人"，顶多只是"游荡在体系的外围"[7]。②实习生情绪的变化。实习支教"凋零"了师范生"美好的职业理想"[8]，他们大多不同程度地经历了从"激情燃烧"到困惑无奈的心路历程[9]；课堂教学中会出现一些影响实习生的负性情绪[10]，实习教师的情绪是一个社会建构的过程[11]。③实习的消极效果。在实习过程中，其理念往往会从学生中心转变为教师中心[12]；虽然与普通实习生相比，支教生的教育实践与体验更为丰富多样，但顶岗结束后很多人出现了职业倾向模糊的问题[13]，三分之一左右的人更坚定为师从教的信念，也有约三分之一的人想放弃当教师[14]。跨文化顶岗支教实习优势与问题共存[15]。

第二，有的研究发现了实习支教生的成长：与普通实习生相比，实习支教生拥有更清晰的角色意识和更高的职业认同[16]，认为实习支教增进了大学生对基层教育、对贫困农村的感情[17]，坚定了其成为一名优秀教师的职业理想[18]。实习支教普遍地提高了大学生的实践创新能力[19]，对促进高师生的自我成长、提升心理资本有积极作用[20]。

第三，有的发现了影响实习生生存状态的因素。偏乡教师的专业认同受到来自学校或社区生态、教师个人过去经验的影响[21]，实习生的专业生活状态的体验，如逆境的承受力、职业幸福感等与其专业性向有着不可分割的关系，内心"喜欢孩子"的实习支教生更能承受实习支教生活的各种境遇，收获相对也更多[22]，实习生的内外倾人格特征与教学效能感呈显著相关关系，而且内外倾人格特征对支教生的教学效能感有显著的正向预测作用[23]；实习生与指导教师的互动与其身份认同有显著相关性，但其获得的实习指导往往不足[24]。

已有研究存在的不足主要表现在以下三方面。

第一，研究对象片面。对实习支教生生存状态研究的对象均为在农村中小学实习支教的基础教育相关专业的师范生，在农村幼儿园实习支教的学前专业的师范生还没有进入研究者的视野；对农村幼儿教师生存状态研究的对象均为职后教师，职前农村幼儿教师的研究还未引起关注，少量的关于幼儿园实习教师的生存状态的成果中有 2 篇为本人所著。总的来说，相关研究存在重基础教育相关专业，而轻学前教育专业、重职后教师而轻职前教师的倾向。

第二，研究方法传统。国际通用的社会科学的研究方法论主要有三大类别，即实证主义研究、人文主义研究以及传统的哲学思辨[25]。在关于实习支教生与幼儿教师生存状态的研究中，以访谈、作品分析与实地调查为主的质性研究（含叙事研究、个案研究）文献不到 1/10，问卷调查为主的量化研究文献也不到 3/10，其余文献均为思辨研究，可见相关研究存在"重理论思辨而轻实证主义与人文主义研究"的倾向，正如有学者指出："当前教育学的最大危机在于研究方法上的欠缺，思辨性论述盛行，经验研究不足。"[26]

第三，研究结果流于描述。从研究内容与结论来看，已有研究无论是对实习支教生还是对农村幼儿教师的生存状态，都有两种截然相反的结论，人们不禁要问，同样是农村，同样是贫困地区，为什么会得出两种截然相反的结果？但已有研究大多只是停留于生存状态的描述，并未深入探究其发生机制。主要文献详见下表。

表 1.2-1　实习教师生存状态主要研究文献列表

文献	研究对象与研究方法	研究结论 生存状态
1. 为发展农村教育事业做贡献——数学系"顶岗"实习调查报告[27]	1973 级 68 名到农村中学顶岗实习的师范生；观察法	把思想政治理论学习放在第一位，学习毛泽东著作；到农田中上测量课，结合菌肥厂的生产计划学习一元二次方程；和学生一起劳动，参加两周以上的农业学大寨劳动；物理系师生帮助参加短训班的教师学员掌握修理电机和水泵的知识和操作技术
2. 幼教实习的难题——一个美国幼教实习个案的借镜（林丽卿，1996）	实习教师在实习过程中所面临的困境、其因应之道经历困境对她专业成长的意义；个案研究	幼教准教师经历了四类困境：夹缝求生（夹处于大学传授的开放式进步主义教育理念和幼稚园实务中传统的、教师中心的教学之间）、角色界定混淆（亦生亦师）、专业智能未臻成熟、幼儿关注引发两难状态（个别需求与团体需求的冲突）
3. 实习教师的情绪地图：社会建构的观点（江文慈，2004）	质性研究	实习教师亦生亦师、半生半师的角色身份，酿造了尴尬两难的情绪；学校阶层的权力结构，压抑了实习教师的情绪表达；实习学校的组织文化，影响人际互动的情绪理解；人际互动的态度与回应，左右情绪亲疏的距离；就业竞争与前途未卜加剧实习教师的情绪波动

续表

	文献	研究对象与研究方法	研究结论 生存状态
4.	实习教师网络反思日志的研究（吴畏，2009）	上海师范大学生命与环境科学学院生物师范专业 2001－2004 级共 160 名参加生物教育实习的师范生；质性资料分析	实习面临的问题主要是："如何树立教师威信？""如何改善和评价教学效果？""能否胜任教师工作？"
5.	实践共同体与职前教师实践性知识发展——基于教育实习的叙事研究 28	信息技术职前教师教育实习这一场景；个案研究、叙事探究	"学徒观察"对职前教师教学信念的影响是复杂的甚至是充满矛盾的，而在初次接触教学真实场景后，职前教师的"生存关注"一定程度上阻碍了其实践性知识的养成
6.	弱势者教育改革中教师专业认同之研究：偏乡学校教师叙事的省思（杨智颖，2011）	叙事研究	偏乡教师的专业认同受到来自学校或社区生态、教师个人过去经验的影响，专业认同的过程充满复杂性与矛盾性
7.	一位民族地区初中实习教师的叙事研究 29	民族地区初中实习教师；叙事研究	在教学过程中，她能关注学生的生活世界，注重夯实自身的素质基础，同时具有责任、爱和激情。她敢于成为一个不怕出丑的勇敢者、勤奋高效的学习者、本真务实的反思者以及不服输的竞争者
8.	教学观念的断裂与融合——对一位实习教师的叙事研究（王长江等，2012）	一位实习教师；叙事研究	在真实的教学环境下，实习教师教学观念的变化大体是从"以学生为中心"的、理想的教学观念向"以教师为中心"的、现实的教学观念转变
9.	边缘参与：一个师范实习小组的生存状态 30	一个师范实习小组；综合运用访谈、观察、实物收集等方法	该实习小组在实习学校处于"边缘参与"的生存状态，这种状态与实习制度和师范生的实习意识直接相关，这种状态影响了实习生的次级社会化
10.	职前教师的专业身份建构——对职前教师实习经历的实证研究（张倩，2013）	师范生在教育实习期间的专业学习历程；个案研究	职前教师以未来教师的身份投入真实的实践场域后，往往发现原有的角色认知跟职场要求、角色对手的期待、指导教师的角色行为并不相符，甚至截然相反，于是他们会陷入妥协以接受期待或拒绝以保持自我的两难中

续表

	文献	研究对象与研究方法	研究结论 生存状态
11.	地方高师支教生教学效能感现状及其与人格特征的关系[31]	忻州师范学院的270名支教大学生；运用《教师教学效能感量表》与《艾森克人格问卷简式量表（中国版）》	支教大学生教学效能感总体情况处于中等水平。支教生的一般教育效能感的显著差异体现在专业变量上；支教生个人教学效能感的显著差异体现在所教学科、支教学校层次变量上；支教生总体教学效能感的显著差异体现在专业和支教学校层次变量上。支教生的内外倾人格特征与教学效能感呈显著相关关系，而且内外倾人格特征对支教生的教学效能感有显著的正向预测作用
12.	顶岗实习生的一般自我效能感和应对方式关系研究[3]	河南省某师范院校360名顶岗实习生；问卷调查	实习生的一般自我效能感和应对方式无显著性别差异，但大三和大四不同年级间的一般自我效能感差异极其显著；实习生的一般自我效能感和应对方式中的问题解决和求助两因子呈极其显著正相关，与忍耐、退避和发泄这3种应对方式呈显著负相关；实习生一般自我效能感对采取何种应对方式具有一定的预测作用
13.	支教生与实习生"教育实践与体验"的比较调查研究（杨小晶等，2014）	同一院校、同一年级的师范生；从观摩教育实践、参与教育实践和研究教育实践三个维度编制问卷，支教生205份，实习生208份	与实习生相比，支教生接受了更为有效的指导，观摩教育实践的类型与对象更为多样，参与教育实践的经历与体验更为丰富，研究教育实践的意识和认同感更为强烈，拥有更清晰的角色意识和更高的职业认同，但也存在着专业对口性差、就业倾向模糊，职业认同度与就业倾向不相关等问题
14.	社会互动与身份认同——基于全国7个省（市）实习教师的实证研究（魏戈、陈向明，2015）	全国7个省（市）的近2000名实习生；《实习生与指导教师互动现状调查问卷》	实习生与指导教师的互动与其身份认同有显著相关性 然而，现实中师生互动的普遍情况却表现为次数少、时间短、以课后指导为主、指导内容聚焦学科知识与教学法、个性化交流不足等问题

续表

	文献	研究对象与研究方法	研究结论 生存状态
15.	英语顶岗支教生实践性知识构成：个案研究[33]	优良中三名支教生；个案研究（课堂观摩和课后深度访谈）	英语顶岗支教生掌握明确的教育信念，较充分的自我知识、策略性知识和批判反思知识等实践性知识，但相对缺乏人际知识和情境知识，主要原因是受到教学经验、课程设置、学习意识、导师机制等制约
16.	顶岗实习生课堂情绪调节策略的探索（王景芝，2015）	顶岗实习生；访谈法	课堂教学中影响实习生的负性情绪主要有以下几种：过度焦虑、痛苦压抑、激动易怒、孤独冷漠、自卑倾向
17.	幼儿园顶岗实习支教的专业生活状态——支教生的视角（李云淑，2016）	在农村幼儿园实习后不再愿意做农村幼儿园教师的实习生；深度访谈	专业生活状态的体验与专业性向有着不可分割的关系，内心"喜欢孩子"的实习支教生更能承受实习支教生活的各种境遇，收获相对也更多
18.	农村幼儿园实习生生存状态及其影响因素研究（李云淑，2017）	在农村幼儿园实习后仍然愿意做农村幼儿园教师的实习生；深度访谈	专业性向与职业幸福感密切相关，具备爱孩子的专业性向可能是专业成长的关键因素，有"人情味"的环境是专业成长的重要辅助因素
19.	实习支教提高大学生实践创新能力的调查研究（弓青峰等，2017）	X院校已经完成实习支教的大学生；调查问卷330份	实习支教普遍地提高了大学生的实践创新能力，尤其是艺体类大学生的实践创新能力，且每周6-10课时是大学生实习支教中合理的工作量选择
20.	文化互动与教师成长——跨文化语境中顶岗支教实习对师范生及其职后发展的影响（陈振宁，2017）	顶岗支教实习的师范生；追踪研究	跨文化顶岗支教实习为师范生文化敏感性、专业使命、自主发展提供了体会，但是也带来难以扎根、自我放任、培养实效低等问题
21.	扶贫顶岗实习支教对高师生心理资本影响的调查研究（王静等，2018）	忻州师范学院第38批扶贫顶岗实习支教的部分学生；运用《教师心理资本问卷》进行调查	扶贫顶岗实习支教对促进高师生的自我成长、提升心理资本有积极作用。与参加扶贫顶岗实习支教之前相比，支教生在扶贫顶岗实习支教后在沟通合作、坚韧性、乐观和责任感四因子上表现得尤为明显

二、职后农村幼儿园教师生存状态研究现状

1. 研究课题

查阅国家社科、教育部人文社科近十年的立项，关于生存状态的研究主要为农村劳动力生存状态、少数民族流动人口生存状态、平民阶层生存质量、妇女生存状态、移民生存状态、中青年知识分子生存状态、进城务工人员子女城市生活等，如教育部人文社科相关立项有"西部石漠化连片区特困人群生存状态调查及对策研究"（莫绍深，2014）；"我国义务教育阶段学生的生存境遇与教育对策研究"（向晶，2013）；"弱势群体大学生的生存状态及其成因研究：基于文化适应和批判的视角"（钟景迅，2012）等。

关于教师的立项每年占一定比例，如国家社科近十年的项目中关于教师的选题比例在 8.2%~15.7% 之间，但是关于农村教师的立项比例在 0.05%~4.3% 之间，省部级的农村教师课题立项比例相对高一点，主要集中在中小学教师专业成长、教师教育、教师制度身份变迁、教师合理流动、教师心理弹性、教师地方性知识、教师职业性向、职业认同、自主学习、自我成长、生存和发展状态等方面，但关于农村教师生存状态立项很少，教育部社科课题仅有"城镇化进程中乡村教师的生存境遇研究——基于文化社会学的审视"（肖正德，2010）；"连片贫困地区农村代课教师'继续存在'研究"（孙来勤，2013）；"新毕业师范生到农村就业的生存境况及影响因素的实证研究"（郭黎岩，2013）；等数项，国家社科课题仅有"教育信息化背景下宁夏乡村教师生存境遇考究"（杨彦栋，2016）；"西部农村特岗教师发展状况和生态机制研究"（蒲大勇，2016）；"乡村教师教学生活研究"（朱晓颖，2017）；"乡土文化传承：乡村民

办教师公共精神的生活史研究"（余桥，2018）；"知识、道德与私人生活：当代乡村教师生活现状与村庄角色"（蒋福超，2018）；"我国乡村教师工作环境与专业发展的实证研究"（朱桂琴，2018）和"乡村教师文化境遇及改善研究"（张相学，2018）等。

相对于关于中小学教师的立项而言，关于幼儿园教师的立项又非常少，关于农村幼儿园教师的立项更少。主要集中在以下方面（未注明"国家"的均为"教育部"项目）：第一，幼儿园教师队伍建设及其制度保障和支持性环境方面的研究。如，"我国地方幼儿园教师政策研究"（梁慧娟，2010）；"幼儿园教师流动问题与对策研究"（岳亚平，2011）；"农村幼儿园教师队伍建设的制度保障研究"（周建平，2011）；"农村幼儿园教师供给保障机制研究"（存国荣，2011，国家）；"教育均衡发展视域下农村幼儿园教师队伍建设研究"（吉光麟，2012）；"幼儿园教师问题关注的变化机制与专业发展促进策略研究"（顾荣芳，2012）；"西部地区农村幼儿园教师专业发展支持性环境研究"（候莉敏，2012）；"快速城镇化背景下农村地区学前教育师资保障体系构建研究"（陈妙娥，2012）；"初任幼儿园教师专业发展规律研究"（张立新，2012，国家）。第二，职前师范教育、职后教育、入职教育和继续教育研究方面，如"百年幼儿师范教育发展的历史研究（1904—2004）"（粟高燕，2012）；"农村幼儿园教师继续教育模式研究"（陈姝娟，2010）；"西部地区幼儿园初任教师入职教育研究"（路晨，2010）；"财政性幼儿园教师培训的实效性理论与实践研究"（田景正，2012）；"西部地区幼儿园教师职后教育的现状调查与改进策略研究"（高清，2012）；"民族地区农村幼儿园教师培养机制研究"（冯季林，2013，国家）；"农村幼儿园教师县级培训机制创新研究"（张更立，2013，国家）；"自然教育取向的农村幼儿园教师'四位一体'培训行动研究"（宫盛花，2016）。第三，幼儿园教师标准与现状方面的研究。如，"幼儿园教师专业伦理"

（步社民，2011）；"新时期我国幼儿园教师专业准入标准的研制研究"（姜勇，2011）；"西南幼儿园教师信念实证研究"（王祥，2013）。

关于幼儿园教师生存状态的立项仅有"非在编幼儿园教师职业生存状况与就业公平机制研究"（张振平，2012）；"西部农村幼儿园转岗教师生存状态及专业发展研究"（蔡军，2012）；"西部农村卓越幼儿园教师成长的困境及配套支持政策研究"（孙彦，2016，国家）；"农村幼儿园教师专业生活的田野研究"（周燕，2017，国家）等项，可见，国家对农村幼儿园教师的生存状态的研究的立项支持还有待加强。

2. 研究成果

有研究发现"农业女性化"现象越来越明显，同样农村教师队伍中女性也占很大比例。因此，改善农村教师队伍发展中的不足，不仅是改善农村女性的生活，也是促进农村社会和谐发展，新农村建设的必要之路。[34] 其实农村女教师的生存质量也是农村教育质量的重要决定因素。有人认为，农村女教师生存状态研究经历了以下历程：20 世纪 80 年代农村女教师生存状态关注起步；20 世纪 90 年代，对农村女教师生存状态的细化关注，对问题和现象有比较多的描述，但没有对各种生存现状的原因和对策做进一步探讨；21 世纪初至今，农村女教师生存状态研究开始系统化，研究方法质性与量化结合，研究视角不断丰富，人文视角（人类学研究）、心理学视角、专业发展视角、女性主义视角研究都开始出现，研究内容更细致化，包括教师队伍建设、性别平等、权益维护、生活史等，还对社会文化环境、农民价值观变迁等影响因素进行了研究。[35]

本小节主要对农村幼儿园教师生存状态的文献进行梳理。

在中国知网上输入主题词"幼儿（园）教师""生存"检索，共有文献

122篇，从2001出现第一篇幼儿园教师生存状况研究文献[36]后，之后10年内都很少有相关研究，总共不到20篇，直到2010年之后才逐渐多起来。再以"农村幼儿（园）教师""生存"为主题词检索，文献共有30篇，核心刊物的文献则只有9篇。通过进一步输入物质环境和精神生活等细化的检索词，本小节共筛选出近40篇进行分析。从已有研究成果调查的地区范围来看，北部主要为辽宁、黑龙江省，中部有湖南、湖北、江西、安徽、河南、河北等省，西部包括重庆、四川、陕西、甘肃、云南、贵州、广西等省（区、市），南部主要在广东省，东部调查的地区有上海市、山东、江苏、浙江、福建等地区。对福建省农村幼儿园教师生存状况的调查仅4篇，其中3篇均为本人所著。可见该主题少有人关注。从已有研究成果调查的幼儿园教师的类别来看，对农村幼儿园教师整体、农村民办幼儿园教师和农村转岗幼儿园教师生存状态的文献数量分别为31、3、5，可见无论是对幼儿园教师的生存状态还是对农村幼儿园教师生存状态的研究都远远不够。从研究方法来看，以量化的问卷调查为主，有的同时辅以观察法与访谈法，质性研究成果很少，如《乡村幼儿园教师的生存困境——基于一所乡村幼儿园的生活体验研究》（孙丽华，2014），作者采用生活体验研究，通过长时间的亲身体验、实地观察和访谈以"局内人"的身份进行参与式观察。后来也对研究对象进行了较长时间的研究，但是以"局外人"的身份进行非参与式观察。从研究趋势来看，农村幼儿园教师生存状态调查研究的已有成果从2010以后逐年增长，表明这一主题开始被人们重视；在研究内容上，整体精神状态的研究已开始出现；在研究方法上，有人开始运用生活体验研究，表明质性研究方法开始受到关注。

研究发现，农村幼儿园教师的生存质量中等偏差[37]，总体处于一种"弱势化生存"状态[38]。①他们的外在生存环境不佳，如居住条件差、待遇偏低、工作强度过大、社会地位不高、接受继续教育机会少等[39]，保教费是农村幼儿园教师工资和养老保险待遇的唯一或主要来源（梁慧娟，2009）；他们的身份和地位堪忧、作为教师的身份未被政府正式确认，待遇"非编化"[40]，专业化程度低，非专业人数偏多（李振峰，2014；李洋等，2018）。②农村幼儿园教师对生存状态满意度不高[41]，存在着明显的"职业倦怠""工作积极性不足"[42]，精神文化生活和专业生活空乏[43]，"悬浮"于乡村文化之外，他们是乡村文化的"陌生人"，对乡村社会归属感缺失等问题[44]，继续从事幼教工作的信心不足[45]，付出—回报失衡感较为严重[46]。这样的生存状态往往导致"专业认同危机""离职倾向明显"[47]。③农村幼儿园转岗教师缺乏良好的幼儿教育素养（胡国华，2014），存在身份认同的困境（张地容，2016），他们的权益缺乏制度保障（张地容，2015），又因为转岗后发展的困顿和停滞加剧了其对自己的专业发展现状的不满意，离职意愿强烈[48]。

也有一些令人鼓舞的研究发现，农村幼儿教师"人际关系简单、和谐[49]，他们"职业倦怠整体上并不严重，其主观幸福感总体上处于中等水平"[50]，农村幼儿园教师心理健康水平高于全国常模[51]，职业形象体验以积极形象为主[52]，继续从教意愿得分处于中等偏上水平[53]，国家扶贫县农村幼儿园教师整体生活满意度较高，专业认同度与专业热忱高，总体精神生活处于较为丰盈的状态[54]。

同时，研究发现不同群体的教师精神生活质量存在显著差异，民办园教师精神生活质量显著高于公办园教师；"学前教育"类教师精神生活质量显著高于"非学前教育"类教师（李云淑，2018），公办园教师职业倦怠总分显著高于集体幼儿园和民办幼儿园教师（李悠等，2014），未婚教师幸福指数高于已婚教师，私立园高于公办园（胡永萍，2014），但未婚农村幼儿园教师的流失意愿显著高于已婚农村幼儿园教师（黄胜梅等，2012）。农村幼儿园教师生存状态研究文献详见表1.2-2。

表 1.2-2 农村幼儿园教师生存状态研究文献列表

	文献	研究对象与研究方法	研究结论 生存状态
1	对农村幼儿园教师生存状态的思考（姚炳辉等，2004）	福建省沿海地区（宁德、南安市、永春县、南靖县）52所农村幼儿园（学前班），问卷206份	他们学历低、工资低、工作强度大、继续教育机会少
2	贫困农村幼儿园教师心理健康特征与相关因素分析[55]（郑名，2005）	甘肃省十几个地县的乡镇的387名农村幼儿园教师，采用《精神症状自评量表（SCL-90）》为调查工具	他们心理健康水平高于全国常模，但在躯体化、强迫、抑郁和恐怖等方面存在着心理问题
3	甘肃省农村幼儿园教师心理健康状况研究（王杰，2006）	甘肃省387名农村幼儿园教师，采用《精神症状自评量表（SCL-90）》为测查工具	他们心理健康水平优于一般正常人；心理健康水平显著高于县城同行
4	农村民办幼儿园教师生存状态的调查与思考（唐海燕，2007）	江苏农村民办园教师工作待遇、社会地位、工作环境、专业发展、对工作喜爱程度，问卷160份	她们对生存状态满意度不高，对社会地位自我认定不高，对幼教职业、同事关系的满意度较高，但继续从事幼教工作的意愿不强烈
5	农村幼儿园教师队伍现状及其发展对策（朱扬寿等，2007）	江西省10个县（市）农村幼儿园教师	幼儿园教师的身份未被政府正式确认、队伍混散、素质较差、工资偏低、无社会保障、工作负担偏重等
6	西北地区农村民办幼儿园教师队伍现状调查与分析（谢秀莲，2007）	西北五省区农村民办幼儿园教师队伍，问卷、访谈与观察结合	农村民办园教师社会地位低、教师队伍不稳定、专业师资严重缺乏及在职培训机会少、培训效果差
7	我国农村幼儿园教师待遇政策探索遭遇的困难分析及其经验启示[56]	某些地区的农村幼儿园教师政策，调查法	在绝大多数地区，保教费是农村幼儿园教师的工资和养老保险待遇的唯一或主要来源。不少地方的最低工资保障线要么以城市最低工资标准为参照，要么以国家规定的低保线为参照，抹杀教师劳动特殊性和专业性，限制教师工资达到合理的水平

续表

	文献	研究对象与研究方法	研究结论 生存状态
8	贫困地区农村幼儿教师专业成长的现状、问题及对策[57]	甘肃省十多个县市，其中以靖远县、陇西县、张掖市、平凉市四地为重点抽样，采取分层抽样，每县3乡，每乡3村，每村1所幼儿园，每园2位幼儿园教师，共计126名教师（包括园长）	贫困地区农村幼儿园教师职业认同状况良好，但在专业化程度、教育教学教研、家园合作等方面存在诸多问题
9	湖南省农村幼儿园教师继续教育现状调查（田景正，2009）	湖南长沙县、邵阳县、古丈县农村教师，问卷调查、访谈	待遇低、身份不明、专业化程度低
10	农村幼儿园教师生存状态的研究[58]	在湖南、江西、湖北、河南4省选择经济发展水平相对为高、中、低的24个乡镇的中心幼儿园和其他不同类型的农村园教师身份、工作压力、工资待遇、职业幸福感、专业成长，问卷329份、访谈	中部农村幼儿园教师身份和地位堪忧、工作压力大、工资待遇低、专业成长面临困境
11	农村幼儿园教师专业发展与生存状态研究（周燕等，2011）	广州市五个区和县级市的16所农村幼儿园的200位幼儿园教师，问卷调查	学历低、工资低、待遇差 工作压力大，对职业的坚定性不强（归入离职倾向），对未来发展缺少规划，接受培训学习的机会少
12	重庆市农村幼儿园教师专业发展需要研究[59]	重庆市农村幼儿园教师专业发展需要的现状，文献法、问卷法、访谈法	安于现状，缺乏进取意识
13	河南省民办幼儿园教师专业发展与生存状态调查研究[60]	河南省三个地区的城市、县城和农村三个层次共13所民办幼儿园的教师的专业发展与生存状态调查，问卷255份	民办幼儿园教师面临学历低、待遇差、劳动强度大、学习机会少、师资队伍不稳定、合法权益得不到保障等生存与发展困境，这种状况在农村民办幼儿园教师中尤为严重
14	农村幼儿园教师流失意愿的调查研究[61]	安徽省农村幼儿园教师流失意向，问卷247份	①农村幼儿园教师的流失意愿处于较高水平；②未婚农村幼儿园教师的流失意愿显著高于已婚农村幼儿园教师

续表

	文献	研究对象与研究方法	研究结论 生存状态
15	农村幼儿园骨干教师心目中的幼儿园教师职业形象（李敏，2013）	四川省达州、遂宁、广安、成都等地农村幼儿园骨干教师，问卷80份	在样本教师心目中，幼儿园教师职业形象带来的积极情绪体验比重最大（提及率68.8%），但消极情绪体验的比重也不小（提及率45%），正如很多教师所言的"痛并快乐着"
16	农村幼儿园教师艺术素养现状与对策研究[62]	青岛地区的崂山、城阳平度、胶州等8个区（市）的农村幼儿园教师，问卷200份	对绘画技能的掌握程度普遍较好，园环境创设和区角设计方面能力较弱，对于美术史、美术批评的知识欠缺；弹唱能满足工作需要，但视谱能力在所有音乐素养中最欠缺，大部分农村幼儿园教师对自己的艺术素养现状不满意
17	农村幼儿园教师职后培训现状调查及建议[63]	参加河南省农村幼儿园骨干教师培训班的379名幼儿园教师，问卷280份	他们希望能够学到一些结合他们实际工作环境的、有针对性的专业技能，以帮助他们解决实际问题，如班级管理、教学技能、园本教育资源的利用等教育教学基本能力，对师德、课程改革和教育政策与法规课程方面不太重视
18	农村幼儿园教师"弱势化生存"：制度根源与破解思路[64]	浙江绍兴农村幼儿园教师，问卷260份	身份、待遇"非编化"与教师待遇总体性低落；"强压力"与社会认同度不高；职业倦怠与教师专业认同危机。
19	腾冲县农村幼儿园教师生存状态研究[65]	云南省腾冲县7个乡镇，40所幼儿园教师，问卷120份	教师待遇低下，月平均工资约584元、工作社会认可度低、工作负荷大、工作环境恶劣

续表

	文献	研究对象与研究方法	研究结论 生存状态
20	农村幼儿园教师职业倦怠的特点及其与主观幸福感的关系[66]	山东省济南市、淄博市、潍坊市名农村幼儿园教师职业倦怠、主观幸福感调查，问卷379份	①其职业倦怠整体上并不严重，但已经普遍存在，在职业倦怠的三个维度上，情绪衰竭维度较严重；②其主观幸福感总体上处于中等水平C；③农村公办园教师职业倦怠总分显著高于集体幼儿园和民办幼儿园教师。主观幸福感的分数则相反
21	农村幼儿园教师生存状态研究（陈姝娟，2014）	广东省15个县、市农村乡镇幼儿园，问卷406份	农村幼儿园教师居住条件不佳、工资待遇偏低、职业声望和社会地位不高
22	农村幼儿园教师文化生存状态的文化人类学阐释（何秀英，2014）	广东9县市21个乡镇28所农村幼儿园，教师问卷461份，园长问卷63份。访谈教师78人、园长28人、行政领导22人	不熟悉以留守儿童为主体的农村幼儿文化，"悬浮"于乡村文化之外，不能成为真正的幼儿教育的"专业人"
23	乡村幼儿园教师的生存困境——基于一所乡村幼儿园的生活体验研究[67]	一所乡村幼儿园，生活体验研究	日常生活闲散、单调且乏味，精神文化生活和专业生活空乏。乡村社会生存条件艰苦；对乡村社会归属感缺失，离职倾向明显；专业发展停滞不前，导致自我价值危机
24	欠发达地区农村幼儿园教师素质现状调查分析[68]	滨州市16所农村幼儿园的教师，问卷470份	性别结构严重失衡，低学历居多，资格证持有率低，非专业人数偏多，职业道德状况不容乐观
25	河北省农村转岗幼儿园教师专业发展现状及对策（胡国华，2014）	参加河北省"幼儿园教师国家级培训计划（2012）——农村幼儿园'转岗教师'培训项目"的362名幼儿园教师，问卷、访谈	转岗教师多数为中青年教师、学历层次较高、有稳定的事业编制，但缺乏良好的幼儿教育素养
26	广西边境地区农村幼儿园教师专业发展能力现状及对策研究[69]	广西边境地区400位农村幼儿园教师专业发展能力，问卷、访谈	教育科研的理论知识比较浅薄，教育信息技术应用能力低，缺乏教学实践反思意识等

续表

	文献	研究对象与研究方法	研究结论 生存状态
27	农村幼儿园教师主观幸福感状况的调查研究[70]	对江西省256名农村幼儿园教师，采用《综合幸福问卷》	未婚教师幸福指数高于已婚教师，男性高于女性、私立园高于公办园、非正式编制教师高于正式编制教师
28	农村幼儿园教师生存状态与职业承诺、专业发展（孙彦，2015）	283名农村幼儿园教师，生存质量问卷和职业承诺量表、专业发展量表测评	农村幼儿园教师的生存质量中等偏差，生存质量对职业承诺、专业发展有明显影响
29	农村幼儿园教师生存状态及相关因素[71]	268名农村幼儿园教师，农村幼儿园教师生存状态问卷、社会支持评定量表（SSRS）和主观幸福感量表（MUNSH）测评	农村幼儿园教师生存状态中等偏差，不同社会支持水平的农村幼儿园教师的生存状态水平差异显著，生存状态水平较高的农村幼儿园教师有着较为明显的主观幸福感
30	农村转岗幼儿园教师的生存困境与出路[72]	贵州省黔南地区的五县幼儿园教师200人，开放式问卷、深度访谈	转岗后经济待遇降低，生存压力增大；工作不适应；获取幼师资格及职称晋升困难；培训少且缺乏适切性；权益缺乏制度保障
31	农村幼儿园转岗教师的生存困境及改善（蔡军，2015）	陕西农村幼儿园转岗教师，问卷402份，访谈10人	农村幼儿园转岗教师一般拥有相对较高的学历水平、职称评定率以及适当的收入水平，但转岗后发展的困顿和停滞加剧了其对自己的专业发展现状的不满意，离职意愿强烈
32	国家级贫困县农村幼儿园教师精神状况考察[73]	中、西、南、北部6省市（河北、河南、安徽、湖南、四川、云南）中7个国家扶贫县的862名农村幼儿园教师整体精神生活状况，问卷、访谈	农村幼儿园教师的整体生活满意度较高，有着很高的专业认同度与专业热忱，将幼儿园教育作为自己孜孜以求的事业和生存意义之所在及其最大的精神寄托
33	乡镇中心幼儿园教师生存状况研究（王玲玲，2016）	中部地区10所乡镇中心幼儿园，问卷99份	教师整体年龄偏大、薪资待遇偏低、享受不到业余休闲生活、继续从事幼教工作的信心不足、参与培训学习机会较少
34	农村转岗幼儿园教师身份认同的困境、归因及建议[74]	贵州省黔南地区6个县的农村转岗幼儿园教师，问卷调查200份，访谈15名	农村转岗幼儿园教师对身份认同的三个基本问题"我是谁""我能做什么""我的未来在哪里"均存在不同程度的困惑

续表

	文献	研究对象与研究方法	研究结论 生存状态
35	福建省老区农村幼儿园教师精神生活状况研究[75]	福建省农村幼儿园教师，问卷660份	农村幼儿园教师大多具有良好的专业精神，对幼教职业的工作和生活环境整体比较满意，但他们对于工资收入和文化休闲生活不满意。不同群体的教师精神生活质量存在显著差异
36	转岗与专业农村幼儿园教师精神生活状态比较研究[76]	福建省农村幼儿园教师，问卷660份	二者在同事关系体验、幼儿园管理制度体验、成就感、专业情感与专业信念等选项上差异显著
37	农村幼儿园教师继续从教意愿及其影响因素（李云淑，2018）	福建省农村幼儿园教师，问卷660份，访谈	个人专业性向与教师主观感知到的专业生活质量分别是影响其继续从教意愿的决定性因素与重要因素
38	农村幼儿园教师队伍建设现状与促进策略[77]	湖南省不同区县的65所农村幼儿园，选取115名园长和800名教师	当前农村幼儿园教师队伍建设存在数量少、学历低、非专业教师多、年龄两极分化、职称评定困难等问题
39	农村幼儿园教师工作生活质量对付出—回报失衡感的影响：超负荷的调节作用（张丽敏等，2018）	黑龙江省288名农村幼儿园教师，问卷调查	农村幼儿园教师的付出—回报失衡感较为严重，在超负荷状态下，生活工作质量因子均无法降低农村幼儿园教师的付出—回报失衡感

此外，知网上能搜索到12篇以农村幼儿园教师生存状态为主要研究内容的硕士论文。

综上所述，关于幼儿园教师生存状态的研究，无论是高级别的立项课题，还是高水平刊物的研究成果的数量均极少。纵观已有研究，主要存在以下不足：第一，从研究内容上看缺少整体性研究，已有研究更多地集中于"外在"因素决定的生存状况的调查，诸如身份地位、工资福利、工作负荷、工作环境、培训机会等方面的调研，对其"内在"的状况则关注不够、比例较低，尤其是关于农村幼儿园教师的整体精神生活状况的研究在39篇文献中仅有4篇；第二，研究方法较为单一，已有研究多为量化的实证调查为主，辅以少量的观察与访谈，运用质性研究范式进入实地了解幼儿园教师生存状态的文献很少，仅有一篇生活体验研究的成果，尤其缺乏史学视野下的研究成果，研究者缺少历史发展的纵向视角；第三，从研究对象上看，虽然涉及了全国多数的省份，但每个地区的研究成果只有一两篇，相关研究还处在弱势、冷门的位置，此外，关于新疆、青海、西藏、海南等边远省份的农村幼儿园生存状态的研究成果完全没有。

三、历史学视角下的农村教师研究

世界教育史学研究日趋微观化、生活化[78, 79, 80]，传记文学则日渐关注人的"精神世界"[81]，历史上教师与学生的教育生活能够给今天的教育改革以启迪，但是我国教育史长期以来只由教育思想史和教育制度史组成，缺乏人的教育生活史。[82]农村教育史研究同样缺乏对人的教育生活史的关注，关于农村教师尤其是农村幼儿教师文化生活历史变迁的研究很少。搜索到的主要文献如下：

国外的研究主要有对苏联几位乡村教师的生活和教育技巧的研究[83]；对一位祖母（1919）和孙女（1980）在偏僻的美国新墨西哥州农村学校的第一年教学经验的比较研究[84]；对美国20世纪初山乡教师的口述史研究[85]以及萧条时期的农村教师教育信念的研究[86]等，值得一提的是一位孙女为其祖母撰写的生活史反映了20世纪美国缅因州农村教师文化生活的概观[87]；对爱尔兰20余名1943—1980年间完成教师教育的乡镇和乡村教师的研究表明，教师教育在此期间一直比较保守，直到20世纪70年代才发生了重大变化[88]等。对澳大利亚农村学校教师的研究也证明了作为文化生活重要内容的"教师学习的概念不仅蕴含场景信息，受其所处生态环境的影响，而且是一个深深的时间嵌入的概念"[89]。

国内的研究包括对民国时期教师生存状态研究和不同时期教师的比较研究，主要有以下发现：我国古代塾师是扎根乡野的文化人，民国时期新式教师形象滑落，新时期人民教师形象重塑，当前乡村教师陷入疏远农村生活的文化困境[90]；民国时期精英乡村教师身上都体现着知识分子的公共性与专业性的统一，不仅是儿童的导师，也是乡村民众的精神导师，是乡村社会改造的发动机[91]，不过那时的一般乡村教师普遍心情苦闷，角色认同迷失，对自身的社会角色定位比较游移[92]；中华人民共和国成立后各个时期的乡村教师中，1950年—1970年农村教师各项满意度更高，1980年后的农村教师各项满意度更低[93]，或发现，1976年之前入职的乡村教师，普遍热爱教育、热爱乡村，在工作中更愿意付出而不求回报，各项满意度最高[94]，他们相比第三代乡村教师更能找到生存的价值感[95]。

有的研究探讨了影响农村教师精神生活的影响因素。如，有人思考了中国社会文化在学校领导中的作用，在对社会文化概念的理论考察的基础上，对我国西部云南省农村半山区40名中学校长生活史与职业生涯进行了经验研究，探讨了传统文化（尤其是儒家思想）、改革开放后市场经济文化、共产主义教育和父权文化等五个方面的社会文化因素如何影响农村校长的生活和职业，以及他们作为教育领导者的人格、价值观和行为。[96]另有研究发现：一些20世纪70年代出生的乡村教师在互联网时代直面内心和现实的焦灼，通过教育博客、写作和阅读实现了自我教育生命的突围[97]；幼儿园教师职业认知的发展普遍经历了三个阶段，即替代母亲、技术工人和研究者[98]或由替代母亲（教养员）向专业人员再向研究者转变的过程，当前作为"专业人员"的认知成为主流，农村教师更多倾向替代母亲的角色认知，城市教师更多倾向研究者的角色认知。我国幼儿园教师职业认知的发展不仅经历了历史的变迁，也呈现出多样化的空间分布，可以看到政治逻辑、专业逻辑和市场逻辑在不同阶段所扮演的角色，它们共同影响了教师的职业认知[99]。还发现"在不同发展阶段，国家政策对教师专业素养的要求不同"，显示出教师文化生活变迁受国家政策的影响[100]。

第三节　概念界定与研究设计

　　本书所指的农村幼儿园教师是指以农村学前儿童为教育对象，生活在镇区（县级市所在镇除外）和乡村的教师。精神生活参照童世骏的观点分为心理生活、文化生活、心灵生活。研究方法定性与定量相结合。定量研究方面尤其对"农村幼儿园教师的继续从教意愿及其影响因素"进行了开创性的研究与分析；定性研究方面，综合运用多种研究视角，把"微观史学"（以口述史为主）、人类学的田野调查、性别分析等统一于叙事研究之中。

一、概念界定

1. 农村

　　有人认为，农村主要是一个地域概念，与城市概念相对应。[101] 有人认为农村是指行政区划意义上的县（市）、乡（镇）和村。[102] 目前大多数人认为乡（镇）和村属于农村，它是农村的政治和经济中心，而且也是农村文化、教育及人才培训或人力资源开发中心。目前存在的争议在于县镇或县级市镇是否属于农村。一种观点认为县（市）虽然具有市的特征，但从历史上看，县的行政区的出现就是以处理农村事务为职责的，在我国两千多年的历史中，县制基本保持稳定，长期担负着农村基层政权的职能，是国家政权与农村社会保持关系的结合部和政治枢纽，所以它应属于农村的范畴。[103] 另一种观点认为，一般县城行政体制虽然属于建制镇，县城与农村乡镇相比，人口素质、社会环境和经济结构，以及物质文化生活水平都有巨大差异，已相当城市化了，农村研究探讨的重点应放在县城之外的乡镇，县城不应包括在农村之内（高耀明，1999）。因此，农村可以界定为广大的乡（镇）和村等行政区域。[104]

根据教育部发展规划司编制的基础教育学校（机构）统计报表中把学校（机构）驻地城乡类型分为城区、镇区、乡村，以国务院关于市镇建制的规定和行政区划为基础，以民政部门确认的居民委员会和村民委员会为最小划分单元，城区是指在市辖区和不设区（包括不设区的地级市和县级市）的市中，街道办事处所辖的居民委员会地域；城市公共设施、居住设施等连接到的其他居民委员会地域和村民委员会地域。镇区是指在城市以外的镇和其他区域中镇所辖的居民委员会地域；镇的公共设施、居住设施等连接到的村民委员会地域；常住人口在3000人以上独立的工矿区、开发区、科研单位、大专院校、农场、林场等特殊区域。乡村是指城区、镇区以外的其他区域。本书所指的农村包括城区以外的镇区（县级市所在镇除外）和乡村等行政区域。

2. 农村幼儿园教师

根据《幼儿园教师专业标准（试行）》，幼儿园教师是履行幼儿园教育教学工作职责的专业人员，需要经过严格的培养与培训，具有良好的职业道德，掌握系统的专业知识和专业技能。本书所指的幼儿园教师包括职前和职后两个不同阶段的幼儿园教师。有人认为，农村教师是以农村人口为教育对象并为农村经济社会发展服务的教育工作者；农村教师生活在广大的县以下的乡镇和村落学校（唐松林，2005）。本书所指的农村幼儿园教师是指以农村学前儿童为教育对象，生活在镇区（县级市所在镇除外）和乡村的教师。

3. 教师生存状态

秦旭芳等认为"生存状态指在日常物质和精神环境以及特定的历史文化背

景下，人们所表现出来的各种生活形态。现有研究多从心理健康、学历状况、经济待遇、工作强度、继续教育、社会地位 6 个方面研究教师的生存状态"[105]。秦旭芳等从健康状况、待遇状况、工作状况、人际关系状况、社会地位状况、自我实现状况 6 个维度，调查和分析了不同办园体制下我国幼儿园教师的生存状态（秦旭芳等，2011）。关于教师生存状态的界定，有人关注生存环境，认为"教师的生存状态指的是在特定历史文化背景下教师群体所处的物质及精神环境"[106]，有人关注主体状态，认为"教师生存状态是将教师视为教育教学的主体，在其教育生活中表现出来的状况或态势"[107]，借助于常用概念分析方法和生存论观点，教师生存状态内容主要包括"本质直观"的物质、身心、精神、专业成长、关系等范畴（李学书等，2016）。有人通过层层的概念化和范畴化译码，梳理出农村小学教师职业生存状态的 5 个主要因素：工作负担、情绪压力、工作效能感、工作满意度、职业倦怠[108]（徐一帆等，2018）。本书认为，教师生存状态具有"人"的生存的双重存在性，生存状态的完整性、多维性、复杂性等共性特征，以及教师生存状态的文化性、生成性等个性特征，具体从"外在生存环境"和"内在精神生活状态"两个方面进行研究。

4. 精神生活

童世骏把精神生活分为心理生活、文化生活、心灵生活。本书参照这一分类结合《幼儿园教师专业标准（试行）》的相关内容拟定从以下几个方面研究农村幼儿园教师的精神生活：①心理生活：包括家庭生活满意度、职业生活满意度、社会地位满意度、生活烦恼影响程度，对自我健康、专业性向和心情的总体认知等；②文化生活：包括幼儿园的文化活动内容、业余生活文化活动内容、文化休闲时间、文化生活支出、文化生活需求等；③心灵生活：包括信仰状况、职业价值观、儿童观、课程与教学观、生命价值观等。

二、研究设计

研究目标

1. 主要采用定量与定性相结合的研究范式考察农村"外在"因素决定的生存状态及"内在"的精神生活状态现状及影响因素，以发现问题，总结经验，提出建议，为促进农村幼儿园教师生存环境的改善、促进我国学前教育的现代化和均衡化发展提供一定的理论与实践依据。

2. 本书尝试通过叙事史料、访谈、实地考察等多种形式展示闽台农村幼儿园教师的心理生活、文化生活与心灵生活，描绘出 20 世纪 50 年代以来闽台农村幼儿园教师的精神生活的变迁图景，运用故事与场景等来呈现一部"别样的农村幼儿园教师精神生活史"。

3. 挖掘 20 世纪 50 年代以来各阶段闽台农村幼儿园教师精神生活的当代意义，发现当代农村幼儿园教师精神生活财富和可能缺失，同时从各个方面深入探讨问题产生的内外因素与解决路径，以期对当代农村幼儿园教师的精神生活质量的提升有所裨益，从而有助于农村幼儿精神生命的健康成长，有助于农村幼儿教育事业的稳步发展。

研究内容

1. 农村幼儿园教师"外在"因素决定的生存状态

①农村幼儿园教师的社会身份地位。主要考察入编情况、权益保障和当地公众对幼儿园教师的认可状况。权益保障主要考察有无工会组织和党组织及劳动合同的签订情况。

②农村幼儿园教师的工作与生活环境。主要考察幼儿园为教师提供的教具

和活动场地充足情况、教师能自由享用的幼儿园公共资源和幼儿园教师的居住条件。

③农村幼儿园教师的工作负荷。主要考察工作时间、工作强度（师生比）。

④农村幼儿园教师的社会经济地位。主要考察工资薪酬、福利待遇。福利待遇主要考察"五险一金"情况，即养老保险、医疗保险、工伤保险、失业保险、生育保险和住房公积金情况。

⑤农村幼儿园教师的专业成长。主要考察培训与进修、自我实现机会、专业工作前景、专业成长困境、专业成长规划情况。

2. 农村幼儿园教师"内在"的精神生活状况

①农村幼儿园教师的心理生活状况。本书主要考察农村幼儿园教师的职业与生活满意度、压力状况以及自我认知状况。其中职业满意度主要包括工作感受、对工作的喜爱程度；生活满意度主要考察农村幼儿园教师总体满意度与各领域生活满意度，包括对物质生活和社会生活的满意度。

②农村幼儿园教师文化生活状况。本书主要考察农村幼儿园教师文化生活内容、文化休闲时间、文化活动支出以及对文化活动的需求。

③农村幼儿园教师心灵生活状况。本书主要考察农村幼儿园教师的信仰与价值观状况，包括农村幼儿园教师的职业价值观，如专业认同、专业热忱、专业坚持性（二次择业态度）、作为幼儿园教师的意义等方面；生命价值观方面包括对生活意义的反思、对人生目的的思考以及对命运的认识。

3. 同时收集全国农村幼儿园教师生存状态的平均数据做比较分析，以及收集研究对象所在农村其他行业的生存状态平均数据进行对比分析，这些信息主要通过查阅国家和地方各部门的统计年鉴来获得。

研究方法

1. 研究范式

定量研究与定性研究相结合。研究的初期首先运用问卷对农村幼儿园教师生存状态现状做面上的调查，在节省时间、人力和费用[109]的前提下可以较快掌握整体情况，在此基础上再确定田野调查的地点与对象。其次，通过选取具有代表性的幼儿教师进行半开放型访谈，有益于探询农村幼儿教师真实的精神生活状态。

①定量研究

主要采用问卷调查的方法对农村幼儿园教师的精神生活，包括继续从教意愿进行研究。以继续从教意愿为例，本书依据态度测量理论、职业兴趣理论与生活质量理论提出研究假设，具体根据布鲁姆教育目标分类学中情感领域目标的五个层级选择了中间层级"评价—信奉"理论设计农村幼儿园教师"继续从教意愿问卷"，问卷的信度（Cronbach's Alpha=0.833）良好；根据霍兰德职业兴趣理论、生活质量理论设计了农村幼儿园继续从教意愿"影响因素问卷"，问卷的信度（Cronbach's Alpha=0.778）和结构效度（KMO = 0.868，Bartlett 检验达到极其显著性的水平）良好。为人们探讨农村幼儿园教师的精神成长规律提供了一个可供参照的工具。

②定性研究

第一，人类学研究。人类学（ethnography，也译人种志、民族志等）研究是对人以及人的文化进行详细的、动态的、情境化描绘的一种方法。（陈向明，2000）人类学研究包括整体民族志、交流民族志和认知人类学各种分支。人类学研究对象主要为弱势力群体（如落后民族、弱小民族、少数民族、黑人社区等）。早期，人类学接近于生物学的分支学科，第二次世界大战后人类学研究开始着眼于解决社会问题。当代的人类学研究承担着呼吁社会公平和平等的重任。（张红霞，2009）人类学家玛格丽特·米德是最早将人类学的研究用于教育领域研究的人，她研究了学校及教师的角色问题。教育人类学研究注重在田野中即自然情境中收集数据，注重从各种复杂的背景中描述现象，强调当事人的观点即"本土观点"，采用多种方法和技巧，包括参与观察、非结构性访谈、生活史研究、绘图，研究过程开放灵活。

本书借鉴人类学的田野研究方法，关注作为弱势力群体的农村幼儿园教师的生存状态，注重在现场中，即自然情境中收集数据。本研究团队的课题组成员有的本身就生活在农村地区，可以以"局内人"的身份对研究对象进行观察、访谈等研究，有的是大学教师或科研工作人员，他们则以"局外人"的身份进入现场，与当地的农村幼儿园教师建立朋友关系，在一段时间内参与他们的生活，对他们进行观察以及半结构的深度访谈。

附：研究日记一则（2017-1-24）

为了进一步掌握田野研究的方法，2017年的寒假，我从图书馆借了一堆质性研究的著作提升自己的研究素养。加拿大女学者宝森介绍她在中国田野研究的经历给我留下了深刻印象，下面是她的叙述。

"我田野考察的质性方面促使我在村里尽可能多呆些时间，访问并观察不同的活动。我几乎每天都在村里吃饭，并应邀在许多人家吃过。我观看菜园、猪圈并上厕所。我也应邀参加婚礼和其他庆典。我参与并观察人们的日常生活。我最珍爱的一些回忆是在学校校园打篮球，观看孩子们玩斗蛐蛐，爬山去找野蘑菇，同一群朋友坐在街边或院子里聊一聊。我对割稻时节的酷热和疲乏也有清晰的记忆。参加村务会议较不费力，但它们又长又慢。我走访各地各种场所，赶集，拜访在城里有工作或公寓的村民的亲戚。我也同镇官员一起开会吃饭，复印镇办公室档案，购物，并骑着我的自行车转悠，参观当地寺庙和恐龙博物馆，并坐马车和公共汽车。在城里，有人请我将政府旅馆的名字和恐龙博物馆的简介翻译成英语。镇官员也邀请我参加并拍摄当地的文艺演出，来自禄村的表演者同镇里其他村争夺奖项。涉足城镇生活，并没有使我感到我是远离了村落生活的，因为我通常在那里碰到村民们，并了解到他们到那里购物、走访或做其他生意的频率"……"经过 10 年的田野考察，我对村里许多老朋友的拜访都是令人兴奋和非正式的，而我同官员的联系则更疏远些。"[110]

从以上研究过程的介绍，我感到人类学研究的不易。作者经过了 10 年才完成资料的搜集，虽然期间断断续续，但她搜集的资料很全面。她 1989 年初次来到禄村，1990 进行为期数月的研究，1991 和 1993 年，搜集了许多妇女生活史的资料，1995 和 1996 年，再次回来时进行了更多访谈，还参加了婚礼，进一步从总体上了解村里生活与变化的各个方面。1999 年的"实地考察正好赶在稻谷收割时节"。

第二，女性主义传记。针对学校和教育的女性主义伴随着 20 世纪 70 年代的"妇女解放运动"而产生，最早关注对学校教育的物理环境、教科书、课堂互动、学校政策等方面进行性别分析，批判性别歧视和性别刻板印象。一些女性主义教育者倡导以深刻的女性分析和本质主义观点为基础的教育教学方法，希望通过女性研究变革课程，实现性别平等。女性主义自传是女性主义与自传理论的结合。关注从传记的角度理解女性教师，包括合作性传记、自传实践、女教师的"个人实践知识"、女教师的生活史研究等。（派纳等，2003）

女性主义是一种研究视角，是研究的方法论和认识论，而不是一种具体研究方法。女性主义研究一般采用社会性别分析的视角与方法。社会性别（Gender）是妇女研究的核心概念，是相对于生理性别（Sex）的概念而提出的，最早出现于 20 世纪 70 年代的国际妇女运动中，20 世纪 80 年代以后逐渐为国际社会所采用。生理性别一般很难改变，而社会性别是社会文化及其制度造就或建构的，社会性别会因社会文化形态和发展状况的不同而发生变化。社会性别是指"一个特定社会中，由社会形成的男性或女性的群体特征、角色、活动及责任"。[111] 社会性别分析就是揭示男女之间存在的社会性别角色、活动、需求和机会方面的差异，揭示性别之间的不平等[112]。西方的女性主义研究在经验来源、研究目的等方面不同于传统的社会研究，即以女性经验作为经验来源和理论来源，研究的目标为女性。在我国以往的性别研究中，照搬西方的女性主义理论来分析，把女性与男性分别开来论述，过分强调女性的性别特质及其文化自足性，忽略了女性与男性或传统中国男性中心的家庭结构之间的联系。这是一种矫枉过正的研究，它脱离了动态而多样的社会背景，反而在客观上造成了中国女性特殊性的遮蔽。如，中国女性的内部空间与男性的外部空间的差别，颇不同于西方用来划分的"家庭的"和"公共的"两个领域的界限[113]。而社会性别是渗透的、贯穿历史的，它是今天研究历史不可缺少的一个重要视角。因为它不仅关注社会性别关系结构中两性的权力关系、气质规范，更抛弃了孤立看待妇女和性别的陈旧方法，把社会的性别关系视为经济的、阶级的、民族的等有关系的相关联范畴。通过社会性别的启示，历史研究应该运用多视角、多学科和跨学科的方法，更加注重妇女的经验以及与之相关的社会现象[114]。

李小江区分了社会性别分析与性别分析两个概念，认为"'社会性别分析'仍然只是一种批判的武器，在理论上有先天缺陷，不过是女权主义的变种"。"而性别分析属于方法论，是可以和阶级分析方法相类比的。性别分析需要一个更高的起点，一个更加宽阔的胸怀。一旦进入性别研究，你的研究对象就不会再停留在'女人'这个范畴内，立场也会不断地置换，无论在政治上还是在文化上，对妇女研究都起着一种消解的作用。"李小江认为这两种研究是"并存"的，"不可相互替代"。[115] 强调人文关怀是性别分析视角的特点之一。性别分析视角的人文关怀不仅针对女性，同时也针对男性。研究时会顾及男女双方的视角。因为"两性关系的和谐，既不能以男性压倒女性的方式实现，也不能以女性反扑男性的方式实现，而是男女双方都反思自身性别所存在的问题，走向

觉悟，共同携手为促进两性平等而努力"。（陈学明等，2015）

本书第三章第三节的个案运用了性别分析方法，考察改革开放以来福建省农村幼儿园教师生存状态的变化，意味着如下两点：一方面，个案研究时不是仅仅关注农村幼儿园教师（几乎全是女性）客观的生存状态，同时也了解研究对象的男性朋友、配偶的情况以及男性乡民的看法，在与男性的比较中确定其生存状态。另一方面，把农村幼儿园教师看作一个弱势群体来加以研究，如果有合适的研究对象，不排除对农村幼儿园男性教师的研究。第二节也在一定程度上运用了性别分析的视角。

第三，微观史学。世界教育史学研究日趋微观化[116]、生活化[117]，传记文学则日渐关注人物的"精神世界"[118]，历史上教师与学生的教育生活，能够给予今天的教育改革以启迪。但是我国教育史长期以来只由教育思想史和教育制度史组成，缺乏人的教育生活史。[119]微观史学是20世纪七八十年代在西方兴起的一股新的史学思潮，"微观史学"一词最早由卡洛·金兹伯格（Carlo Ginzburg）等人提出。作为微观史学的代表人物之一，卡洛·金兹伯格的方法论思想包括以小群体或个人为研究对象，注重史料的特殊性和多样性，以记（提）名法（nominative approach）和推测范式（evidential paradigm）为主的研究方法，以及肯定叙述是最好的表现形式，等等。提名法是指"缩小历史考察的规模到可以精确地确认身份的个人"[120]；推测范式"其完整的意义包括假设、迹象和直觉"。金兹伯格认为："历史学家的知识……是间接的、基于迹象和零碎的证据之上的、推测的。"[121]微观史学强调"以小见大"，通过叙述的事件、人物或家族、社区以揭示其社会和文化内涵。本书第二章、第三章借鉴卡洛·金兹伯格等人的思想作为方法论[122]，对不同历史时期的农村幼儿教师的精神文化生活的变迁进行了梳理，以为"学前教育史"补充生动的"人的文化生活史"资料，为教育行政部门采取更精准的措施提升农村幼儿园教师的精神生活质量并促进农村幼儿教育事业的稳步发展提供借鉴，在与每一位属于弱势群体的农村幼儿园教师相遇、互动与交融中倾听其真实的体验，促进其主体精神的不断生成。这两章以叙述为主要的表达方式，挖掘历史时期农村幼儿教师个体的文化生活史。但同时不滞于对个案本身进行阐释，也把个案教师放到历史脉络中，结合各种档案材料与文件等来揭示历史时期农村幼儿教师的文化生活面貌，"深层次地发现农村教师与村落、地方乃至国家之间的互动"[123]。而且，对农村教师个人生命史的关注也有助于探讨其精神状态的形成过程和影响因素[124]。本书把教师的"生活史"和档案材料紧密结合，使之相互印证。

第四，叙事研究。叙事研究有丰富的含义，莱布里奇认为，"叙事研究是指运用或分析叙事材料的研究，叙事材料可以是一些故事（如一次谈话中听到的或阅读文献著作时了解的生活故事），也可以是其他方式收集到的材料（如人类学工作者进行田野研究时所作的观察记录或了解到的个人信件）。"[125] 本书第二、三、四章综合运用文本叙事（实习日记、教师自记或传记、历史档案、原始文件等）、声音叙事（口述史料）、影像叙事等各种不同形式的叙事材料探究不同年代农村幼儿教师精神生活的状况及其当下意义，"克服运用逻辑语言进行教育学写作的局限，为普通教师、学生以及其他读者提供一种能让他们参与进来的生活语言风格的研究文本"[126]。

2. 资料收集

第一，深度访谈。把非结构访谈和半结构访谈结合起来。非结构访谈不确定一个非常明确的访谈计划，研究者与被访者就某一大概的访谈主题进行自由式漫谈；半结构访谈是按照事先设计好的访谈提纲，研究者与被访者线条明晰地进行交流。第一次完整的访谈均采用面对面访谈，在整理资料的过程中遇到一些疑惑随时会通过电话与访谈对象交流。此外，也参与高师及实习支教点联合举办的各类讨论活动。

在整理资料前进行资料编号，标明资料的类型、访谈对象的信息、收集资料的时间、研究者的信息、资料的排列序号。如对燕子老师的第二次访谈的资料编号信息为：YZ-FT1-2016.05.17

访谈 1

访谈者：×××

访谈对象：S 幼儿园燕子老师

访谈时间：2016 年 5 月 17 日

访谈地点：S 幼儿园园长办公室

录音长度：1 小时 39 分 11 秒

录音转录：×××

表 1.3-1　受访教师的基本情况（按出生年份排序）

姓名	出生年份	初始学历	入职年龄	入职年份	累计从教时间	身份与专业生活史	访谈时间
蔡美君	1930	简师	20	1950	38	小学公办教师，1954 年创办省第一所农村幼儿园，1987 年退休后仍继续服务到 1992 年	（访谈蔡美君老师的大女儿）2019.7.2
春华	1952	初中	18	1970	37	本村民办教师，1990 年转正，2007 年退休	2018.6.22 2018.6.25
小珍	1954	初中	15	1970	24	本村民办教师，1970—1979，1990 年以后自办幼儿园，2005 年因病停办。2006 年，她女儿放弃公办小学教师不做，依母愿创办另一家幼儿园	2018.5.11 2018.6.6 2018.6.22 2018.6.25
陈金秀	1963	职高	25	1987	32	1979 年高中毕业后务农，1984 年考上县职高幼师班，1987 年任本村民办教师，2003 年在原址上自办幼儿园	2018.3.16 后多次微信交流
洪雪英	1979	幼师	19	1998	21	本乡公办教师，2006 年当副园长，2015 年回到家乡的新园当园长	2015.9.25 2016.4.13 2016.5.20—21 2017.1.15
燕子	1981	幼师	19	2000	19	县级市长大，乡镇公办教师，2011 年当副园长	2016.5.17 后多次微信交流

第二，作品分析。一方面对职前职后教师的实习 / 教学日志、日记、课堂观察实录、电子邮件、自传等材料进行分析；另一方面对有关研究对象及其实习 / 工作单位相关的新闻报道、网络文献（如研究对象 QQ 空间、微信朋友圈发布的信息、高师专题网站、地方教育局的网站、幼儿园网站上与实习支教有关的电子文档资料）进行分析。

第三，实地观察。到职前职后教师实习 / 工作的幼儿园进行实地调查，观摩研究对象的一日专业生活，包括教学活动（"家常课"以及"公开课"）和管理活动等，使实地观察资料与深度访谈资料和作品资料形成三角印证，增强研究的信度与效度。

第四，问卷调查。

本研究把农村幼儿园教师的精神生活状态问卷、农村幼儿园教师"继续从教意愿问卷""影响因素问卷"等几份问卷整合在一张 A3 纸的正反面发放。

研究的伦理

在征求研究对象是否同意参加本研究时，我就研究的目的和价值事先做了交流。访谈录音都事先征得对方同意。我与被研究的教师尽可能地建立一种轻松的和互相信任的关系。随着研究的进展，我们的关系也日益成熟，有时我也会与他们分享我的人生体验。我希望在这个研究过程中他们也能从参与研究中有所收益，我把整理好的初稿与他们分享与交流，使我的描述与他们的看法一致。为了保护教师，在最后定稿前所有的稿子我都先给他们阅读。对于年轻的教师我发送电子稿给他们，让他们尽可能根据自己的观点来修改任何他们不满意的地方；对于老教师，我都亲自登门与他们面对面逐字逐句核对与修改，完全尊重他们的观点。此外，因为本书采用微观史学的取向，我倾向于研究对象采用真名，但我没有把我的倾向告诉他们，而是直接征求他们的意见，最后上篇中的 6 位教师，同意用真名和选择采取化名的各占一半。

上　篇

福建省农村幼儿园教师生存状态的历史探寻

第二章 1950—1970 年间参加工作的农村幼儿园教师精神生活叙事研究

第一节 省农村幼儿园首创者蔡美君老师的精神生活

索绪尔认为，作为一个符号的女性的意义取决于它存在的背景，以及它与作为其背景的其他符号之间的差异。[127] 农村幼儿园教师的精神生活也具有历史与文化性，不同时代有不同的内涵。解放初期，我国女性就业率达了史无前例的程度。那时候提出一些响亮的口号[128]，如"时代不同了，男女都一样""妇女能顶半边天""男人能做的女人也能做"等，在时代精神的感召下，涌现出一大批女能人、女强人，本书中的蔡美君老师算得上是其中的一位。一般人只看到她们事业上的辉煌成就，鲜少去关心她们真实的内心状态。本书期待走进福建省第一位农村幼儿园老师蔡美君的生活，了解她真实的精神生活状态，以为今天的农村女教师过上更美好的生活提供借鉴。

一、研究过程

一段时间以来，我一直在漳州市档案馆寻找历史上的农村幼儿教师的踪迹。我输入幼儿园、幼儿教师、妇女工作、三八红旗手等词语，真的在一些教育工作会议材料中查到了好几位教师的信息，她们是 20 世纪 60 年代到 80 年代之间受过表彰的"优秀教养员（即幼儿教师）"，分别获得各级"三八红旗手"

或"优秀保教工作者"等荣誉称号，其中一份"龙海县角美公社石美大队党支部"1982 年的"重视人才投资，抓好幼儿教育"的材料中提到"园长蔡美君同志是个从事幼教工作 20 多年的老教师"[129]。我想她应该是 50 年代就开始从事农村幼教了。果然在另一份文献中介绍："1954 年，蔡美君在当地政府的支持下，办起了福建省第一所农村幼儿园"。[130] 不过，无论是龙海县志、漳州市志、福建省志中都没有对本省第一所农村幼儿园办园时间的官方记载。不管怎样既然是对福建农村幼儿教师进行研究，我想就从这个并不确切的"源头"开始吧。同时，很多历史材料表明 20 世纪六七十年代期间，一般的幼儿园都停办了，但是龙海石美幼儿园一直存在，并且大队在 1969 年开始重视幼儿教育，并于 1978 年获得了省首批重点幼儿园（一共两所，另一所是福州儿童学园）称号。[131] 从《中国教育年鉴（1949 — 1981）》来看，中华人民共和国以后我国幼儿教师队伍的统计数据到 1965 年后中断了 7 年，直到 1973 年才重新开始。福建省农村教师队伍的统计是从 1965 年中断，1973 年才重新开始的。[132] 可以说，石美幼儿园的存在为研究历史时期农村幼儿教师的生活提供了难得的资源。经过打听，很遗憾地了解到石美幼儿园的创办者蔡老师已于 2015 年离世，幼儿园最初的一批元老也仅有两位老师——小珍和春华老师在世。本书主要通过查阅史料，通过对蔡老师培养起来的两位老师的访谈，以及通过对蔡老师的大女儿金百玲老师的访谈来间接地反映蔡老师的精神生活。

2018 年 6 月 25 日，春华老师的儿媳开车送我、小珍老师、春华老师三人到石美幼儿园寻访。一下车，出现在眼前的是一栋高大的建筑，"石美幼儿园"几个大字在建筑的侧墙上需要仰视才能看得见。幼儿园铁门紧闭。我们在门口叫保安开门，似乎没人答应。这时里面出来一个人，自动门开了一下，但马上又关了。太阳火辣辣地照在我们身上。小珍老师赶紧走到马路对面的一间房子里躲太阳。春华老师和我仍站在园门口，我赶紧打电话给李园长，一会儿她下来了，她告诉我们当天是幼儿园报名日，很忙。但她还是热情地去找来了幼儿园的两本旧相册，她说以前的荣誉证书等都没有了，只留下一些照片。她也找到了一本《八闽英模录》（1992），里面有蔡美君园长的事迹。她说有两本一样的，这一本我可以拿回家看。还说如果我去年来还可以看到老园的面貌。今年刚搬进新楼。没有看到老园，我并不遗憾，农村幼儿园越办越新，规模越来越大，是令人欣慰的。但遗憾的是这所幼儿园的历史只剩下几张照片。现任园长对幼儿园过去的了解可能并不比我多，老师也不知道这所幼儿园是哪一年从民办变为公办园的。这是我感到意外的。每一个幼儿园的优良传统都应该得到继承和发扬，站在前辈巨人的肩膀上，才有可能看得更远。我想起在香港参观幼儿园时他们的园史资料做得多么翔实和精致啊！精装本的园史包含了每一位园长的介绍，每一年的大事记，每一次来访者的合影与文字记录……

小珍老师陪我见到了蔡老师的大女儿金百玲老师。我与小珍老师表示想与蔡美君老师的儿女聊一聊，听听他们对妈妈的回忆。小珍老师很快回复情况：蔡老师的大儿子拒绝了；但蔡老师的大女儿金百玲老师同意与我见面。金老师1948年出生，小时候曾是文艺宣传队队员，擅长舞蹈；初中时期，喜欢到图书馆阅读各类图书。1966年到程溪上山下乡，一年多以后改到石美，当了5年农民。1973年开始担任石美小学教师，1978年转为以工代干教师，调至溪乾，1979年参加知青考试转为干部，在溪乾是小学的全科教师，语文、数学、音乐、美术、舞蹈等都能教，跳过《蝶恋花》独舞。1986调回县城的石码中心小学。曾经参加语文教师作文比赛获得特等奖，指导学生参加省级数学比赛获得三等奖。金老师2003年退休，现在身材苗条，精神矍铄，常练毛笔字、做健身操。2019年7月2日，小珍老师和我约好上午九点在"锦江影剧院"门口见面。我带女儿从漳州出发（意在让她感受一下老一辈吃苦耐劳的精神），她从角美出发，我们都提前到达了约定地点。当我们到达金老师所住的小区时，她已经到一楼接我们，一见到小珍老师，她们两位老人就紧紧地拥抱在一起，据说她们有四十年没见面了。我们从9点一直聊到12点，金老师一直在说，我没有主动提问，只是顺着金老师的回忆适时追问，任凭她自由地诉说。可能很多年没有与人聊过她妈妈的事情了，老人有许多的话要说。后来我整理录音时发现，她反复提到了两句话："我妈妈一心扑在工作上""我妈妈就是这样严格"。

二、蔡美君老师小传

龙海县的县长曾对金老师说："你妈妈是名人，我去省里面开会，我坐在底下，你妈妈坐在台上。"作为时代名人的蔡美君老师有着怎样的一生呢？

抗日战争时期来到福建

蔡美君1930年（属马）出生于广东省汕头市，小时候家里比较贫苦，当过童工。抗日战争期间因为日本占领了广东汕头，她的妈妈带着她逃难到福建省云霄县投靠亲戚。金老师说她外婆带着她妈妈跑到云霄后，外婆在当地做牧师，妈妈蔡美君就在教堂里帮忙弹琴，后来读了云霄简易师范，认识了她爸爸。刚解放时，她爸爸在角美公社的蔡店小学工作，是全县工资最高的小学教师。

立志献身农村幼儿教育

1950年，蔡美君从福建省云霄简易师范毕业后，来到石美小学任教。期间她对学前教育产生了兴趣，她觉得自己更喜欢天使般的幼儿，开始自学学前儿童教育理论，于"1954年在当地政府的支持下，办起了福建省第一所农村小学附属公立幼儿园"。1969年（《八闽英模录》中写1969年，春华老师回忆也是1969年，但县志中写1968年），她又在石美村（当时叫大队）办起了幼儿教育试点班（1 班 40 人）。由于她从小有文艺才能，又能说会写，心灵手巧，试点班取得了成功。1971 发展到 17 个班，每个生产队一个班，幼儿 500 多人，教养员 24 人，使石美成为全省最早普及幼教的村庄。1972 年将混合班按村落编为 9 个班，共有 18 名教养员。在村部旁边的班叫作中心班，就读的是 13、14 两个小队的孩子，中心班由蔡美君和小珍两位老师任教。

担任农村幼教辅导员

当时条件极差，但蔡老师坚信"哪里有可爱的孩子，哪里就有她的事业"，没有教材，她自己编写；没有玩具，她自己设计制作；没有专业教师，她毛遂自荐担任辅导员，自己承担起 20 余名民办幼师的业务辅导工作。她还为本县和外县培训民办幼师共 212 人。建园以来，她先后接待美国、菲律宾、新加坡等地侨胞和省（市）内外（包括北京、江苏、浙江、上海、江西、广东、本省等）各有关单位来园参观访问共千余人，传授经验 400 余次。（《八闽英模录》）小珍老师回忆说："我和蔡美君老师还要开大课。那时候哦，那个公共汽车像排队一样的，三明呀，福州呀，哪里的都来了。蔡美君老师就是讲故事课《小马过河》，我就是唱歌课《聚宝箱》，两人就配合两节课，（听课）老师有 100 多个，都在礼堂里开课。"1975 年国家卫生部领导林佳楣到园观看自制玩具展。[133]

探索文艺教育与混合班教育

蔡老师"善于寓教于乐，用文艺的形式激发幼儿学习兴趣。她编写的教育小节目，曾为来宾演出了 800 多场，传誉国内外"。联合国教科文组织成员"含泪观看了缅怀周总理、想念毛主席的幼儿歌舞表演，连声赞誉道：'中国农村幼儿教育 OK!'"（《八闽英模录》）她还擅长思考与总结自己发展农村幼儿教育的经验，撰写了有关论文。春华老师回忆："那时候（1969年）刚组织起来都是混合班，最初还不懂得什么混合班教学，就是合起来做一些游戏，唱歌，同样的内容。后来蔡老师就研究混合教育，开始分年龄段进行，一般从大班的哥哥姐姐先教，比如说计算题，大家一起听，听完他们做自己的事情；中班就给他们教画画，让他们去画；然后再带小班游戏，一堂课当中就要三个模式，三个内容。到1977、1978年我们中心幼儿园正式建好后才分小中大班。中心园来上学的孩子不多，中心园下面的那些园仍然是混合班。"

在石美种下一棵"大树"

"不管是平静的岁月，还是其他时期"，"她始终像一个本分的农民，希冀的只是一块属于自己的'田地'"，以便给孩子们播下智慧的种子。在蔡老师的努力下，石美幼儿园从借用民房、孩子自带凳子的幼儿园发展成为了福建省20世纪70年代唯一的省级重点民办幼儿园。1976年石美村创办中心园，办有4个班。1977年幼儿园成为福建省教育系统先进单位，并被评为农村民办示范性幼儿园，获得一笔资金开始兴建新园舍，再加上蔡老师的多方筹措，于1978年落成"全省农村第一座幼儿教学楼（一期工程为一幢两层楼房），面积1051.49平方米。蔡老师个人也荣获全国先进儿童教育工作者、全国"三八红旗手"、省劳动模范等50多项荣誉称号，还曾当选为省人大代表、省妇联执委和漳州市政协委员。1987年，蔡老师退休了，之后继续在幼儿园担任顾问工作。

家庭的不幸遭遇

金老师有一张全家福，是她妈妈蔡美君生日的时候她大哥照的，照片中有祖孙四代21人。蔡老师一共生了4胎6个孩子。金老师说："我跟我大哥是双胞胎，中间就一个那么胖的弟弟，再一个妹妹，那后面小妹妹在上海，也是双胞胎。"金老师讲到她妈妈一心工作，从来没有亲自带过小孩，两个男孩请她的三姨婆带，四个女孩都是雇保姆带，她由保姆带到 3 岁回到奶奶身边，她的双胞胎妹妹是两个保姆分别带，其中一个保姆喜欢小孩子，她妈妈就把妹妹送给保姆了，结果不久就夭折了。回忆起那个妹妹金老师还有些伤感。

有一篇早年的报道中提到：蔡老师有着美好的愿望，然而现实生活却并不那么五彩缤纷。她的丈夫因工作失误被开除公职下放劳动。不明真相的人们逐渐疏远了她，冷言冷语代替了昔日的敬重。特别是"有一回，一名小朋友的父母很晚很晚才来接孩子。蔡老师安慰着焦虑不安的孩子，并陪在孩子身边，可孩子的家长没有一句感谢话，接走孩子时还甩下冷冰冰的话……蔡美君伤心地哭了。回到家里，她咽不下饭，把历年积累下来的资料全撕了。她发誓，再也不当幼儿园老师了，宁愿当一辈子的农民"。（林谦能，1997）

关于父亲的遭遇，金老师做了解释："1961 年啊，好像是海啸，我奶奶有一个棺材要搬到楼上。平时都是我们小孩子跟奶奶在一起，（海啸那天）我爸爸在带龙海初师的学生实习，临时跑回来搬啊，后来大水了，就不能回去看学生。第一层全部是水。我们在楼上看见船在街道上开。结果就是人家用这个作为理由把我爸爸开除掉。他有一点小问题，但是我们不是主观犯错。我们也不是成分不好，我们家庭里面真的是四代文人出身，我的祖辈是从很远的地方来的，我的爷爷的爸爸就开始教书，是清朝的贡生。我爷爷也是教书的。石码打石街中间那个庙门口的对联是我爷爷写的。我们祖上还是有很多文化底蕴。20世纪 50 年代的时候，我爸爸在县进修学校专门研究语文教学的，1961 年的前后才调到龙海的初师学校那边教语文。"他们的老房子里还有政府奖励的一个"教育世家"的牌匾。可以说蔡老师的家庭文化氛围是较好的。

家里面有一人被开除公职，全家人都受到影响。金老师说："妈妈有一段时间受到了很大的打击，（后来很快振作起来）她那个时候工作很拼，都是靠她自己拼出来的。"

蔡美君老师长期以园为家，上班时间一个人住在幼儿园里面，退休后仍然在幼儿园住了 5 年。因而在外人眼里，她的人生是很孤独的。

三、蔡美君老师精神生活叙事

（一）心理生活

满意：建成了名副其实的幼儿乐园

从已有的文献来看，蔡美君老师作为公办小学教师，工作期间对学前教育产生了兴趣，主动投身幼儿教育，她"觉得自己更喜欢天使般的幼儿"，她坚信"哪里有可爱的孩子，哪里就有她的事业"，在持续努力下，她的幼教事业收获了累累硕果，她对自己的成就应该是满意的。如 1997 年，蔡老师是如此向采访者介绍 1978 年新落成的石美幼儿园的："园内设备完善，布置适宜，大小型游戏器具多种多样，树木苍翠，花卉争妍，成为名副其实的幼儿乐园，为全省村办幼儿园做出示范。当地一位老农感慨地说：'我第一次看到农家孩子在这样美的幼儿园生活。'"（《八闽英模录》）可以看出，蔡老师当时以及后来对新园所的硬件设施是很满意的。

严格：对教师的素质和儿女的成长

金老师 3 岁前是保姆带，3 岁后由奶奶带，只有在当知青之后在石美生活了十几年，和妈妈相处了几年时间。那时候她很怕妈妈，最大的感受之一就是妈妈对人对事要求十分严格，追求完美。她对妈妈的严格记忆犹新。

"我以前协助妈妈排宣传队的节目，一到演出我就很紧张，每个节目的要求都不一样，队列队形也不一样，有的是横着排，有的要斜着排。哪个地方稍微一点点不足都不行，她就在舞台上很严厉地批评，真的受不了，一个人要应付十多个节目，包括服装，包括道具，我已经很伶俐了，她说不行，就批评得很严厉，所以我感觉跟她相处很难。有一次在角美的戏台上，我看小朋友已经很好了，我妈妈就说不行，一遍一遍重来，十遍八遍就这样。连那个文化站的站长都看不下去。

"我以前从来没跟我妈妈在一起，只有寒暑假在一起，我妈妈对子女怎么严格的？只要我的通知书的评语里面有一两句稍微有点不好，她就要骂整个暑期。我跟她在一起不怎么敢说话，经常提心吊胆。她什么都管，我又性格比较乖，都听她的，我没有办法。所以我一结婚，马上就要离开。我怕长期跟我妈妈在一起很难相处。妈妈脾气好一些，我也不用离开。石美那里的老师都知道，就是说我妈妈很严格。"

小珍老师和春华老师也一致认为蔡园长很严格，她制定了严格的规章制度，且要求老师任何时候不能"打破"，如年段计划、班级计划、周计划、教案等都要齐全，教案不能有一个错别字；工作期间不能因任何事情请假、要提前半小时到园、上课期间（那时候一节课 35 分钟，课间休息 15 分钟）不能做任何与工作无关的事，包括喝水（下课休息时才能喝）等。如果达不到蔡老师的要求，就会被严厉批评。

（二）文化生活

1. 职前教育

蔡美君老师 1950 年从云霄简易师范毕业。关于简易师范的学制，不同时期要求不一，清末《奏定初级师范学堂章程》规定简易师范以培养小学（初小）师资为目的，入学学历要求仅为高小，学制一年。[134]20 世纪初教会学校的简易师范在福建省至少有 15 所，有的师范科学生最多只有 10 个小时来做有关教育学的各种作业。[135]1946 年初，民国政府颁定《各省市五年师范教育实施方案》，计划"师范学校由省办，简易师范由县办……每县至少设立简易师范一所，每校至少 6 班，每班 50 人"。[136] 民国时期简易师范学校，修业年限 4 年，招收高小毕业生。附设简易师范科，修业年限 1 年，招收初中毕业生。[137]中华人民共和国成立以后，根据 1952 年 7 月教育部颁发试行的《师范学校暂行规程（草案）》和《师范学院教学计划（草案）》等文件精神，我国逐步停办了简易师范（即初级师范）。金老师说因为时局动荡，妈妈在简易师范读了两三年，不知道毕业没有。蔡老师读的简易师范应该属于民国时期所办的简易师范，根据当时的课程标准，设置的课程有国文、数学、地理、历史、博物、化学、物理、生理及卫生、体育、童子军、公民、美术、音乐、教育通论、教育行政、教材及教学法、教育心理、测验及统计、地方自治、农村经济及合作、实用技术、实习。[138] 云霄简易师范当时是否按标准设置了这些课程，蔡老师在云霄简易师范究竟学习了哪些课程，目前还不能明确。

2. 教师生涯

金老师大约于 1963 年到石美小学读书一年，那一年跟妈妈在一起，1966 年到程溪上山下乡一年多后转到石美插队，大约从 1967 至 1975 年间跟妈妈住在一起。我问她看到妈妈平时看什么书，她说好像都是跟教育相关的，幼儿教育专业的书，具体什么书她不记得了。我问她看到妈妈业余时间都做些什么？她说妈妈晚上都在备课，周末都在排文艺节目，几乎没有休闲时间。

教育教学实践：自制教玩具 & 直观教学

20 世纪 50 年代，蔡老师刚刚在农村小学里办起附属幼儿园时，她和孩子们只能挤在一间破房子里，孩子们自带凳子入园。"没有教玩具，她常带孩子们上山捡松果、树叶，到河边挖泥，因地制宜地制作出许多富有农村特色的教玩具"（林谦能，1997）。1972年石美村办起了9个幼儿班，其中村部旁的中心班由蔡老师和小珍老师教，蔡老师主要负责教文化课，小珍老师主要教舞蹈和唱歌。"以前我一天要上6节课，上午3节，下午3节课，还要有表演。我们每天的第一节课都是谈话课，老师跟小朋友交谈，今天你家里有什么事情，培养他们的口头表达能力，这一节课很必要，蔡老师很强调谈话，谈话课以后呢就是语文啦，数学啦，看图说话啦，一个上午就是这样。下午第一节课就是学讲普通话课，以后就是听故事、唱歌、舞蹈基本动作，很固定的。做早操所有的班级都是配《小星星》的曲子。"志书中记载："1974年，石美大队幼儿园园长蔡美君自编乡土教材，并带动民办教师利用废物制作500多件精美、实用的教玩具，教育方法生动形象，吸引全村幼儿，受到联合国教科文组织成员及中国妇联领导的赞扬。"[139]

文艺节目创编：传誉国内外

《八闽英模录》中介绍蔡老师编写的"教育小节目"传誉国内外。蔡老师在20世纪60年代创立了小学文艺宣传队，20世纪70年代又创立了幼儿文艺宣传队，她指导老师和孩子们编排了大量有创意的歌舞节目，这些节目不仅对孩子进行爱国主义教育，同时也对农村群众及部队进行思想政治教育宣传，节目主要围绕歌颂党、歌颂社会主义新农村建设方面的内容展开。金老师回忆："石美大队的文艺宣传队在龙海市是比较有名的。我们到龙海的黎明大队拍电影，农业学大寨的时候中央来拍的。有一段石美大队的宣传队在整个龙溪地区都是很有名的，每一年春节石美大队都被挑选去部队慰问演出。"小珍老师记得1975年欢迎林佳楣表演的节目有"欢迎""庆丰收""解放军叔叔，你辛苦了""红色娘子军""各族儿童团结在一起"等。1976年省第一届农村文艺汇演，龙溪地区去了两个代表队，一个是石美农民代表队，一个是龙溪机械厂的工人代表队，代表龙溪地区赴福州演出。蔡老师是文艺宣传队的主要编导。金老师讲到妈妈经常开会："那个时候她的名气在外面很响，在我们龙海很响。那个幼儿宣传队在福建省已经很有名了，那个时候电视还很少，她已经上过电视台了。六几年到七一年这段时间，她经常去福州开会，可能也上过北京，我不怎么清楚，那个时候就是帮她准备东西，知道她要外出而已，她也不怎么讲，我们也不敢问。"

担任培训者：引领农村幼儿教师的发展

20 世纪 70 年代，幼儿园经常有人来参观，小珍和蔡美君老师常在礼堂里开公开课。小珍老师回忆"开大课"的情形：蔡美君老师就是上故事课《小马过河》，那我就是上唱歌课《聚宝箱》，两个配合两节课，礼堂里（听课的）老师有 100 多人"。每年暑假蔡老师都要担任培训者，整个角美公社各大队的幼儿骨干教师都集中到石美来培训。一人一捆稻草，铺在地板上，大家就睡地板。蔡老师给大家开教学示范课，唱歌、数学和语言课、幼儿 10 个基本动作（打点步、碎步、跑跳步、跑马步）等都一一示范。

幼儿园建设：成为"农村民办示范性幼儿园"

龙海县志中记载："1977 年，石美大队中心幼儿园被省教育厅定为"农村民办示范性幼儿园"；是省首批 2 所重点幼儿园之一。现存的照片表明石美幼儿园曾于 1977 获得全国妇联授予的"全国三八红旗集体"称号（1982 年再次获此荣誉）、获得龙海县党委和革委会授予的"宣传工作先进单位"称号（对象写的是"角美公社石美大队红儿班"）、获角美公社党委和革委会授予的"幼儿教育先进单位"称号；1979 年获龙海县党委和革委会授予的"红旗单位"称号。

石美幼儿园目前是福建省为数不多的村级公办幼儿园之一。小珍老师说："这个重点农村幼儿园的大树，是我们蔡老师争取出来的，是我们种的，是我们努力出来的。"金老师说："我妈妈为他们石美大队挣得多少荣誉，包括石美幼儿园能够建起来，也是我妈妈百分之百的力量，到处去求人家寄钱来建一个学校。"

在园专业学习：坚持阅读专业书籍

小珍老师大约是 1979 年离开幼儿园，她回忆 20 世纪 70 年代整个幼儿园只有蔡美君老师手里有一些书，也有订杂志，有"好几本，什么音乐摘要，什么教育"。70 年代及以前的教材主要由蔡老师自己编排。星期六下午大家一起教研时，蔡老师就把下周要教的内容全部教给大家，并一起准备教育教学用具。春华老师 2007 年才退休，她记得 80 年代幼儿园有了教师的集体备课室。"幼儿园已订有更多专业杂志可以参考，有浙江的《幼儿教育》（1982 年创刊）、江苏《早期教育》（1983 年创刊）等。也有教材，还有了国家的"大纲"（《幼儿园教育纲要（试行）》）。一方面园长"舍得买"，"起初是订《早期教育》，别人还没有，我们就有了。后来省编教育（可能指《福建教育》）也出来了。当时园长教学抓得很好，主动四处去收集教育资料。同时她跟上面妇联关系很好，妇联有什么（文件、资料）都会给幼儿园送过来。80 年代初备课可以借杂志，按年段分配。后来杂志与教材就人手一套了。"蔡老师还撰写了有关农村办园途径探索、混合班教学方法、培养幼儿良好习惯、幼儿爱国主义教育等方面的论文。其中《农村幼儿园混合班教育初探》，被选入全国幼教研究会第二届年会《论文经验选编》。[140]

3. 业余文化生活

金老师说自己的爸爸妈妈、兄弟姐妹几乎人人都有文艺才能，20 世纪 50 年代寒暑假时会有一些家庭娱乐活动，到了六七十年代就少有属于家庭和个人的娱乐时间了，几乎所有的时间都在忙备课、忙培训、忙文艺活动。

20 世纪 50 年代：家庭文化娱乐活动

在金老师小时候（1961 年前），每次寒暑假他们全家人在一起会有一些家庭娱乐活动，有的吹笛子，有的敲扬琴（蔡老师），有的拉二胡，有的唱歌，有的跳舞，很热闹。她们全家人每一个都有文艺特长："我妈妈会弹钢琴、会敲扬琴，她年轻的时候就经常在教堂里面弹钢琴，她识谱能力很强，会边弹边唱。我爸爸笛子、扬琴、二胡什么乐器都会，只是缺手风琴和钢琴而已。我大哥手风琴、笛子、扬琴、二胡什么都会，他的毛笔字也很漂亮。我弟弟吹笛子也很厉害。就是我们女的没有学乐器，我们就是跳舞。演奏的歌曲都是当时我们小学教的歌曲、电影插曲，比如《让我们荡起双桨》（电影《祖国的花朵》插曲）、《听妈妈讲那过去的故事》、《我的祖国》（电影《上甘岭》插曲）等。邻居们也会去金老师家看表演。小珍老师还对金老师说："以前你妈妈谱曲，都是你爸爸抄的，还有歌词。"这说明金老师父母都有较好的文化素养，二人琴瑟和谐。

20 世纪 60 年代至 70 年代：没有业余时间

"以前跟我妈妈在一起的时候，她好像工作比较忙，晚上要备课，还要学习，写心得体会，经常学一篇文章就要写一篇心得。如果星期天，星期六有时间她又要自己编节目，排练节目，好像没有什么空闲的时间。暑假她也要经常集中培训别的老师……我们也经常开会，一开会就是二十几天呢。以前暑期都要集中到哪一个学校学习，教育局统一布置任务，在那边吃，在那边住。""所以以前那段时间很多人不喜欢当老师，任务很重。有的时候还要下生产队里边去抄什么表格，那个时候表格很多，落实上面布置的任务都派给老师去做，任务很多，不止教书而已，一直很忙。其他单位晚上一般不像我们这样去备课、开会。到八几年老师才不用晚上经常办公，也不用去开会。"

（三）心灵生活

"不管是平静的岁月，还是其他时期"，蔡美君老师始终坚持在农村幼儿园教育的田地里耕耘。在《八闽英模录》中，蔡老师留下的人生格言是："蜻蜓点水，虽然忙得不可开交，却永远不知道海水的深浅"，似乎表达了她凡事深入钻研，精益求精的人生追求。金老师在回忆妈妈时也反复讲到妈妈为工作而忽视了对家庭的责任和对子女的关爱。而当我问小珍老师最崇拜的人是谁时，她的答案就是蔡老师。

1. 女儿眼中的妈妈

"妈妈一心扑在工作上"

我妈妈就是工作非常认真，一心扑在工作上。石美的幼儿园现在建得那么好，都是我妈妈去争取外面的资金来建，本来石美大队没有钱。石美，整个地区，包括南门（大队），包括带头（大队）都喜欢把小孩送到我妈妈的幼儿园。我妈妈也很聪明，她会画美术图。每个文艺节目，她自己创造。那个毛主席像闪金光，就是她自己设计，然后请小学的郑老师帮忙做。其他很多道具都是我妈妈自己设计、自己制作。还有那个点蜡烛的节目很好看（所配歌曲：天安门上红灯明亮，我在门口抬头张望。望见了首都北京城，放射出万道金光），抓宣传队也是压力很大。有的时候一个节目她要想好久，包括道具怎么做。（小珍老师补充说"表演两个小时要二十几个节目"）那时候没有特技、没有电脑，所以那个毛主席像闪金光演出的时候引起全场轰动，孩子的表演也很到位，连军区里面解放军那个当官的都说，这些小孩子太厉害了，动作到位，姿态到位，表情到位。以前没有手机拍下来，要省里的资料里面才有。

"妈妈对家庭上没有什么帮助"

我妈妈工作认真到什么程度？以前我奶奶生病，我妈妈为了工作也没有回来。我小学刚毕业就照顾我奶奶一年，奶奶去世以后又守了四个半月。我大哥结婚，她都没回家，她就是出去演出了。我的转正是靠自己的努力。我哥哥后来调到石码的实验小学当教导，他也是靠自己的。原来我那个弟媳妇也是在幼儿园教书，我妈妈不够满意，后来把她辞退了，没有帮助她转正。我妈妈就是荣誉很大，却没有帮助子女什么。她就是一根筋，为公家的事情，真的是全心全意，20世纪七八十年代我妈妈工作很出色，在我们龙海她确实是最好的。那个宣传队一演出，整个礼堂特别是在解放区那个大礼堂，马上静悄悄的，大家都全神贯注地看。以前福州的记者曾经下来采访过她。

"家庭是妈妈事业的支柱"

她一心扑在工作上，家里面什么大事小事都不管。一般都是家里人帮她忙，所以没有后顾之忧，老人帮她带小孩子，后来老人老了，我们长大了。我爸爸去世以后，她才刚刚学做饭。我跟她在一起的时候，她的衣服从上到下、从里到外都是我洗。她以前出门开会，她的包包里的东西都是我替她准备的。所以她工作为什么会那么出色，实际上跟家庭是她的支柱有关系。但我妈妈从来没有对我有一分的帮助。我是双胞胎，是保姆带的，从小没有吃过妈妈的奶，我又挑食，小的时候非常瘦。我三岁后跟奶奶，我妈妈虽然在幼儿园教书，但是我们没有读幼儿园，后来自己在石码读书单独住。我没有感觉过我妈妈的母爱。我后来也能够理解。她遗传给我们的就是能力比较好，智商比较高。我们兄弟姐妹几个都是很会读书的，都是接受能力比较强的。

2. 同事眼中的园长

"崇拜她" & "严师出高徒"

我问小珍老师："您最崇拜的人是谁？"她说："我的工作要向蔡美君老师学习，她工作很认真，一丝不苟。她很努力呢！你知道吗，我在她那里学到了很多东西！"我再问："那您崇拜她吗？"她说："对呀，崇拜她！"我感觉到小珍老师对蔡老师有一种发自内心的崇敬和感恩，也为曾经与蔡老师共同努力取得的成就而欣慰。相比后来自己办幼儿园15年的压力与艰辛，在石美幼儿园那一段"风风火火"的岁月，却是小珍老师心情最好的时光。当春华老师经过长期的努力终于通过转正考试时，她也深刻认同"严师出高徒"，认为"如果蔡老师没有那么严格要求，我要去参加考试，（可能）考不出什么来"。因为蔡园长对教师素质有非常高的要求。春华老师也讲到后来家长对幼儿园"很好评"，包括隔壁村孩子的家长。

3. 后人眼中的遗憾

"事业上成功，人生不成功"

小珍老师和春华老师一致认为蔡老师事业上成功，人生不成功。晚年，蔡老师曾对美珍说："美珍啊，我老是自己一碗饭、一碗菜，我没有享受天伦之乐，没有一家人坐在一起吃饭。"春华老师说："她亲情比较淡，可以说没有亲情。她对女儿、对儿子都不好。"金老师说："以前跟我妈妈在家里，我们子女，一般跟她没有随便乱讲话的习惯，如果她不满意就会发脾气，所以我们子女跟她也不怎么沟通。我大哥实际上跟我妈妈住得比较多。我妈妈暑假寒假回来，他们住在一起，平时也是没有住一起，是后来退休了才一起住一段时间。"聆听金老师的回忆之后，我能够理解她与妈妈的互动模式了。可以说，蔡老师一辈子培养教育别人的孩子，却没亲自抚养过自己的子女，子女们跟她在感情上还是比较隔膜的，另一方面子女们对她也有着敬畏之心。不过，在她生病的时候，大儿子、大女儿和其他子女对她的照顾仍然是尽心的。晚年她的小儿子跟她一起住，很辛苦地照顾她，结果自己也和妈妈一样生病了，在他的妈妈去世之后，仅隔30小时他也因心脏衰竭离开了人世。

此外，春华老师也表达蔡园长对老师们要求太严格，有点没有人情味的观点。金老师也讲到妈妈心直口快，有什么问题马上讲出来，不会拍马屁，得罪了一大片，包括县里的各级领导。

四、研究结论与思考

（一）蔡美君老师精神生活状态小结

本研究的结论主要通过二手资料而获得，即通过关于蔡美君老师的文献和采访与她亲近的人而获得，其准确性肯定比不上采访她本人，所幸这些资料中包含了她在世时别人对她的采访资料，而所访谈的三个人有她的女儿和长期相处的同事，还是可以从中窥见她的比较真实的精神风貌。主要结论如下。

蔡老师在1954—1992年从事农村幼儿教育的38年中，其精神生活是一个矛盾的组合：存在着专业生活质量与家庭生活质量的巨大差异，即表现出事业的辉煌与人生的孤独的反差，事业上的成就感的满足与亲情上归属感和自尊感匮乏的反差，她对事业追求的过程中一直伴随着情感上的焦虑，表现出脾气"不好"。儿女认为"妈妈工作是很出色"但"对家庭上没有什么帮助"，同事认为她"事业上成功，人生不成功"。

一方面，她热爱幼儿事业、关心儿童的成长，在工作上取得了很大的成就，专业生活质量非常高。主要表现在以下方面。第一，心理体验方面。喜欢学前教育，并对自己的工作成就感到满意。相对小学教育，蔡老师更喜欢学前教育。她对 1978 年新落成的石美幼儿园的硬件设施满意，称其为"美的幼儿园""名符其实的幼儿乐园"，她对石美幼儿园成为"农村民办示范性幼儿园"也是感到欣慰的。第二，文化生活方面。蔡老师从简易师范毕业，其入职时的初始学历在 20 个世纪 50 年代的农村幼儿教师中算是比较高而且是正规的；她在几十年的教师专业生涯中一直坚持教育教学实践研究，在教玩具制作、直观教学、文艺节目创编、教师培训、示范性幼儿园建设等多个方面取得了出色的成就；她的教师生涯中一直牺牲娱乐休息时间，坚持专业学习，笔耕不辍，在从教 32 年（1982 年）时仍有论文入选全国幼教研究会第二届年会《论文经验选编》。第三，心灵生活方面。蔡老师从 1954 年创办全省第一所农村小学附属幼儿园至 1992 年实际退休（1987 年退休后仍在园服务 5 年），从事农村幼儿教育共 38 年，女儿认为"妈妈一心扑在工作上"同事对她在事业上取得的成就表示"崇拜"和感恩。反映 20 世纪 50 年代的农村幼儿教育工作者无私的奉献精神。

另一方面，她的精神生活也存在一些问题：第一，家庭情感生活质量比较低。蔡老师长期以园为家而忽视了对家庭的责任和对子女的关爱，导致与子女的感情比较隔膜。她没有很好地平衡事业与家庭的关系，没有亲自承担养育儿女的责任（虽然也出钱雇请保姆带小孩），导致孩子们没有形成对母亲的正常的亲子依恋。此外，蔡老师有很强的家长专制作风，对儿女过于严厉，导致双方缺乏正常的亲子间的情感交流。第二，蔡老师对教师过于严厉，缺乏情感上的关心。蔡老师作为园长可能存在一定的官僚作风，在幼儿园管理上制度过于严格，批评人时有些不近人情。在一定程度上降低了双方的精神生活质量。

（二）蔡老师精神生活状态形成的原因分析

1. 时代背景：国家的道德价值取向

蔡老师对事业的奉献精神的形成可能与当时国家的价值取向有关。计划经济时代，国家文化深入乡村民众的日常生活，传统上小型、半自治而独立的农村社区文化，慢慢地被以中央政府为主的强调政治思想和集体利益的大众文化所取代，那个时代道德生活的道义性取向相当明显，责任意识、奉献精神弥漫于道德生活之中。[141] 蔡老师人生的孤独在一定程度上也是时代造成的悲剧。原本她与丈夫是琴瑟和谐的，但她丈夫因为一些时代原因被开除公职后，不仅影响夫妻感情质量，尤其加重了蔡老师养家的负担。她有六个子女要抚养，因忙于工作，所有的子女都要请保姆带，这是一笔不小的开支，她必须拼命工作，才能有足够的钱养家，因此无法把孩子带在身边，从而造成了与子女感情的隔膜。

2. 社会空间：男女不平等的社会观念仍然存在

蔡美君园长的人生的孤独其实是社会上许多成功女性的共同代价。很多成功女性，被人称为女强人之类的，大多是独身，即使成了家的也很难得到家庭的理解与支持。20 世纪 50 年代，我国虽然在法律上实现了男女平等，提出了"妇女能顶半天边""男人能做的事情女人也能做"等口号，在时代精神的激励下，出现了很多在中国历史上从未有过的"女强人"。但男女平等并没有真正成为人们普遍的价值认同。社会为女性的成功设置了更多的障碍，女性要成功必须付出比男性更大的努力，因而也承担着更大的工作压力。情感上的焦虑可能也与工作压力大有关，因为她的事业只能成功，不能失败。因此，影响蔡老师的精神生活状态的，除了特殊时代的原因，男女不平等的社会观念仍然存在也是根源之一。

3. 人际关系：领导与家人、同事

石美幼儿园能成为农村示范性幼儿园，获得比其他园更多的文化生活资源，一个重要的原因在于蔡老师高质量的工作为幼儿园赢得了声誉，她指导的文艺宣传节目、她带领老师制作的教玩具、她亲自开的公开课，无一不得到众人的赞誉，因而名声日益远扬，引来国内外如潮的参观者和学习者，使石美幼儿园成为当时当地农村幼儿园教师的重要培训基地，也引起了各级领导的关注与肯定。同时，蔡老师事业的成功也离不开家人与同事的长期支持。

4. 自我之维：专业性向

蔡老师高质量的专业生活也源于对专业的热爱。作为有编制的正式小学教师，蔡老师主动要求办幼儿园，当幼儿园教师，她更喜欢天使般的幼儿，可见她具有从事学前教育的专业性向。从蔡老师所取得的多方面成就来看，她也具有比较全面的人文素养、艺术素养以及专业能力。此外，她的脾气大可能也与她的个性有一定关系。

（三）研究启示

1. 让乡村教师过上"优雅的生活"

在一个价值多元的时代，需要打破传统的义利二元对立，且片面强调义务伦理的思维模式，因为"这种伦理在本质上是与自由、平等、幸福等这些人类的基本理想相悖"[142]。我们需要考虑道德义务与道德主体基本权利之间的平衡。既不片面强调精神的追求，也不反对适当的世俗化需求，而提倡一种二者平衡的优雅生活。"只有物质和精神上都富有，才能协调好人与人、人与自然、身与心之间的关系，有利于个人与社会的全面发展。"[143] 因此，对于教师的道德要求不能过于神圣化、崇高化、英雄化，当今教师形象不应该总是吃苦在前，享乐在后，甘于奉献的形象，乡村教师在奉献事业的同时也需要过上体面的个

人生活，也应从物质和精神环境两方面创造条件让乡村教师能够尽可能地拥有优雅美好的人生。

2. 帮助乡村教师实现"三美"人生

人在生活中的情感体验及情感生活的质量将会直接影响人的生命的质量，情感顺畅了，精神生活也就和谐了，才能形成关爱型的师生关系、关爱型的亲子关系、民主型的上下级关系，培育出有活泼丰富情感、有爱的能力、能够与他人和谐共处的儿童和子女，激励出热爱工作的教师。道德生活的支撑性情感包括依恋感、安全感、归属感和自尊感等（钟芳芳，朱小蔓，2017）。工作、家庭与个人三者是相辅相成的关系，幸福的家庭生活和体面的个人生活是教师情感满足的源泉，也将成为个体事业追求的重要支撑，从而为乡村教师的终身幸福奠定基础。因此，要帮助乡村教师求得这三者的平衡。时代新人的"美"至少包括自身的美和整个人生的美，以及奉献于社会的美。[144] 我们应激励乡村教师追求"美的人""美的人生"和"美的社会"的统一。

第二节 "文艺宣传队员"小珍老师的精神生活

20 世纪六七十年代，小珍老师所在的角美公社的文艺活动十分繁荣。作为参与大队文艺宣传队，负责所在幼儿园文艺宣传工作的小珍老师，当时的文艺活动对她有何影响？她又如何看待当时的文艺宣传工作呢？

一、研究过程

小珍老师是福建省第一所农村幼儿园创园之初的元老之一，我通过当地的王老师联系上了她。当我刚一拨通电话，小珍老师就在那一头和我侃侃而谈年轻时"风风火火"的岁月了，谈了好久，我没有打断。最后我和小珍老师约好过几天去她家拜访她。放下电话，我耳边还萦绕着她的声音："感谢你让我有一个怀旧的机会。"小珍老师那种强烈的向人倾诉的愿望，让我感觉这个研究的意义，也坚定了我做这个研究的信心。2018 年 5 月 11 日上午王老师亲自开车载我去找小珍老师。王老师陪同了一个上午，我们一起与小珍老师聊天，第一次访谈录音长度为 139 分 25 秒。录音转录后针对第一次访谈中还不甚明了的问题于 2018 年 6 月 6 日进行了第二次访谈，录音长度为 129 分 41 秒。后来小珍老师又协助联系她以前的老同事让我采访了两次，第一次就在小珍老师家，第二次我先到小珍老师家，与她进行补充交谈，再共同去了春华老师家，之后我们还一起去了她们共同工作过的石美幼儿园。去之前小珍老师说要指给我看她以前上课的小屋子，但是到了幼儿园，才发现刚刚旧貌换新颜，我为小珍老师感到遗憾，旧房子里该藏着她多少美好的回忆啊！

我很希望通过个人档案资料核对所有有关时间的信息，可惜国家并没有为民办教师建立个人档案。那就只能凭小珍老师自己与他人的回忆来核对资料了，因此，涉及时间的信息不一定十分精准。通过小珍老师的女儿、原同事春华老师以及 20 世纪 90 年代曾经与小珍老师住在一起现在已成长为当地实验幼儿园园长的王老师，我也从侧面了解到了一些关于小珍老师的信息，四个人的信息也可以相互印证。因为小珍老师在龙海石美幼儿园的工作时间大约是 1970 年到 1979 年，因此，小珍老师在那个时期的精神生活也许可以折射出 20 世纪七八十年代我国农村幼儿教师的整体精神风貌。

二、小珍老师小传

小珍老师被当地人称为蔡美君老师的"第一大弟子"，曾经有人对蔡老师说："您这一生培养了很多学生，就是小珍老师很出名，她教孩子很好呢！"

背着弟弟上学

1954 年 11 月 10 日，小珍老师出生于石美村，7 岁时，她上了石美小学的附属幼儿班（学前班），成了蔡老师的学生。8 岁接着上小学，也在蔡老师的班级。小珍老师有 9 兄妹，爸爸原是一名厂长，后来被划成右派，妈妈一个人带 9 个孩子无法养活，就送了 5 个给亲戚抚养，只留小珍老师和她的两个哥哥、一个弟弟在身边。她的兄弟都没有读书，她能够去读书是因为蔡老师到家里做妈妈的工作，并允许她背着小弟弟去上学，也可以提前一节课回家煮饭。

与文艺宣传结缘

小珍老师从小有文艺天赋，参加了蔡老师组织的石美小学文艺宣传队，数次随同宣传队参加春节慰问龙海程溪部队的演出。13 岁（1967 年）小学毕业后因某种原因，没有继续升学。到 1968 年，66、67、68 三届合起来读初中，大约读了两年就回家了。16 岁（1970 年）开始在生产队幼儿班当老师，同时在大队文艺宣传队工作，17 岁时正好演过 17 岁的铁梅。当时角美一年播种两季，即早稻和晚稻，收割的半个月中，文艺宣传队常抽调小珍老师担任广播员到田间地头广播宣传党的农村政策和表扬好人好事。当我们坐在开往石美幼儿园的车上时，小珍老师指着前方的高楼大厦带着惋惜的口吻说："当时这里叫四洲洋，是高产片区，不能动的呢。"当时漳州生产收割机等农业机械都要来这边做实验。两年后，小珍老师作为文艺骨干被选到大队中心班当老师，与蔡美君老师搭班，同时负责抓幼儿宣传队的工作。

黯然离开幼儿园

1977 年，石美大队中心幼儿园被省教育厅定为"农村民办示范性幼儿园"[145]，得到了国家的补助 1.7 万元，加上大队自筹的 3.6 万元，建成了新的 2 层楼的园舍[146]，同时也分配到 4 个民办教师的名额。有人说论贡献、论能力，小珍老师是最有资格得到名额的老师，但是可能因为父亲是右派及其他原因，她最终被排除在国家民办教师的名单之外，于 1979 年黯然离开了她用最美好的青春年华为之奋斗过的石美幼儿园。当我来到今天的石美幼儿园时，现任园长悄悄对我说，"本来第二任园长是要给小珍老师的，因为她能力最强……"多年后，蔡美君老师曾经对小珍老师道歉说："你已经是在山头上站很久的人了，幼儿园的园长，没有给你当，真的，我心里过不去，你付出得太多了。"

到文化站工作

从幼儿园出来后，小珍老师到了角美镇文化站工作。角美镇文化站由原角美、石美两个民办的文化站合并组成。当时 32 个行政村都有文化队。小珍老师的工作包括管图书、到各个文艺队看看文艺宣传活动怎么样、偶尔参加春节慰问队的表演。在这期间小珍老师自学了《辞海》第一部，还阅读了《女性三部曲》《红与黑》《高粱红了》等图书。1980 年小珍老师结婚了，爱人是海军。

1983 年农历 12 月（1984 年新历 1 月）大女儿出生，1989 年小儿子出生。

创办托儿所

36 岁时，她受到有关个人创办幼儿园的报道的激励，于 1990 年创办了角美镇第一家民办托幼机构，得到镇政府和妇联的支持，幼儿园就叫"镇直幼托"。因为当时镇上还只有一家公办园，远远不能满足人们的需求。小珍老师的托幼机构帮助很多家庭解决了后顾之忧，特别是双职工家庭。小珍老师记得有一对夫妻都是老师，工作忙，经常要加班，早上六点就把小婴儿送过来了，要在幼儿园吃早餐。一直到晚上给他洗好澡、喂好饭，家长才接回去。还有一对以前在角美铁路部门工作的夫妻也是双职工，2 周岁半的孩子没人带，孩子的妈妈把孩子和一整袋的尿布一起带过来……当时"镇直幼托"有 200 多个孩子，像这种情况还很多。到现在那些家长都很感恩，见到小珍老师都会热情拥抱，还有的遇见老师买菜，会说"来，小珍老师，你要什么（菜），我帮你付钱"。有一位家长后来从角美调到漳州市工作了，现在已做奶奶了，后来还带了孙子过来要认小珍老师做奶奶，给她当干孙子。小珍老师的幼儿园那时候生活服务工作做得十分好，教育效果也受到公办园教师的敬佩，她们会对小学老师说："你看小珍老师把每一届的孩子都带得乖乖的，你们很好教。"1993 年，小珍老师获得了龙海县妇女联合会授予的"巾帼建功"先进个人荣誉称号，还上了《中国妇女报》。但自己办园是一段艰辛的历程，因为没有一个属于自己的场所，她 15 年搬了 5 个地方。每日也是十分忙碌："早上天黑黑的，我五点半就要去市场买菜。我爸妈给我煮饭。回来六点钟就再开始（在幼儿园门口）接孩子。白天上课，晚上要在幼儿园门口送 100 多个孩子回去，和家长交谈……晚上啊，整个肺部都受不了，整个声带都哑得不成样子。"小珍老师的女儿回忆，"当时还有几个全托的，一个晚上一直哭，我带上半夜，我妈带下半夜。那时候我读小学，家里面有小孩，我要帮忙带。"连读小学的女儿都要帮忙，可见托幼工作的辛苦。最令人难过的是，创业之初小珍老师的爱人因公殉职，那时小儿子刚满周岁。经受着丧夫之痛的同时她必须独自支撑着艰难的创业。她说："我眼泪掉出来了，脸在笑，因为干这种行业，你没有笑是不行的，笑脸要迎家长，不笑人家哪有人敢把孩子给你……很苦啊！"现在，小珍老师的爱人去世 28 年了，她深深地感受到"没有丈夫的日子里，是多么的困难！"小珍老师一个女人带两个孩子，上面还有老人，靠自己艰难创业一路走了过来。在这个过程中，因为"没有一个男人在背后撑腰"，她遇到了太多没必要的麻烦。从社会（包括其他女人的态度）到家族的歧视，办事时人们故意的刁难……太多不公平的遭遇小珍老师不想去回忆。她只是感叹："没有男人，一个女人要在这个社会上生存，是非常的辛苦！"她给我说了一句本地的谚语"破斗笠可以遮风遮太阳"，大意是一个男人，哪怕不那么能干，也能为女人遮风挡雨。小珍老师深爱着幼儿教师的职业，但她创业同样是为了生活。她对自己创业的总结是"我的路是眼泪走出来的"。有一天，蔡老师去看小珍老师，对她说："你当姑娘也辛苦，当妈妈也辛苦。"小珍老师说："这一句话刺激我哭了三天。"我国 1954 年的《中华人民共和国宪法》已把"男女平等"作为基本国策之一，男女平等的实现程度在世界上也已成为衡量社会文明进步的重要标志。谁能想到，几十年后，我国社会上还存在十分严重的事实上的对女性的歧视呢？2005 年，小珍老师因病停止工作，幼儿园转手他人。

有人说小珍老师是"成功人士"，在当地有较高的"知名度"。我想起冰心的一句诗："成功的花，人们只惊慕她现时的明艳！然而当初她的芽儿，浸透了奋斗的泪泉，洒遍了牺牲的血雨。"[147] 小珍老师的成功，只能说是桃李满天下。人家说小珍老师"像县长"，一出门"整个街道"都是打招呼的人。但如果以经济标准来衡量是算不上的。她举了个例子，她和一个同乡阿兰两人同时在 1990 年创业，当时对方开商店，有"五袋糖五桶油"，而小珍老师有"孩子睡的床"，到现在对方已经是一个大商场的老板，身价几千万，而她自己"一无所有"。而年轻时过度的劳累，也让她付出了健康的代价。2017 年 11 月，小珍老师因肺部小结节、胆囊炎、声带炎等病发作，去福州协和医院做了手术，住院一个月。所幸恢复还不错，小珍老师与我交流时思维仍十分敏捷，仍有一颗童心，被本地人称为"老顽童"。

一辈子做两件事

小珍老师对自己职业生活的总结是"40 年就是做 2 件事"，即"幼儿教育和文艺"。1969 年到 1979 年从事农村幼儿教育和参加文艺宣传队，1980 年到 1989 年在镇文化站工作，1990 年到 2005 年是自己创办幼儿园。2006 年她女儿另外创办一家幼儿园。之后她在女儿办的幼儿园负责教大班的孩子们唱闽南童谣，让孩子们不忘"家乡的语言"。谈到女儿办的幼儿园，小珍老师说："好在女儿接址了，我才有机会继续接触孩子，不然我去哪里接触孩子啊？就是这点给我安慰。"可见，她是深深爱着孩子的。在石美幼儿园从事教育和文艺宣传的时期在小珍老师的记忆里是最美好的时光。

三、小珍老师精神生活叙事

石美幼儿园坐落在角美镇石美村，目前是福建省为数不多的村级公办幼儿园之一。从 1969 年到 1975 年，石美幼儿园多次接待国内外单位和个人的参观，该园还为本县和外县培训民办幼师共 212 人。[148] 小珍老师在石美幼儿园的新园舍落成后又工作了一年，大约于 1979 年离开了。

我问小珍老师 1970—1980 年期间很多地方的幼儿园都停办了，为什么石美幼儿园反而在 1969 年办起来了，角美其他地方的农村有没有办呢？她说其他地方"没有"办，即使有也"办得不三不四的，只有石美坚持下来。因为整个角美公社把文化宣传的重点都放在石美，它是一个起模范作用的吧。上级的领导要来参观，要来指导，要来检查，都是去看石美。"

（一）心理生活

小珍老师评过几次大队的年度积极分子，她记得"姑娘时代"的奖状好像有三张。"那时候能拿到一张奖状是最大的满足了，就是说我们的工作得到认可，这样就很满意。"她说："我们那个时候的年轻人哦，名和利不重要，整天高高兴兴的，领导高兴我们就高兴，整天都是笑眯眯的。"虽然那个时候"吃不饱"，"都是吃那个地瓜干，还有那个牛皮菜"。但总体来说，那时候小珍老师的心情是舒畅的。

1. 职业生活满意度

对工资的满意度："七分是最高的，最满的啦"

我国 1953 年通过了《中共中央关于农业生产互助合作的决议》，1956 年底基本实现了农业合作化（百度百科）。20 世纪 70 年代，"农村集体的收入，与 50 年代（不包括大跃进时期）和 60 年代初期一样，是以所挣工分为基础的。"[149] 民办教师以记工分代替发工资始于 1968 年"候王建议"。[150] 当时整个幼儿园只有园长蔡美君是公办教师，领工资，其他都是从大队优秀青年中选出来的民办教师，是拿大队的工分。最初小珍老师是一天 6 工分，后来涨到 6.5 工分，最后涨到了 7 工分，"七个工分就快一元钱了"。小珍老师对这个工分挺满意的，她说女劳力"七分是最高的，最满的啦"。因为"中心园有抓宣传队，比较努力，所以才涨到七分"。生产队的其他女性还有拿 5 工分，甚至 4.5 工分的，当时男劳力一般拿 10 工分，最高的有 12 工分。当时大队文艺宣传队往往与幼儿园的文艺宣传队合作排节目，幼儿园宣传队表演唱歌、舞蹈等节目，大队宣传队做"后台"给幼儿园伴奏，乐器包括二胡、笛子、手风琴等，大多由男性农民组成。无论是干农活还是在宣传队，男性和女性干同样的活，工分都"有男劳力和女劳力的区分"，小珍老师认同这种差异，她说男人"要养家糊口，还有子女嘛"。农村集体劳动中，妇女的工分总是比男人少一些。

对物质条件的感觉："不觉得"条件有什么不好

小珍老师回忆那时候教育比较多结合日常生活，都没有教玩具，要用到时"都自己做"。星期六下午大家一起教研时，蔡老师就把材料拿来"大家一起做"。小珍老师印象最深的沙盘教具，叫木匠订一个盘子，放一些沙子，其他的教具自己做。如讲故事《小马过河》时，就要做一只马妈妈、小马、牛伯伯、松鼠等，可以用纸来剪；她们还用泥土和树枝做三轮车，轮子找农民要，用木板钉成卡车；去裁缝师那边去捡头头尾尾的布料做木偶、用格子布做球、用呢子做裙子、也用布料缝成女孩男孩。很多时候教玩具要带回家里做，星期六我们教研课的时候带过去评比。偶尔园长出差时也会带一些挂图回来贴在教室里，如关于生活习惯培养的，早上起来要先穿衣服、然后刷牙、洗脸等方面的挂图。

对园长工作上的"严厉"要求：乖、忍受

小珍老师不记得石美幼儿园有没有形成文字的管理制度，但对园长蔡美君的严厉"记忆犹新"。如，"两点上班，一点半一定要到，要提前半个小时。迟到园长受不了的"。直到现在，小珍老师时间观念还很强。又如，下一周的教学内容都在前一周周六下午的教研活动中严格规定，故事课要讲什么、认识课认识什么、识字要识哪几个字，都由蔡老师统一规定。她要求老师"年轻、有知识，家庭妇女她说不要，婆婆妈妈的，上不了课"。要求年轻教师晚婚晚育，

"不能早嫁，还要写保证呢"，要入党 28 岁前不能结婚。

如果舞蹈动作教得不好会被严厉要求"重教"，如果"一个（舞蹈）动作教错了，她就给你骂半个小时呢！"园长批评人的时候，要求老师站直、虚心、认真听。有时候教师教案中出现错别字，园长也要一一指正。小珍老师认可园长工作上要求严厉，因为园长比其他所有老师都年长二十多岁，有时候会像骂自己女儿一样骂年轻教师，"语言会比较过分一点"。小珍老师认为"那时候我们年轻人真的很乖"，还说自己"最会忍受"。但也有老师过不了园长的严厉关，"跑掉了"。蔡老师的严厉在老师们的回忆中还是有些过分的。曾有领导对蔡老师说"一只螃蟹没有脚也走不了，你要爱护年轻人"。

与幼儿的关系："好得不得了"

当时被选中当幼儿教师，小珍老师很高兴，她喜欢教孩子，跟孩子的关系"好得不得了"，带领孩子一起玩老鹰捉小鸡、手推车比赛等游戏。她说现在的老师与孩子"比较不会融合在一起。我们以前下课了，小朋友跟我们开玩笑，你看现在（的孩子）不敢（跟老师开玩笑了）"。她举了一个例子，当时班上有一个 1971 年出生的孩子，1976 年参加了缅怀周总理、想念毛主席的幼儿歌舞表演，现在都快 50 岁了，每次碰到小珍老师都会热情地招呼，最近一次碰到说："小珍老师，你的学生都老了。"那时候同事之间人际关系也"很好"，每次教研好了，就轮流到老师的家里去煮地瓜条，大家在一起很开心。那时候老师与家长关系很好。

职业生活中的压力：字写错，会挨骂

小珍老师说以前上过初中的人很少，她自己读到初中，那时候已经算有文化了，"这种水平就可以教"小孩了，她基本上会唱、会跳、会讲故事，弹琴也是用放学的时间"偷偷去办公室里"学了一点。不过，她们也是"边教边学的"。

当时除了园长蔡美君是师范毕业，其他从大队挑选的年轻女孩学历多是初中程度。大家备课在很大程度上要依赖园长的指导。所有的课程都是在周六下午教研活动由蔡老师先指定。"大家不会的，蔡老师先教。如在下星期要教一首歌，蔡老师先在黑板上写简谱，教会大家。年轻姑娘们也常因为出错挨骂。"有时候写字写错了，她会骂我呢！……那就自己赶快学，字典拿过来！"那个特殊的年代对年轻人的教育产生了一定的影响，从小珍老师的人生经历来看，没能初中毕业对她日后的教师生涯的发展带来了一些阻碍。她的学习能力很强，但在课程的计划、教学设计等很多方面都依赖于园长的指导，甚至还会出现错别字。好在小珍老师十分刻苦，后来也养成了自主阅读的习惯。

2. 自我认知

对健康的自我认知："以前两个认识不够"

小珍老师说年轻的时候完全没有关注到身体健康的问题。她说："以前就是两个认识不够"，一个是没有注重生命，认为"活就活，不活就算了，对生命啊，看不起"。另一个是不注重营养。直到 2017 年住院那个协和医院的院长说她"营养不够"，导致身体"里面的机器坏掉了"，她才认识到肺部是非常讲营养的，认识到"现在这些毛病，都是年轻的时候带过来的"，年轻时"太努力了，太辛苦了，教学太费劲了"，"以前我一天要上 6 节课，上午 3 节，下午 3 节课，还要有表演。出台的音乐也要自己唱，排节目的歌也要自己唱。"有时候下午要演出了，一点半要到幼儿园化妆，她怕迟到，都不敢回家吃饭，就在小店里买一点饼干充饥。即使在"例假"时也"都坚持，都怕人家知道，都不敢讲"。那个时候小珍老师都是出全勤。从来没有请假。

"以前没有生病的时候，我不觉得自己老。病了一场，我才承认我老了。去年我还没手术，我觉得还年轻。"

对性格的自我认知："这一生就是做这一行的"

小珍老师认为自己的性格很适合做幼儿园老师："这一生就是做这一行的，没有别的啦。……我会说孩子的话呢，大人的话我不会讲，我们本地的，都叫我老顽童……我就喜欢幼儿园，别的地方我都不想去。"看得出来，小珍老师有一颗不老的童心，她用适合孩子的语言与他们交流也表明她尊重孩子的天性，有一种朴素的人本主义思想。现在的孩子们也很喜欢小珍老师，她一到幼儿园，就像明星一样受到孩子们的欢迎，大家都涌上去围着她。这一次受伤了很久没去，孩子们就会问"园长奶奶，你怎么没有来？"平时早上去幼儿园迎接孩子，孩子们都喜欢走到她面前，让她摸一下头、摸一下手、亲一下、拥抱一下。现在孩子们会想："园长奶奶在幼儿园多好呀！"现在小珍老师去到哪里，还是最爱看幼儿园，她很珍惜每一个学习的机会，以至她女儿会说妈妈"职业病"。"到一个地方看到是幼儿园，我一定要进去"，"很想看最高级的幼儿园是怎么办的，怎么教的。"她认为领导不要一直来检查，只要看孩子的礼貌及其他素质就知道幼儿园办得怎么样。小珍老师十分了解孩子。如幼儿园的孩子体检，抽血的时候，只要小珍老师在旁边，整个幼儿园静悄悄的，一点哭声也没有，她会说"这是祖国妈妈在关心我们，我们要勇敢，以后才能当解放军"。

对心情的自我认知："觉得很高兴呢！"

小珍老师在石美幼儿园的生活是紧张忙碌的。白天在幼儿园上课，清早和晚上到文艺宣传队排练。一周上课五天半，周六下午教研活动备课，星期天也要做道具，缝服装或排节目。没有其他任何娱乐活动。幼儿园经常有人来参观，每次客人来，除了演出，小珍老师和蔡美君老师还要在礼堂里开公开课。蔡美君老师一般开故事课《小马过河》，小珍老师开唱歌课《聚宝箱》。……最紧张的就是林佳楣那一场"。每次开课前蔡老师要指导备课，对教学目的"要过审"，对教学过程"一一指点"，"如果开课成功了，她会给我们表扬的，那我们就很开心呢！"

我问小珍老师："您那时候清早就去排练节目，白天给孩子上课，放学了还要继续排练节目，那么忙碌的生活，心情会怎么样？"她很肯定地回答："觉得很高兴呢！"我又问："在石美幼儿园和后来到文化站，哪一个时期心情更好？"她肯定地回答："在幼儿园更开心呀！"她认为，在石美幼儿园时，虽然蔡美君老师很严厉，但是学到了很多东西。而后来自己办幼儿园的 15 年则更多的是压力与艰辛。在石美幼儿园那一段"风风火火"的岁月，却是小珍老师心情最好的时光。

（二）文化生活

小珍老师回忆，石美以前有"戏窝"之称，是出文艺人才的地方，加上石美，整个"角美公社"有 32 支文艺宣传队，"到处都是文艺宣传队，很热闹"。这些民间的文艺组织为爱好文艺的小珍老师提供了展示的机会与舞台。

1. 在文艺宣传队

以前石美幼儿园里没有书看，也没有组织老师外出观看电影等。但是幼儿园和大队的文艺宣传队要经常表演节目给别人看，作为文艺宣传队员的小珍老师有机会常读剧本。排练文艺节目是小珍老师最喜欢的文化活动了。小珍老师 15 岁初中时（1969 年）参加了生产队的文艺宣传队，她记得"'九大'（1969 年 4 月）闭幕，各生产队庆祝，排了一个表演唱的节目"。18 岁的时候她开始到石美幼儿园中心班负责幼儿文艺宣传队的工作，要给孩子们排节目，同时自己也参加大队宣传队的演出。小珍老师回忆，石美文艺宣传队 1960 年就有了，幼儿园的文艺宣传队大概 1971 年才有。

演出频繁

很多时候是两个宣传队合作演出，后台的伴奏由大队宣传队的人担任。档案中记载石美幼儿园"建园以来，先后接待美国、菲律宾、新加坡等地侨胞和省内外各有关单位来园参观访问共 1 千多人次"。[152] 足见当时石美幼儿园在全国的名气。

小珍老师回忆，那时候石美幼儿园演出很频繁，经常有各地的人员来参观，有领导来视察，特别是十一届三中全会（1978 年 12 月 18 日至 22 日）后开始改革开放，"归国华侨都是往石美，还有什么，学大寨啦，学小岗村[153]啦。好像每天都演出，每天都要排节目，基本上整个月是没休息啦。一没有演出任务就赶快排节目。要都是那些老的节目，书记会批评的。说你怎么没有添新的，星期天也是要排节目的。以前没有电视啊，没有手机啊，节目都是她（蔡老师）自己编排的呢！……（常常）一天要演四场，妆都不能卸下来哦，早上一场，下午两场，晚上又一场。"小珍老师还记得欢迎李先念主席的夫人林佳楣时表演的节目。第一个节目就是大家手拿鲜花"欢迎"；最后一个节目是"各族儿童"团结在一起。中间有一个"庆丰收"，大家两个两个依次出来表演鱼、五谷、蔬菜、水果等，道具都是用三合板做的，都是自己裁、自己涂颜色，鱼的道具涂了三次才像鲤鱼；一个拥军节目，"叔叔，你辛苦了"，叔叔的车抛锚了，小朋友和奶奶送饭送茶过去；还有一个"红色娘子军呢"。很多服装费都由华侨捐助。

文艺汇演

也常赴外地演出。如，1976 年，小珍老师随石美宣传队代表龙溪地区赴福州参加了省第一届农村文艺汇演，表演《打石新兵》《龙江颂》等节目。《打石新兵》歌颂青年突击队上山去打石"造山改良田"。当时角美学大寨，开荒种田，梯田要用石头来垒，青年就上山去打石头。小珍老师扮演女突击队长。《龙江颂》歌颂龙海榜山公社的人们在大旱中所表现出来的共产主义风格[154]，当时小珍老师演阿莲。社员们还在西山修建了一条"渡槽"（类似于红旗渠一样的工程，作者加注），每一块砖，每一块石头都是用人工背上去的，可以把水从这座山引到另一座山，当时成为角美的亮点，好多人都来参观，汽车都排成长队。当时省里"舞蹈学院，音乐学院（的师生），都到我们角美来插队，下乡改造，他们就编了一个联唱叫"西山渡槽"（"赛山倒左"：闽南语音），歌唱整个西山渡槽，夸赞我们角美"。小珍老师说渡槽现在还在，但"看起来不会那么伟大"了，"以前觉得那么好看，很壮观呢"。他们当时也排了一个节目《喜看西山渡槽》表现祖孙看西山渡槽的情景。她还记得香港凤凰电影制片厂来拍过纪录片，拍了"荔枝舞""庆丰收""西山渡槽""龙溪机械厂生产的割稻机"等内容。

慰问演出

1977 年，小珍老师与石美幼儿宣传队在闽西古田革命根据地红军亭慰问演出。大家顺便参观了龙岩古田军事博物馆中毛主席才溪乡调查等相关内容的展出。还有一张石美文艺宣传队在漳州红楼的合影，小珍老师不记得具体年份了。当问到"您在石美幼儿园工作期间最开心的事情是什么时"，小珍老师毫不犹豫地回答"以前呢就是演出最开心了"。她说大家对节目"都很欣赏""都看得眯眯笑呢"。观众的快乐与满足也给小珍老师带来快乐的体验。小珍老师印象最深的是演《于无声处》，内容是清明节纪念周总理，她演一个烈士的后代。她说："这个节目我们在角美演了很多场，大家都很受感动。剧本里边的人物对我鞭策很大，对我教育也很大。""用音乐，用某些旋律和节奏可以教育人，用音乐，用某些旋律、节奏治疗人的脾气和情绪，并恢复内心能力的和谐"，"节奏与乐调有最强烈的力量浸入心灵的最深处，如果教育的方式适合，它就会拿美来浸润心灵，使它也就因而美化。"[155] 宣传队的表演，对表演者和观众都会产生一种潜移默化的精神力量，在 1970 年受到农村群体的广泛欢迎，有调查表明到了 1990 年，村民还"盼望恢复文艺宣传队和乡村戏台子"。

2. 在幼儿园

培训：学到很多

每个学期都有培训，整个角美公社（现在的角美镇）各村的幼儿骨干教师都集中到石美去培训。一人一捆稻草，铺在地板上，大家就睡地板。蔡老师开教学示范课，唱歌、数学和语言课、幼儿十个基本动作（打点步、碎步、跑跳步、跑马步）等都一一示范，有时候小珍老师也开示范课给其他培训学员看。档案中记载，石美幼儿园"为本县和外县培训民办幼师共 212 人"。[156]1982 的文献还记载该园"组织全体幼师到泉州、厦门、漳州等先进幼儿园学习取经，费用均由大队负责"。[157] 因为小珍老师 1980 年左右离开了幼儿园，她记得蔡老师带大家到漳州机关幼儿园去听课，到振成巷幼儿园去看的设备。去振成巷幼儿园当时看到孩子睡觉的设施"要睡的时候把板放下来睡觉，睡好了把板又放到墙上去"。小珍老师对当时的培训很满意，认为"学到很多"。

集体备课

除了宣传队的文艺活动与幼儿园的工作，小珍老师想不起来别的文化娱乐活动，相对于现在有电影、电视、手机、书报等丰富的媒体资源，小珍老师认为"以前很单调"，但是当时自己也没有什么要求，只要"工作愉快，蔡老师满意就好"。那时候教师们连有文字的教材都没有，更不要说别的书。学习主要靠口耳相传。只有园长蔡美君老师手里有一些书，也订了几种杂志，有"好几本，什么音乐摘要，什么教育"。但平时都是非常宝贝，不让其他人碰的，如果其他老师想看，蔡老师就说"我教你们就可以了"。教研活动时，园长带了书过来，她紧"贴着（书），眼镜放在（书）上面"，大家坐好了，她就把眼镜戴起来："来，下一星期要唱歌，唱什么（内容）记着！认识课什么（内容），记着！"如果大家不会，她就先教会大家。可见，那个时代，书本是多么珍稀。

偷偷学琴

那时候整个幼儿园只有一台"脚踏琴"，放在办公室，也只有园长会弹。做早操所有的班级都是配《小星星》的曲子，幼儿园是村（大队）部的五间房子，外面是一个小小的泥土坪，孩子们一个班一个班地轮流去做早操，《小星星》的曲子就反复地弹奏着。小珍老师说："我们看她弹琴好佩服呢！说哎哟，我们也来学。"但是园长"不让我们弹哦，说会弹坏掉的"，她们只有偷偷地在园长不在的时候去学，"等她不在的时候（说话时小珍老师声音也变轻了，好像回到了那个时候），我们门还要关着，'当当当当当当当，当当当当当当当'（小珍老师一边比画一边哼着小星星的曲子）……以前啊，就是那一台琴呢！"那个时代资源是多么的稀缺，年轻人又是多么地渴望学习！

（三）心灵生活

1. 敬业精神："傻牛一直往前冲"

我问小珍老师15岁的时候有没有主动报名当幼儿教师，她回答说："不能报名，以前很权威的。连参加宣传队也要大队指定的，不是每一个人都能去的。"不过档案材料中还是写着先报名，再选的：当时全大队有44名女青年报了名，最终按照"五条原则"，采取"社员讨论，生产队推荐，支部审定的办法"，选出了10名幼儿教师。五条原则是：具有初中以上的文化程度；年龄在二十五岁以下；热心幼教工作、事业心强；身体健康，有良好的卫生习惯；政治思想好，生活朴素，作风踏实。[158] 我再向小珍老师核实关于报名的事时，她还是肯定"没有报名这个程序"。可能是生产队推荐了 44 个，然后由大队来挑选。

小珍老师被选中当幼儿教师，她很高兴："那时候工作都不好找，年轻人有一个工作来做，又是教育的，没有下田去劳动，就很好了。"因此，她十分珍惜这份工作。干起工作来就像一头"傻牛"一直往前冲。她想要加入共青团，加入共产党，处处争取表现比别人好，比如"宣传队拿道具"，人家拿一个小珍老师要拿两个。小珍老师辅导孩子排节目也是精益求精。一个动作要自己在家里一直比，一首儿歌要一直读，读好了才去上课。有的动作想不出来还个人想办法到漳州市请教朋友——现为漳州舞蹈家协会的主席黄老师。黄老师是小珍老师 1976 年去省里表演节目时认识的，当时黄老师是领导，负责带队，给舞蹈代表队排了一个高山族的舞蹈。在福州一个月，小珍老师与她住一间房，后来两人很要好。"好像我要排一个节目，她就帮我创造这个节目要怎么出台，你这个歌词是表演什么的，要什么动作才好，基本动作要几个，我们慢慢切磋，我的要求要说给她听，我们两个合作……排一个《草原小姐妹》，我去了好多次。如果我自己想不出来的话就去请教她，她会帮助我设计……先自己学好了，还要跳给蔡老师看，她说可以才可以去教小朋友，她说'不行！不行！这个动作不好，再想！'那你还要自己再去想。"那时候蔡老师很严厉，容不得人出错，批评人不留情面，每一个内容老师学好了才能去施教。小珍老师说自己从没有顶嘴，即使老师批评错了，受委屈了，"眼泪流了擦干，再跳"，重新排好了再请蔡老师提意见。她们那个时代的年轻人"很求进步"，被迫离开幼儿园前，她已经是入党积极分子。她那时候每天认真地工作希望能够留下来，怕被人家淘汰掉，怕被批评没面子。小珍老师想起蔡老师曾经对她说过的一句话，是用闽南话说的，翻译过来大意是"精牛会躲在后面偷懒，傻牛就一直往前冲"，意思是聪明人躲在后面挨的批评也就少，一直干活的人犯的错误也会多，挨的批评也最多。这句话可能是晚年蔡老师对小珍老师的道歉，肯定她年轻的时候是个努力肯干的人，因此挨的批评也多。

2. 教师观

把孩子"教得厉害、教得乖巧"

小珍老师爱幼儿教育，"坚持幼儿教育几十年"。她认为孩子是祖国的未来，我们老师应该把孩子"教得厉害、教得乖、教得巧"，否则就问心有愧。小珍老师年轻时教过的孩子长大后做爸爸妈妈了，又把孩子送回来给她教，他们会说："老师啊，我的孩子还是要让你带，你带的孩子，素质很好。"小珍老师认为幼儿园老师要"有爱心""有事业心""有责任感，不能浪费时间"，"孩子的时间是宝贵的，不要让他一直看电视，要先教做人，把孩子教育好，然后再来学知识，知识到老都会学的，这个做人要从小学。"老师每天都要想"我今天怎么来把这些孩子教好。我今天教什么本领给孩子？"这样才会"问心无愧，晚上回家很好睡觉"。"现在的老师你看好像教授，一个上午只有一节课，吃点心、看电视、活动、下课，我说你们多棒。以前没什么（媒体），都是要靠声音讲。"她担忧现在很多民办园的年轻老师没有她们年轻时候的"那股劲儿""没有事业心""得过且过""没有备课"，对孩子"没有尽心"，而且"容不得半点批评，批评她就走掉了，不干了，没有求进步的思想"。小珍老师经历了"把集体利益置于私利和私欲之上"的讲奉献的青年时代，到老年了发现现在的年轻人没有她们那时候的责任心和那股拼劲了。

让家长放心劳动，努力为祖国培养人才

档案中记载，大队党支部最初只认识到是幼儿园（班）的一种价值，即"解除了当母亲的后顾之忧，进一步解放了妇女的劳动力。妇女出勤率从原来的 41% 提高到 88.5%"，后来才认识到幼儿教育对幼儿的发展价值，即"直到党的三中全会后，党中央发出关于造就一代新人应从培养儿童少年抓起的指示，我们才进一步认识到……幼儿教育在'四化'建设中的地位和作用"，即"为'四化'建设培养和造就人才"。[159] 小珍老师也认识到了这两方面的价值。她说当时"我们大队政治上还是比较时髦的"，上级的指示都会及时传达给群众。当时大队支部很重视幼儿教育，下午管宣传教育的委员会去参加幼儿园的教研活动，还常去听课。一方面她认识到"孩子没有上幼儿园，家长就不能上生产队去劳动"。那时候家长早上很忙，清早就出工了，孩子送过来，"都是没梳头发、没剪指甲、没洗脸的"，老师一个早晨就一直帮孩子梳头发、剪指甲、洗脸，有的孩子头发"生虾婆"（长虱子），老师还要用篦子去虱。那时候六一儿童节幼儿园有自编三句半表演。就是（闽南语）："幼儿园就是好，家里父母没烦恼，放心用力去劳动，没烦恼。"家长把孩子托给幼儿园确实都很放心。小珍老师尤其重视教师促进孩子发展的价值。她说孩子"是祖国的接班人，我们要努力为祖国培养人才"。如果老师"知识比较低，但是会认真努力去工作"，教出来的孩子"优秀，很快乐，有进步，又多才多艺"，家长也认可，就是老师"最大的开心"，也是老师自我价值的实现。而大学毕业的老师如果"教不好孩子也没用"。

我问小珍老师："如果有第二次选择职业的机会，您还会选择当幼儿园老师吗？"她坚定地回答："会！很快乐，心态不老。你看我这种年龄，如果没有选择这种职业，我就很老态哦。"小珍老师现在（2018 年时）64 岁，她认为

农村很多与她同年龄的老人现在已经"不像样，很老态"。确实，小珍老师还是显得年轻的，虽然 2017 年生了一次大病，但现在恢复还不错。两次访谈我们都是连续聊 2 个多小时，她的语言表达非常流利，思维还很敏捷。尤其是第二次访谈，她一直赤脚踩在客厅冰凉的地板上走来走去，有时候去拿照片，有时候去烧开水，有时候去拿水果。而被她亲切地称为"小李"的我还不敢赤脚踩在地板上呢。小珍老师说："我就选择这个幼教，整天跟孩子（一起），比较开心。孩子比较童真，又很单纯。有个孩子（看到我说），'来，姨婆老师，我给你亲一下'……这种职业，也有担心也有快乐，就是这样。"

3. 儿童观：可教育，一个孩子一个性格

儿童观是人们对儿童的根本看法和态度。具体来说，儿童观包括儿童的天性观、儿童的特质与能力观、儿童发展观、儿童地位与权益观、儿童差异观、儿童活动观等主要内容。[160] 现代儿童观已取得一些共识，如儿童是未成熟的、发展中的人；儿童有独立人格，需要保护；天性具有未定向性、具有内在发展规律，环境决定其发展方向，外界环境应与其相适应；儿童有语言和社交的本能、制作的本能、探索的本能、艺术的本能；儿童需要在自愿、自发的各类来自于儿童本能的冲动的生活、游戏、工作活动中实现发展等。

小珍老师认为儿童是"可教育"的，如她去学前班跟孩子们讲要有一颗感恩的心，孩子能明白；有时候两个孩子打架，经教育孩子会改正。她也认识到儿童的个体差异，教师要尊重孩子，要因材施教："有的很有创意，有的文艺方面唱歌、动作比别人好，有的很会讲话，有的很会动手。一个孩子一个性格一个样。有的孩子要很细声地跟她交谈，有的孩子就是要硬的……有一个孩子，他很犟。早操课用手捏另一个孩子，还用脚勾别人，我就说来浩强，老师跟你讲话。来，姨婆老师跟你很好，你跟我讲，你为什么给他勾脚，他会摔倒的呢，摔倒很苦的。他不跟我讲，我就强拉到旁边，没人能看到的地方。他这个有自

尊心的孩子，不要批评给其他小孩子听，要保护孩子的自尊心。我说，你这样做姨婆很伤心呢，你这样做，不是好孩子。以后你这个行为习惯要改掉哈。从那以后，他早操课再没有欺负小朋友。"

4. 课程与教学观

福建省志记载，1952年，福建省文教（教育）厅先后转发部颁《幼儿园暂行规程（草案）》和《苏联教养员工作指南》等，实行保教结合，幼儿园教养项目（课程设置）有体育、语言、认识环境、图画手工、音乐、计算。保教分作业（上课）和活动（作业以外的游戏、散步、劳动、观察、娱乐、休息等）。1956年11月，教育部颁发《关于幼儿园幼儿的作息制度和各项活动的规定》，指出要保证幼儿有足够的睡眠时间和充足的户外活动等，规定周课时小班6节、中班12节，大班12节。同月，福建省教育厅转发该文件。大跃进期间（1958—1960），根据中央"教育要革命"的指示，福建省幼儿园课程大班增设识字课，增加计算课时数，加强改进认识自然环境作业，要求"幼儿要学会全部汉语拼音字母、300至350个汉字，计算20以内的加减，会数100以内的数"。直到1961—1962年以后，开始纠正偏差，降低要求，减少上课节数。

1970年，石美幼儿园还是正常上课，每天上6节课，上午和下午的第一节课都只是半节课，时间就10来分钟，所以准确说一天是5节课。唱适合孩子的儿歌，如"小松鼠，快长大"。期间在正常的内容之外加了一些语录歌，比如"下定决心，不怕牺牲，排除万难，去争取胜利"。文艺宣传队的孩子排演现代京戏《红灯记》，"小朋友都扮演李铁梅，扎了一个小辫子""也有沙奶奶，也有《智取威虎山》"，"中心园有运动会和军体操，请驻军来表演给小朋友看，怎么走路，怎么正步，向前走，倒退走，向后走，向左转。"

课程目标：好习惯和做人最重要

小珍老师认为孩子的发展中，良好的行为习惯最为重要，认为这会让孩子受益终身。比如，语言要美，说话要好听，不能骂人，行为要美，要坐端正，特别是女孩子。她对孩子们说："我们要向解放军叔叔学习，站要很好看，你看姨婆现在这么老，我从来没有翘二郎腿，我坐到哪里，都是很端正的。"她也认为，孩子的行为习惯要从小班抓起，小班过关了，中班大班就很好教，他的行为习惯啊什么都很好。小班要用最好的老师，你要有个很耐心的老师，时时给他磨给他磨，把他的行为习惯磨好了，（一旦）坏习惯形成，你要给他改正很难哦。

她也注重孩子自信心的发展。她说要让孩子明白"我要最棒的，不输给别人。我们这里有一句方言叫'不能输给人家，输给人家这个脸就是地瓜脸（用闽南语说，然后用普通话翻译给我听）'，就是增强孩子的自信心，让他们从小就知道努力。"此外，她也注重孩子做人的基本素质，如善良、谦让、关心他人等。

"认识课"：上山下田效果好

小珍老师最喜欢那个时候的"认识课"。她说以前虽然没有多少教玩具，认识课更多"用本地的教材、实际教材"，"用现成的东西"，孩子们学得很开心。小珍老师回忆，那时候带小朋友，一会上山坡，一会下田野："认识课一年要到田地里去看两个季节，种稻子、插秧去看一下，在稻田边，（他们看到）农民伯伯插的好高兴；到收割的时候，金黄色的稻谷都成熟了，我们也要去捡稻穗呢，捡来的稻穗送给五保户。还去看山上的果树，荔枝开花，我们边唱歌边上山去看，一路走来一路歌；那再过一段时间，荔枝成熟了，再去看一次，排着长长的队，好开心哦。"孩子们看了以后，就知道"粮食就是在这里，我们吃的米饭就是在这里""不会把龙眼树当作荔枝树，也知道荔枝树在什么季节会开花，什么时候会结果"。那时候没有玩具，游戏的道具也是从自然中来。如到端午节大家玩包粽子的游戏："我们把孩子带到大树底下，捡了龙眼树叶，沙，大家来包粽子，包一个粽子回来很高兴。"她发现现在的孩子很缺少自然常识："我们一个孩子问，这个米饭是从哪里来的……你看现在的孩子连米饭从哪里来的都不知道，你说伤心不伤心？"她也赞同幼儿园环境的原生态，她说："我看了一篇论文，它就是说把幼儿园建在山脚下，石头就是石头，沙子就是沙子。"

幼儿园课程的本质是经验课程，是活动，"是具有亲历性、行动性、即时性、整体性、真实性与探索性的活动"[161]，陈鹤琴先生认为课程与教学"最重要的是帮助儿童生活"。[162]他希望教师"能充分利用大自然、大社会中的活教材"，如孩子可以参与种大蒜、"劝募寒衣"等活动[163]。70年代注重孩子在真实的情境中进行实践活动是符合幼儿园课程经验性等特点的。

重视"直观"教学

"直观"一词，小珍老师不假思索就脱口而出。她讲到蔡美君老师用沙盘教具开设《小马过河》的公开课，讲到马妈妈来了，就把马妈妈插在沙盘的小河中，讲到小松鼠在树上说"小马，你别过河"，那就把小松鼠插在树上……她由衷地赞叹这样把"抽象"的故事变得"好直观"。当时，小珍老师经常上的公开课是唱歌《聚宝箱》，她说："我要拿一个聚宝箱，里面装了很多铜钱"，边唱边给幼儿讲解和演示："'聚宝箱就是好，就是好。勤俭节约传家宝，传家宝……'就是说小朋友连一个铜钱都舍不得花，放在那个聚宝箱里。"通过直观教具增强教育效果，让孩子养成勤俭节约的好习惯。那时也常上识字课，小珍老师常常运用演示或表演的方式帮助孩子理解文字的意思。如认识"我"

字时，她会叫三个小朋友到讲台上演示"我、你、他"的含义。此外，美珍教师认为"触摸教育很好"，老师用身躯与孩子接触，让孩子抱一抱、亲一亲，孩子很喜欢。

5. 生命的意义：种下了一棵大树

第一次来到小珍老师家，我还未开口，她就开始谈蔡美君老师的敬业与贡献。访谈结束时，小珍老师说："之前有一种预感。我前几天梦见蔡老师，想到她一辈子这么辛苦，现在走了，也没有人想起她。过几天，你就来了，就讲起她来了。"

我感觉小珍老师对蔡老师有一种崇敬和感恩之情，也为曾经与蔡老师共同努力取得的成就而欣慰。尤其是幼儿园的宣传工作当时是由小珍老师负责的，因为宣传工作有成绩，她的工分还从 6.5 分涨到了 7 分，达到农村女性劳力的最高值。她说："重点农村幼儿园是我们努力出来的，这棵大树是我们种的……现在石美小朋友有正规的幼儿教师来教，你说，多好啊。"因为她们曾经的努力打下的根基，现在石美村的幼儿园已经成长为一棵大树，成为公办幼儿园，有十几位公办教师，村里的孩子能够享受到正规师范院校毕业的老师的教育。而相邻的带头村幼儿园还是民办的，房舍和设施"还停留在 20 世纪 80 年代，正规的教师也没有，都是初中生在教"。小珍老师认为，"我们石美的老百姓一定要感恩，感恩蔡老师，她把我们这个石美幼儿园提上去了，如果没有她，我们也得不到农村重点。"说这句话的时候，小珍老师是把自己当作石美的老百姓中的一员，她对蔡老师也充满感恩，虽然她与蔡老师共事时也是尽心竭力，很好地配合蔡老师，但她说"我们是本地的年轻人，我们是家乡人，这是我们应该做的"，而蔡老师是汕头人。小珍老师正是以蔡老师为榜样，一辈子都挚爱着幼教事业。今天农村幼教事业的发展，是几代农村幼教人努力的结果，是许许多多像小珍老师一样平凡的劳动者用爱和辛勤的工作换来的。

6. 对未来的期望：办一个老人园

我问小珍老师对未来生活的期望，她脱口而出："未来呀，就是身体要好，才不会给下一辈添麻烦，我到福州医院住了一个月，很辛苦啊！每一次检查，都是非常辛苦的，到医院你就觉得，身体健康就好，什么都不需要。"小珍老师也真诚地对我说："你们年轻人呀，一定要保护好你们的身体，不要把机器搞坏掉。身体好了，什么事都可以，自己身体不好，还要连累别人呢。"除了不给后辈添麻烦，小珍老师也一直还想"对社会做一点贡献"，她说："我现在就是有一个希望，如果政府仍需要的话，办一个托老院，孩子是幼儿园，那老人就是老人园。老年人单独一个人也很艰苦，三餐没人顾。年轻人去上班，把老年人托来给我们管，我会义务教他们唱歌，我有40多首的红歌，我会讲故事给他们听，我会唱本地的芗曲，像医院那个科室一样，来，唱歌班，舞蹈班，故事班，象棋班，就是——我有这种愿望，但是现在做不到了呢。去年以前身体还没有毛病的时候，我就一直建议这里的村长说，来，你们来办一个老托园，好不好？"那时候村长往往回答说："带老人很辛苦呢，不比你带小朋友。"小珍老师就会说："老人可以少带一点。"小珍老师现在仍然希望能够为社会发光发热，老有所为，令人感佩。2018年10月8号我给小珍老师打电话，她告诉我现在生活很快乐，等一下她要去幼儿园教大班的孩子唱闽南童谣《慈母心》，让孩子们不要忘记家乡的语言。同时，她这段时间正在老龄协会做义工，为排练"九九重阳节"节目的老人服务，每个村要组一个队，出一个节目，她负责给老人们化妆、送水，指导排"行进操"的节目，以后还准备教老人们唱方言版的《龙江颂》。小珍老师在幼教行业"一干就是40年"，她也希望后辈的年轻老师"坚守岗位，爱护孩子，有一种责任感，把孩子教育好"。

四、研究结论与思考

（一）小珍老师的精神生活

根据我数次与小珍老师的交往来看，发现她是一位乐观、热心助人、热爱孩子、热爱幼教事业的老人。64 岁的她现在仍然活跃在当地老龄协会的义工队伍里，活跃在幼儿园闽南童谣教学的讲台上。

1970 年她刚刚走上工作岗位时就很喜欢幼教行业，与孩子关系十分好，觉得自己的性格很适合做幼儿园老师，"这一生就是做这行的"。她一生的职业经历了三个主要阶段：农村幼儿教师阶段、文化站工作人员阶段、自己创办私立幼儿园阶段。回想起来，她认为 20 世纪 70 年代是心情最好的时光，虽然那时候工作报酬低，园长要求尽乎苛刻，但她都以十分的热情投入工作之中，精益求精地完成所有的任务。总的来说，小珍老师爱文艺、爱孩子、爱幼教职业，具有社会责任感，具有"傻牛"式的拼博精神。20 世纪 70 年代，她的文化生活总的来说是单调贫乏的，想看专业图书而不得，想学弹琴而不能，但那个时代她有机会常读剧本，文艺宣传队的生活对她来说是十分美好的回忆。小珍老师有唱歌和舞蹈的天赋，她参加了大大小小数不清的表演，也指导幼儿排练了无数的文艺节目，那些节目的内容是以宣扬集体主义、英雄主义精神，歌颂革命青春、人定胜天等精神为主的，从今天的眼光来看，有人认为那个年代强调泛道德主义忽视现实人性关怀 [164]。但是那种时代精神对小珍老师的影响是积极向上的，为她如今幸福的晚年奠定了精神的底蕴。

（二）小珍老师精神生活状况的影响因素分析

基于小珍老师的生活史，发现她的精神生活状态是与她的个人特点、家庭环境、关键他人及所处的社会历史环境交互作用的结果，体现了个人精神生活的"历史性""空间性"和"社会性"。

1. 社会历史环境的影响

从小珍老师的个案可以看出中国当代社会的历史对个人的影响，以及个人在宏大的社会历史中的渺小，这是"历史性"对个人精神生活的影响。"历史性包括个人所具有的生命史及所处时代的历史"。计划经济时期的中国，个人几乎所有的生活机会，包括就业、收入、住房和社会福利等都在国家再分配权力的掌控之中，宏观社会环境的变化（政策变化、制度变迁和结构变动等）对个人生活有着根本性的影响。[165] 有研究认为，1958 年我国集行政、经济、教育及医疗等功能于一身的公社成立后，传统上小型、半自治而独立的农村社区文化，慢慢地被以中央政府为主的强调政治思想和集体利益的大众文化所取代。那样的时代，个人的尊严被忽视，人们对权威十分顺从。但那时候也会更多地照顾到穷人和弱小，普通民众对共产主义是真心信仰，并努力为之奋斗。[166] 1969 年二三月，中断了两年的全国计划会议召开，会议要求大力加强和发展农业[167]，发展农业对女性劳动力的需求刺激了幼儿园、托儿所的发展。有人认为，"十七年（指 1950—1966 年，作者注）教育培养了这代青年许多很好的品格和素质，如：使命感、政治意识、开阔的视野和愿为有价值的目标而献身的勇气，等等，这些东西如果同正确的理论和路线结合在一起，这些品格和素质便会成为一种对社会的推动力和创造力"[168]。

小珍老师小学没读完就遇上了特殊的年代，她勉强上了初中，但学习的内容弱化了作为公民基本素养的文化，而过分地强调思想政治。1968 年开始的"毛泽东思想宣传队"在全国的普及使小珍老师成为大队文艺宣传队的一员，而基层农村农业劳动的集体化对解放妇女劳动力的需求催生了农村幼儿班的普及，有初中文化的她又被推选成为生产队幼儿班的教师。这个过程都是由集体安排的，个人是无法选择的，但是相对于农业劳动，小珍老师对这份工作是很满意的，当时的民办园背后有集体的支持，给老师更大的职业安全感。总之，"计划经济时期，国家是完全通过工作单位实现资源配给，个人只有隶属于单位才能获得各种资源"（郝大海等，2009）。小珍老师说，"以前很讲思想，政府在思想方面有较多管理和控制，你不敬业、思想不好就被淘汰"，每个人都面临着保住单位，获得生存资源的巨大压力，但大家也养成了自觉的集体主义精神。

2. 所处现实环境的影响

空间性体现"个人所处的时代脉络和工作情景"。1969 年开始，福建省革委会生产指挥部组织制定了当年的工农业生产计划建设草案。[169] 小珍老师所在的乡、村也从 1969 年开始重视村集体所有制民办幼儿教育的发展，花大力气树立民办幼儿园的典型，小珍老师所在幼儿园抓住了机遇成为了当时农村幼儿园的样板。另外，小珍老师所在村在那个时代、那个县被称为"戏窝"，文艺人才本身也多。加上时代的需求，地方文艺人才与学校教育紧密结合了起来。这个环境是小珍老师直接生活的"空间"，对个人精神生活产生重要的影响。

一方面，小珍老师所在的文艺宣传队获得了省、市、县等各级汇报演出的机会，使小珍老师个人的特长得到了展示的机会。她作为大队文艺宣传队成员的同时又是幼儿园文艺宣传队的指导教师，排练与表演的过程虽然十分辛苦，但小珍老师从中得到了极大的成就感，使她体验到了生命的满足与意义。另一方面，小珍老师所在的农村幼儿园是当时县里最好的农村幼儿园，20 世纪 70 年代获得了省里唯一的农村重点幼儿园的荣誉，幼儿园在她们手里就像小树苗一样长成了"参天大树"，这在小珍老师的生命历史中是巨大的成就，无论是当时还是后来回忆，她对那时候的工作环境、文化生活都是十分满意的，那个奋斗与奉献的年代也成为她生命中最美好的回忆。

3. 关键他人的影响

社会性涉及个人所处的群体和人际状况。对小珍老师影响最大的人是蔡老师。在当时师范院校普遍停招缺乏专业师资来源的背景下，蔡老师作为一个简易师范学校非幼教专业的毕业生，凭着对学前教育的喜爱放弃小学教师的职业，自学学龄前儿童教育理论，于1954年就主动创办了全省的第一所农村小学附属幼儿园，1969年创办独立的村幼儿园，并能够通过自己或带领全园教师通过主动钻研、自编教材、自制教玩具、争取社队和上级的资源支持、多样化实践有效解决了农村幼儿园混龄教育的理论与实践问题，使幼儿园在当时成为名扬海内外的农村幼儿园。她个人也获得了全国先进儿童教育工作者、全国"三八"红旗手、省劳动模范等50多项荣誉称号[170]。她几十年来以园为家，就住在幼儿园，6个孩子都由保姆或姨妈带大。

蔡老师曾经是小珍老师幼儿园和小学时代的老师，后来二者成为同事。蔡老师很早就发现了小珍老师文艺天赋；亲自到她家找她母亲谈话为她争取到了背着弟弟上小学的机会，在她的兄弟都没有上学机会的情况下这是非常难得的；作为大队文艺骨干的她后来又被蔡老师推荐到中心班（园）当老师并负责幼儿文艺宣传队，使她的特长得到了进一步发挥，并有了一份对农村女性而言比较理想的工作。虽然蔡老师的管理非常严厉，完全没有对年轻人的尊重，但她当时一直是"顺从"的，现在回忆起来也仍然没有"控诉"，反而更多的是把蔡老师当作"恩师"，充满感激之情。她作为一个幼儿园教师的专业素质是在蔡老师的严厉要求下慢慢成长的，这为她今后成长为一个独立的、自信的民办幼儿园园长奠定了基础，也使幼儿教师的职业成为她终身热爱的职业。

4. 个人专业性向的影响

专业性向是指适合教学工作的个性倾向（人格特质），如耐心、爱心、情绪稳定、心理健康、平衡、泰然自若等，更多是人先天所拥有的特质。[171] 小珍老师热爱文艺，一生与文艺结缘，她能歌善舞，尤擅长芗曲。文艺宣传队的表演，在20世纪70年代受到农村群体的广泛欢迎，观众"看得眯眯笑"也给小珍老师带来愉悦的精神回馈即开心的体验，满足了她的情感需求，带给她精神的抚慰，增强了生活的幸福感，涵养了小珍老师乐观向善的精神。此外，小珍老师也拥有爱孩子的专业性向，她对孩子有一种天然的亲和力，能够与孩子在一起是她一生最大的安慰。因为"孩子们所喜欢的是那些本来就喜欢孩子、离开孩子就不行、而且感到跟孩子交往是一种幸福的人"[172]，所以小珍老师也得到了孩子的爱，进而获得更多的职业幸福感和职业认同感，以至在她被迫离开农村幼儿园多年后找到机会又在乡镇上创办了自己的幼儿园。我国台湾地区的学者也发现：影响实习教师"高意愿—有承诺"任教决定的重要因素是对幼儿教育有兴趣，喜爱孩子[173]。

（三）对当前农村教师队伍建设的启示

现在的社会把重点放在发展经济上，思想上更加民主自由了，民主自由是社会的进步，但人们的敬业精神日渐式微也是普遍的问题。

1. 加强对农村幼儿教育的外部支持

与过去农村民办园属于集体相比，现在的农村民办幼儿园基本上属于私人所有，多如牛毛又缺乏强大的集体支持，一般只能自生自灭，不再能够给教师带来职业安全感；现在政府的主要关注点在于农村公办幼儿园，即乡镇中心幼儿园的发展，民办幼儿园很难像公办幼儿园那样成为各级示范性幼儿园，大多处于低水平维持的状态，很难给教师带来什么成就感了。因此，要加强政府在农村民办园管理中的作用，为农村民办幼儿园提供更多的行政与专业支持。

2. 以文化艺术活动培育农村幼儿教师的社会责任感

访谈结果表明，文艺活动是小珍老师的精神家园，蕴育了她的社会责任感和乐观向善精神。其他文献表明1968年成立的文艺宣传队历经四十年的磨难仍然活跃在舞台上 [174]，一些地方实施"文化惠农工程"使沉寂多年的文艺宣传队重新活跃起来，新文艺宣传队组成人员中很大一部分是20世纪六七十年代的农村文艺传人 [175]，如今有些农村的文艺宣传队仍然十分普及 [176]，说明文化艺术生活对人们有着一种天然的吸引力，是人们精神生活不可或缺的组成部分。

3. 树立民办幼儿教育行业的敬业榜样

现在的民办园创办者很少有像蔡老师那样专业而有幼教情怀，大多出于经济目的或为了生存而从事这一行，因此民办幼儿园的教师往往缺少敬业奉献的榜样。因此要吸引更多有幼教情怀的人投资农村幼儿教育，同时为民办幼儿教师设立一些荣誉制度，树立民办幼儿教育行业的敬业榜样。农村幼儿教师多有一定程度的文化艺术素养，可以把乡村妇女、家长和留守儿童等组织起来参加文艺宣传队，使家长学校的建设与文艺活动的开展相结合，通过多样化的文化艺术活动，宣传科学的早教观，传承乡土文化，培养新时代的农村家长，从而陶冶教师的乡土情怀和社会责任感。

4. 选拔真正喜爱幼教行业的人进入幼教队伍

对孩子的喜爱促进了小珍老师对乡村幼儿教育的责任感和积极的职业情感认同。因为爱孩子、喜欢孩子，他们也得到了孩子的爱和喜欢，进而获得更多的职业幸福感。因为"孩子们所喜欢的是那些本来就喜欢孩子、离开孩子就不行、而且感到跟孩子交往是一种幸福的人"。[177]

第三节　实现"民转公"的春华老师的精神生活

从村民办幼儿园起步的石美幼儿园一步步发展壮大，今天已拥有 13 位公办教师，其发展经验值得总结。春华老师 1970—2007 年间在石美幼儿园工作，在这里工作了 37 年，她是石美幼儿园的"元老"中通过民转公考试的教师中唯一还健在的，她也是一所农村幼儿园文化生活史的难得见证者。她见证了幼儿园的发展，她也与幼儿园共同成长。

一、研究过程

我访谈小珍老师后，她女儿对我说："我妈主要是 20 世纪 70 年代在石美幼儿园，你要是想了解以后的情况，可以找我妈的同事，她比我妈大两岁。她们最初的那一批老师现在只剩她们俩了。"听了她的话，我分外高兴。这就是质性研究中"滚雪球"的抽样方式吧。能够访谈到石美幼儿园创办伊始就在那儿从教的仅有的两位老师真是很难得了。我很幸运还能够有机会与这两位老人交流。

2018 年 6 月 22 日下午，小珍老师帮我预约了她的老同事春华老师，在春华老师家，我对她进行了第一次访谈。这一次访谈很顺利，因为有小珍老师的陪伴，我和春华老师的交谈也是彼此信任的。但遗憾的是回家后我发现有一段 50 多分钟的录音竟然没有保存，只录下了 78 分 16 秒。不过，我大致做了笔记，回来后马上根据笔记进行了整理，主要内容基本没有遗失，只是一些细节没办法想起。另外由于要回忆几十年前的事情，春华老师对于以前的很多事情想不起来了，比如 20 世纪 80 年代的工资、使用的教材等。她说"奇怪自己的脑子现在怎么是空空的，记不起什么东西了，以前不是这样的"。可能是退休 11 年每天在家做家务，没动脑的缘故。小珍老师鼓励她"不急，慢慢回忆"。但春华老师说家里有记录，答应回去整理了给我。另外，春华老师退休后"整天待在家里面没有跟人家说（普通）话"，也常常不自觉地就用闽南话与小珍老师聊起来。这个时候我只能静静听着，等她说完了我再问：你们刚才说的是什么？她会再用普通话说给我听。这个时候我好希望我会闽南语啊！我利用周末加班加点把录音转录了出来，整理出了还需要进一步追问的问题，于 2018 年6 月 25 日对春华老师进行了第二次访谈。

这一次访谈我带了女儿同行，希望增加孩子的乡村生活经验和历史知识，也希望孩子通过与两位淳朴的老人的接触受到一些教育。我们先到小珍老师家里，针对以前的访谈再次追问了几个不太清楚的问题。然后小珍老师的女儿开车送我们到春华老师家。春华老师的家在石美村，屋前是一望无际的绿。春华老师穿着紫花裙子，身材十分苗条高挑，比第一次显然年轻了很多，完全不像66 岁的老人了。她说这是临时借住的房子，他们家的房子正在装修，边说边指着不远处绿树丛中露出的红墙屋。我脑海中一下子浮现出戴着红帽子穿着绿裙子的少女的图画。春华老师说新房子那边会很清静。她先给了我两张手写的材料，第一张上面非常工整地写着她的工作简历，以及八十年代所有领过的工资额；第二张上面是八条自我鉴定以及指导学生获奖情况。

当天春华老师的回答要比第一次流畅。中午春华老师请我们吃饭。饭后我们就人生的意义、男女平等方面的问题又聊了一个多小时。这一次春华老师对她人生中遇到的困难滔滔不绝一下讲了二三十分钟，似乎很多事情被激活了。可见曾经的困难对她的影响是巨大的。如今"岁月静好"，风浪已过只见平静的海洋。

二、春华老师小传

初中生活

春华老师 1952 年出生于石美村，上面有一个哥哥。春华老师很早就失去了父亲，只有妈妈陪伴，妈妈是地道的农民。那时候她妈妈通过上山割草赚来的钱支持孩子读书。春华老师说："我妈妈很辛苦供我读书。我也是很认真，当时考初中的时候我考上龙海一中呢，小学毕业考语文、数学两科分别是 99、100 分。"但是她 1966 年去学校读了"三四个月""差不多一个学期"就停课了。当时初二、初三、高中的同学大多搞串联去了，初一的同学没去，最初在学校当啦啦队，当串联的同学回来了就出来欢迎，后来就回家了。"回来参加劳动，我去生产队烧茶水了，做一些卫生，在村里边的各个角落，打六六粉什么东西，还有烧一些青草的水，一大桶的提到生产队去分，一户几碗，那个防白喉、防脑膜炎。……也在生产队里当会计记工分。"后来又复课了。春华老师回忆说当时"66 届、67 届、68 届就一起读初中，合在一起上课。再从初一开始读。"不过，复课是在石美实验小学附设中学，不是在龙海一中了。复课后，春华老师和小珍老师都在石美中学。大约读了一年半，因为本来是九月秋天招生，复课改为二月招生。据说所有学生的初中毕业证书都没有发，因此她们两个也都没有领到毕业证书。"我们就是语文、数学学得比较扎实，还有历史、地理，有英语教师，就是学很简单的……两年制的我没读完，我算是肄业……那时候就（流行）学习无用啊，大家都不想学。"

当上村幼儿教师

1971 年 2 月，春华老师得到生产队的推荐当上了大队（村）的幼儿教师，学习培训一个月后就正式上岗了。从教 37 年一直当班主任，"班主任什么课都要胜任"，她说自己是"语言特色"，最擅长"故事、儿歌，看图讲述""唱唱跳跳也会，只有"计算比较没有钻研"。作为班主任，她每学期初都提前制订好学期工作计划，期末写好工作总结。整个 80 年代，从 1981 年到 1989 年，除 1984 年外，春华老师每年都指导孩子参加县和学区的各类比赛并获奖，包括县幼儿故事比赛一等奖、县好孩子奖、绘画比赛二等奖、手工比赛二等奖、节目表演二等奖等。她同时兼年段长和"幼儿卫生保健股的股长"。作为保健医生，她负责孩子的晨检、个人卫生档案的建立等工作。幼儿园从 1978 年开始坚持"一巾一杯一刷一卡"制度。1982 年的一份官方文件中提到，幼儿园"制定了一套儿童卫生保健制度，每年由大队合作医疗站配合公社卫生院，对全体幼儿进行一次全面的体格检查，费用由大队负责……设立了一个隔离室和儿童保健室……从公益金中拨出 500 元，给每个幼儿配备一条毛巾、一个小牙杯、一支牙刷、一张健康卡片，制度已经坚持了 4 年"。[178] 当时春华老师的工作受到肯定，经常去开会，领奖品。如市妇幼保健院送的体温计、桶、桌子等。

通过转正考试

8 年后春华老师转为市里的民办教师。她说："从 1970 年开始教，教到 1978 年，龙海县（1993 年撤县设市）教育局给了我们幼儿园四个民办教师的名额。"[179] 又经过了 12 年，到 1990 年，春华老师通过层层考试终于转正，成为公办教师。这些考试包括：1981 年全县民办教师的"留、弃"考核，据成绩决定可以留下来还是被淘汰，春华老师顺利通过；1985 年的全县民办教师的"站队评级"考核（之后开始自学初、高中文化课程），按成绩定级别，按级别来定工资，春华老师被评为一级教师；1988 年 8 月"幼儿教师教材教法考试"，春华老师各科成绩优秀，都在 90 分以上；1989 年 5 月民办教师"教学能力"考核，春华老师获得全县幼师组第一名；1989 年 8 月，通过幼儿教师"专业合格"考试，春华老师取得专业合格证书；1990 年 10 月，全县民办教师转正考试，在参加考试的 74 人中，春华老师取得第 11 名的好成绩，当年转正的名额为 36 名。这真是比过五关斩六将还难啊，尤其是最后一次大考，是幼儿园、小学、中学老师合起来考同样的试卷，春华老师回忆起来仍然很兴奋地说："当时龙海县 72 个老师参加考试，转正转 36 个，我考在 11 名。那个人事股长跟我说你是春华老师吗？你很厉害呢，这次考试语文你是第一。"春华老师当时语文考了 82 分，而一位中学语文老师才考到 64.5 分，说明春华老师的文化基础是扎实的。除了笔试还有面试，面试的内容包括教学设计与现场教学。春华老师回忆："1989 年专业合格之后就通知你到龙海县去备课，一个教案给你看了之后，你在一点钟的时间要马上把课备出来……然后你回去，一天两天后叫你来上课，但不是前面备过的那一堂课而是另外一个课。"春华老师面试的反响十分好，评委们都说"石关幼儿园两个老师很厉害，业务都太好了"。转正后，素来严厉的蔡老师也对春华老师竖起大拇指："春华老师是靠自己的真才实力打拼的。"她自己也认为"辛勤耕耘换来了一生美好的归宿"。在 20 世纪八九十年代基础教育教师大量流失的情况下，民办教师转正的政策使一部分教师看到自己的未来和希望，从而仍能安贫乐教。一项对苏北 M 县民办教师群体的生活史中研究也表明，他们大致经历了资格获得、全面考核、资格审查、职称评定和民转公等重要事件。[180] 但有人形容民办教师转正是一条"难于上青天"的渺茫之路，能够转正的只是极少数。[181] 因此，转正在春华老师的教师生涯中具有里程碑意义，我把她转正的过程详述于此，也让人们对民办教师转正的难度有更具体的了解，留下一段历史。

评上高级教师

20 世纪 90 年代，第二任园长生病，春华老师做了几年没有名分的代理园长。转正后，春华老师还于 2005 年评到了高级教师。那也是一段"辛苦"的经历。当时各项工作得分积累起来达到 10 分就可以参评，比如担任年段长有 1.5 分，当班主任有 1.5 分，指导孩子比赛获奖也有加分，光 80 年代春华老师就指导孩子获奖 8 次，所以春华老师的总分达到了 17.5 分，当年共有两个参评人员，另一个是镇里公办幼儿园的老师，春华老师分数更高。除了分数达到要求，"还要到学区去述职，（通过评审后结果）材料档案还要在角美幼儿园公示三天。"春华老师的述职得到评委的夸赞，评委是学区内各小学的校长，其中有一个也是幼儿园的家长，他肯定春华老师教得好，给孩子的评语也写得好。

一生是一本书

2007 年，春华老师光荣退休。她有三个孩子，一男二女，分别于 1972 年、1975 年、1977 年出生。她的小女儿继承妈妈的职业，在镇里当小学老师。大女儿在计生部门工作，是公务员。只有儿子务农。退休后的春华老师一心在家当个好奶奶，照顾家人的饮食起居。我让春华老师分别用一个词语描述在幼儿园和在家里时的心情，结果她都用了"紧张"一词。我问春华老师"当您回顾一生，您觉得过得是否有意义"时，她的回答十分肯定，觉得自己的一生遇到的困难就像海浪一样一波连一波，但她都勇敢地克服，走到了今天，她感到很安慰。我们一起回顾完那些令人紧张的往事后，春华老师说："我的一生，也可以是一本书。"下面，让我们翻开这一本不断战胜挫折与克服困难的人生之书吧。

三、春华老师精神生活叙事

春华老师回忆石美幼儿园是 1969 年成立，她是 1970 年 2 月开始进入幼儿园工作。幼儿园自 1978 完成新园舍一期工程一幢两层楼房，后来陆续增建、扩建，于 1983 年才全部完成，建成两幢两层楼房，开辟一个儿童乐园，建筑面积 531 平方米，活动场所 530 平方米，同时增添教学设备。那时候没有走廊，班级人数最高峰时挤了 73 个。1988 年中心园发展到 10 个班，幼儿 350 人，教养员 13 人。1991 年办 6 班，幼儿 314 人，教养员 11 人。[182]2007 年春华老师 5 月就退休，坚持教到 7 月，因为教师紧缺，新老师还没有来。2017 年，石美幼儿园重建完成，两层半大楼，一、二层共 10 间教室，三层为教师办公室。班级教室与以前相比多了一个走廊，每班人数都控制在 25—35 之间，小朋友活动空间充足。目前 7 个班，3 个专用教室，分别为角色游戏室、建构游戏室和图书室。共有 210 个孩子，17 位教师，其中公办教师 13 人。

（一）心理生活

1. 职业生活满意度

对工资的满意度："很少，生活上有困难"

第二次访谈时，春华老师把 20 世纪 80 年代的工资清清楚楚地写在纸上给我了。（1979—1980 年的工资是怎么发的呢？）20 世纪 70 年代每天拿 7 工分，记在生产队里面换粮食吃，其他的就没有了，从头到尾都没有见过 1 分钱。偶有分红 10 工分才 8 角钱。她从 1981 年开始领民办教师工资：18.5 元，到 1983 年时涨到 21.5 元。一份 1982 年的档案材料表明当时石美幼儿园共有 10 位教师，"其中 4 名领取国家补贴，大队每月（再）发 10 元，其他 6 名每月发给 24 元"。春华老师作为有国家补贴的 4 名教师之一，实际领到的工资显然没有档案中所说的那么多，比没有国家补贴的标准还低一点。春华老师对 20 世纪 80 年代的工资不太满意，认为"很少，生活上有困难"。而且民办教师的工资还是延迟了几年才发到个人。她说："我 1978 年就是民办教师了，她（园长）就是迟迟不发钱，到 1981 年才发给我 18 块半。"有一段时间，民办教师补贴被园领导当作了园里奖励金和活动金，比如"你备课备得不错，给你奖励两块钱，你开课开得不错，给你奖励"，其他开销包括上级的领导来参观考察时的招待费，包括"买茶叶，买水果"等。1988 年，龙海县中学教员月平均工资为 116.14 元，小学教员月平均工资为 99.99 元。[183]1989 年，福建省民办教师人均月工资收入约 110 元，最高为 200 元，最低为 90 元。[184]春华老师的工资处于民办教师的最低标准。不过与湖南省比起来却不算低。1989 年，湖南省公办教师的月工资 118 元左右，民办教师月工资为 55 元左右。[185]

表 2.3 - 1　春华老师八十年代的工资（元）

1970—1978 年	1981 年	1983 年 2 月	1988 年	1989 年元月	1990 年	1991 年转正
记工分	18.5	21.5	65	89	94	206

对物质条件的感觉：新园舍建成后比较正规

档案中说，1978 年新园舍建设后，"大队做了 30 套桌椅、4 套木沙发、6 只摇马，3 付（副）翘翘板……"到 1982 年幼儿园已经"拥有手风琴、教学风琴、幻灯投影机、电视机等各种教学和文体活动用具 710 多件"[186]。这一点得到了春华老师的证实。她回忆，1978 年"落成中心园之后就比较正规了。那时候蔡老师也抓得很好，有玩具了。有一些买的，还有制作的沙包等玩具……电视是奖励的，当时我们的儿童保健工作做得很好，我当儿保股的股长，八几年我经常去开会、领奖品。奖品都是送给孩子的，是市妇幼保健（院）送的。量体温的、量身高的、一些玩具，还有那个桶、桌子、黑白电视，还有什么录音机，就是放音乐的录音机，整个操场就很热闹"。但在新园舍建成之前，园里就只有一台风琴，还有老师们自制的教玩具。

对幼儿园管理的评价："压得喘不过气来" & "严师出高徒"

春华老师回忆蔡园长时期幼儿园已有成文的管理制度，但具体记不清是哪一年开始的。像教师的职责、保育员的职责什么的，她记得在开会时园长有宣布，后来也张贴于墙壁上。周计划、教学进度等也都上墙。春华老师说："蔡美君老师很厉害，（外面有）什么消息她马上知道，上面有什么指导她马上就会给我们颁布，八几年应该是有。蔡老师在就有了。她本来是 1987 年退休，退休后还返聘 5 年，1992 年才回家。"据说蔡美君园长以园为家，一直都住在园里，每个晚上都安排一名老师陪她值班。她那时候管理很严格，各种规矩挺多，常在开会时宣布，但是否明文规定上墙春华老师记不太清。比如，作息制度："下午 1 点半就来了。那时候我们是 2 点上班，都要提前半个小时（到园）。下午到 4:50 分。在她底下工作纪律也很严，要签到。晚上陪同园长值班，农忙的时候，迟一点去她就不开门，第二天就要受气、挨批，园长骂人毫不留情，那时候她骂自己的孩子也很厉害。"当时我们上班时间不允许做任何与工作无关的事，没有像现在的老师那么好，上班的时候都可以准备一壶水，下课的时候，就一直喝……当时我们哪里敢去喝水啊。我们整个幼儿园的老师都有这么好的习惯。下班（自由活动时间）就是管孩子，看孩子，跟小朋友打成一片，这个是我们蔡老师培养出来的好习惯。"

工作时间也不能因为任何事情请假。春华老师想起 20 世纪 70 年代的一件事，她的孩子几岁时，有一天突然患惊风，家人赶到幼儿园让她请假，园长对她说："幼儿园的制度不能打破！"春华老师偶尔回家吐吐苦水，家里人就说"我们不要去受她的气，我们在家里面就好"。不过春华老师一直坚持了下来，因为她"很喜欢小孩，喜欢这个职业"。这样严厉的制度是一贯的，一直到 1992 年蔡园长真正离开幼儿园。好在春华老师家里面有老母亲照顾三个孩子，一般没有后顾之忧。春华老师因为自身素质也不错，任务完成得好，相对较少挨骂。

我问春华老师对如此严厉的制度是否满意。她说："工作上要求严厉我认可，但是太没有人情味，当时感觉'压得喘不过气来'，后来慢慢感到'严师出高徒'。"到春华老师参加转正考试取得骄人的成绩时，她才觉得感激蔡老师："如果她没有那么严格要求，我要去参加考试，我（可能）考不出什么来。"蔡园长对教师素质有各种要求，八几年学历不够的，教不好的，都被淘汰，符合条件的就进来。蔡美君园长注重年轻人的培养，经常抽查。不过，这些对春华老师都是轻车熟路：我们周计划、班级计划、年段计划什么都很齐全，马上要检查，马上就有。那时候民办教师要站队，要分一二三等，所以要检查这些硬件。她讲到其他幼儿园的民办教师平时没写，上面叫去开会，要检查材料时还在旅社"赶备课，赶周计划"。20 世纪 80 年代，石美幼儿园因为教师素质好得到了政府的承认："我们本来是农村幼儿园，后来让政府承认我们变成公办了。" 1980 年，省托幼办向全省推广龙海县建立幼教三级培训网 [县教师进修学校建立幼教组，配专职干部；公社（乡）配备幼教辅导员，建立辅导站；大队（村）建立幼教教研组] 的经验，进行分级培训。[187]

2. 人际关系与社会地位

与幼儿的关系：跟孩子打闹在一起

春华老师说年轻的时候跟孩子整天打闹在一起，简直就是孩子王。石美幼儿园创园伊始就强调普通话教育，也是幼儿园的特色教育。在幼儿园，老师孩子都讲普通话，得到家长的赞扬。春华老师记得每次参观的叔叔阿姨来了，小朋友都很有礼貌，都能够用普通话说"叔叔阿姨好！老师好！"小朋友回到家里面也会教给他们的爸爸妈妈，吃饭怎么说，你好怎么说等。那时候"农村的文盲还很多，很多家长不会讲普通话。看到孩子学会了普通话，对幼儿园很认可，遇到老师会说'你们太厉害了'。"

与家长的关系：20 世纪 80 年代后家长对我们很认可

我们家园联系做得很好，定期全面家访，期初摸底，期末要总结反映孩子在幼儿园整学期的表现，另外还有突发问题的个别家访。还有一个每周书面联系单，告诉家长孩子在这一周表现怎么样，还有什么需要家长配合的，那带回去再带过来，期末就把它装订成一本。这是蔡园长在时的一贯要求，那时候都有检查。春华老师说："20 世纪 80 年代以来家长对我们很好评，特别是有一个隔壁村的，我们去家访，她对我们很赞扬，说'你们做得太好了'，孩子回来说幼儿园的情况，她都会反馈给我们老师。"当然，本村的家长习惯了幼儿园的好，也存在"本地的猪食不香"的现象，不觉得本村的老师有多大的诱惑力。

教师的社会地位

20 世纪六七十年代时期，虽然教师在国家政策中以及在城市中的社会地位不高，但"农民对教师的敬畏，对知识的敬畏，对师生关系的理解，对教育的期望仍然没有彻底被抛弃"。[188] 因为当时记工分需要会写自己的名字，获得当民办教师的机会要有文化，获得城市招工的机会也如此。1980 年左右，国家开始重新提倡"尊师重教"，作为幼儿教师，春华老师也感觉到 20 世纪 70 年代农村幼儿教师在家长心中的地位不高，20 世纪 80 年代家长观念转变很大，幼儿园老师受家长的尊重程度相比 20 世纪 70 年代有提高。"以前人家以为你就是孩子王啊，管一下带一下孩子不要去玩水，不要去玩火就好。到 80 年代就开始进入正轨，人家就对幼儿园老师的评价比较高，特别是我们石美幼儿园，我们工作都做得不错。"

3. 职业生活中的压力

在幼儿园的心情：紧张

春华老师说自己在幼儿园时心情一般都是紧张的。首先，在园工作节奏很紧张。早上上班很早（夏天值班老师 7:15 班，其他老师是 7:30 上班。冬天是值班老师 7:30 上班，其他老师 7:45 上班），中午 11 点组织幼儿排路队，一个接着一个拉着绳子走，一直拉到家跟老师说再见为止，直到 12 点才能送完；下午 1 点半就要到园，不能迟到；每周三还有一个晚上要读报，进行政治学习；有时候表演节目就要晚上 10 点才能回家，孩子表演好回到幼儿园要给他们卸妆——用流水作业，一个专门擦花生油，一个用粗纸擦干，最后一个给孩子洗干净，卸完妆送孩子到家后，老师自己才能回家；回家哄自己孩子睡着后就 11 点了，第二天 4 点多就要起床做饭。此外，要经常利用星期六星期天自己做教玩具，好像在幼儿园就有做不完的事，就没有让你喘气的机会。她还利用下班时间勤学苦练学会了小、中、大三个年段所有儿童歌曲风琴弹唱。

春华老师说那时候老师们都瘦巴巴的，她自己身高有 1.63 米，只有 80 斤左右。其次，园长很严厉，对工作要求很高。园长会经常随堂听课，"你上课上到一半她就来了。你如果前一天没备课，讲话就不流畅，就要被她批评。有时候做得好，她也马上表扬。"春华老师说："我的一生都全力以赴在幼儿园。不是说我上（完）班回家去就没事了，整个心都牵挂在幼儿园，牵挂着我们班上的孩子，牵挂着我的工作有没有做好，明天还有什么任务。就是很紧张啊！……当时我的老妈把我的三个小孩带好。我的家庭要是没有我老妈这样帮我，我就没办法到现在有这个退休金。"还有，迎接上级检查很紧张。1978 年成为省重点幼儿园后，上面经常来检查工作，20世纪80年代来参观的也很多，经常要接待。每次有人来都要开公开课，要提前准备，要布置教室，要备课，晚上加班到七八点钟是常事，有时候加班到11点多，或者三更半夜还在制作教具。第二天客人来了，要授课、要接待，如果开课得到好评，就很开心。开课后还有孩子的演出，老师做后勤，有一次春华老师搬道具，不小心把新衣服刮破了一个窟窿，还不敢让人看到了，怕园长看到要骂人。

在家里的心情：紧张

在家也一样紧张。首先，家务非常繁忙。那时候春华老师在一个四五代同堂的大家庭里，她嫁过去时有十几口人，到1986年分家时已有23口人，自己有三个小孩，还有婆婆、婆婆的婆婆等。家庭经济很困难，大家都没什么吃的。她的妯娌们要到田间劳动，回来她们就休息。她们认为春华老师的工作比较轻松，下班回来就要干家务。有时候她和妯娌几个轮流做饭。那时候还要男人先吃饭，有时候春华老师先去吃饭，她婆婆的婆婆还会说"你吃饭很准时的"，幸好她婆婆会善解人意地让她到厨房去吃，不要让老人家看见。其次，在家还要加班忙工作。20世纪70年代社会上不认可幼儿园教师，自己的农村大家庭成员，不是同房子里边的人，同房子的老祖母、老公对幼儿教师工作都不理解，每当春华老师在家里备课、做教具，家里有人会说"教个'小小毛'还要备课，又不是教大学啊，备什么课，随便上上就好了"。当然，不管在家发生什么，第二天上班春华老师都会开心面对孩子。她说："到幼儿园，我们就像来到另一个天地，都不会把家里的杂念带来。"1990年后开始在幼儿园半天带班半天备课，回家的休闲时间则可以看看自己喜欢的书报，包括《早期教育》《幼教通讯》等杂志、儿歌和故事书以及《家庭医生报》和《每周文摘》等报纸。

压力来源：事务的繁忙

一是班级事务繁多之压力。春华老师说"1977 年（档案中是 1978 年开始建园）中心园落成以后，开始分大中小班"。以前石美幼儿园是混合班，即"哥哥姐姐弟弟妹妹混在一起的班"。中心园落成后班级变多，两个班共用三个老师，一个班一个半人。因为幼儿园在农村，人们都不太愿意去，教师一直比较欠缺（她说镇上的实验幼儿园一个班三四个老师都有），孩子却不少。春华老师班上孩子最多的时候达到 73 个，她既是班主任，又是任课老师，还是保育员，擦桌子打扫卫生这些也都要干，有时候觉得很累。

二是园内事务繁多之压力。春华老师兼了年段长还负责卫生保健工作，同时还要做专业职责之外的事。如中心园直到 1983 年才彻底建成，提供给教师的最初就只有三个空教室，一切设施设备都靠教师来完成，比如园内的花坛就是老师们砌的。春华老师说："我们老师拿锄头自己挖，挑家里的砖头到幼儿园来，自己当泥水匠……种花种树……花圃做得很好，我们培育幼苗，连花圃也一起培育了。那时候很辛苦，也很快乐，有荣誉感。"当时石美幼儿园经常迎接检查，布置教室，布置环境的任务也很重。

三是老带新频繁之压力。因为园长很严厉，很多人吃不消，进来之前以为幼儿园的工作很舒服，进来以后受不了辛苦就出去了，老师进进出出很多。有的老师是被园长骂到哭着回家。每次新老师进来首先放到春华老师班上，所以春华老师"一直要老带新，教他们备课，叫他们做玩具……"

4. 自我认知

对健康的自我认知：身体不太好

春华老师说退休后"整天在里面干活，也没有出去也没有给人家拉家常"，跟我交流才发现普通话变得"很生疏了"。春华老师在家负责做饭，她的儿媳妇主要负责接送第二、第三个小孩子上下学，她的大孙女已经 19 岁，在鼓浪屿音乐学校读书。她说："现在我觉得我真是老了……我脑袋都是空空的，好像都没有什么，就是要一直想，一直回忆，想不出来。"春华老师说这两年去医院检查过心脏，现在经常去漳州的医院拿药，她想起医生曾经说过她大脑最细的神经末梢有阻塞，导致"气血不足"，需要"通气"。她认为自己年轻时身体不太好，容易头晕。

对性格的自我认知：很适合做幼儿园老师

春华老师认为"自己很适合做幼儿园老师"。因为"懂得孩子的年龄特点，知道怎么跟孩子交往"。比如，一个两岁多的孩子我摇铃鼓让大家进教室的时候，她没有反应。我就问她，你听到铃鼓声音了吗？她不说话。我就跟她说，你的耳朵生病了吗？如果生病了，我们就割掉它，换个好耳朵，好不好？她说不要。我说如果能听到就不要割掉。她就说听得到。我就让她出教室，再摇铃鼓，她听到就进教室了。多次训练以后她听到铃鼓声就知道要进教室。有的老师（不懂孩子的年龄特点）就会对孩子比较凶。

（二）文化生活

1. 备课

20 世纪 70 年代，只有园长订了书，其他老师都是靠园长的培训来备课。春华老师也没有看过专业书。20 世纪 80 年代教师也有了自己的集体备课室。幼儿园已订有更多专业杂志，有浙江的《幼儿教育》、江苏《早期教育》等。也有教材，还有了国家的"大纲"（《幼儿园教育纲要（试行）》）可以参考。80年代初备课可以借杂志，按年段分配。后来杂志与教材就人手一套了。不过，春华老师记不清具体哪一年开始人手一套资料。春华老师自己也订了江苏《早期教育》，平时到书店她会买一些幼儿故事、儿歌方面的书。

2. 培训

20 世纪 70 年代，教师们的专业学习主要靠园本培训。20 世纪 80 年代除了"星期六、星期天两天去备课，准备教具"外，也组织老师去外地的幼儿园参观学习。春华老师说："当时园长经常带大家出去看看，都是利用她私人关系联系的。因为她出去开会的机会多，认识的人也多。我们去过厦门实验幼儿园，有一个老师开课；去过汕头的一个幼儿园参观，到那边大家叫我们山猴子……还去看过漳州农机茶油厂的陈燕梅老师开音乐课，还去北塔幼儿园听课，是看图讲述。别的老师还去过福州。"

3. 娱乐

20 世纪 70 年代需要自带板凳到露天场地看电影。20 世纪 80 年代石村美有了一个影剧院，上演比较好的影片，幼儿园会组织小朋友轮流去看，老师顺便一起观看。看了什么片子，春华老师记不太清了，大概有《闪闪的红星》《小兵张嘎》。不过，老师业余时间从来没有看过电影，上班和家务就是全部生活了。春华老师说："当时真是没有什么娱乐，放学就回到家里干活，干好第二天就上班带孩子。"

（三）心灵生活

1. 敬业精神

春华老师一直全勤，就想着一心一意服务幼儿，服务家长。她说："我全身心都在幼儿园，在工作上，加班加点，什么都做到（最好），有时候电灯都亮好久了还不回家呢，家里面的人都在说你是教大学吧……家里的孩子我没有陪伴过，都是我妈妈给我带孩子，现在想起来，我对我三个孩子很愧疚呢。"

春华老师认为那时候大家"思想觉悟都很高"，十几岁的姑娘都全心全意地投入。不过，那时候幼儿园老师也常常进进出出，有的老师因为受不了园长的批评不做了，后来年纪比较大的家庭妇女，慢慢都被淘汰了。因为园长要求非常严。春华老师说："我就是认真地把各项工作做好。我的学期计划、周计划、教案这些都及时做好。当时就想着按照国家的《纲要》来教学，让孩子能够达到《纲要》里面的发展目标。我也是爱这一行，一直坚持下来。"

2. 教师观

农村幼师的价值：为家长解决后顾之忧

春华老师认为农村幼儿教师的价值既在于解决家长的后顾之忧，也在于帮助祖国培养人才，不管哪个年代都是如此。"20 世纪 70 年代人民公社有固定的出工时间和收工时间。20 世纪 80 年代以后改革开放，农村分田到户了，家长对自己的事情更上心了，工作时间更自由，也更没有规律了，孩子主要托给幼儿园教师了。有的家长接孩子比较晚，我们都尽心尽力陪孩子。最自豪的就是教很多小孩子都很好，像有一个大学生在毕业典礼的时候说老师给她说的话她还记得。当时我说你考上大学要记得向老师来报喜。好几个就是这样子，她后来啊，真的考上了。还记得向老师来报喜。"

怎样做好幼儿教师：要有"五勤"

春华老师讲到做幼儿教师要有五个勤，即口勤、眼勤、脑勤、手勤、脚勤。她说："口勤就要勤讲理。有的小朋友他不懂去摇小树苗，你就要跟上去说'小朋友，你摇小树苗，它跟小朋友一样有生命，一样会痛，会哭，你看它两只眼睛眨巴眨巴的，你要给它说对不起哦，下次不能再摇它了，不能再打它了。'让他们懂得小树也不能摇。而不能发脾气地说'不能！你不能摇树！'

他等一下又去摇了。你用拟人的手法给他说，他就从中接受教育了，就会爱护小树，爱护花草。眼勤就要勤观察。在班级的时候要观察全班的小朋友，看他们的活动情况，在活动中会不会你推我挤，会不会出事，会不会摔倒；小朋友到操场就要跟到操场，要看小朋友在操场干什么，要能观察全班。不能两个眼睛老看书，还是老跟人家讲话。手勤、脚勤，比如看到桌子椅子歪了，我们要摆一摆。脑勤就要勤思考。五个勤要结合在一起，小朋友走到哪里跟到哪里，眼睛要看到哪里。比如小朋友淘气，你要用手轻轻地给他摸一摸，小朋友在哭了，你轻轻地摸一下他的脑袋，马上就好了。要有很多办法来教育他们。"

3. 儿童观

春华老师喜欢活泼的、调皮的儿童，下课的时候他活蹦乱跳没关系，只要我们能观察好，处理好后面的情况。那些活泼的小孩子比较聪明，他们回答问题跟别人不一样。春华老师注重幼儿个性的培养。"同样是从小班到中班到大班，一届毕业出去了，你教的那些'好'孩子，看到老师有时候会躲开。那些调皮的孩子，看到老师就会打招呼，对老师更好，有更深的感情，越批评他 /她，他 / 她对你越亲。"

4. 课程与教学观

重视综合教育与游戏活动

1979 年，福建省教育局组织编写第二套统编教材，计有《幼儿教学大纲》和《体育》《语言》《常识》《美术》《音乐》《计算》共 7 册，各科附有"教学建议"，并有挂图 84 幅。1980 年，由福建教育出版社出版。1981 年，实施教育部颁发《幼儿园教育纲要（试行草案）》，强调克服"小学化"和"成人化"错误倾向。1981 年，配合教育部纲要全国统编教材出版，到 1989 年，福建省幼儿园教师主要依据省编及全国第一套统编教材进行教育。这一年，福州幼儿师范学校附属幼儿园试行"活动教育课程"，内容包括自选活动（晨间活动、自由活动、兴趣活动、游戏）、集中教育活动、体育活动、生活活动。[189]

我请春华老师回顾她从教 37 年中幼儿园课程的发展过程。她认为，20 世纪 70 年代上课的时候就比较简单，是分科；到 20 世纪 80 年代就有综合，20 世纪 80 年代末期开始做区角，有跟领域结合的区角，如语言角、数学角等，也有创游区角，如商店、医院。在游戏中，老师用一个主题让他们自己去玩游戏，在游戏中看他们的表现，看他们的动手能力。她举了一个综合教育的例子：认识一个橘子是常识课。通过认识橘子，让小朋友掰，让他们尝。还有说出桔瓣像什么，开发小朋友的智力。以后还要教育他们爱家乡，因为是我们家乡产的橘子，还有出口什么的。最后让小朋友来画橘子。这个是在同一堂课里面把常识、社会、绘画结合起来，贯穿为一个整体。

春华老师也常常通过几次活动实现综合教育。比如说"（过）家家"游戏可以一直扩展延伸。先让小朋友办家家，完了再延伸到要去搭汽车，要去坐车，要去上学，要去旅游。在车上就培养谦让的思想，先让老爷爷老奶奶坐；让他们扮演售票员，还有汽车司机、乘客，在游戏当中培养他们懂礼貌。然后来到超市、电影院、理发店，电影院有的当售票员，自己制作电影票，然后卖票，数钱，有的当观众，有的当维持秩序的叔叔。这些游戏当时叫"作业"。在模拟日常生活中获得各方面的学习，通过游戏来实现整合，实现综合教育。另外也有上课，一天上午 2 节课，下午 2 节课，注意动静交替，如下午手工课完了就要户外活动，那时候很注重带孩子外出看花草树木。20 世纪七八十年代民间游戏在幼儿园也挺流行，如滚铁环（或滚竹条）、跳格子、"撞拐子或斗鸡"。

但八九十年代教材的改变总体不大，"好几年都没有变动，像那个'鞋子嗒嗒响'，很早就有了"。还有一些节日表演和比赛活动，如春华老师班上编排了一个舞狮节目，在当时是很好的；幼儿园每年都组织班与班的故事比赛，优秀者选拔到学区和县里比赛。

教学观：喜欢用游戏法

1979—1981 年主要有直观教学法、谈话教学法、游戏教育法、兴趣活动法、感官训练法、参观访问法、综合教学法（强调手段的综合、内容的综合、时空的综合等）。[190] 春华老师最常用的教学方法是游戏法，那时候很强调在游戏中培养小朋友的多种能力，还有扩展性思维，上面检查的中心任务就是抓教学，而且很严格去抓扩散性思维的培养。要求教师一个问题提出来了，要让孩子充分发挥想象力和创造力，解答出多种答案。比如问孩子们日常生活中什么东西像橘子，就让他想象，培养他的扩散性思维。有的说皮球像橘子、金元宝像橘子，有的说掰开的橘瓣像小船、像梳子，大家都七嘴八舌说得很多。

春华老师也谈到 20 世纪七八十年代角色游戏、表演游戏、结构游戏都有了。石美幼儿园的表演游戏做得很好。歌表演、儿童诗歌（或儿歌）表演和故事表演都有。如歌表演"让座"，师幼边唱边演："大汽车呀刚停下，上来一位老奶奶呀"，孩子们分别扮演老奶奶、老爷爷和小朋友。又如儿歌表演，当一首儿歌当中有角色时就让小朋友起来表演。而故事表演更是石美幼儿园的最强项，教师幼儿经常用头饰开展故事表演。

春华老师 1981 年和 1982 年连续指导小朋友参加龙海县故事比赛获得一等奖。说到诗歌表演，春华老师讲了一个需要"脑筋急转弯"的经历：有一次她到华侨幼儿园开课，抽签抽到诗歌《原来是你》，但这首诗歌的第一教时这个班的孩子已经上过了。春华老师马上灵机一动，想到第二教时就让孩子扮演，老师当妈妈，小朋友扮演"劳动的好宝宝"。春华老师马上问几个孩子他们在家里会做哪些家务，是怎么做的，然后开始诗歌表演了。当时听课老师都赞不绝口。

表2.3 - 2 **诗歌：原来是你**

妈妈不在家， 我把地来扫， 我把桌子擦。 听，好像是妈妈的脚步声， 我赶快躲到门后偷偷地看： 妈妈进来了， 看看地上， 看看桌上，	妈妈问： "是谁把屋子收拾得这样好？" "喵喵喵"， 我在学猫叫。 妈妈把门拉开瞧， 高兴地说： "哦，原来是你， 劳动的好宝宝！"

混合班教学：一堂课三个内容，效果很好

1970 年，幼儿园刚组织起来都是混合班，1970—1972 年叫红儿班，那时候还不懂得什么混合班教学，就是合起来做一些游戏、唱歌，同样的内容，同样的教法。后来蔡老师就采用混合教育，就分年龄段教育，一年段一堂课。一般是先从大班的哥哥姐姐教起，比如说计算题，听完后他们做练习；中班就给他们教一个画画，教完让他们去画画；最后再带小班游戏。一堂课当中就要三个模式，三个内容。这种方法从 1972—1980 年一直采用。1977、1978 年我们幼儿园正式建好成为中心园，开始分小中大班，但中心园下面还有很多混合班，由蔡老师培训他们混合班教学方法上课。春华老师认为，这种混合班教学方法效果很好，佩服蔡老师她业务抓得很好，是个实干家。

5.生命的意义

战胜了像海浪一样的困难

回顾一生，春华老师觉得"很有意义""没有白来一趟"，人生的波折足够"写一本传记"。她说："困难像海浪一样，一浪一浪地涌过来，真是战胜一个困难又战胜一个困难……在艰苦的环境下就一直走过来，一直拼过来，虽然坎坷，但能有今天真的很安慰了。"无论是工作上的困难、家庭的困难、个人发展中的困难，都一一克服了，历经风雨终见彩虹。"人的生命似洪水在奔流，不遇着岛屿、暗礁，难以激起美丽的浪花"，过去的困难很多变成了今天的财富。春华老师经历过全力以赴的职业生涯，迎来了不同于一般乡村老人的宁静的退休生活；经历过经济困难的岁月，今天十分勤俭节约；经历过严厉的工作制度，现在时间观念特别强。她说："我们现在都退休了。如果我们同事约到什么地方，两点就是两点，三点就是三点，都不会迟到的，养成了这个习惯。"她对过去不是抱怨，而是更多地怀着感恩。春华老师认为人的命运跟社会环境和自身的努力关系最密切。她说："如果我们生长在黑暗社会就很痛苦，在新社会，特别是现在祖国富强起来，大家都很幸福，现在不管女人男人都穿得很漂亮，吃得很好。好的命运也离不开个人努力，像我这样如果没有努力，没有坚持，就会被淘汰了。"

6. 对未来的期望

健康的身体 & 幼儿园越办越好

我问春华老师对未来生活的期望，她首选的答案也是"健康的身体"，接着说："现在（社会）不断发展，不断变化，我们也想看一些新鲜的事，我们也想要长命百岁，看到祖国的变化……也希望我们幼儿园越办越好，我们石美村的下一代人能接受更好的教育。环境现在已经很好，教学不断在改革，这是我很开心的一件事情。希望现在的年轻教师能够珍惜这么好的环境。"

四、结究结论与思考

（一）春华老师精神生活状态小结

1. 外部生存环境。较好的方面：第一，物质条件优于其他民办园。春华老师工作的石美幼儿园因为在 1977 年被评定为"农村民办示范性幼儿园"，而得到专项补助；第二，工资相对一般民办教师高。春华老师 1970 年工作，1978 年得到民办教师名额，除了村里的工分之外，还有国家的现金补助，尤其是转正后她的工资翻倍。

2. 内在精神生活状态。春华老师对于几十年的幼教生涯都是满意的，她的精神生活质量较高表现在：第一，心理体验方面。对工资由不满意到满意。对 20 世纪七八十年代的收入不满意，但对转正后及现在的退休工资很满意；对园所的物质条件也感觉比较正规；也认为自己的性格十分适合当幼儿教师。第二，对园所的专业文化生活环境挺满意。一方面专业资源自从 20 世纪 70 年代末期以来一直比较充足，培训机会也不少；同时她也认为园长专业水平高，要求规范，因而"严师出高徒"，她也才得以顺利通过后来的转正考试。第三，心灵生活方面。十分认同农村幼师为家长解决后顾之忧和为祖国培养人才的双重价值，全身心投入工作，力求做到最好；她重视综合教育与游戏活动，喜欢用游戏法培养小朋友的多种能力以及扩展性思维；勇于面对职业生活的所有困难，也通过努力钻研业务通过了转正考试，并评到了高级职称。

3. 存在的问题。第一，春华老师对于当时的环境也有不满意之处：即幼儿园事务繁多，而园里的管理制度又严到不近人情，感觉被"压得喘不过气来"。她也常需要利用休闲时间加班加点才能干好工作，直到退休十几年后回忆在单位和在家的心情仍然全部用"紧张"一词来描述。第二，因忙于工作而忽视了对孩子的陪伴，三个孩子主要由外婆陪伴，因而对孩子有愧疚感。

（二）春华老师精神生活状态形成的原因分析

1. 时代背景：国家的道德价值取向

春华老师对事业的奉献精神的形成与当时国家的价值取向有关。计划经济时代，国家文化深入乡村民众的日常生活，传统上小型、半自治而独立的农村社区文化，慢慢地被以中央政府为主的强调政治思想和集体利益的大众文化所取代，那个时代道德生活的道义性取向相当明显，责任意识、奉献精神弥漫于道德生活之中。[191]改革开放以来，政府逐渐退出了乡村的日常生活，也开始肯定个人的合理利益，但是老一辈们已经形成的品德往往将伴随他们终身。春华老师年轻时养成的工作第一、家庭第二的观念一直到退休仍然没变。另外，石美幼儿园1978年被确定为重点幼儿园是基于省里落实国务院批准的《教育部关于办好一批重点中、小学的试行方案》文件精神的背景，当时全省只有两所幼儿园获批重点，另一所是福州儿童学园。

2. 生活空间：农村民办示范性幼儿园

示范性幼儿园为春华老师搭建了高质量的专业文化生活平台。1977年，石美大队中心幼儿园被省教育厅定为"农村民办示范性幼儿园"[192]，得到了国家的补助1.7万元，加上大队自筹的3.6万元，建成了新的2层楼的园舍[193]。作为村民办幼儿园起步的石美幼儿园能够发展到今天拥有如此多的公办教师，其发展经验值得总结。

3. 人际关系：得到一位优秀园长的指导

从档案资料可知，石美幼儿园的发展壮大与蔡园长息息相关。蔡园长对教师素质有各种要求，学历不够的、教不好的都被淘汰，她也注重年轻人的培养，经常抽查各种计划与教案以及随堂听课。春华老师通过转正考试后也感激地说："如果蔡老师没有那么严格要求，我要去参加考试，（可能）考不出什么来。"可见，春华老师的成长与蔡园长的培养分不开。当然过于严厉的环境也压抑了她的自主性。此外，春华老师能全身心投入工作也得益于她的妈妈帮忙照顾三个孩子。

4. 自我之维：专业性向

春华老师良好的专业生活质量也与她个人的努力分不开。她从小学习成绩好，是优秀生；工作后她也爱孩子，喜欢自己的工作；她的敬业精神是当时大环境的要求，同时也成为了她自我的内在要求。她什么都要求做到最好，让严厉的蔡老师基本上挑不出她工作上的毛病。春华老师说，当她通过转正考试后，连素来严厉的蔡老师也对她竖起大拇指："春华老师是靠自己的真才实力打拼的。"

（三）研究启示

1. 优秀园长的培养是乡村幼儿园建设的关键

农村教师的精神生活质量的提升需要多方共同努力，包括需要国家政策的支持、地方政府的重视与投入以及一个优秀园长的带领。本研究表明，优秀的园长是首要的，其次才是外部环境的支持。目前我国农村的公办幼儿园主要为乡镇中心幼儿园，而村幼儿园仍然以民办园为主体，能够像石美幼儿园这样发展为公办幼儿园的村民办园应该是凤毛麟角。石美幼儿园首先拥有了一位热爱农村幼儿教育的好园长，她狠抓教师队伍的培养和建设，从本村女青年中带出了一批优秀稳定的教师队伍，从而能够在课程建设中做出成就，成为农村幼儿园的示范，获得领导的关注，并抓住改革开放的机遇成为了首批重点幼儿园。

2. 选拔农村教师时要关注教师的专业性向，并尽可能从本地选择

国外学者研究也发现有效的农村教师具有心理弹性（resilience），包括八个主题或特征：坚定承诺、享受变化、乐观倾向、灵活的控制点、控制事件的

能力、道德和精神支持、积极的关系和重视教育。[194] 其中，个人的人格特质为主要因素，其次才是环境的支持。国外有研究表明，处于职业生涯早期的初任教师往往十分依赖他们现有的个人资源来维持其心理弹性。本研究也表明，农村幼儿园教师高质量的精神生活质量是个人特质与环境互动的结果。春华老师能成为一名成功的乡村教师首先与她的个人特点有关，其次才是环境支持。个人有着坚定的从事幼教的信念，对待困难比较乐观；她与家人有着积极的关系并能从家人那里获得精神支持，也通过家人的支持提高了处理事情的能力；如，她的爱人是本地农民，她的父母就住在附近。面对幼儿园严格的工作制度且不允许请假无暇照顾孩子的困难，她可以通过家人的协助来解决，她的三个孩子一直由外婆帮忙带大。对于园长过于严厉的要求导致的内心压力，她可以通过向爱人的倾诉来缓解。面对转正考试的困难，园长的专业引领与严格要求则是帮助其顺利通过的关键。总之，作为本土的教师，因为扎根在这片土地上，对于困难的应对也就可以得到更多环境的支持，发展"心理弹性"。

第三章　1980—2000 年间参加工作的农村幼儿园教师精神生活叙事研究

第一节　民办幼儿园陈金秀老师的精神生活

1983 年，教育部特别印发《关于发展农村幼儿教育的几点意见》，强调指出："为了发展农村幼儿教育事业……可举办不包分配的职业幼师班，为农村培养更多的幼儿教师。"[195] 福建省有相应文件落实教育部的精神，如一份 1984 年省政府给省教育厅的批复（截取部分相关内容）："从 1984 年秋季开始，各地（市）在征得省教育厅同意后，确定一至三所有条件的职业中学，开设体育、美术、音乐、幼师职业高中班……毕业后按中等师范毕业生的要求由省统一组织考试，从中择优录用或聘用。"[196] 当初于 1984—1987 年就读省内首届职业幼师班的人员中有一部分后来直接转正了，一部分通过考民师班转正了，大部分转行了，还有极少量没有转正也没有转行而一直坚持从事农村幼教工作，陈老师就是其中一位。她的生存状态值得我们关注。

一、研究过程

长泰县实验幼儿园的马园长帮我联系了 2 位农村幼儿园教师，其中一位陈老师是该县最偏远的坂里乡的农村幼儿园教师。2018 年 3 月 16 日，马园长为我约了陈老师中午 12 点半访谈，因为陈老师自己办了幼儿园，只有中午孩子午睡的时间才能抽身。为了节省时间，我把午饭带在车上吃，马园长和另一个老师也牺牲休息时间，开车陪我赶往坂里镇中心幼儿园。原来需要两个多小时的路程，因为修了高速公路，四五十分钟就到达了目的地。陈老师和另一位老师已经在园长办公室等我们了。我先向她说明了我的研究目的，希望了解农村幼儿园教师在艰苦的环境下努力奋斗的人生经历，把她们宝贵的精神财富留下来供人们学习，同时重点了解她工作的20世纪80年代末以来农村幼教发展的情况。这次正式访谈约一个小半时。访谈结束后，我向镇中心幼儿园的陈桂花园长了解她们幼儿园的课程特色。陈园长说幼儿园这学期把"大树碱面、坂里红酒、坂里龙柚、竹韵，还有坂里笋干"等地方特色资源引入课程，今年幼儿园大班就做了一个"坂里红酒"的主题。说起地方资源，陈园长如数家珍。通过与陈园长的交谈，我不仅对小镇的文化传统有了更多的了解，而且知道了坂里镇是"红酒小镇"，做红酒已经有千年历史了，2018年举行过"第四届红酒文化旅游节"。在文化节上有一些民俗节目，如畲族的竹竿舞表演、婚庆仪式、红酒体验等。陈园长的爱人是长泰县第六届非物质文化遗产"坂里红酒"的"传承人"，她非常热情地邀请我们一定要去她家参观制酒坊。我也很有些好奇，就答应了。参观完"知青博物馆"之后，又参观了"传承人"的红酒作坊。没想到这样一个小镇还有着这么源远流长的酒文化，也保存了那么丰富的知青时代的史料。与陈桂花园长的谈话可以成为陈老师谈话的补充或印证，同时对小镇的了解也可以帮助我更好地理解本地的民办幼儿教师生活的背景，从而更好地理解她们的内心世界。正如日常史学的观点所言："研究教师生活状态时……我们应将其放在特定的历史脉络中，既观照社会多方面因素变动对教师生活的影响，又透视和研究教师主体的回应。"[197]

　　非常感谢陈老师能在百忙之中抽出时间来接受访谈。下午五点多我回到漳州后又收到陈老师的信息，她更正了原来谈话中的一个记忆错误，并留言说"有什么需要尽管说，我下班就有空了"。她还很热心地说第二天要各传一张当时幼儿班房子的照片和现在的幼儿园房子的照片给我。同时还发给我一张她和大班小朋友的毕业合影，告诉我"站在右边那个是我，当时我刚到幼儿园上课的第二学期"，那时候她还没结婚。

当天访谈本来有录音，但快到结束时才发现只录了3分多钟，原来手机设置了自动锁定。我赶紧调为永不锁定，最后又录了8分钟就结束了访谈。所以只有头尾是真录音转录，中间都是凭笔记整理。好在陈老师年轻，能熟练使用微信，后来我们多次在微信上沟通交流，这些交流整理起来竟然有两千多字。

二、陈老师小传

出生成长

1963年，陈老师在长泰县坂里乡新春村出生了。她爷爷是安溪人，当时出外做生意来到新春村，和她奶奶结婚后，就在那里扎根了。"陈"姓在新春是外姓，真正的新春人姓"汤"。陈老师的父亲初中文化，原来在长泰县粮食局工作，是国家干部，有退休金。她妈妈没读书。她父母养了六个孩子，陈老师排行老二，有一个哥哥，四个妹妹。她的父母同龄，今年（2018年）都84岁，身体都还很棒。陈老师说："小的时候家里比较穷。每年都是欠款户。我妈每天种田，有7工分，就是7角钱，拼命干活就是7角钱。我上初中的时候，我奶奶说哥哥读书吃干饭，你们这些小女孩就吃稀饭。我们都说好！"陈老师分别在新春小学、坂里中学读书，那时初中高中都是两年制。

考取职中幼师班

1979 年陈老师高中毕业了。毕业后干了几年农活。1984 年县妇联组织基层农村青年参加 20 天的学习培训，初中毕业以上都能参加，当时报名参加培训的有 60 人，培训完成后由教育局组织统一考核，前 20 名被录取到长泰职业中学读幼师班。当时全班共 54 名同学，20 名从基层选录，34 名是从初中应届生中录取。她记得当时县妇联和被录取的来自基层的 20 名学员签订了一份合同，合同的内容大致包括"通过考试、成绩合格，75% 可以转正，没考上回本村任教，村里为学员提供部分学费补助"等方面。陈老师回忆考试的情景："我考上了职中，笔试赢了，面试跳舞也过了。因为我小学是文宣队的，会跳舞。当时跳了一个《我是公社小社员》。"她说："我当时已 22 岁了，听到这个好消息，才这么拼的。"陈老师在职中时是班干部，当生活委员，她"拼命学专业"，学习成绩不错。那时候学习的内容包括弹琴、舞蹈、讲故事等。她特别提到："当时有一个文件，说三年后成绩优秀的话就可以转正。但三年后全班54 名才转正 5 名。这说明合同变卦了。后来我合同也丢了，很吃亏。"我查到了一份 1984 年的文件，是省政府给省教育厅的批复。原文如（截取部分相关内容）："为了加速培养和充实小学体育、美术、音乐教师和幼儿师资，经研究，决定从 1987 年开始，每年安排五百名指标，由你厅掌握，会同省人事局、劳动局从职业高中毕业生中择优录取或聘用。从 1984 年秋季开始，各地（市）在征得省教育厅同意后，确定一至三所有条件的职业中学，开设体育、美术、音乐、幼师职业高中班，学制三至四年，从应届初中毕业生中招生，注意生源素质……录取……的学生……毕业后按中等师范毕业生的要求由省统一组织考试，从中择优录用或聘用。"[198] 这份文件中招生的对象是应届生，没有写往届生，也没有写明录取的比例。不知道为什么下面在具体操作与宣传时与文件不一致。

成为村民办幼儿教师

1987 年，陈老师从职中幼师专业毕业后到新春村幼儿园工作。因为读幼师班村里出了一些学费，属于定向培养。[199] 最初有 50 个孩子，大、中、小班的都有，组成一个混合班。同年底搬进了爱国华侨[200]捐赠建设的新的幼儿园，第二个学期就有 100 个幼儿就读，分 3 个班，4 个幼儿教师，其中陈老师兼园长，从 1987 年一直教到 2003 年。工资从每月 35 元涨到了每月 150 元，一年 1800 元。但是这些工资村里没有及时付清，现在她家里还有村里拖欠的工资单。

自己办幼儿园

2003 年陈老师在村幼儿园原址上开始自己办幼儿园，取名"登育幼儿园"，以示对捐资建园的汤登育先生的铭记。教材方面，陈老师说"以前村办幼儿园是学区统一订的省编教材"，后来她自己办园也一直用省编教材，"平常最喜欢采用游戏法，有很多种游戏，如智力游戏、音乐游戏等。但我们不可能做到像城里的幼儿园一样有那么多区域。"2008 年陈老师参加了长泰县教师进修学校举办的"幼儿园园长岗位培训班"，经考核合格，取得了县教育局颁发的"幼儿园园长岗位培训证书"，坚持办园一直到现在。现在幼儿园分大、中、小三班，大班 20 名，中班 22 名，小班 18 名，共 60 名幼儿。近年来，幼儿园获得了国家对民办园的专项补助。

种出"世界第一菜"

陈老师习惯了在农村的工作和生活，她认为"农村有农村的特色"，在农村最大的好处是"菜好"，她种的菜不用农药，虫子都是人工抓，她栽的地瓜藤被她妹妹称为"世界第一菜"，是她妹妹的"最爱"，每次从城里回乡都要带姐姐种的菜。

三、陈老师精神生活叙事

（一）心理生活

1. 职业生活满意度

对工资满意

陈老师说："我 1987 年毕业就当园长，园长比其他老师每个月多 5 块钱。那时候的工资每个月 35 块。"十几年后涨到了每月 150 元。从史料来看，1990 年，漳州市大学、进修学校、中学、小学、幼儿园正式职工的每月平均工资分别 212、196、184、163、105 元，幼儿园教师的工资还不到大学教师工资的一半，是小学教师工资的 64.4%。[201] 陈老师作为村集体的幼儿园教师，1987 年的工资只有 35 元，大概只有正式职工的 1/3。笔者访问的另一位石美幼儿园的民办教师 1988 年的工资为 65 元。可见，这个工资是很低的。但是陈老师当时对这个收入"满意"，因为"那时一个孩子学费只收 4 元一学期"。（会不会是 4 元一个月？）2003 年自己办园后，当时每生每月收学费 60 元，包吃两餐，以生养师。陈老师对现在的收入更满意，她说："现在有这种工资，肯花钱的人，每天漂漂亮亮的也是可以做到的。"当然她舍不得花。

对物质条件：不满意

最初幼儿园办在村部，只有一间瓦房，一台脚踏风琴，还有桌子、板凳。放学后各自回家吃饭，当时没有午餐。她记得"那时有的小孩住在离幼儿园较远的小山区，但是孩子很能干，放学时能够自己走弯弯曲曲的田埂路回家"。

后来爱国华侨汤登育老先生，回新春老家探亲发现幼儿园没有房子，就捐献几十万元，给村里修建了六间教室、两间宿舍，两层楼房共四百九十平方米。大约于 1987 年 11 月份搬进去，陈老师还记得"当天每个小朋友发一个肉包，还邀请县领导教育局来剪彩，很隆重"。不过，当时幼儿园没有任何玩具和其他设施。跳舞时就把桌子排起来当舞台，我在上面教舞蹈。陈老师说："对这样的物质条件不满意也没办法"。2003 年，陈老师在村幼儿园原址办私立幼儿园，取名登育幼儿园。不过，近年国家对普惠性民办园实行补贴，陈老师的幼儿园享受到"每生每年补助 100 元"，她主要用于买床铺、桌椅等设施。

　　人际关系：有幸福感

　　陈老师对自己的管理还算满意，她说："我当园长时上班总是比别人早到半小时，比如规定 7 点半到，我 7 点就到了。"那时她们同事间的关系也很好："为了改善伙食，中午吃饭几个老师轮流做，轮到谁家做饭谁就先下班回去煮。记得有的老师做了兔子，有的老师做了高丽菜，同事之间边吃边聊，感到很幸福。"陈老师对家庭生活也是满意的。在家里她和爱人能够平等相待、互相尊重。他爱人是个理发师，有空时她也会去帮忙给顾客洗发、和顾客聊天等。

2. 对性格的自我认知

　　陈老师认为自己的性格"会说会笑，会与家长沟通"。她喜欢与孩子一起玩，一起唱歌跳舞。她会自弹自唱，也常和孩子对唱。关于幼儿园教师的社会地位，她感觉"从家长的尊重来看是不错的"，她说："家长或以前的学生遇到了都会叫着'老师，老师'打招呼。有的学生长大后做生意赚到钱了，开着小车遇到我会问我要不要坐车。"同来的另一位老师说："农村不好的就是，城市里有时候看不起农村人。我们那个时候去培训，他们说坂里是最山区的！"陈老师也认同这一点："是，人家骂我们是坂里'河乌'（音，不知道是不是何乌乌的意思）。"但她认为自己去职中读书时"也不是很土气"。在农村总会遇到被城里人瞧不起的时候。这样的情境会成为农村人内心隐隐的伤痛。我国城乡二元分割导致农村为城市的发展做出了巨大的牺牲。农村民办教师的工资只是城里正式教师的工资的 1/3 也是一个证明。

3. 生活中的烦恼

烦恼之一："安全问题压力大"

陈老师的烦恼主要来自保证孩子安全的压力，怕孩子出事。最初她从职中幼师班毕业没有转正有些失落地到村办幼儿园工作，不过在工作中仍然是满腔热情的，到发生一次安全事故后变得更加小心，一直到现在，安全压力仍然很大。她回忆起以前在村办幼儿园出过一次安全事故："记得 1991 年的年初，学区辅导员布置六一儿童节要汇演，每个幼儿园必须有节目参加。我们在彩排的时候，为了让小朋友熟悉台位，我和几位老师带着小朋友们到我们村的戏台上（彩排），要返回教室的时候，突然，意外的事故发生了，后面的男孩把前面的一名小女孩推倒在地……她的手折断了。当时交通不方便，我和英兰老师抱着小女孩，坐车到长泰车站，而后又转车到漳州中医院，把小女孩的手接好，在那住院好几天。小女孩的母亲得知消息，随后赶到医院，边哭边说，这么小的孩子就骨折，以后如有后遗症怎么办。当时我们也跟着哭了，觉得我们很失职。当时医药费花了 800 多元……"当时老师的工资每月只有 35 元，好在村里调解后按四份开，学区、村部、家长、幼儿园各出一份，老师每人付 40，陈老师为园长赔付 100 元。这是一个深刻的教训，让陈老师认识到"当一名幼儿教师，幼儿的安全必须排第一"。

烦恼之二：后悔没买社保

另一个烦恼就是没有买养老保险，退休生活没有保障。她说："在农村拼到现在连个社保都没保障，很后悔啊。当时不懂，没有先进的观念，舍不得花钱，没交社保。现在超龄了，不能补交。"而自己辛苦工作 31 年存的钱全部用于儿子在福州买房的首付了。对于今后的养老她只能指望儿子了。陈老师也考虑过上访："我们那些现在在职的，职中幼师班的同学，一直说要去省访，但至今没有行动。"当时从基层选拔去读的往届生总共 20 人，其他 34 人是初中应届毕业生。不过，那 20 人当中有的已改行，有的自己买了社保。像陈老师这样一直在农村从事幼教而没买社保的人不多。

（二）文化生活

1. 公共文化生活

20 世纪八九十年代最主要的文化生活是文艺汇演。陈老师记得 20 世纪 80 年代末刚工作时"全公社在六一儿童节有文艺汇演，大概两年一次。每个村办幼儿园出一个节目，气氛很好"。此外，每个月都有电影放映，本地也会有些民俗活动，但陈老师没时间去看。她说："我们村要到三月半社庵庙闹热，才有芗剧团过来表演，几乎每年三月半都用钱去邀请过来表演三四晚。（但）我很少去看，可以说没时间。"另外，村部有广播，但一般用于通知事情。

2. 个人休闲娱乐

陈老师认为，在农村没有什么文化、娱乐活动。回家就是煮饭，和邻居聊聊天，也没有看书。不过，有电视节目看，她还是满意的。

在闲暇时间方面，幼儿园在 2003 年刚开始由村集体办变成私人办时，由于存在生源竞争，大家周六日都不放假。不过，现在周六、周日正常休息了，寒假也和公办园同步了。总体来说，陈老师觉得现在比以前更轻松了。

（三）心灵生活

1. 坚持的原因：为生存，也因喜欢

最初是"为了 70% 能转正"才报考职中幼师班，她记得"当时有个同学毕业时已经 29 岁，因为没转正，哭得很伤心"。陈老师职中毕业时 25 岁，还是比较乐观。当时结果出来后，跟朋友倾诉一下，玩几天散散心也就过来了。虽然没转正她仍然坚持几十年干这一行到现在。只要县里有培训的机会她都积极参加，她儿子还小的时候，她坚持背着儿子去培训。她说"每年到长泰培训，坐 1.2 元的车。培训的内容主要是跳舞和唱歌，按照简谱唱。有一回儿子晕车，回来吐了我一身"。陈老师是喜欢这个职业的。她认为"虽然钱不多，但是开心。可以每天和小孩子唱唱跳跳"。

2. 生命的意义：培养了优秀的儿子

如果有第二次选择职业的机会，陈老师还会当幼儿教师。她说："回顾一生的幼师生活，虽然累，但苦中有乐，干一行就要爱一行。"她最自豪的是桃李满天下。她说："这些孩子都很出色，现在有的在深圳当老板，有的在上海工作，七组有个叫秋煌的现在是研究生。""当以前的学生跟我说'（以前）我爱读你那一班''我以前也是你教的''我老公以前是你教的'，我觉得当农村幼儿教师很值得。"不过，当我们讨论什么职业的人生活更有意义时，陈老师认为"中小学、大学老师比幼儿园老师的职业更有意义。很多职业比幼儿园老师的职业更有意义"。（其实笔者觉得幼儿园老师是最难当的，孩子小的时候的教育也是最重要的。幼儿园老师的工作与其他阶段的老师的工作同样有意义。）

她认为"命运是天注定的，命不好就是注定的"，但她也认为"知识就是力量，教育改变命运"很有道理。她说："没有知识你永远就呆在坂里。当时没有认真读书的人就呆在坂里。我跟我儿子说，你认真读书现在才能在省里。"

陈老师的儿子在省城的医院工作，买房的首付她帮儿子出，以后的按揭就靠儿子自己。她对儿子很满意，儿子靠自己努力考上大学走出了坂里。

　　未来的期待：解决养老保险问题

　　去年走访的时候，陈老师对当前的生活是满意的。她当时最期待的就是儿子早日娶媳妇。当然对于儿子娶什么样的媳妇，她尊重儿子的选择，认为"要他喜欢才行"。同时她也期待在二胎开放后，自己的幼儿园越办越好，生源越来越多，也希望自己养老保险的问题能够解决。

四、研究结论与思考

（一）陈老师精神生活小结

　　较好的方面。第一，心理体验方面，陈老师对职业生活与家庭生活都是满意的。不管是对 20 世纪 80 年代每个月 35 块钱的工资还是对目 2003 年后自己办园后的收入都是满意的；不管是幼儿园人际关系，与幼儿、家长、同事，还是家庭人际关系她都是满意的。第二，休闲时间增加。以前民办园之间为生源竞争而延长服务时间，民办园教师基本上没有周末和假期。现在，假期都与公办园同步了。第三，陈老师是喜欢这个职业的，喜欢和孩子们在一起，虽然没转正她仍然坚持了 32 年，还将继续坚持下去。

　　存在的问题。陈老师的烦恼主要在于"安全问题压力大"以及"后悔没买社保"。同时，在文化生活方面，她几乎没有什么专业理论提升方面的学习生活；休闲文化娱乐生活也很单一，主要为看电视。此外，虽然《福建省幼儿教育改革与发展指导意见》相关政策鼓励扶持民办幼儿园成为示范性幼儿园，但她的园所规模较小，达不到相关的基本要求。

（二）陈老师生存状态形成的原因分析

1. 时代背景：国家的民办教育政策

1983 年《国家教育委员会关于发展农村幼儿教育的几点意见》指出农村幼儿教师一般应同当地民办教师或社队企业职工待遇相当，或不低于当地农民实际收入的平均水平。计酬形式可采取社（乡）、队（村）统筹工资制，也可采取其他办法，因地制宜，不强求一致，但必须当年兑现。2010 年，《国家中长期教育改革和发展规划纲要》提出"大力支持民办教育""积极扶持民办幼儿园"，要求"各级政府要把发展民办教育作为重要工作职责，鼓励出资、捐资办学，促进社会力量以独立举办、共同举办等多种形式兴办教育"，同时指出"健全公共财政对民办教育的扶持政策。县级以上人民政府可以根据本行政区域的具体情况设立专项资金，用于资助民办学校"。同年，《国务院关于当前发展学前教育的若干意见》进一步强调"积极扶持民办幼儿园特别是面向大众、收费较低的普惠性民办幼儿园发展。采取政府购买服务、减免租金、以奖代补、派驻公办教师等方式，引导和支持民办幼儿园提供普惠性服务"。从陈老师的案例来看，她的幼儿园主要得到了专项补助资金。说明国家的政策在地方得到了较好的落实。

2. 生活空间：侨乡爱国华侨捐助教育

漳州市志记载："新中国成立，旅居国外的华侨（包括归侨和侨属）发扬爱国和爱乡的优良传统，创办和协办的幼儿园、中学、小学计 96 所。自 1949 年 10 月至 1988 年底止，华侨捐资办学的金额达 644.88 万元。"（漳州市地方志编撰委员会，1999：2154）长泰县社会投入的教育经费中，华侨的捐助也一直占一定比例。如 1991 年华侨集资 21.04 万元（社会总集资 27.42 万元）、1995 年华侨集资 39.3 万元（社会总集资 1404.427 万元）、2007 年华侨集资

23.1 万元（社会总集资 326.6 万元）。[202] 陈老师 1987 年任教以来，除最初半年在村委的旧房子，之后一直在爱国华侨汤登育先生捐助的幼儿园任教。华侨的捐助在一定程度上改善了农村幼儿园的办园条件。不过，村民办幼儿园的文化资源建设还没有受到关注，教师们受到的培训基本上局限于县级教师进修学校层面，他们的精神生活还是比较贫乏的。

（三）一点思考："后民办教师"的权益保障问题如何解决？

20 世纪 80 年代，国家开始关上民办教师的大门。1983 年，教育部《关于中小学教师队伍调整、整顿和加强管理的意见》明确提出：不允许未受教育专业训练人员和不合格人员进入教师队伍。[203]1986 年国家教育委员会、劳动人事部、国家计划委员会联合下达的《1986 年从中小学民办教师选招公办教师专项劳动指标的通知》再次强调："今后，各地一律不得再吸收新民办教师，如果发现擅自吸收的，必须坚决清退，并追究领导者的责任。"[204]1992 年国家教委颁发的《全国教育事业十年规划和'八五'计划要点》继续强调："杜绝新的不合格的教师的产生。"1992 年，国家教委、国家计委、人事部、财政部在《关于进一步改善和加强民办教师工作若干问题的意见》指出："坚决清退未经县以上教育行政部门批准，乡村自行录用的所谓'计划外民办教师'。"1998年的文件规定"教师（包括临时代课人员）的录用、聘任、辞退等必须经县级以上教育行政部门批准。乡（镇）、村一级无权任用教师。任何单位未经县级以上教育行政部门批准录用了教师及临时代课人员，将追究批准单位和有关人员的责任"。[205] 有研究者认为，对中央的"堵口子"政策，各地都较好地予以执行。以福建省为例，该省从 1979 年起就"坚决冻结民办教师招收工作，要求各校一律不再吸收新的民办教师，中小学师资缺额，主要由大中专毕业生来补充"。[206] 但从福建省 1987 年县妇联仍然鼓励村集体办幼儿园，并为村一级幼儿园选拔培养教师的做法（研究对象的说法，未找到相关文件）来看，以及后来不断增加的"代课教师"现象来看，国家堵住的只是国家承认资格的民办教师之路，也就是今后所有的民办教师都不会再拥有县级及以上政府颁发的民办教师资格证书，不再享受国家补贴，国家不再解决其养老，也不可能再有转正的机会。但实际上"农村教育发展与农村师资匮乏、教育投入不足的矛盾"还是持续存在着，因此，每年仍然会有大量"计划外的民办教师"产生，且这些教师存在由"临时性"变为长期性的趋势，尤其是老、少、边、山、穷的艰苦地区。[207]农村学前教育阶段的计划外民办教师就更为普遍。计划外民办教师不乏学历不达标、素质差的人，但也有不少经过了专业训练，或从大中专毕业，没有考上编制的教师。我们不妨把这些经过了专业训练，素质较好，任教时间较长，由于各种原因没有考上编制的计划外民办教师统称为"后民办教师"。如，陈老师本身为高中毕业，后来又由县妇联和县教育局组织选拔到职业中专幼师班读了三年，后又与县妇联签订了回村任教的合同，因此1987年毕业后她就成为村集体幼儿园的民办教师，直到2003年，长达15年的时间。她说至今家里仍有"村里拖欠的工资单"。陈老师成为民办教师显然是有县级政府职能部门的参与的。我们不得不思考一个问题：国家不再承认民办教师之后所产生的"后民办教师"的权益如何得到保障？村集体幼儿园教师的社保问题如何解决？他们的老年生活谁来关心？

第二节　镇中心小学附属幼儿园燕子老师的精神生活

中国妇女研究会副会长张李玺指出："中国妇女研究不能脱离中国本土，一定要深入了解中国妇女的生存状况和需求。"[208] 中华女子学院妇女口述历史研究团队历时数年，将女性作为发展的主角，记录女性的社会生活经历和人生感悟，展现其在社会历史变迁过程中的经历和感受。但是对于女教师尤其是农村幼儿园教师的研究还未引起研究者的关注。"农村女教师已成为农村基础教育中最具活力、有巨大发展潜力的群体"[209]。本研究一直希望在全省各地找几位有代表性的农村幼儿教师进行个案研究，试图通过一滴水来看世界，了解农村幼儿园教师普遍的生存状态。

一、研究过程

正好有一名 2008 级的学生潘希毕业后在一所职业技术学院工作（之前她去新加坡的幼儿园做了一年华语教学志愿者），她的爱人在 S 镇中心小学做音乐老师，帮忙联系到中心小学附属幼儿园的燕子老师。2016 年 5 月 17 日，访谈在园长办公室进行。生存状态的访谈录音有 1 小时 39 分 11 秒。晚饭后我继续对她进行了园本课程方面的访谈。第二天上午潘希又陪我走访了教育局的幼教干部，我们还拿到了该市的学前教育三年行动计划，后来又联系了市实验幼儿园进行参观访问。

二、燕子老师小传

我问燕子老师："如果让您用一幅画描述自己的生活，您头脑中会出现什么图像？"她马上回答："应该是一片很漂亮的云朵。我觉得我的生活和工作对我不会造成太大的压力，在工作中我可以胜任，在生活中我也应该能够胜任，都属于那种很顺畅的状态。"

童年的幸福

燕子老师1981年出生于县城。她的父亲是个体户，承包几辆大货车，经营沙石生意，是"比较懂得赚钱的男人"，她母亲是"很懂得持家的女人"。她认为父母是比较完美的结合，所以家里的经济不错。她觉得父母虽然没什么文化，但注重对子女"怎么做人"的身教。她说："我父亲是一个很有威信的男人。我最崇拜他的就这一点。我从小到大他都没有打过我也没有骂过我，但他的眼神很有威慑力。"燕子老师有四个兄弟姐妹。她说："童年的生活我很感谢我的父母亲给我生了这么多的兄弟姐妹，让我觉得很幸福。我的家就在县里二中的旁边，每一天我们四个兄弟姐妹带上周围的朋友、同学一起去二中里面任意地玩，玩到吃饭的时间回来。我们小的时候，那么多的兄弟姐妹、那么多的朋友，我们的情感可以随意地与任何一个人交流，可以随意向他们发泄。可是现在我们都是一个孩子，他们没有地方发泄情感，只能跟我们父母交流。所以我儿子有时候会向我们发一些小脾气，我都跟我老公讲，我们现在教育孩子的方式不能像以前。如果你觉得他这里不对我们要跟他慢慢地讲，而不能阻止他发泄这种情感，否则会造成一些情商上的问题。燕子老师的大妹是会计，弟弟最小，搞房地产的销售。她最佩服她小妹，现在是县里二中的数学老师，做高中的班主任。她认为这个妹妹是"只懂工作，很有才华的女人"，"她参加各类说课与教学比赛，家里证书很多。她的家庭事务都由父母、公婆安排好，孩子由我帮忙带（在我的幼儿园就读），（现在）家里有什么事情，比如说我爸我妈过生日呀，我们（兄弟姐妹）就会带家人全部回家吃饭，其乐融融，真的有很大的幸福感。我作为他们的大姐，他们都挺听我的，我也会把他们的生活安排得很好。"

读幼师的快乐

1997年，燕子老师初中毕业考上了福州幼儿师范学校。本来她很想考县里的普师，因为她小学和中学一直都在自家隔壁的学校上，没有离开过父母亲，很怕离家的感觉。但是她父亲做决定让她报考幼儿师范。当年福州幼师在这个县里只招了6人，加委培等合起来有13人。他父亲认为读县里师范以后要去偏远的乡村教书，害怕女儿嫁到乡村去，而读福州幼师就可以分配到乡镇。这也是父亲对女儿的疼爱吧。但她当时害怕离开父母，听到面试考官对她说"你肝功能没问题的话就去福州幼师"还"哭了好多天"，因为从县里去福州坐车要5个小时，不像现在50分钟就到了。后来幼师学校的学习生活燕子老师还是很喜欢，觉得"整个是处于好玩的状态"，声乐、钢琴、唱歌这些课程都是她爱好的，同时"数理化通常都是班上的第一名"也带给她很大的快乐与自豪。当时学校对学生的管理很严，都是留齐耳根的头发。她也"觉得在幼师读书的那几年收获很大"，养成了一些良好的习惯，比如物品的整理、椅子归位、走路不吃东西等。她唯一不喜欢经常要与父母分离的感觉。

惬意的家庭生活

2000年，燕子老师分配到S镇中心小学附属幼儿园工作。幼儿园不提供住宿，也没有住宿补贴。燕子老师回忆自己2000年刚毕业的时候，她堂哥去跟别人住，把自己的宿舍腾出来给她。到2001年，她就搬到学校的一个小房子，非常小，夏天很热，春天很潮，一直住到2006年结婚，就搬到爱人的宿舍，也是平房，两个房间一个卫生间一个小客厅。2008年儿子出生，大概

2010 年就搬进了小套房，也是她爱人单位的宿舍，五六十平方米，交两百多块钱的房租，相当于市场价的一半。燕子老师说自己"是一个很容易满足的人，小房子卫生很好做，住在一起又很温馨"。

　　燕子老师觉得自己是"家庭观念比较强的女人"，同时她也说"宁愿去上班都不愿意待在家带孩子"。因此，对于儿子的抚养，她尽量亲力亲为，同时也兼顾上班。期间只请过一年半的保姆，从孩子 8 个月时她开始上班，直到孩子上小小班。当时她的工资是每月 700 多元，请保姆每月 1100 元钱。她回忆说："最累的应该是我生孩子的那几年。又要工作、又要带孩子、又要做家务。早上 5 点多就起来，给儿子煲粥，一天的粥煲好，又不放心保姆喂饭，自己早早给孩子喂了，然后赶到幼儿园上班。那时候觉得最悠闲的时候就是洗碗的时候我老公把孩子抱去玩，我一边听音乐一边洗碗。那段时间感觉工作压力很大，比较不想上班。那时候我就在想，为什么我不是政府的那些——比如说计生办、民政部门的工作人员啊，像他们多悠闲。这种状态维持了两年左右。接下来 2012 年评估的一年也觉得工作很累很累。每天晚上都要加班，一天都处于工作状态。"不过，燕子老师现在很享受做贤妻良母的生活。她说："我们家是我自己当家，他的工资都是给我来保管。家里要做什么事情都是我来安排。然后我给他一千元零花钱，可能主要用于抽烟喝酒跟朋友聚会。现在的生活蛮惬意的吧。女人嘛结婚了就是相夫教子。"原本我建议她可以参加民主党派，扩大了自己的社交圈。但她说："参加这种正式的组织很好。但我还没到这个年龄。因为我儿子还小，很多时候还需要我引导着他。我家里如果有公公婆婆在伺候着我儿子、我老公，我可能就会好一点，但是没有，我必须照顾他们啊，照顾他们我必须缩小我的社交圈子。我去社交了他们怎么办呢？"初次采访的 2016 年，她儿子 9 岁，采访完毕后她还要带儿子去学钢琴。她说等儿子读中学了以后，可能也会参加驴友团，去外面拉练和野营。

三、燕子老师精神生活叙事

（一）外部环境

1. 幼儿园硬件条件："比较弱"

S中心幼儿园创办于1973年，是一所乡镇中心小学附属幼儿园，目前占地面积1300平方米，坐落于东部某县级市S镇寨下巷63号。自1982起有第一任园长，至今已有四任园长。幼儿园不断发展壮大，1992时有4个班，2012年11个班，到2018年已达到14个班，其中大、中、小段分别为6、5、3个班，幼儿人数588人，幼儿园与小学一样没有午餐和午睡。有教师34人，其中正式教师26人，代课教师8人；专业教师18人，其他为转岗老师。另有下属村级幼儿园1所，学前班8班。2012年11月该园通过了市级"示范性幼儿园"评估。其办园理念为"关注每一个孩子，关注孩子的每一天，让孩子健康成长"，园里重视一日保教活动的质量，针对实践中的问题开展专题教研。科学设计户外体育器械，请家长共同完成制作；每一学年举行一次幼儿自理能力比赛，让幼儿感受劳动的快乐，增强自信心。另外，积极参加乡镇及中心小学组织的活动，以多样化的形式向社会各界人士汇报宣传学前教育。包括画展、文艺演出、亲子运动会、亲子自制玩具、区域活动观摩、幼儿早操比赛等。近年来，园里教师参加市教育局举办的教玩具制作比赛、教学设计比赛、教学技能大赛、论文比赛中均有获奖，多名教师荣获校、镇、市优秀辅导员或优秀教师称号。教师指导幼儿作品参加海西杯绘画比赛也取得了优秀的成绩，幼儿绘画作品曾在《福建幼儿教育》上发表。

十几年来幼儿园环境不断发展改善。燕子老师刚毕业的第一年（2000年）

幼儿园在小学废弃不用的小毛坯房里，是土木结构的房子；五六年后毛坯房拆了，搬到小学对面楼房的一楼，那时候没有办公室，借用小学的办公室；2011年搬到现在这一栋，目前园内设有幼儿专用角色游戏室、结构游戏室、多功能室，每个活动室的设施设备都按标准进行配置，包括幼儿桌椅、玩具厨、电子钢琴、桌面玩具、大型建构胶粒、户外玩沙池和嬉水池、大型器械、攀爬墙和栅栏等，保证五大领域和三大游戏有教具有学具。另有教师办公室、会议室、幼儿保健室、资料室等。总的来说，"从原先的那种学前班、不太重视的幼儿班，慢慢提升到现在一个人数很有规模的幼儿园了"。

燕子老师认为，总体来说幼儿园硬件条件还"比较弱"，需要进一步改善。目前幼儿园的房舍是小学"校安工程"建筑，没有考虑到幼儿园教室的特殊性。同时，幼儿园的房子一直没有装修。因为工程不合格，需要整改，但是包工头没有钱请人来整改，就一直没有验收，没验收就拿不到钱，一直处于恶性循环的状态。同时，图书报刊室和多媒体教室是和"小学共用"，休息娱乐和健身等地方都没有。燕子老师谈到有人提议未来用粮站的一块地皮盖一个新的幼儿园，如果能实现，幼儿园就可能独立。但目前提议还没批。因为征地可能比较麻烦，那块地是很多人共有的财产。在 2018 年 11 月份浏览燕子老师的微信朋友圈时，她发了幼儿园环创的最新照片，并配文如下："S 这所'破衬衫'式的幼儿园又一年系上'新领带'，老师的潜力是无限的，然而硬件却是如此的有限。"

2. 一日生活："一般没什么压力"

燕子老师 2000 年刚开始工作的时候幼儿园很缺老师，5 个班只有 7 名老师，加上园长。那时候她大概每周要上 7 个半天的课，园长也要上 3 个半天的课。那时候一个老师当班主任，另外一个老师要在 5 个班跨班上课。到 2005 年燕子老师做了教学辅导员，每周上课就减为 3 个半天。2011 年她做了副园长，每周上课减到 1 个半天，大部分时间可以用于管理。下面是燕子老师对自己目前典型的一天生活的描述："我正常上午是六点半起床，给儿子做早餐；完了以后我送他来幼儿园，以后我去吃个早餐，买点菜，然后开始一天的工作。比如说今天我要搞一些区域方面的检查，我要打开电脑，设计一些表格，查阅一些这方面的资料，然后做些记录，集中精力做区域这一块的东西。十一点左右下班回家煮饭。十二点半到一点左右午休一下。两点左右进入幼儿园，然后又开始下午的工作。比如说我今天要教研啊，就去准备一些材料，然后跟老师们一起进行业务方面的学习。或者是做一下我的检查记录，对老师的这些工作做些评价。"目前燕子老师在工作上已经形成了自己的"模式"，一般"没什么压力了"。她作为业务副园长只要上一个半天的课，教学业务又有两个老师——教学辅导员和副园长共同负责。没什么重大检查应该就五点下班回家煮饭给儿子吃。晚餐完了以后，儿子做作业我做下家务，然后看一下书呀弹一下琴呀。八点半我儿子睡了以后我就可以开始我自己的生活，看一些专业的图书或者说玩一些淘宝、微信，然后就十点半左右进入睡眠状态。每一天都是这样子的。其中上午上班时间大概七点半到十一点应该是三个半小时，下午两点到五点，三个小时吧。"

3. 月收入：基本够花

在经济收入方面，燕子老师 2000 年的时候每月工资 485 块钱，2016 年拿到手的、除掉五险一金的月收入，包括绩效为 3500 元左右，都能每月按时足额发放。燕子老师的爱人是一个效益很好的部队企业——生产船舶的兵工厂的普通职工，当时工作有 18 年，划到卡上的有 5000 多块钱。不过，燕子老师说自己家的收入没有什么结余，只是基本够花。她说："我是属于比较爱消费的人。在市区买了房子要还房贷，已经交房了还没装修。当时买得很贵，我们 2012 年买的房子，那时候是 8500 元一平方米，县里大概 3000 多元一平方米。"据说后来市里房价跌了，比县里还低，县里的房子被炒起来了。燕子老师认为，当地幼儿园公办教师的月收入属于中等水平，但幼儿园的民办老师比较低，一个月才 1500 元的工资，另加五险一金。比公办老师收入高的有镇里的医生（奖金比较多，工资差不多）、乡镇企业职工等，比老师低的有乡政府公务员、银行职工等。

（二）内在精神生活

1. 心理体验

日常工作体验："知足常乐"

我让她用一个词语来描述现在的日常工作状态，她肯定地说："我觉得应该是心如止水、知足常乐。我现在的工作趋于很平淡和平静了，我都知道我今年要干嘛，应该怎么做，不会处于茫然的状态，不会觉得很吃力了，不会觉得每天过得很忙。比如说每一个月我都进行区域的观摩，我已经形成这个模块或者模板，下个月把这个模板拿来把内容换一下，又可以用。又比如说我要检查他们的教案啊，看一下哪里存在问题，我应该怎么交流，在我的脑海中早已有了答案。"回顾 16 年来的工作，她曾经也感受到很大的压力。"刚开始是上课带来的压力"，她要上七个半天，有的时候一整天都在带班，没有足够的精力管理班级，建立常规，了解孩子，班级常常很乱，教学也没有一个系统。"后来主要是来自管理方面的压力"。有时候她会觉得自己能力比较欠缺，去指导老师必须先查资料。"有重大的检查、重大的评估的时候压力最大，晚上都要加班"。她记得幼儿园 2012 年评县级示范园的时候，每周三个半天在班上上课，其他时间都跟园长、教学辅导员一起整理档案，做活动方案，检查教师的环境创设、区域活动、教育教学工作，有空时就去查阅资料，提高自己。三个人努力让幼儿园所有的工作，包括档案、后勤、教育教学从"放羊式"进入了正规，顺利通过了县级示范性幼儿园评估。评估后幼儿园的管理一直都保持着规范的常态，这让燕子老师体验到巨大的成就感。她认为，如果幼儿园没有重新搬迁，没有独立，她自身就不用有更高层次的成长，她就永远处于这种"心如止水"的状态，只有在幼儿园实现独立之后，她才会去"重新学习，追求更高层次的成长"。

燕子老师说自己是一个"知足常乐"的人，她对幼儿园的人际关系"觉得很满意"。一方面幼儿园整个团队比较融洽：园里 20 多岁的年轻教师有十四五个，挺有朝气；35 岁左右的两三个；45 岁以上的有七八个，这七八个里面有两个是学前教育的，其他都是小学转岗的，她们责任心很强，都会努力学习与提升自己的专业素养。另一方面与幼儿关系也很好。燕子老师回忆起自己带的第一届孩子颇感欣慰："那一届的孩子成绩都很优秀，他们现在都已经是大三的学生了，有一个是北京大学的，他是保送到北京大学的。还有好多也挺优秀的。他们现在看到我还会远远地打招呼'燕子老师！燕子老师！'。"

社会地位体验："比较弱势"

燕子老师觉得从全国范围内来看，农村幼儿园教师的社会地位"还行，社会对老师都还是比较尊敬的"，但具体到她自己所在的这所幼儿园，她认为幼儿园老师还是处于"比较弱势的地位，无论是原来的学前班，还是现在的幼儿园都有不受重视的感觉"。主要在于他们幼儿园还是小学的附属幼儿园，而本市别的乡镇有 4 所幼儿园已经独立。独立的园所中，有的历史比较久，成立的时候就是独立的。而 S 镇的幼儿园一开始就是依附在小学里面，现在小学的一楼就作为幼儿园。独立的园所管理上是"园长说了算"，园长是教育局任命的，而依附于小学的园所是"校长说了算"，园长是校长任命的。当然燕子老师所在幼儿园的规模在县里的乡镇园中排名第三，今后也有独立的可能性。

不过，从 2000 年开始工作到 2016 年，这 16 年间，燕子老师还是能感觉到幼儿园教师的地位"有很大的改观"。比如，教师的编制在增加，人员的配备逐渐齐全，平均工作量从过重逐渐走向正常化。变化最大是在《国务院关于当前发展学前教育的若干意见》出台之后，"校长的观念也慢慢转变了，不再觉得幼儿园就是幼儿班的概念"，给幼儿园成立了一套班子，任命了园长、副园长、总务、保健员、会计等，每个班也配齐了两名老师，没有编制的教师都签有劳动合同。只是保育员是全年段共 1 个。另外从镇里老百姓或家长的尊重程度来看幼儿园教师的地位"还算很好的"，大部分家长对中心幼儿园"蛮认可"，他们不太愿意送孩子到周边的民办园，家园关系也挺和谐。

自我认知：我是一只华丽的公鸡

"我属鸡，我觉得我应该是一只很华丽的公鸡。因为我很爱说话，很爱用语言来表达我所有的情感，很爱用语言跟人家交流。然后公鸡又属于那种很爱打扮、很注重形象的。我应该是一只华丽的公鸡。"这是燕子老师对自我的形象比喻。她认为自己是一个很爱漂亮、爱消费的女人，"最大的兴趣爱好就是买衣服、买化妆品、买包包、买鞋子"。她说自己每一周几乎都会去逛一下，有淘宝，也有实体店。她对自己的语言天赋比较满意。她说："我开会，晚上我要讲几点内容，我会把纲纲点点列得很清楚，老师一听就明白我今天要怎么样。"燕子老师认为性格决定命运，她觉得自己是很开朗的性格，比较容易满足。

2. 文化生活

业余生活："喜欢配乐朗诵"

最初燕子老师认为幼儿园教师文化娱乐生活"基本上是空白的"。后来想起小学党支部、工会曾组织过一些文体活动，包括教师节卡拉 OK 比赛、联欢会、联谊会、演讲比赛、美文朗诵，三八节爬山拔河、五四趣味运动会、元旦新年晚会等。具体活动比如"铸师德、强师风、讲奉献、展风采"的演讲比赛，"纪念共产党成立 95 周年暨红军长征胜利 80 周年'师生朗诵比赛'"。2017 年教师节联谊会全体教师朗诵《教师赞歌》以及其他歌舞游戏节目。2018 年国庆节联欢会的节目有诗朗诵《祖国颂》、独唱《今天是你的生日》以及古筝独奏、现场书法、游戏猜谜，幼儿园教师表演了新疆舞。除集体组织的活动外，年轻的未婚姑娘们会一起去看桃花。

个人生活方面，燕子老师对音乐比较感兴趣，以前有空的时候喜欢听歌、唱歌，一个月去 KTV 唱歌一两次。现在她更喜欢去那种安静休闲的地方，如茶馆、咖啡屋，几个朋友、好闺蜜坐在一起聊聊天，喝喝茶。她也看一些专业的图书，如《给教师的一百条建议》《好妈妈胜过好老师》；看的杂志有《幼儿画报》《幼儿教育》《幼儿园》《福建幼教》《福建幼儿教育》。不过，她更喜欢看数字化的图书。她说："我比较喜欢看电子版的书，尤其喜欢配乐朗诵，喜欢一边听一边读出来的这种感觉。"她关注了"有书共读"的微信公众号，经常听一些励志类的书。有时候也上网看一些"怎么当一个精彩的女人""精致女王"之类的文章。

专业培训："希望出省看看"

教师职后学习以园本培训为主，上面安排的培训不多。幼儿园的园本教研活动包括集体备课与观摩、教学沙龙、走出去学习、请进来指导等。目前形成特色的活动包括集体分享一篇好文章，定期（每个月的第二周）举行全园性区域观摩活动，集中教育活动"岗位练兵"、环境创设大比拼等活动。工作以来的十几年中，燕子老师感觉2011年以后，学前教育受到的重视程度明显增加，教育行政部门组织的各类培训、学习开始增加。之前几年才有一次培训或学习机会，如2001年《幼儿园教育指导纲要（试行）》（以下简称《纲要》）颁布的时候，燕子老师跟另外两名老师，代表幼儿园参加了县里《纲要》知识问答赛，在必答题得了一等奖，开放题得了第三名；直到2005年才有一次在实验幼儿园跟班学习的机会，此后多年没有外出学习过。而2010年以后培训的机会明显增加，大约在2011、2014和2015年她参加过三次市区的园长专业培训，印象最深的是：泉州师范学校老师上的音乐课，"觉得真的是好"，"从乐理到琴法到整个钢琴的演奏给我们示范……是一场视觉盛宴"；市区师范附小的一个校长分享"她是怎么管理一个幼儿园"，"她都是以身作则，每天都很早去学校，把一天要做什么事情都安排好……包括她的管理方法、她自己的成长，她各方面的素质都很强大"。另外，她于2013、2014年参加过两次省级骨干教师培训，去泉州幼儿师范学校，这是她参与过的最高级别的培训。总的来说，她觉得培训少了一点，培训级别不高，她很"希望出省去看看，去南京军区的幼儿园，去安吉的幼儿园……"（后来她告诉我2019年3月份去武汉参加了全国名园长东湖论坛，终于实现了出省培训的愿望），培训的内容与形式上，她也希望有园长的跟岗培训等。2018年，燕子老师加入了"县名师工作室"，她认为工作室的活动起到了专业引领的作用，提升了自己的业务素养。如，2018年10月31日，工作室开展了"幼儿园歌唱活动有效性教学策略"的研讨会，活动包括音乐互动、策略分享、片断教学、现场提问等环节，让一群优秀教师碰撞出了音乐教育智慧的火花。此外，幼儿园也接受本县更高水平的独立的乡镇中心幼儿园的结对帮扶，对方会定期来开展指导活动；幼儿园又承担帮扶村级学前班的任务，定期开展送课下乡活动。小学的党支部还会组织一系列政治学习活动，如"学习习近平总书记《在北京大学师生座谈会上的讲话》""新时代青年教师成长座谈会""新思想新担当新作为""两学一做"学习讨论活动，党员教师开展"不忘初心，永跟党走"主题党日活动。

3.心灵生活

好的幼儿教师：有规划、细心

燕子老师把幼儿园教师的工作比作家庭主妇的工作。她说："我觉得幼儿园老师的工作跟家庭工作是很相似的，很烦琐的一种工作状态。比如我每天在班上布置这些零零碎碎、大大小小的东西，一天都呆在班上，但是别人来看的时候，看不出我到底做了些什么。跟一个女人在家庭里面的工作一样的，我一天都在忙，在厨房忙啊，在洗衣服啊，忙来忙去你看不出我到底忙了什么。"基于幼儿园工作的烦琐性，燕子老师认为幼儿园老师"规划思想很关键，对自己的工作一定要有规划，没有规划你永远都做不出东西"，对于班级管理、教育教学工作都要进行规划，规划好了就马上实施，否则会觉得永远有做不完的事，生活总是乱七八糟。比如，对孩子的管理要有一定的方法，让孩子愿意听从，愿意跟随老师的思想走。其次是要细心和耐心。

生活的意义：婚姻家庭的幸福

对于人生的意义，燕子老师有以下观点：第一，要有亲朋好友，如果你天天活在自己的世界里生活是没有任何意义的。第二，要有自己的定位，有自己的生活目标，嘻嘻哈哈过一生没有意义。她认为对女人而言"工作只能给人带来成就感，只有生活才会给人带来幸福感"，因此她觉得"生活比工作更重要"，生活的意义在于婚姻家庭的幸福。基于此她对自己工作上的角色定位"是副园长"。她说："我不想当园长。如果我当园长，我肯定要改变一下我自己的工作方式，改变一下我自己的生活方式。我可能会花更多的时间在工作上，忽略了我的生活，忽略了我的家庭。我觉得一个女人的婚姻家庭、相夫教子应该是摆在第一位。如果你的婚姻很不幸福，如果你的家庭很不幸福，那你天天埋头工作有什么意义呢？"

人生的目的：过美好快乐的生活

"我觉得幼教只是我的工作，美丽漂亮才是女人终生的事业，这是我一向的理念。"在燕子老师看来，幼儿教师职业对自我价值主要在于可以让人"保持一颗未泯的童心，可以让自己变得更漂亮一点"。如果再有选择职业的机会，她会选择当一名美容师，或者说形体设计师一类的职业。她认为"一个人的生活品质很关键"，而美丽的形象与生活品质息息相关，美容师则可以把人变美，把自己变美。你工作也是为了生活吧，生活也是为了快乐。燕子老师认为人生的目的就是"为了过得更美好，过得更快乐"，因此"最佳的生活状态是既可以让自己快乐地工作，又可以让自己很好地生活"。所以她喜欢农村这种比较悠闲的生活方式，认为乡镇幼儿园教师最大的优势就是生活节奏比较慢。

未来的规划：一直当副园长就够了

2014 年的时候，原来的园长不想当了，去小学教美术了。燕子老师也不想当，幼儿园就一直处于这种没园长的状态。后来，她推荐了一个比自己小十岁、工作才六年的年轻教师当园长。虽然燕子老师有当园长的能力和见识，但她认为"一直当副园长就够了，就满足了"，她说自己是"那种家庭观念比较重，相夫教子型的女人，基本上都在家里"。最近的一次联系得知燕子老师已加入县"名师工作室",据说全县仅 24 名,并评到了高级职称(小中高)。说明燕子老师在行政事务上不求当园长,但在业务上对自己还是有高要求的。

四、研究结论与思考

(一)燕子老师生存状态小结

1. 外部生存环境。较好的方面:第一,工作量逐渐减少。燕子老师的工作量从刚参加工作时的 7 个半天带班到现在的 1 个半天带班,其他时间管理,工作安排上比较自主,而且工作能够应付自如,没有压力;第二,收入基本够花。燕子老师的工资在当地比上不足,比下有余,即比镇里的医生、乡镇企业职工等低,比乡政府公务员、银行职工等高。她的爱人在当地效益很好的部队企业工作。存在的问题:主要在于幼儿园硬件条件"比较弱",一方面幼儿园的房舍是小学"校安工程"建筑,没有考虑到幼儿园教室的特殊性;另一方面,幼儿园的房子存在安全隐患,工程不合格,需要整改,但一直没有整改,也没有装修。

2. 内在精神状态。较好的方面:第一,心理体验方面,在日常工作中能够应付自如,"知足常乐";对自己的自我认知积极,认为自己"是一只华丽的公鸡",形象亮丽,语言表达能力强。第二,业余文化生活中,集体文化生活以小学组织的各种节日文体活动为主,个人则"喜欢配乐朗诵",有时候看看专业杂志;省市级专业培训机会近 8 年来有较大的增加。第三,心灵生活方面追求生活品质,追求美好快乐的生活。认为幼儿教师职业对自我价值主要在于可以让人"保持一颗未泯的童心,可以让自己变得更漂亮一点"。在工作上,燕子老师也追求品质,目前已加入县"名师工作室",并评到了高级职称。存在的问题:第一,体验到幼儿园教师处于"比较弱势的地位。幼儿园虽然已经达到 14 个班的规模，但仍然是小学的附属幼儿园，园所的事务是"校长说了算"，园长是由校长任命的，因而有诸多的不能做主的情形发生。正如有研究发现，"男人和女人的分层形式很特别，在阶级等级制度的各个位置上都可以找到妇女，但在每个位置上她们的地位都低于处于同样位置上的男性。"[210] 农村学校的女教师的地位也往往在男教师之下。第二，参加培训的级别有待提高。目前燕子老师参加的培训都限于省内。她很希望"去南京军区的幼儿园，去安吉的幼儿园"看看。第三，燕子老师有着强烈的传统女性角色意识，她享受着在家庭当家做主，照顾儿子和老公的生活，她认为自己是"相夫教子型的女人"，认为"生活比工作更重要"，而"生活的意义在于婚姻家庭的幸福"；认为"幼教只是工作，美丽漂亮才是女人终生的事业"等。燕子老师是被爱情留在乡镇的，如果她的爱人调走，她必然跟着走。她在县城长大，对于乡镇的文化是陌生的，乡镇幼儿教师的职业对她而言是工作而非喜欢的事业。

（二）燕子老师生存状态形成的原因分析

人的思想或精神生活具有社会历史情境性。社会学家舒茨在《社会世界的现象学》中将人生活的"社会世界"的结构分为直接经验的世界、同时代人的世界、前人的世界和后人的世界，他后来又用"生活世界"替换了"社会世界"的概念，并对生活世界的结构进行了论述，包括时代维度、空间维度和人际互动维度等。[211] 本节从时代背景、生活空间和人际关系三个方面考虑生活环境对人的生存状态的影响。

1. 时代背景：国家政策、社会价值取向

时代背景包括个人所处时代及社会大背景。每个人都处在历史长河中的某一点上，并受当时社会政治、经济和文化等因素的影响。从本研究来看，国家政策和社会观念对于燕子老师生存质量的提高起到重要作用。如 2010 年《国

务院关于当前发展学前教育的若干意见》关于重点发展农村学前教育的精神引起了基层干部与小学校长对学前教育的重视，幼儿园的物质条件不断改善，人员配备逐渐齐全，专业培训的机会也迅速增加。另外，燕子老师对于女性传统性别角色的深切认同与社会普遍的观念不无关系。中国妇女社会地位调查数据表明，两性的职业结构已基本没有本质的差别，但女性却要比男性多干成倍的家务。当初产生性别不平等分工的基础早已消失，但性别不平等的观念却继续发挥作用，建构并继续维护着性别不平等的社会现实。因为人们对于男女两性不平等的角色观念已经成为内心深处的一种无意识，自然而然就会指导日常行为，这种无意识的认同即布尔迪厄所说的"惯习""惯例"。[212] 我国女性在社会上普遍仍处于弱势地位，她们在家庭中"貌似强势的地位，可能只是她们在更大范围内弱势地位造成的后果"。[213] 日常生活领域不仅受到传统文化的形塑，其间发生的事情反过来也会隐蔽而深刻地影响更广泛的社会领域，所谓结构的生成往往在于日常生活的重复。[214]

2. 生活空间：所在乡镇、中心小学

生活空间指个人生活的地域及社区情境。本研究中，幼儿园所在的省、市、县、乡镇和其所附属的小学是燕子老师生活的"空间"，对其个人生存状态产生更为直接的影响。该县教师经济地位（工资收入是核心体现）在全市各区县中是最高的，因为县里的经济发展是比较好的，其主要产业为造船业、海鲜养殖和农业（有茶叶、葡萄等特产）。造船业从 2000 年开始比较辉煌，现在有很多船舶公司都建在这边；养殖业从出海打渔转变为规模养殖，国家好像有"渔民上岸"的政策。此外，2008 年县里（县级市）新的市长很重视教师，连续给教师加了两次工资，像燕子老师的工资"从 700 多加到 1600 多"。此外，作为中心小学附属幼儿园，其园舍的质量则主要取决于小学校舍的质量。S 幼儿园的建筑和管理都是小学化的，幼儿园教师的节日文化活动也与小学的一样，

直接影响了教师们的专业生活的质量。

3. 人际关系：原生家庭与网络空间

社会性是人的本质属性，它涉及个人所处的群体和人际状况，包括现实生活的人际交往，也包括在网络世界中的人际互动。本研究中，燕子老师的原生家庭和网络空间可能是影响她两性观念的根源。她的父母亲是典型的"男主外，女主内"的传统性别角色组合，她的父亲是"比较懂得赚钱的男人"，她的母亲是"很懂得持家的女人"，她也认为父母是"比较完美的结合"，因而可能有意无意地以"母亲"的标准来要求自己。一般认为，中国妇女的解放主要是在政策层面保障女性走上社会，成为职业女性，但在家庭领域却仍然传统[215]。有研究表明"男主女从"的传统性别观念和性别分工限制了妇女自身参政意识和能力的提升，容易满足和安于现状，缺乏竞争意识；有一种对成功的恐惧和退缩心理等。工作和家庭照顾的双重负担往往造成一些女性为了照顾家庭而放弃个人在职业生涯发展中的机会。[216]燕子老师推荐了一个更年轻的教师来当园长，自己只愿意一直当副园长，也反映了传统的性别观念的影响。此外，网络媒介对于"精致女王"的宣扬显然对燕子老师的女性价值观产生了一定的影响。大众传媒的观点反映出人们对传统女性形象的维护，也反映出媒体工作者性别平等意识不足。早在两百多年前，玛丽·沃斯通克拉夫特就在《女权辩护》中指出了束缚女人的五条绳索"温柔顺从、美丽、美德、软弱、爱情"。有人通过对国内新闻节目的监测发现，媒体对女性形象呈现较多，对女性价值呈现较少；女性消费议题被放大，女性社会议题被弱化（史凯亮等，2017）。从20世纪90年代开始，中国的社会性别意识有向传统社会性别意识回归甚至异化的趋势。具体表现为：女性自我主义意识弱化，依附男性的倾向加重；女性事业上升通道变窄，平等参与竞争的机会减少；女性被大众传媒商品化，女性形象受到扭曲和损害。[217]

（三）对当前农村幼儿教师队伍建设的启示

1. 改善农村幼儿园教师的外部生存环境

首先，国家还需要继续增加对农村幼儿教育的投入，把新农村建设与农村学前教育的发展结合起来，为农村幼儿园建立标准的园舍，让更多的乡镇中心小学附属幼儿园能够从小学中独立出来。其次，提高农村幼儿园教师培训的级别，增加农村幼儿园教师的培训机会。再次，国家要加强对社会性别意识的正确导向，优化妇女发展的社会文化环境，采取切实的措施让宪法中"男女平等"的基本国策得以落实，真正提高以女教师为主体的农村幼儿园的社会地位。如进一步完善性别平等的国家机制，制定具有社会性别意识的公共政策，大力倡导男女平等观念；加强网络监督，在媒介内容制作中引入社会性别视角，把男女平等价值观纳入媒体管理部门的评价体系，将性别意识培训纳入媒体工作者资格考核要求，创办并扶植具有男女平等观念的媒体节目。最后，大力发展乡镇经济和乡村精神文明建设，保证农村幼儿园教师在当地相对较高的经济地位，让乡村成为人们美好的生活家园。

2. 从农村教师自身出发提升其内在精神生活质量

叶澜认为，"职业生活的质量不仅与职业性质、社会发展水平相关，还与每个人的职业自我意识与价值追求相关"。[218] 研究发现，内在的奖励和自我驱动的教学是农村教师扎根乡村的关键[219]，个人专业性向和个人对所处的生活状况的主观评价对农村幼儿教师继续从教意愿影响巨大[220]，农村幼儿教师心理资本、情绪调节、自我效能感与工作投入均呈显著正相关[221]，心理弹性（resilience）是帮助农村教师有效应对各种挑战从而留住教师的关键因素[222]，农村教师心理弹性具有八个主题或特征：坚定承诺、享受变化、乐观倾向、灵活的控制点、控制事件的能力（自主）、道德和精神支持（或宗教信仰）、积极的关系和重视教育。[223] 坚定承诺意味着愿意一直致力于从事农村幼教工作，它需要真正喜欢这个行业的人才有可能做到[224]；享受变化和控制能力等则是胜任农村教育工作的老师所需的其他心理倾向，道德和精神支持意味着要有信仰，乐观倾向和积极的关系则总体表现为成就感或效能感等。因此，选拔和培养农村幼儿教师时要把教师个人专业性向、心理弹性等方面的特质作为依据，让真正喜欢与适合农村幼教职业的人成为农村幼儿教师队伍的主体，让农村幼儿园真正成为孩子们的成长的家园与乐园。

第三节　镇中心幼儿园洪雪英老师精神生活性别分析

促进性别平等不仅有助于满足个人的需求和权利，也可以改善经济增长和人类安康的前景。一项以 89 个国家的数据为基础的研究表明，当妇女地位与权利较高时，一国总的生活质量也较高；当她们的地位与权利较低时，所有人的生活质量也较低[225]。一段时间以来，我迷上了李小江教授的学术作品，她说"我企图在史书中寻找女人的历史，却发现妇女未载入史册……人类是男女共同组成的，那所有关于人的学问和历史中怎么能没有女人的位置呢？""身为女人，如果你不能在认识论和历史这两个高度上把女人找回来，你根本就做不了一个真正的学者。"李小江找到的是"性别"分析的视角，她认为"所谓'社会性别分析'仍然只是一种批判的武器，在理论上有先天缺陷，不过是女权主义的变种。而性别分析属于方法论，是可以和阶级分析方法相类比的。"[226]另有学者认为，以"性别"为分析范畴来重读、解构和重建教育领域，有助于创造一个女性，以及所有边缘人和被压迫者都能参与其中的更为广阔、更为平等、更为自由的教育和发展空间，追求一种更符合人性、更为平等和更能体现出对于所有人关怀的教育制度，并通过它来塑造一个更为理想和幸福的人类社会。[227]目前我国妇女研究的成果日渐增多，但是关于女教师的研究成果还很少，从性别分析视角来研究农村幼儿园教师的成果就更难寻觅。由《中国教育统计年鉴》可知，1996—2000 年间我国幼儿园女专任教师所占比例在 93%~94% 之间，2001 年突然增至 98.43%，后五年一直维持在 98% 以上。2011 年，女专任教师所占比例仍为 97.6%。[228]说明幼儿园教师队伍中女性一直是绝对的主体，而农村幼儿园教师又是整个幼儿园教师队伍的主体，她们的精神生活质量关系到整个农村幼教的质量。本研究采用性别分析的方法为大家展现了一个具有"女性主体意识"的农村幼儿园教师的精神生活世界，以激励更多的农村幼儿园教师在专业成长的道路上做一个自主的人。

一、研究过程

　　2015 年 9 月 25 日，我带两名研究生去赤湖中心园调研园本课程。接触这所幼儿园缘于担任市里论文比赛的评委，该园的园长写了一篇省编教材园本化实施的论文。课程园本化与园本课程开发一直是我关注的研究方向。难得看到有乡镇幼儿园能做这样的研究。遂与园长联系去调研，由此认识了该园前副园长洪雪英老师。当时她为了配合我的调研，专程从她任职的漳浦县实验幼儿园古雷分园赶过来接受采访。有一件事让我对她留下了深刻的印象：我讲到区域活动时提到美国的高瞻课程，没想到洪老师说这就是《活动中的儿童》书里讲到的课程模式吧。我没想到她会知道这本书。她说大概 2001 年她在某个书店看到这本书就买了，看了。我头脑出现"爱读书的农村幼儿教师"的形象，心中充满欢喜。这次课程调研完成后，我们一直保持着联系，后来我打算研究农村幼儿园教师的生存状态时也就马上想到了她。2016 年 4 月 13 日，我带着两名研究生到洪老师任职的漳浦县实验幼儿园古雷分园调研农村幼儿教师的生存状态。当天一整天跟着洪老师：上午参加了园内的大班区域活动展示与研讨；午饭后访谈她，请她谈谈成长经历，回忆从教经历与体验。她很善谈，从中午 1 点左右开始一直谈到下午四点多，预定的访谈题目只完成不到一半。因为她还要开个会，只能留待下次再来；第二次访谈是 2016 年 5 月 20 和 21 日晚，在宾馆和办公室进行。事先我得知洪老师要来我校参加培训，我们约好了晚上再次访谈，她放弃了和学员们一起拜访市区同行的机会。我们又聊了两个晚上。第三次访谈到了寒假，2017 年 1 月 15 日，我带着女儿同行。在洪老师家的客厅里完成了所有预设问题的访谈。第一次录音有 226 分钟，第二、三次录音为 154 分钟。三次访谈的录音时间加起来共 557 分钟，约 9.28 小时。这是我访谈耗时最多的一位研究对象。因为她十分善谈。谈着谈着，我感觉她就像我很熟悉的老朋友了。这辈子除了父母家人，一般很难跟其他人有这样深入的交流。感谢洪园长能让我走入她的心灵，不仅了解她作为农村幼儿教师的生存状态，同时我们也走进了她的童年生活、求学之路、教学生涯、婚姻与家庭生活琐事、业余生活、兴趣爱好等。除此之外，在我整理访谈资料的过程中，有疑惑时我也时不时在微信上请教她。

表 3.3-1　访谈历程表

序号	时间	地点	访谈员	同行者	录音长度	初次转录人	核对
1	2015 年 9 月 25 日	赤湖中心幼儿园园长办公室	作者	陈乔婧、陈熙	全天	陈熙等	
2	2016 年 4 月 13 日	古雷分园园长办公室	作者	陈乔婧、陈熙	226 分钟	黄晓妍、陈婕、蔡思妮、洪小莉、陈莹、陈芥婧	作者
3	2016 年 5 月 20 日晚；2016 年 5 月 21 日晚	闽南师范大学逸夫楼宾馆及教育科学学院 10 号楼三楼会议室	作者	无	154 分钟	吴晓宇、蔡怀情	作者
4	2017 年 1 月 15 日	古雷分园园长办公室及洪老师家中客厅	作者	齐敏芝	177 分钟	洪菊	作者

二、雪英老师生活中体验的性别角色差异

（一）童年的愿望："我长大一定不要待在家里干家务活"

雪英老师属马，1979 年（农历 1978 年年末）出生于三代同堂的大家庭。她父母生了四个孩子，她是老大，下面还有两个弟弟，一个妹妹。她的家庭最

高峰的时候有 17 口人。大家庭中成年男女的分工让她感受到"干家务活"者
地位最低。

我爷爷在船厂里面工作，爷爷盖了全古雷镇第三栋楼房，那时候还用木
材去建的。我妈妈那时候人家会叫她"楼阿婶"，意思就是他们家盖楼房。三
叔还有我四叔比较难得地读到初中，那时候读初中也算是难得的。我爸爸是
老大，他很小就去当学徒，钉船的那种师傅。如果是古代，我妈妈就是"宗
妇"，要操劳一大家子的日常生活。小时候总觉得我妈妈还有二婶、三婶很忙
啊，做了很多事情啊，田里活也要干啊，然后家里活也要干啊，她们是干最
多的活，最琐碎的活，可是她们吃饭永远是最后一拨的。爸爸他们第一拨吃
饭，接下来是我们这些小孩子，等到我妈妈她们吃的时候基本上都是鱼骨头
和残羹剩饭了。小时候我意识到如果我是做家务活的话，可能还是没完没了
的，地位又很低，在外面干事的人，他可能地位比较高，心里想我长大一定不
要待在家里干家务活。

（二）童年的游戏：男孩女孩都听我的

雪英老师上初中以前经历了男孩女孩一起自由玩耍的阶段，也跟妈妈学过
女红，可能是她后来一定程度上的双性化性格的源头。

从小男孩子、女孩子都跟我玩，大家都听我的，整个角落跟我同年龄的都
在一起混。捉迷藏是最平常的游戏，有时候会玩娃娃家，随便树枝搭一搭，搞
个秘密基地啊；农忙收获的季节会捡一些豆子、花生啊；自己做弹弓，布球，
跳格子，然后瓦片拿起来磨圆了玩挑石子。有一种剑麻是比较厚的，你知道吗，
把它卷成一个大喇叭形的，就像我们的海螺喇叭一样吹。有一段《少林寺》很热，
我也带一群孩子跑到田那边假装很厉害的样子，假装练功夫、翻跟斗啊；那时
候过节会请人家戏班子来演戏，也会假装扮演，随便拿个纱巾呀绑一下就当小

姐，被子披一下当披风呀，那个赶蚊子的拂尘当作马鞭，那时候好像什么都能玩啦。还有捡柴火都会带竹筐过去嘛，就把竹筐两边绑在树上，玩荡秋千什么的也有。那时候讲真的经济条件很不好，但是好像很开心。当时父母没办法看我们，等于我们自己找乐子，都是大孩子带小孩子的。捡柴火的时候就是我堂姐她们帮我整理，有时候我捡的多，就会送一叠给她。小时候就是成群结队的，互相帮助。那时候没有电视，连书都很少，像我还是比较幸运的，我稍微还会有一些书。小时候我们男孩子女孩子都是混着玩的，真的没有什么不一样，如果硬要区分的话，捉迷藏、二十四点都是大家混在一块玩；捡石子、跳格子、扮演小姐少爷女孩比较多；假装练功夫打架、挖坑弹珠子、摔豆干男孩子玩的比较多。但所有这些好像我都在玩，因为我比较中性性格，属于男孩子这边也混，女孩子这边也混的，我好像从小就一直是头儿。可能跟自己的性格有关系，可能跟家庭也有关系。这个是小学的时候吧，我初中就在学校里面读，寄宿在那里，就开始跟村里这些小伙伴脱离了。

小时候，我妈也会说女孩子你要乖一点呀，她会教我怎样用针线补衣服。小时候有一句话就是笑脏笑破不笑补，而且当时还补出花样呢，我妈妈教过我，比如说膝盖这一块你要拿一块相近的布把它补起来的话，那个针线是有讲究的，到最后是有一个图案出来的，我觉得很难得的。还有我大伯母她们那时候女孩子在一起会用剪刀，把烟盒上面一些图案剪下来，有点是女红的那种最粗浅的科目，大人用这个来训练你拿剪刀的能力吧。

（三）上学的发现：女孩子辍学是非常正常的

雪英老师从小学习成绩好，父亲喜欢她，老师也喜欢她，她就一直读了上去，但她发现读着读着全班就只剩她一个女生了。

我是带着弟弟上学的。后来他没跟上我跟上了，他留级，我就继续上，最后他就小我两届了。我小时候曾经享受过这样子的政策，政府鼓励学校下去各村做工作说：弟弟要去读书，姐姐可以去帮忙看弟弟，第一学期姐姐读书不用钱，到第二学期半价，接下来才跟男孩子一样。这真是幸运，当时刚好有这个政策，没这个政策的话，我可能不一定读书了。

后来我一直比较顺，我上学前班老师很喜欢我，然后自己表现也很好。小学阶段一直是班上成绩最好的那个吧，反正老师都很喜欢。可能就是在学习当中也得到一些成就感，就对学习比较感兴趣。（但是）小时候，古雷这边重男轻女很严重，有些邻居弟弟要这个东西吃父母会给他，那姐姐要这个东西吃家长就认为是贪嘴。我呢，一方面小时候读书好，也不知道为什么，四个孩子当中，我老爸就一直比较喜欢我吧，自我感觉可能是最疼爱我的，所以我好像一直比较少感受到这个。我们那个时候女孩子读书很少，到小学四年级开始，全班三四十个（同学）就我一个女生，女孩子辍学是非常正常的。我后来回想，我确实很幸运了。首先是家里人很支持，在那种条件下，在那个社会氛围底下，我老爸老妈对我们几个孩子，（不管男孩女孩）还是没有什么特别大的资源方面的倾斜。我老妈比较少期望，老爸从小就这样跟我们说，你们谁如果考上了，砸锅卖铁也让你去读，那如果谁没考上，要我用钱去买那是不可能的。

到初中的时候，读到差不多半学期，好几个女生也辍学了。到初二有一段时间住宿，全班女生只有我一个人，就此点亮了我跟男生交友的技能。男生比较爽快，闽南这边的男孩子虽然很大男子主义，但他同时又有一定绅士风度，会有一种意识说不要跟女孩子一般见识。又可能跟我自己读书成绩好有关系，我在跟男生相处的时候，一般来讲感受的都是那种福利的东西。我好像当过班长也当过学习委员，也当过什么数学课代表之类的，我感觉老师还是会按成绩来考虑吧。那时候最好的学生就是读师范或者幼师，我凭兴趣自己报考幼师，没跟我老爸商量，我爸听完之后快崩了，因为当时幼师很热门，就我个人的体验而言，面试确实比师范更难考。我老爸当时压力非常大，我去面试时他比我还紧张，在那边走来走去，都是冷汗，因为大家公认的就是当时幼师面试挺难的。但我爸爸出于对我（笔试）成绩的信任，事先带我去跟漳浦县实验幼儿园的一个老师学唱歌还有学跳舞（为面试做准备）。

（四）幼师的规训：女孩子要有女孩子样

雪英认为自己读幼师前是个"野小子"，而经过幼师三年的学习，她变成了同学眼中的"淑女"。

我比较相信环境能够改变一个人，你在一个什么样的环境底下，哪怕你自己没意识到，但也许你自然而然会被这个环境同化掉。幼师对我改造很大……尤其对我行为举止方面，让你更适合学前教育这个系统吧。我刚去的时候真的是一个野小子，性格大大咧咧啊，比较粗鲁啊。幼师那个时候比较强调技能这一块的，全部都是女孩子，在那个环境底下，好像自然而然会有一种熏陶。有一次大家都坐在那个小礼堂，陈雅芳校长说女孩子要有女孩子的样子，坐你要怎么坐，站要怎么站，走怎么走。原话忘了，那个场景，对我是有影响的。后来有一次，我一个女同学跟我说：你现在怎么变得这么淑女。因为我初中的时候跟她闹起来可以用扫把啪啪啪那样子。那些男同学现在如果有机会看到我上课，肯定会说："哦，原来你是这个样子的。"

（五）工作场域的体会：女校（园）长太少了

雪英老师1998年工作，2007年当副园长，2016年当分园的园长，行政级别属于正股级。她发现，全县教育界，正股级的女性只有6个，其中4个是幼儿园园长，1个是中心校校长，1个是特殊学校校长。以下是雪英老师当园长前后的经历。

一次开校长级别的会，全漳浦县就那么五六个女的，有一个特殊学校校长，一个长桥的中心校校长，就是以前说的学区的区长嘛，幼儿园园长就四个嘛。开会就这几个女的，其他都是男的。中学没有女校长，小学只有一个。我调回来当园长我老公本来说不同意，我也跟我们园长说好了不调动，本来马上都要跟领导去当面辞这个事情，后来考虑到我爸爸妈妈很早之前就希望我调回来，觉得还是应该回家跟老人家说一下，结果我老爸老妈就开始骂我们两个年纪轻轻一点上进心都没有。我老爸老妈这么一讲，到后面我老公看了一下觉得这个环境挺好的，同意了。我老公这次支持我回来，我也是挺感谢的。其实我也是这个想法，一个家庭成员如果他有机会带整个家庭更上一层台阶，家庭就应该支持。不是看男女，而是看谁更有机会。我还是很幸运，好像就是水到渠成的，刚好有机会调过来，刚好家里老人都同意，当然我老公也同意，虽然这个过程也是有争执的，但最后他同意了，所以我觉得我还是很幸运的吧。我是一月份过来，然后他九月份过来，你知道调动有时候是很麻烦的，因为是领导让我们过来的，也不用去跑什么关系，很顺的调过来。所以我一直觉得自己非常幸运，好像身边会有很多人给我一种帮助，应该说是比较顺的。

（六）婚姻生活体验：越来越趋向平等相处

雪英老师 2004 年生下女儿，夫妻关系经过磨合越来越融洽与平等，在家庭决策方面会相互商量，在家庭资源方面平等拥有。婆媳关系处理也不错，同时与她的做保育员的妯娌相比，婆婆更喜欢她，她在公婆心中的地位显然更高。

当时我分配到那边去的时候，正好他跟学区辅导员他们两家是世交，辅导员带他到我们幼儿园，他认识我之后就想追我，是天时地利人和。我们平时互相叫名字，不过他手机来电提醒给我标了一个懒羊羊，我标他是小可爱。他以前性格不是特别好，大男人主义，自我中心，做事比较没责任感，这些问题都有。因为他是大孙子，不是说"大孙子，小儿子，老爷子的命根子"嘛，他爷爷特别宠他。我们家小孩一直都是我带的比较多，慢慢的，特别是孩子越来越大之后可能会有一个互动，对他来讲可能就有一种作为爸爸的责任感吧，我觉得他现在是越来越好了。男人当了爸爸之后，这个也还是有影响的。我现在比较忙，他开始会干家务这些，有时候会整理下房间，洗一下地板什么的，慢慢也在做。工资的话，我领的多，我不是评小中高了吗？（笑）他现在才领十一级的工资吧，我领七级的工资，我不会跟他比这个，我不会要求老公一定要挣钱挣得多，我老公他也很坦然。现在两个人经济是完全独立的（大笑），然后人情往来，朋友是他的他出钱，是我的我出钱，如果是共同的，比如说像这次盖房子呀，就两个人共同出钱。他现在好很多了，也会自己攒钱用于整个家庭的支出，以前从来没有这样子。

除了工作上，其他都是他说了算，整个家庭里面如果有两个声音就会吵，其实谁更感兴趣谁去做更合适。我们家盖新房，装修全他说了算，我们这边买了第二套房嘛，也是他说了算，大一些事情都会商量，如果两人意见相左的话，听他的，干嘛纠结这个。孩子的教育我做主会比较多，这一块男的肯定比较没耐心。口角也是经常会发生的（笑），真的是很大的矛盾，我是习惯先不处理，先冷静下来，等过几天，我比较能够平心静气的时候我再来跟他讲。我觉得尽量不要互相伤害吧。现在慢慢养成一个习惯就是一些事情我比较愿意跟我老公说，因为不了解才会不放心，有什么应酬的话，有时候我们会一起去，有时候领导过来，因为幼儿园也没有男的嘛，我会叫他一起出来，有时候一些事情他帮忙理一下。我自己本身很宅，除非是工作方面的应酬，我都是在家里面，然后我出门都是跟他一起，尽量做到互相尊重这样子。对于孩子的性别，开始考虑到老人家的心愿可能生男孩更好，但是生女孩也不会觉得很介意，我老公他心态跟我一样，生男孩可能会更好，生女孩也很好，孩子的名字是从舅舅送的"母舅联"里摘取出来的：易曰乾坤定矣，诗云钟鼓乐之，含有一种美好愿望的表达。他老爸比较希望女孩子以后有一个稳定的工作，目前的定位就是希望她以后能够过类似中产阶级那种比较有品质的生活，只要孩子喜欢我应该都没意见。

与公婆的关系，应该说，我属于运气比较好的那一类，作为媳妇，公公婆婆他们属于比较大度的，挺包容的，像这次我要调回来，我也有征求他们的意见，还是都比较支持我。出去外面他们都会夸我，我知道我公公他之前大便比较不顺畅，那我就留意说买一些蜜呀，香蕉呀，我婆婆爱吃什么东西我也会特意去买一些。但其实应该说两个老人家本身就很好，后面处着处着好像都跟我老妈不差什么了。虽然婆婆也会说我懒，说我不爱做家务活，其实家里的家务活都是我妯娌在做，我跟她比起来做得非常少，她在幼儿园里面当保育员。但我们妯娌两个，我婆婆更喜欢我一些。如说夫妻之间吵架，公婆当然是站在我这边了，我们两个人凡是吵架，我婆婆就开始骂我老公，我公公也是这样子，我老爸老妈他们是骂我，双方父母都是骂自己的孩子。

三、雪英老师精神生活叙事

（一）心理生活

我问雪英老师"如果要描述自己的生活的话，你头脑中会出现什么图像？"她说："我刚才为什么闪过去就是花园？难道是因为最近我们幼儿园要搞绿化工程吗？我对自己的工作也好，家庭状况也好，包括对小孩目前来讲都还满意吧。我们家小孩属于那种从小就比较独立自主的。我老公对我工作都很支持，我最满意的就是这点。"

1. 职业生活满意度：工作当中成就感比较大

当问到工作以来对幼儿教师职业的总体感受时，雪英老师用"忙""有幸福也有挫折""有成就感""满意""喜欢"等来概括。她认为自己的成功受益于父亲的影响和政策的"春风"。

（当幼师）特别忙，琐碎的事情特别多，然后幸福感有，也有挫折感……整体来讲，我自己是比较满意，比较喜欢的。1998年我从泉州幼师毕业分配到赤湖中心幼儿园工作。当时有好几个地方可以选，可以回古雷当学区辅导员，可以去另一个老园，我一下就觉得这个地方好。开始参加工作，我老爸说："过去那边好好工作，要让领导满意，不能老想着要回家，一个月回来一次就够了。"我到现在也没学会给爸妈打电话。那时候还没有保健医生，没有生活老师，主班是上课两天半但是一整天都要在园里，老师要洗教室、洗厕所、分点心、送孩子回家，当时送路队，两个人轮流。那时候幼儿园没有那么硬气，大家还在为招生着急，因为读幼儿园的孩子不多，入园时间、离园时间都比较弹性，一天工作时间长，但那时候工作好像还很快乐。我是比较能够从工作当中得到成就感、得到幸福感的。当老师的时候，我运气也都挺好的，那时候经常比赛会得奖，自己开课什么的，得到认可也比较多，所以我一直说自己很幸运。当然曾经也一度比较失落，比较焦虑。比如，我无意当中发现同事都评了两个优秀，我怎么一个都没有。还好我一般比较喜欢从自己身上找原因。我第一反应不是去跟领导说什么，而是会责备自己做得不好，比较快地度过那一段（低谷）。

1998到2000年鼓励自学考试，有这个政策，有这个氛围，我们整个幼儿园有2/3的老师都在读了。我1999年开始去参加大专自学考试，考的是教育管理，有事情做就不无聊了。中间因为结婚有宝宝断了一下，到2006年读完大专。那时候没有学前教育专业，我就继续考教育管理的本科，读了1年还是 2 年，开始有学前教育，就转学前教育了，差不多是 2011 年毕业，这方面挺幸运，赶上了政策，跟上了趟。我本来要继续读在职研究生，一听要考英语，唉，再见了。2006 年，幼儿园可以再设一个副园长，当时领导有考虑别人，但是园长坚持推荐我。2008 年开始做课题，那段可能我会花比较多的时间在工作上，创造性的工作会让人更有成就感。2011、2012 年要创建市级示范园，我基本上没有什么周末、晚上休息，回家也一直在加班，主动加班，也不觉得苦啊，自己就很愿意去做。当时我们幼儿园所有的资料，所有的档案全部都是我在弄，除了后勤工作我不管，其他我全都管。什么课题啊，日常教学啊，创建啊，环境创设啊，那时候就真的是透支自己的精力。一天的工作时间看我的电脑就知道。当时幼儿园给我配了一个大的手提电脑，那个电脑 2014 年，整个烧了。电脑店的师傅说，你一天开机多长时间？我说应该不少于 14 小时或者 16 小时吧。我在电脑前面工作是比较厉害的，但我大概一两个小时出去转一圈再做一两个小时，反正，八小时之外再给加两三个小时班是很正常的，所以现在光荣地近视了。在那个时候精神就处于一种亢奋的状态嘛，不觉得累，很愿意去做。然后等到评完之后开始头痛，我去上课，或者研讨什么的，可能不会觉得痛，一旦回去，我得吃药什么的。以前父母那种对待生活中的困难、疾病的态度比较影响我，变成我就跟他们一样，觉得这个事情没什么好讲的，人总是会生病的，生病的时候你哭了让跟你相处的人怎么办，你不能因为你个人去影响别人。

2005、2006 年那个时候全县才 5 所公办园，我们这边的学前教育三年行动计划要求每个乡镇都要有一所中心幼儿园，所以我们县一下子新建了 16 所新的乡镇中心园，这几年发展非常快。2015 年，我娘家那边新建一个幼儿园，领导给我打电话说，不然你来当园长，我就调回来了。我自己当了园长之后呢，自主性更强了吧，有更多的机会可以去实践、去尝试，你的教育理念更容易达到，所以我感觉是更舒展的一种体验。但是我也一直在提醒自己，尽量跟团队、跟领导班子保持沟通，我更愿意让大家认可我的理念之后再来一起实施这个事情。

2. 社会地位满意度：女教师还好，男教师真的很低的

雪英老师和 C 园长都认为女教师地位还可以，男教师地位很低。一方面说明了农村教师的地位尤其是收入与其他行业相比太低，尤其是与乡镇经济发展好的农民企业家相比相差是几百上千倍！另一方面也说明传统的男性必须强于女性的价值观依然统治着人们的思想。

我一直认为教师的工资可能是偏低，纯粹以收入来说，你会觉得比较沮丧。我们古雷那边有一段时间种芦笋，差不多是 1990—1995 年，就是经济作物特别好的那个阶段，就会感觉老师特别让人看不起。当时我们初中老师说他一个月工资是一百多到两百。我们家一天挖的芦笋就有一百多到两百了，一天就抵你一个月。然后差不多到 1995 年，因为芦笋要喷很多农药，喷得非常厉害啊，种了几年之后，土地马上就没养分了。后来大葱经济发展起来，以前在赤湖那边，一个家长说"我们一年的大葱收入你就要领一辈子工资"。不过我们女孩子，如果是老师，父母就觉得已经非常好了，除了可以负责自己，甚至还有贡献给家庭，老师这个职业对女的来讲社会地位也可以啊，待遇也可以啊，负责养家这个责任一直会放在男性身上嘛。（这时，陪同访谈的 C 园长接着说了）女教师在社会地位方面还是好的，男教师地位真的都很低的。男教师有的都辞职了，像我弟弟就辞职了。他现在当老板，当得很好，然后开的那个高档的车。他两个蔬菜加工厂，做那个红萝卜跟大葱嘛。大葱皮给它剥掉，葱叶也剪掉，把它加工成一箱一箱的，出口韩国、朝鲜、俄罗斯。今年就非常好。像我们那边，一亩大葱就赚三四万元，十亩就几十万元，他今年就赚了一千多万元了，单单今年啊，纯利润呢！今年赚一千多万元的可能很多个。还有我们

一个同事的公公，今年最起码赚了三千万元。赤湖那边做大葱的起码上百个。这次要教育均衡验收就捐了很多钱给学校，我们镇里面的各个村小，幼儿园没有，幼儿园不包括在教育均衡验收项目里。

3. 人际关系满意度：能够宽容他人，也宽容自己

雪英老师在人际交往上经历了自我中心到能够设身处地，从对自我和同事的高要求到对自我和同事的宽容，从冲突到和谐，从烦恼到平和这样的变化。变化主要缘于对女性家庭与事业"双重任务"的认同。

2007 年开始当副园长之后，有一段也是比较苦恼的，我很了解我自己这件事情想要达到什么样的程度，你提一个目标在那里，也许到最后只能达到这个目标的百分之六七十。我有一段是这样子想的，如果有几个我，比如说十个我，十二个我，这些事情我肯定都能干的，为什么你们就……后来我想，可能是她能力问题，也可能是她态度问题；还有一点可能是你自己本身的规章制度没做好，你的管理不是那么合理，她不知道怎么配合，从普通教师转型到管理者的话，你本身也要有一个适应过程；或者你身边的同事对你需要一个适应，你可能没达到那样子的威望。现在会觉得以前怎么那么不成熟。你作为幼儿园领导者，当然更愿意个个都是工作狂，但是如果以社会的主流价值来判断，真的很难说一定是你的对。因为整个社会对女性的界定还真的会认为家庭比工作更重要。起码我们整个社会的观念认为，女性的成功应该基于两方面，一方面是整个家庭的稳定和幸福，一方面是事业的成功，如果说哪一方面做得不好，可能都导致诟病。因为工作把一个家庭搞得一团糟，我觉得也不是一个非常理智的做法。所以，我现在是用宽容这个词，对社会会更宽容一些，对自己也更宽容一些。

4. 自我认知：一匹踏实的马、一棵成长中的树

雪英老师认为事业与生活方面自己还有很大的提升空间，还会不断成长。

性格方面比较男性化、比较外向。工作中"有时候是很要强"，作为乡镇的教师，自信不比城里教师差。

如果要用一个词来比喻自己，我脑子里闪过的是一棵树。不过我以前是很爱说马，因为我正好属马。反正我总觉得我不可能是很霸气的东西。树啊、马啊，总感觉是比较踏实的东西，可成长的那种。事业这一块也好，人生这一块也好，我觉得需要提升的东西很多，知识也好，眼界也好，我觉得都不够。要成就更好的自己，可能需要更宽广的事业和爱好，可能需要一个更高深的知识支撑，你才有办法去做一些更高层次的精神方面的享受。好比说弹一首钢琴，可能有些人听得如痴如醉，有些人就打瞌睡，因为他们之前的审美准备就不同。从这个角度来讲，对自己还不够满意（笑）。生活情趣这一块我觉得也不够，因为我喜欢刷手机，喜欢看小说什么的，很多时间用在自己的这个（爱好），（用于）家庭的好像还不太够，可能我稍微做得比较好的就是跟孩子的沟通交流这一块，目前来讲还是做得比较好，因为孩子一直是我在带，跟她好像关系还是比较亲密的。

我的性格比较男性化，我跟初中那些同学包括男同学、女同学，现在都保持非常友好的关系，我老公跟他们也都成为很好的朋友。虽然我挺宅的，但是跟人家相处还算比较和谐吧。虽然我性格当中，有时候是很要强，但是有些事情如果得不到的话，还是比较豁达的。可能跟我看科幻小说有关系。小时候，我一度很喜欢看那种科幻小说嘛。以前有一个期刊好像是《探索》。我一度很喜欢看那个。有一次它说，放到宇宙这个大范围来讲，我们人类太渺小了，我们好比地球上面一粒小小的沙子。地球在这种星空里面，它又好比一粒小小的沙子。我一度认为人好渺小。当时很震撼，你发现原来世界这么大，原来宇宙那么大。可能你个人的一些事情你会觉得好像不是那么重要。还有我爸一些为人处世的观点比较大地影响我，我爸属于不认输的人，他说，我就不相信，人这么拼，怎么可能一直穷下去！我妈的积极乐观的那种状态，我觉得也是比较积极地影响我。我们家后来长期欠债的状况下，哪怕是她处在很病痛的时候，她一直都是笑脸迎人，积极面对人生。我们村里的人都说我爸还有我妈两个人，简直就是公认的劳模，为了我们几个孩子，借钱也要让我们读书。

刚工作时，同事中有一个普遍的观点，认为自己就不如城市里面的老师，比赛啊、写论文什么的都没有信心。其他人也认为乡镇的老师不可能跟城里的比。2002年我第一次指导好几个孩子参加全县的幼儿绘画比赛，把作品送到学区，希望区里统一报送。当时负责的老师不愿去，认为我们农村的，送也是白送。我心里面想："大家都是幼师出来的，在幼师里面我也拿过奖学金，我不觉得自己比人家差。"我当时下午请假，中午动身把绘画作品送到县进修学校。结果非常幸运地得了一等奖，得一等奖的那幅作品后来还选送去参加省里面的比赛。大家认识到，原来我们农村教师也是可以得奖的，而且是可以得一等奖的。

5. 工作压力：生完孩子一度抓不到生活和工作重点

雪英老师回想生孩子的经历，她说一度难以适应，因而对二胎也怀有排斥心理，但最终她还是决定要二胎了。目前主要的压力来自管理工作，园长所需要的对上沟通与对外交流的角色还需要时间去适应。其次是新教师的培养。

我对工作是比较满意的，可能生了孩子那一段觉得很难。刚刚生完孩子一度抓不到生活和工作重点，差不多有一两年的时间很困惑，总觉得很忙啊！母亲对孩子的天然的感情会让你必须照顾好孩子，然后又要兼顾工作，幼儿园工作又很琐碎。早上起来你一定要先顾好孩子，然后急忙忙地跑去幼儿园。因为你其他时间都在家里，备课必然做得不是很到位，那你课上起来也很吃力，特别还有一些额外的任务……就一直忙，忙完幼儿园，忙完家里。那一段是最不幸福的一个阶段，感觉孩子也带不好，工作也做不好。可能到我家小孩读小班之后，感觉状态也回来了，一方面是适应了，一方面是孩子大了。

　　现在在这边来当园长，我感觉自己需要学习的东西还是很多。幼儿园里面的我觉得还好吧，我们老师都还蛮配合的，老师都很愿意学习，我就说我运气好。现在专业方面能够解决的问题都还好。就是现在整个教师队伍以新教师为主，我们一位副园长和教导以前都是小学教师。我现在恨不得赶紧培养几个骨干老师，大家能像从前那样一起做研究。问题主要是对上沟通还没经验吧，跟领导沟通交流不是那么顺畅自如，这方面给我的压力比较大。一方面我们自己本身可能在跟领导接触这一块还需要经验，可能我对领导不熟，你不知道跟他沟通的最佳方式是什么。园长好比是一个学校的形象代言人，很多领导是通过对你这个人的了解，是通过你的那个汇报去看待你的这个幼儿园的，你如果有办法说到让领导信任你那他就信任你这个园。还有一个对外的沟通交流，比如说社区，对我来讲社会交际圈子不够广，能力也不够好。幼儿园所在的社区居民以前都是农民，经历了从农民迅速变为居民的生活状态的一个激烈转变，有些人其实很迷茫……没事干，然后花天酒地，对孩子产生不良影响。

（二）文化生活

1. 一日活动：多元课程与教学知识的运用

　　进入 21 世纪以来，朱家雄教授所倡导的"教育活动连续体"上的多种类型都可以在雪英老师的课程实践中看到，有领域活动、主题活动和区域活动（含三大游戏）等。

　　2016 年 4 月 13 日一整天跟着雪英老师，首先参加了大班区域活动观摩与研讨。教室里内设置了运动区、科学区、美工区、阅读区、建构区、操作区（益智区）等。运动区的孩子在打保龄球，科学区的孩子在观察刚长出的西瓜苗，美工区的孩子在作吹画，建构区的孩子在造桥，操作区的孩子有的在投珠子，有的在往船上装东西，如果能保持平衡就能装很多，不平衡瞬间货物就全滑落下来。活动大约一个小时，之后开展了评课活动。所有的老师都发言之后雪英老师做了总结，指出以下几点：第一，两教两保中，其中一保可以当助教，这样可以减轻开课老师的负担；第二，老师掌控太多，要多让孩子懂得自己安排，自己做计划，每个区域可以推一个代表来分享，大班多把时间给孩子，中班师幼共同商议，小班可以老师点评为主；第三，有些可以改进的地方，如弹珠要明确两人合作或者在一个封闭的场所，让珠子不会滚太远，也可以放走廊上；建构区孩子搭桥已经很熟练了，下一阶段的推进可以建构一辆车，或丰富建构材料；第四，科学区虽然专注但孩子玩的水平不高，如平衡桥（船），孩子之间也互相干扰；第五，投入的材料很多很好玩，但孩子不会玩，希望一次不要投放太多；第六，建议美工区增加一个作品展示区，可以增进同伴间的互相学习，可以用移动黑板或画架来展示作品。从周计划来看，其他的活动还有五大领域的集中教育活动，以及下午的三大游戏活动。这段时间正在研讨区域活动。

不单单说是区域活动，还有三大游戏这个学期我们也得研讨。下个礼拜好像是大班年段要开展角色游戏的研讨，中班年段下下个礼拜要研讨建构，小班年段再下个礼拜要研讨表演游戏，（研讨）这个活动中呈现出来的，比如说老师的指导也好、材料的投放也好、小朋友的水平各方面。创游按我们评估的要求就是每一周要不少于3次，大班要1个小时，中班要50分钟、小班要40分钟。

2. 课题研究：乡土自然与人文知识的运用与创造

幼儿园2010—2013年承担了市级课题《福建省省编幼儿园教材园本化开发与实施研究》和县级课题《开展"家乡的特产"系列活动，培养幼儿爱家乡情感的研究》，先后完成《赤湖的番薯》《赤湖的大葱》《大葱谣》《大葱宝宝比美丽》《美丽的赤湖》等活动创编与实施。课题研究小组曾于 2011 年 3 月和 5 月先后接受县电视台"教育视窗"栏目和县电视台"传真干线"栏目的专访，介绍课题研究情况，录制节目《大家一起种地瓜》等。该节目还获得当年度漳州市电视少儿节目奖评比二等奖及福建省电视少儿节目奖评比三等奖。闽南语歌曲《赤湖的番薯》和节奏活动《大葱谣》分别于 2011 年 7 月和 2012 年 3 月在福建省第一期和第二期农村幼儿园骨干教师培训班上进行现场教学观摩交流，两位教师获"优秀学员"称号。《"番薯之父"陈振龙》等多个活动获得"全国幼儿教师'精彩一课'"评比活动一等奖。此外，还创编大量本土资源的儿歌或闽南语童谣，如《我是赤湖小主人》《夸地瓜》《地瓜全身都是宝》《小薯叶》《番薯人人夸》《赤湖番薯最最圆》等。

　　有一段时间，我们幼儿园在做课题，那一段是我认为非常好的一个状态，园里有一批志同道合的人一起奋斗，取得丰硕的课题研究成果。我们 1998 年毕业 2 个，1999 年又分配了 5 个还是 6 个过来，然后 2010 年又分配 4 个，一共十几个人，大家都是幼师出来的，都有这样的心态：就算我当不了第一名，我也不愿当最后一名。因为刚好年纪相近，也算是志同道合。正好等大家谈恋爱、成家、生孩子都完成了，孩子稍微大一点那时候，就到了职业生涯发展的转折点，你冲过去了，就成为骨干老师，冲不过去就是一般老师。大家都有一种挑战自己的愿望。那时候刚好评示范园，我们通过做课题，抓住这个机会，让自己得到一个蜕变。后来这批人都成长了，好几个都出去当园长，包括我。当时我们这一批人放在哪一个幼儿园都是骨干教师、名师，每个人都有能力参与课题当中。一开始其实没人指导我们课题要怎么做，是摸着石头过河。那时候跟她们说，每个人先写一首诗一首儿歌，或者写一个歌曲，写一个故事这样子嘛，形成一个个颗粒，然后把它串起来。我们是从小开始做到大，做到系统。差不多做了两年吧。当时真的是凭着一种专业敏感，一起进行思维的碰撞。老实说这个课题确实做得好，当时我们真的是好几个课题在省里面得奖了，包括在省里面交流，有很多论文也都有得奖，或者发表。我现在回头想说那时候大家真的很有热情，那个过程当中真的可以得到一些成就感，创造性的工作总是让人有源源不断的动力。比如说你写了一首诗，交流的时候你朗诵给其他人听，那真的是有满足到你和促进自身的一些发展。

3. 专业培训：城市化与专业的知识的学习

雪英老师感觉到 1998 年工作以来教育行政部门对幼儿教师专业成长方面的支持变化非常大。最初五六年基本上没人管，培训要看园长各显神通。到 2006 年出现一个拐点，"突然间开始要创建县级示范性幼儿园，那是印象当中上级主管部门第一次开始进行监管"。2005 年之前她只参加过《纲要》的培训，2006 年之后因为创建市级示范园的推动，她开始有更多的机会去学习。2010 年以后对幼儿园教师的培训服务就更多了，"每一所创建完的示范性幼儿园都有一个开放日"。她参加省级的培训也比较多，"每年都会去福州跑一两次"，如 "幼儿园教育培训"（2008），"领域教育与研究培训"（2011），"幼儿园美术教育师资培训"（2012），"农村幼儿园教师教育教学能力提升培训"（2012），"中小学教师心理健康教育通识培训"（2014），"学前教育科学研究方法与实践专题培训"（2014）等。她也参加过一些全国性的学术会议，国内名教授的讲座给她的观念造成巨大的冲击，有效提升了她的理论素养。下面是她对印象较深的几次培训的回忆。

幼儿园要对不同的结构化程度的课程进行个性化组合

我算是比较幸运的，一方面我们幼儿园发展得比较好，领导重视，比较有机会。一方面，我以前分管业务，那时候有什么培训园长第一个也会考虑我。我想到了 2002 年在漳州师院参加过一次培训，是《纲要》的培训，邀请了朱家雄来。那是我们当时能够接触到的最高级别的培训。他当时讲瑞吉欧方案教学，特别是主题活动怎样推进，好像举例是螃蟹的主题怎样生成，孩子的一个点怎样去生成一系列的课程，怎样去推进。当时给我震撼蛮大的，原来人家是这么做的，他当时说到幼儿园课程，低结构高结构的优化组合的观点，听他这么一讲，就是透了，点化了，顿悟这种感觉。我们当时在学校说分科，后来说综合，再说主题，后来提瑞吉欧方案教学，原来需要优化组合。原来看课我们关注的点应该是在孩子身上，而不是去看老师。我们在幼师去实习的时候，听课还停留在那种很原始看老师不看孩子的状态。当时在漳浦这里评课也都是这么评的，很少去关注孩子快不快乐啊，他有没有积极主动去参与啊，他有没有跟老师互动，跟同伴互动啊，当时很少关注这些。首先引发我对这种课程评价思想的一种反思，我们是为了孩子啊，那我们是要从孩子的角度去考虑这件事情该怎么做。还有一个思考就是，上海那边做主题的推进、生成课程我们幼儿园做不到，一方面是我们的老师这一块专业能力没跟上，硬件方面也没跟上，还有一个是家长的问题，它一定要求小班化，其他孩子能够引起共鸣。但是各种活动的优化组合的观点让我们可以做出本地的特点。

2011年去武夷山参加一个学前教育研究会社会领域的研讨会，那次很幸运是因为刚好有去参加他们的一个论文比赛，得了优秀奖，教育局的领导就说，既然全漳浦就你一个人得奖，那你去吧。我感觉社会领域这一块，它很考验老师的个人功底，如果说一个新手型老师，甚至熟手型老师，这方面也很难做得非常好，因为社会领域更多的是一种个别化的、伴随性的学习，更多考验老师对孩子的了解，还有对突发事件的处理能力，经常伴随着孩子的问题产生而进行的一种教育，集中活动顶多就是一种画龙点睛的作用。比如，孩子吵起来了，表面化的化解我们都会做到，各打五十大板啊，说什么相亲相爱啊。但是如果说从这件突发事件找到原因，然后提出一系列应对措施的话，我觉得不是那么简单，你老师本身要先把我们的《指南》全部都搞定了、《纲要》都搞定了，然后再有一定的工作经验，知道这些熊孩子做什么的时候，我得怎么做、怎么应对。研讨会之后参观武夷学园，他们正好刚评完省级，不是武夷山茶文化嘛，可以看得出能够评上省级的都是整个团队很强，不一定有多少名师。它是我们平民化教学当中能够达到的那种极致，到一定阶段我们可以往这边努力。这一年福州的彭琦凡做过一段科学领域的培训，让孩子模仿科学家做事的方法，提出猜想，去验证它，再做一个结论，然后再猜想。程瑛教授的美术培训也有帮助。她说我们幼儿园课程是本土的、民族的、国际的，要么做国际的，要么做民族的，然后就是本土的，她先从一个比较大的角度，然后也有很多活动课。包括那次我是第一次看到人家怎样上亲子活动课。

让孩子在快乐中潜移默化地掌握知识

感受最强烈的是 2012 年在福州参加的"审美与快乐"培训，有很多示范课，徐卓娅教授正好开课，示范课完了有讲座。它是比较系统地告诉老师如何把音乐领域的专业知识用一种能够让孩子接受的方式传递给孩子，就是在一个孩子比较喜欢的，比较快乐的氛围底下，潜移默化地掌握这个知识。幼儿园老师要学的东西实在是太多了，首先是五大领域，那你单单艺术领域就有美术和音乐，那音乐又分打击乐啊，歌曲啊，歌表演啊，舞蹈啊，还有韵律啊，很多。像语言也分故事，儿歌啊，诗歌啊，讲述啊，所有类型的活动要培养孩子的核心经验在哪里，新老师真的会很头疼，会摸不着头脑。同时又要求我们幼儿园要有园本的特色课程，又有家长工作，环创啊，安全保健啊，很泛，老师可能没办法精准地抓到每一个类型的活动最核心的东西。我从毕业到现在没上过音乐课，因为我经常指导一些孩子绘画得奖，很自然大家认为我美术这块还可以，到最后搞得我音乐也没法上了。培训把比较系统的视频给你，音乐给你，实在不行，你就照做，我感觉还是促进比较大。

幼儿园的文化建设要扎根本土

大概同一年，去了上海宋庆龄幼儿园学习，我感受到幼儿园环境的重要性。我们这边差不多占地8亩，它占地有70亩，整个幼儿园的绿化工程让我感觉环境创设是一个大系统，环境创设真的跟幼儿园课程的关系很紧密。我们平时说的那种环创都是小的，但它是系统来考虑的，包括树木的品种、颜色都错落有致的。我感觉它是一个贵族幼儿园。幼儿园开放国内班给我们看。当时开一个活动，观摩的老师要带鞋套，在那个环境底下，大家自然都优雅起来了。之后在参观过程中有一个老师上陶艺课，上完之后东西就放在陈列柜上，一排排的；之后做果汁，就真的用水果做；有一个班级在进行户外活动，是滑旱冰，全副武装的，有几个外教在旁边跟着。后面有个短片介绍，一个孩子对针织很感兴趣，就织了一条围巾给他爸爸，他爸爸是美国驻我们中国大使馆的领事。后来我想，宋庆龄幼儿园的课程设置可能更符合它们的要求，它的孩子需要学会过有品质的生活，而我们的孩子需要有一个敲门砖，一个文凭。可能不同的课程你需要考虑到它的对象。我当时看完之后在想我们能够学习什么呢？我们的家长还在讲幼儿园都没教写字啊。你的受众不同，可能你的课程设置要不同。宋庆龄幼儿园就看了一个半天吧，之后一个幼儿园的特色是书香文化。我看完回来就感受到整个园所的文化创建很重要，园所的文化创建要基于你的在园幼儿，基于你的社区，要跟它紧密相关，在这样子的土壤底下才有办法去做。

通过聆听雪英老师的回忆，我感觉好的培训引领了她的价值观的改变，她顿悟了园长应该对不同结构化程度课程进行个性化的组合，评课要看孩子而不是看老师；课程游戏化的本质是让孩子在快乐中潜移默化地掌握知识与技能，幼儿园的文化建设要基于本园的幼儿和社区的实际等。这些价值观都是符合当今主流的价值观。可见培训对农村教师与时俱进的专业成长很关键。但是雪英老师也谈到一个值得关注的问题：城乡教师培训机会不均等。越好的幼儿园机会越多，农村园教师，特别是一线教师，培训机会哪怕到现在仍然非常少。她身边有一些从教十几二十年，从来没参加过一次县级以上培训。而城市幼儿园教师培训机会则过多，多到逃课，多到成为压力。她对这种城乡差异有亲身体验："我去培训时发现一些城里的老师她其实没培训，她就是报到一下，然后就出去玩。我一开始（觉得）很不可思议，心想这么好的机会，你怎么不珍惜。她们大老远的，培训了一个半天就开始玩。因为对我们来讲是很难得有这样的机会。"所以她觉得有必要在调查教师培训需求的基础上来分配培训机会，尽量满足农村园教师的需求。此外，她也发现有的女教师因家庭与养育儿女而主动放弃一些机会，导致机会越来越少，以至专业水平长期停滞不前。

4. 园内专业阅读：从专业杂志到微信公众号

创建市级示范园要求幼儿园"有九种以上教育杂志""各类保教类图书，教师人均30册以上"。订阅的期刊种类与数量都按评估要求做。但是年轻教师们越来越不喜欢读纸质版的专业刊物了。

专业期刊，对老师专业方面有促进的我们都订。幼儿教育的四大核心期刊《早期教育》《幼儿教育》《学前教育》《学前教育研究》，都是2011年开始订，包括《福建幼儿教育》《父母必读》《为了孩子》《婴幼儿画报》都有。订什么订多少按评估要求来做的。现在我们还有订《三联生活周刊》，我还蛮喜欢，我们也有订《三联人物周刊》。我这一次就发现《早期教育》最新的一期是幼儿园环境的，全部都是图文的，那里面介绍好几个幼儿园，确实挺好的。我跟我们领导班子讲，每个人都去看，因为我们都是订18份，12个班级和6间办公室都有。看了你自然而然有些启发、有些灵感嘛。到时候，我们准备下周开个会，来商量一下哪一些可以学习。书过来了，如果有空的话我就会翻一翻。要写论文，要找资料的时候也会去翻。但我感觉年轻教师越来越不愿意去关注纸质书了，所以要用微信公众号来推广，就是让老师关注一些好的公众号来进步。我感觉还真的得靠智能手机去阅读，这种碎片化的学习可能会越来越流行，而且现在年轻人的阅读习惯更倾向于图文方式的。单单文字的很难吸引她们。像那个公众号，我就很喜欢"新校长传媒"，文章都很有深度。我也喜欢"酷玩实验室"，它更多就是介绍一些科学家，或者一些发明什么的，它给我的阅读体验非常好。它们把一些比较高深，或者是比较尖端，比较前沿的、科学的东西带给我们。

5. 文化娱乐活动：日益向私密和虚拟空间发展

幼儿园的文娱活动主要是节日活动，一般不向农村社区开放。幼儿园偶尔接镇里的任务参加表演等。如幼儿园 2009 年 8 月参加了县第三届农民运动会，参与《海峡神歌》大型表演；2018 年参加了镇党委组织的学习宣传贯彻党的十九大精神专场文艺晚会，教师们用文艺节目引导健康娱乐、健身新风尚，助推新民风。教师们在业余时间喜欢看流行的影视作品和小说。

幼儿园文化娱乐我知道的好像没有哪一个做得特别好。有工会后会好一点点，会组织一定的活动。我们幼儿园本身活动场地很大，隔壁学校也可以用。去操场跑步的是个别老师，乒乓球桌一学期了没有人用，呼啦圈、羽毛球玩两个月就不玩了，现在有个手机都变得太宅了，所以我们想办法丰富教师的文化娱乐生活。2015 年举办了"五四青年节文艺晚会""庆中秋联欢晚会"，让新老师表演节目，特意聘请别人来为我们培训。近几年还举行过教师节烧烤聚会（教师自备食材）或运动会、"激情青春，放飞梦想"主题元旦晚会，有歌舞（含闽南歌曲）、相声、小品、钢琴弹奏、情景剧、智力游戏等形式。

有时候年轻的老师会追韩剧，什么《太阳的后裔》，宋仲基啊、宋慧乔啊，她们很喜欢。她们也会下载练歌房啊自己唱，唱完之后就给它发上去。要是真的那个东西成为一种文化现象的话，很热点的话，我偶尔也会去关注一下——主要是出于了解她们。我自己最大的娱乐就是看小说，从很小的时候就开始看，现在很爱看网络小说。我看书的范围还比较广，比如说玄幻的、穿越的、古装剧都爱看，只要那个作者的思维很强大，能够自圆其说，有逻辑，我就喜欢。比如方想的、猫腻的、我要吃肉的网络小说，也会看那种小白文，也追过什么《极品家丁》。金庸、古龙所有的书我都看过了，所以现在才追网络小说。琼瑶的小说也追，还看秦凯伦、梁羽生的。初中的时候我一度很爱看世界名著，《简·爱》我就很爱看，最喜欢的外国名著可能是《飘》，差不多看了三四遍，还看《百年孤独》啊。我责任感还是比较强的，在我最迷小说的时候，我也没耽误过工作，我会压缩自己的睡眠时间。现在一天两个小时应该会有吧，中午有时候挤一下时间，晚上挤一下时间。我自己对文化生活休闲很满意，因为工作带来的成就感已经可以解决掉我很多问题了。

（三）心灵生活

1. 课程目的观：良好的生活习惯比智力更重要

洪老师认为孩子的健康尤其是良好的生活习惯比智力更重要，同时，健康的体质也很重要。

我们有必要反思一下那么久的教育到底给我们留下什么。我今天给孩子的这些东西，对他来讲有没有用。现在的教育太功利了，特别是家长，他很愿意看到一些实实在在、马上见效的东西，有时候逼着幼儿园不得不搞一些形象工程给他看，像六一，就是形象工程。我比较认同生活即教育，孩子学会怎样去生活更重要。比如吃饭习惯、洗手习惯，包括睡觉、如厕习惯，这些东西比1+1=2重要多了。我现在越来越觉得对幼儿园孩子来讲智力方面真的没必要太较真，健康这一块很重要，孩子的体质，在幼儿园的时候要打好底子。我们现在要做一个乡土资源的园本课程，非常难得。我们古雷有一个拿得出手的东西，就是下垵女民兵排，曾经有三个算是很出名的女民兵，其中有一个被邀请到中华人民共和国成立 20 周年国庆观礼台，去见毛主席，参加中国代表团去朝鲜的国事访问，被金日成接见。另外一个好像被周总理接见，也很出名。当时做比较大型的工程，比如做水坝，她们都参加了。我想把这个融入我们课程里面，跟体育活动结合，做"我是小民兵"系列活动，把女民兵这种拼搏的精神，保家卫国的精神一直传下来。你要好好学本领，你要训练才能够当好一个小民兵。据说有一部电影叫《海霞》，它有一部分场景就在夏安那边拍的。我在想要不要把这种拼搏、坚强、勇敢的品质弄到我们培养孩子的目标中去，我很纠结，思路还很模糊，还没有提炼出来一个清晰的想法。

2. 课程实施观：领域活动、主题活动、区域活动、三大游戏活动相结合

根据课表、一日观察及雪英老师的陈述，她所在幼儿园的课程有集中的领域活动、主题活动，和分小组的区域活动各种类型，她认为区域活动是集中活动的补充和延伸，认识到了区域活动对孩子个性发展的必要性，也认识到了孩子的自主游戏需要一定的经验基础，而这个经验基础有时要在集中活动中获得。

幼儿园现在以集中活动形式为主开展的领域或主题活动，与个别化的、小组形式开展的区域活动紧密结合，"因为集中活动的话你就只能有这个东西，其他的就没办法做到了，像别人说的青蛙呀、长颈鹿呀、狮子呀、小鱼呀全部都在一起，你要先教谁？比如这节课全部都上游泳的话，小鱼、青蛙是很好啦！那长颈鹿和那个狮子怎么办呢？只能下节课学个奔跑。如果我开了区域，我有游泳池，又有百米跨栏，区域活动可能让孩子获得在集中活动中没办法获得的（个性）发展的机会。（因此）一个班我们要求设置区域不少于 5 个，因

为孩子多嘛，少于五个你也容不了。如果在这个过程中，能够做到推进反思这一块，那是他悟性好，这是意外之喜，如果做不到，那在区域中懂得投放什么材料，能使孩子在这个过程中玩得开心，能促进孩子的发展，基本上模子出来就可以了。但是集中活动还是需要的，因为高效。以我的理解，区域活动就是有点相当于是集中活动的补充与延伸。区域活动要结合到主题里面。如（开课老师）他现在上的主题是"桥"，所以建构区域就是建构桥，然后重点指导区域就是桥。"

有个培训老师说真正的游戏应该回归到原点，像我们儿时那样，我们自发的，晚上呼朋唤友，来捉迷藏，规则我们自己定，玩得非常嗨。到现在我们还仍然能记住那种快乐。可是我们得考虑安全和很多事情，整个幼儿园不可能是吵吵闹闹的。让孩子来表演《三只蝴蝶》，新老师台词和动作都是设定好的，有经验的老师会说，小朋友，这一段你想怎么来表演？我们老教师可能会有更多自主权给孩子，但终归给孩子发挥的余地不是很大，我感觉这种游戏也有它的价值。现在的演员不就是拿着台词，拿着剧本来演戏嘛。如果说表演游戏就是向演员学习的话，我们这种教法没问题啊？你真的让孩子自发表演，他毕竟需要一定的基础。另外，美术你到底教不教？术和美是一个矛盾。有一次跟他们讲《西游记》"三打白骨精"，我们让孩子把这个故事画下来，问题是他画不出来，这个时候你怎么解决呢？你不教他唐三藏怎么画，白骨精怎么画，他就不会画。这个过程我相信是需要老师给他引导，给他一些点拨的。所以我们的三大游戏是以集中教育活动的形式对孩子的表演游戏、建构游戏和角色游戏进行指导。省里规定三大游戏每周的指导不少于三次，即每种游戏的指导至少要有一次。一般一个游戏的集中指导要有好几课时，如表演游戏《拔萝卜》从讲故事、制作道具、表演要好几个课时。集中活动指导之后，孩子可以在区角中继续进行这些游戏，自己去表演呀，自己去操作。

值得注意的是，集中教学活动是为自主游戏奠定知识基础的重要形式，但不是唯一，孩子也可以通过日常生活经验以及自己的一次次探索为后面的探索或游戏奠定经验基础。另外，区域活动可以是独立于集中活动的孩子自发的创造性的探索活动，孩子在自由自主的区域活动中可能生成一系列的探索活动或游戏活动，而不仅仅是达成教师集中活动的目标。

另外，福建省很多幼儿园周计划中"区域活动"和"游戏活动"并列，一般上午区域活动，下午三大游戏，这样的表述可能会带来认识上的混乱。这二者是有交叉的概念，有些区域活动本身就是游戏活动，如表演区、角色区和建构区的就是游戏性的区角。大多游戏活动，除教学游戏之外，也都可以表现为区域活动。把两个概念并列放到表格中不恰当。华爱华教授认为区域活动的本质应该是游戏性的，区域活动中要给孩子更多自主的、自发的创造性游戏机会，而三大游戏活动既然名为"游戏"，更应该让孩子获得真正的自由自主的游戏体验。有学者建议把区域活动分为学习性区域活动和游戏性区域活动两类（黄瑾），值得借鉴。

3. 性别观：存在着男女性别性格的刻板印象

关于教师对男孩和女孩的不同看法，洪老师认为很多老师喜欢乖巧的女孩子，而她则喜欢聪明的孩子。可见，教师们也存在着男女性别性格的刻板印象。

老师会认为女孩子比较乖巧吧，更愿意接受女孩子，假使说可以让老师选择的话。可能是我们女性所擅长的那些东西更好去带这些女孩子，带男孩子可能没优势对不对？还有一个，男孩子在语言表达能力这一块的，包括在动手能力这一块相对来讲都会弱一些；女孩子在表现性这一方面更强。六一的文艺汇演，主持人肯定是女孩子讲得比男孩子更好一点，在没有任何训练的情况下；还有一个就是舞蹈，肯定是女孩子跳得比男孩子更好一些；日常生活常规的遵守各方面，老师可能会更喜欢女孩子一些。感觉整体来讲，女孩子会更符合他们的出成绩的要求。

不过，我以前在一线的时候，并不是喜欢那种乖孩子，我更欣赏那种聪明的孩子，反应比较快，然后可能有一定的领导能力。聪明程度现在是讲女孩子小学的时候比较聪明，那中学就慢慢的没了，整个社会来讲还是会认为男孩聪明一些。有一个同事说她愿意第一胎生男孩子，如果第一胎生女孩子压力会很大，就说明她还是比较介意这个。

4. 人生目标：过一种有品质的生活

洪老师所认同的高品质的生活包含了工作幸福、家庭美满和自我成长三方面的含义。她的"让每个人成就更好的自己"的理念符合世界潮流的教育理念，也体现终身学习、终身发展的理念。

我喜欢过一种有品质的生活。高品质的生活意味着，首先你要对自己的工作感兴趣，就是在工作当中找到你觉得有意义的，值得为之奋斗的那个点；然后要平衡好工作和家庭的关系，在家庭当中要有一个比较和谐平顺的关系，比如说夫妻关系、亲子关系；同时也要有一点自己的独处的时间吧，因为这个时间可以用于自己的发展、自己的兴趣呀，或者是自我学习呀。我好像蛮享受工作的这种乐趣。首先你干一行最好要爱一行，你不爱上它的话，要你天天做这个，很痛苦。其实孩子也好，老师也好，家长也好，包括我们生活中接触的人也好，我有一个想法就是说"让每个人成就更好的自己"。具体到教职员工的话，希望他的生活更有品位和格调；对孩子的话为他的一生打好基础，为他的一生发展打好基础，让他以后有更多的可能性；家长的话，通过亲子的互动，通过我们幼儿园的理念的传递，可以让他的家庭更和谐。我希望教职员工能够幸福地工作和生活，但是我慢慢地能够接受，不是所有的人都跟你是一个样的，首先你要让他爱上这份工作。作为领导，我肯定会去影响他们，在这个过程中，最好是你以身作则。我感觉园长的个人魅力也好，或者说个人形象，其实对教职员工，对整个幼儿园教师的精神状态的影响还是很大的。团队要有"正能量"，有积极的团队理念，在一个正能量的环境下你更容易投入进去。但是，我又意识到它有个过程。如果你一直给人家太大的压力的话，会不会影响到他的那种幸福感呢？我们布置给他的每一件事情，最好都是让他努力一下能够做到。同时，事业不能以牺牲健康为代价，市示范性幼儿园评估之后，我感觉对身体的透支不是一个长久之计，因为你如果想要取得更大的成就，一个健康的身体是很重要的。其次，要有幸福美满的家庭。我现在已经慢慢在调节了，尽量拥有更高效的学习和工作环境，慢慢找到一个最合适的生活节奏，工作方面能够顾及，家人也要比较幸福美满。如果你的家庭不幸福的话，你的事业也会受影响，我觉得这是相辅相成的。工作尽量在幼儿园里完成，在周一到周五完成，没有什么突发事件，周六周日尽量不把工作带回家。我也是这样跟我们老师说，做事要有效率，不要搞得很忙，搞得家里人都有意见。要趁现在找到一种工作最有效率的方法，用最少的时间，达到最优的效果，这样子成家以后才不会很累。

5. 生活的意义：付出的时候已经得到了

洪老师能够辩证地看待付出和得到的关系，人生的意义就在不断付出的成长之中。

我愿意凡事做到100分，不会特别情绪低落，比较不喜欢那种悲观的想法。偶尔也会迷茫，会想我们人类存在的意义或者你自己个人存在的意义是什么，我们为什么会来到这个世上。后来我认为，既然已经存在了嘛，就有你存在的意义，你就要过好日子。尽量过一种有品位的生活吧，不用说得特别高大上，也不要一点追求都没有。

我们要有一种共赢的理念。你应该带给别人一些东西，自然而然别人也会带东西给你。之前曾经有一位同事问我，她想要争取幼儿园的领导职务，问我她去争取有没有可能。我说你这想法错了，你要先去做，先去付出，而且你不用想我付出的时候能不能得到这个利益。你要明白在你付出的同时，其实你已经得到了，在这个过程当中你自然而然发现你成长了，我是倾向于这样子的。当你在付出的时候，可能别人认为你在吃亏啊，认为你怎么那么傻啊。以前就有好几个人跟我讲，我特别傻，做了很多事情，做着做着，所有功劳都是领导的。其实我内心深处说，当我做这些事情的时候，我得到的专业成长谁也拿不走啊。作为领导，幼儿园不管哪方面的成绩，当然她都是有功劳的啊。我比较喜欢把蛋糕做大，这个蛋糕越来越大，所有人都有，就是一种共赢嘛。这个理念是我同学带给我的，她在IBM那个跨国电脑公司里面做，她很早之前就跟我讲，有些人老想着要分蛋糕，就不想把蛋糕做大，这样的理念不对。

6. 未来的规划：工作、家庭和个人三者同步发展

雪英老师喜欢做一个有目标、有准备的人，一直向前走，而不要原地停止不动。她在工作、家庭和个人方面均有规划，如她对幼儿园发展规划主要是几年内创建示范性幼儿园和园本课程建设两方面。她希望当园长之后不要因为忙于管理而荒废了业务，她希望自己仍然做一个专业人；希望在家庭做贤妻良母，用健康的生活影响家人和孩子。

幼儿园发展规划：创建示范园

我觉得受老爸的影响吧，相对而言，如果是对集体的东西，我好像更有责任感一点。我们幼儿园三年工作规划已经定了，今年就是要评县级，明年要评市级。这个我自己本身不允许失败。既然已经定了，那无论如何我要做到。在工作方面我应该属于那种计划性比较强的。原计划里面的每一件事情，我们都是按照计划来推的。除非是那种我们自己控制不了、掌控不了的事情。现在新园创建，会花比较多精力在管理这块，需要一些对外的联系，包括对上级领导

部门的一些协调沟通啊，或者是包括跟社区这方面的。因为作为园长，有点像是幼儿园的形象代言人。也希望如果六月份我们县级示范性幼儿园评估能够过的话，幼儿园的常规工作上轨道之后，想花更多时间在幼儿园的园本课程的创设方面。希望自己有一定的思路，这一块能够做好一点，肯定从课题啊、课程啊这块创建来下手，同时我自己在业务这方面也可以回来。总感觉时间很宝贵，因为如果六月份弄好的话，我九月份就可以开始我们园本课程的一些研讨，这个过程当中对老师的专业水平、专业能力的促进也会很大。整个幼儿园也会有一些自己的东西出来。我在专业这块也会有一个继续往前的契机吧。看明年能不能很顺利地申报市级示范性幼儿园。我们如果明年市级评过之后呢，领导可能想让我们评省级。但是省级呢，我自己是一点信心都没有。反正到时候如果是政治任务，肯定也得接。如果是我自己个人的话，我是很希望说能再给我们两年的时间来积淀一下。差不多到第五年看我们能不能来评省级。

家庭发展规划：做贤妻良母

我觉得女的也好，男的也好，先把你的工作做好，先把你的日子过好，就是对别人好。先做好你自己，你先自己成为一个积极向上的，有正能量的你，你自己先幸福起来，然后你才有可能让你整个家庭幸福起来。自己在这个过程当中要不断地充电，要不断地用一种比较积极健康的生活方式去影响家庭里面的人，影响自己的孩子，影响自己的另一半。每个人都做好自己。好丈夫跟好父亲应该要有家庭责任感，如果说父亲好吃懒做，那肯定是不行。像孩子把自己的学习做好，对父母就是相当大的一个好，你的学习成绩不好了父母多操心呀。贤妻良母不是要把老公伺候好，孩子伺候好，更多的是一种健康的生活方式，一种影响吧。现在越来越理解"家有贤妻，如获至宝"。身边看到一些老婆打麻将，打到孩子都不管，饭什么的都是孩子煮呀，孩子学习就更不用说，你可能一眼就可以看到他们家以后的发展是什么样子的。母亲真的是非常重要，因为她的素养决定了整个家庭的格调，整个家庭的生活品质，甚至决定了整个家庭的走向。家里一般是女性在做主，如果她有办法形成一种比较正面的积极向上的氛围，那整个家庭就一直都是在往上走，如果说这个母亲是失职的，作为妻子她不怎么称职的话，那整个家庭是要散掉的，就没有可持续性发展的可能性，她相当于是家庭的掌舵人嘛。

个人发展规划：有追求、有准备的人生

我希望自己是一个人格比较独立，事业比较成功的人，自己的人生能够有一定目标，能够给孩子一个比较好的榜样，让女儿能够从我身上看到，一个比较有追求的人生是什么样的。

1998—2005 年之间一直无人监管，甚至连教案都可以不用写，你如果懒的话可以很轻松，但是我们习惯很好。当时身边有一批一样年轻有志气的人，大家自发地去追求专业方面的东西，我很幸运我们没有在那一段落下来。我们县里其他一些幼儿园就在那时候垮下来，因为没有人管。从这个角度来说，我们很幸运。当时赤湖幼儿园连续三届分配来的幼师生一共就十几个人，年纪相近，比较志同道合，虽然没人管你，没人要求你，但我们能够自己要求自己，自己管自己。当我们自己把幼儿园提升起来的时候，看能不能发挥我们幼儿园的示范作用。我自己本身也希望说能够有一定的发挥，到时候看能不能成为评估示范园评估组的成员，能不能有机会加到名师工作室当中去。还有不妨把评正高当作一个目标，自己以前的目标是说我们年度考核表里面尽量每一格都不空，有研究、有论文、有得奖。目前想做搬迁幼儿园的家长学校的建设、孩子良好习惯的培养方面的研究。当然我不会刻意要求说达到一个什么样的高度。我更倾向于有一个目标，然后再默默地做准备。个人方面一直都相对比较糊涂

一些。包括这次到这边来当园长，也是领导给我打电话。一般来讲，你先努力了，那你总比别人有更多的机会。如果你不努力的话，哪怕机会摆在你面前，你也抓不住。

四、研究结论与思考

（一）洪老师精神生活小结

1. 心理生活

洪老师希望自己是一匹踏实的马、一棵成长中的树，会不断地成长，不断地完善。她自信、独立、好强，并认为自己的性格比较男性化。她在事业上取得了较大的成功，职业生活和家庭生活满意度都较高，对于女教师的地位也是满意的。

洪老师说自己是中性性格，准确地说应该是双性性格。传统的中性形象是去（女）性别化之后的"男性化"，通常表现为去除女性性别气质的"假扮"，如"木兰从军"故事。洪老师的性格其实兼具男女两性的性别气质与性别吸引力，既有独立自主的一面，也有柔情、细心的一面，更符合心理学家所定义的双性性格特征。美国心理学家桑德拉·贝姆（Sandra Bem）1974 年设计了第一个测量双性化特质的心理量表——贝姆性别角色度量表（Bem Sex Role Inventory），她把人的性度分为四种：双性化人格、男性化人格、女性化人格以及中性化（不典型）人格。中性化个体在性别角色表现中，男女性别成份都不高，它可能导向抹杀性别差异的发展；双性化是指一个人兼有男性化与女性化的气质，双性化者是在保留本性别固有特征的基础上，综合了异性优秀特征。众多研究表明，双性化者兼有男性和女性较为优良的品质，往往具有更强的社会适应能力。

从她的个案我们也可以发现，她在养育孩子期间一度疲于应付，两者的兼顾往往要以透支健康为代价，但她却越来越认同女性应该在家庭幸福与事业成功之间取得平衡，家庭角色的完美与社会职业的成功对很多职业女性尤其是农村职业女性来讲是一个矛盾，是一个难以达成的目标，反映出现代职业女性在"双重负担"或"双重标准"下的生存压力。

2. 文化生活

朱家雄教授所倡导的"教育活动连续体"上的多种类型都可以在洪老师幼儿园的一日课程实践中看到，领域活动、主题活动和区域活动（含三大游戏）能够优化组合在一起。她和同事们在合作进行课题研究的过程中，凭着专业敏感和热情利用家乡大葱、地瓜等自然与历史名人等人文资源的创造性设计教育活动，创编闽南童谣等，实现了对本土文化的传承与创新，并通过与电视台合作录制园本课程的节目提升了幼儿园的知名度及教师的社会地位。可以说，女性一旦经过了养育孩子最辛苦的时期，给她们机会，她们在专业发展上就有可能突飞猛进。

进入 21 世纪以来，国家对农村幼儿园教师的素质要求日益提升，创建各级示范园成为农村幼儿园文化生活的中心，日常的教研、培训、课题研究活动都是根据评估的要求来开展，为将来的评估做准备。洪老师除了能够频繁地参与省内的培训外，她通过自己的创新性活动设计与撰写论文等方式还争取到一些参加全国性学术会议的机会，更好地提升了自己的理论素养，如，认识到农村幼儿园可以通过不同结构化程度的教育活动的优化组合做出特色，幼儿园的文化建设要基于本园的幼儿和社区的实际。当前达到市级示范性幼儿园水平及以上的农村园所各类专业文化资源和休闲文化资源都很丰富，专业杂志应有尽有。

但从她的个案我们也发现一些值得关注的现象：年轻教师们对园所的传统的文化资源利用率不高。在专业学习方面，而更多选择了微信公众号等电子传媒以及碎片化的手机阅读方式，较少选择纸质版的专业杂志；在文化娱乐方面也更多利用手机的电子娱乐软件，较少使用园内丰富的健身资源。

3. 心灵生活

洪老师的人生目标是过一种有品质的生活，她所追求的高品质的生活包含了工作幸福、家庭美满和自我成长三方面的含义，包括热爱自己的职业，和谐家庭人际关系，自我成长的独处时间和空间等，向我们展示出新时代农村幼儿园教师对高品质精神生活的需求。

但我们同时也发现，包括洪老师在内的农村幼儿园教师仍然存在着男女性别性格、智力与能力、劳动分工等方面的刻板印象。

（二）洪老师精神生活状态原因分析

1. 时代背景：国家政策、社会价值取向

第一，这个时代国家重视农村学前教育的好政策为农村幼儿园教师提高精神生活质量创造了平台（用洪老师自己的话说就是提供了机会）。洪老师当园长则得益于"国十条"的颁布推动了公办乡镇中心幼儿园的大力发展。正如洪老师所说："如果说没有示范园的创建、没有'国十条''学前三年计划'，你可能没有这样子的平台。所以我应该是学前教育春风来临的一个首先的沐浴者或者说受益者吧。"重视农村幼儿园示范园建设、重视教师的学习与研究得益于我国学前教育法制化的发展，1989 年颁布的《幼儿园工作规程（试行）》，要求幼儿园建立"教育研究"制度，"参加业务学习和幼儿教育研究活动"是教师主要职责之一，同年颁布的《幼儿园管理条例》首次以法规的形式，提出各级教育行政部门要开展对于学前教育的各项评估工作，担负起"监督、评估和指导幼儿园的保育、教育工作，组织培训幼儿园的师资，强化学前教师的专业化要求"。（中国学前教育研究会，1999：294，298，302）2001 年国务院颁

发的《关于基础教育改革与发展的决定》指出要"加强乡（镇）中心幼儿园的建设并发挥其对村办幼儿园（班）的指导作用"。同年 7 月，《教育部关于印发〈幼儿园教育指导纲要（试行）〉的通知》指出，要认真组织幼儿园园长和教师学习和理解《纲要》，进一步更新教育观念，提高教育技能。2003 年教育部等十个部委颁布《关于幼儿教育改革与发展的指导意见》指出"地方各级人民政府要合理布局，有计划地推动示范性幼儿园建设……形成以省、地、县、乡各级示范性幼儿园为中心，覆盖各级各类幼儿园的指导和服务网络。……确保其发挥示范作用，带动本地区幼儿教育事业的整体发展和教育质量的提高"。2010 年 5 月，《国家中长期教育改革和发展规划纲要（2010—2020 年）》把"对农村幼儿园园长和骨干教师进行培训"作为重大项目和改革试点的任务之一。同年 11 月，《国务院关于当前发展学前教育的若干意见》提出"国家实施推进农村学前教育项目"。2011 年发布《教育部 财政部关于实施幼儿教师国家级培训计划的通知》提出"加强农村幼儿教师队伍建设，提高农村幼儿教师素质"，主要设置"短期集中培训""转岗教师培训""骨干教师置换脱产研修"三种培训项目。2012 年教育部关于印发《3~6 岁儿童学习与发展指南》的通知指出"开展全员培训"，"要特别重视《指南》在农村幼儿园的贯彻落实工作"。

第二，国家虽然出台了关于男女平等的政策，但关于男女性别差异的刻板印象仍然普遍存在。男统女从、男主女顺的两性关系在中国文化最早的经典著作《周易》[230]中就被确定了下来。男尊女卑的思想始于《周易》的乾坤、阴阳说[231]，两性观念的哲学基础就是《周易》及它演化后的《易传》。我国古代男子十岁外出读书学本领，为将来修身、齐家、治国、平天下做准备，至三十岁始理男事。女子则十岁不再出门，只是在家学习桑蚕、酒食之事，为将来嫁到婆家服侍丈夫公婆做准备。[232]这样的传统性别文化认为男女的社会劳动分工是"男主外、女主内"，其中，"外"指社会角色、公共事务、职业劳动，"内"指家庭角色、家庭事务或家务劳动（家庭成员在家庭内部为满足本家庭成员的精神生活和物质生活需要而进行的劳动）。[233]"男主外、女主内"的传统观念属于在家庭事务分工和职业分工方面的性别刻板印象。"刻板印象"（stereotypes）最早由瓦尔特·利普曼（Walter Lippmann）提出，以描述人们的认知受特定文化限制而出现的凝固化、同质化特征。性别刻板印象又称为"性别陈规""性别角色定型"，有时候称为"性别偏见"。它是针对不同的性别群体的简单概括表征，常常表现为人们对男性或女性角色特征固定的、僵化的看法。[234]整个世界无论东方还是西方都存在着性别刻板印象的问题。婚姻在我国传统的家族文化中是延续家族的手段，儒家的传宗接代思想强调"上以继宗庙，下以传后世"，很多乡村把女性作为"继香火"的工具使得家庭环境和社会环境对女孩成长尤为不利，传统观念认为女人重要的使命是成家生孩子，家长对她们往往没有较高的教育期待，往往被夺去了受教育以及自我实现的机会，影响了个人的充分发展。洪老师的婆婆和老公都有"继香火"的愿望，本来她一直不想生，2019 年 1 月 8 日与她联系时，意外得知她二胎快要生了，即将休产假。可见传统观念是一张无处不在的网，最终我们都被网在里面。布迪厄称之为"惯习"，福柯称之为"社会凝视"，哪怕是很有能力的现代女性也往往在有意无意之中被传统观念所"规训"。其他研究也发现，乡村教师受传统的性别刻板观念的影响，当她们面临家庭与事业的冲突时，往往选择以家庭为重，她们既被"过去"规定，又被"现代"塑造，思想的传统性与现代性并存。[235]乡村女教师无法彻底摆脱传统婚姻家庭观念的束缚，妻子、母亲等角色在她们的体内也打下了深深的烙印，使得她们在家庭中很难抽离。[236]又如，女性无论能力如何都很难晋升到组织高层，组织似乎设下了一层无形的障碍，这种现象叫作"职业性别隔离"，这种障碍是整个中国的国情。与男性相比，女性职业发展与升迁机会往往被扼杀在母性身份和从属地位的窠臼中。女性即使成为女强人，也很容易遭到人们的排斥和贬低。其他调查也发现，农村学校的决策群与领导者以男性为主，农村女教师要达到与男教师相同的专业发展和升迁水平，需要付出更多的努力，乡村中小学女教师更多是乡村学校的边缘群体。[237]

2. 生活空间：福建省及闽南地区、幼师学校

第一，福建省农村幼儿园教师精神生活质量提升得益于省政府对国家政策的落实。如 2003 年《福建省幼儿教育改革与发展指导意见》规定"乡（镇）示范性幼儿园由县级教育局确认"。同年，福建省教育厅即印发了《福建省优质幼儿园评定办法（试行）》和相应的标准，后于 2008 年重新颁布《福建省示范性幼儿园评估办法（试行）》和《福建省示范性幼儿园评估标准（试行）》。1998 年制定、2008 年和 2010 年两次修订了《福建省乡（镇）街道中心幼儿园评定标准》。某县教师进修学校教研员回忆：2006—2007 年全县首次开展"县优质幼儿园"评定工作，公办民办幼儿园符合申报条件的一共有 42 所，严格依据省里的评定标准，通过听取汇报、实地观察、查阅档案、抽样测试、问卷调查等形式，一共有 21 所幼儿园被授予（或评为）"××县优质幼儿园"，并由县教育部门授予牌匾。洪老师 2006 年事业上台阶，能够当上副园长，是因为 2006 年开始的县级示范性幼儿园的评估要求幼儿园"定编定员"，要设副园长 1~2 人。示范园的创建等推动了农村园所的课程研究、课题研究和职后培训的大力发展。比如，评估要求教师"积极参加教育教学改革和课题研究，每位教师每学年均有园级以上的专题研究成果"，"幼儿园教育教学改革的经验和研究成果在省级以上刊物交流、发表或获奖"。

第二，生活空间对人的性别刻板印象的塑造。调查表明，福建省内，父母在家庭教育资源的配置/投资上，大多优先考虑男性，女性常因家庭原因而非个人原因失学/辍学，家境差或家里需要劳动力是导致妇女失学/辍学的第

一原因。福建籍父母对女儿义务教育的重视程度低于全国。1990 年有 65.4%
的福建妇女因为家境差或父母不让上而失学／辍学。2000 年相应的比例为
63.8%。福建籍妇女失学或不能继续升学，尤其是未能继续升入初中就学的原
因，十年内非常相似，说明人们忽视女童教育的思想观念一直没有变化。调查
也发现，闽南妇女的社会地位直至今天仍大大低于闽西妇女。[238] 福建省性别
隔离情况可能较全国更甚，数据表明，福建妇女的自信心和独立性低于全国
妇女平均水平，性别观念与全国妇女平均水平相比更倾向于传统（王金玲等，
2016 ）。与男性相比，福建省女性担任职务明显偏低 [239]，担任过科级、股级的
女性合计仅为受访者的 10%[240]。洪老师能够顺利升到股级，主要得益于幼教以
女性为主体，没有男教师可以选拔。

　　学校教育是一种彻底的制度化力量，学校教育已经成了一个对人进行加
工，使其适应于早就计划好的世界的有计划过程。[241] 学校是人的性别社会化
的重要场所，在人的性别社会化过程中扮演着重要的角色。男学生女学生在学
校扮演的角色及他们不同的身份、地位，以及人们对待他们的态度与方式体现
了学校、社会对性别的理解。研究也表明，教师对于男女生喜欢的侧重点亦存
在差异。喜欢乖巧懂事，顺从教师意愿，行为举止不大出格，能力强且可成为
教师小帮手的女孩子；男孩子则喜欢比较聪明的，即便较好动，表面批评但内
心是喜欢关爱。教师的潜在性别意识影响教学行为，进而通过课堂机会的差异
给予，如教学活动中的角色分配，以及通过教师自身性别意识对课堂中男女生
关注侧重点差异，再次强化了男女生既有的性格性别差异。[242] 幼儿师范学校
因为以女生为主体，往往以传统女性的形象来要求学生。"身体本身是被文化
塑造的"，"身体之所以可以强有力地反映文化，并成为社会控制的中心，是因
为身体可以无穷无尽地被操纵——重新塑造、设计与改建，可以灵活地变迁，
以符合时下的风尚与价值。"[243] 幼师学校的"规训"是成功塑造女教师的社会

文化机器，对传统的性别文化的再生产起到十分关键的作用。"假小子"的性别角色是偏离传统女性柔、顺、静等的形象，经过幼师学校的学习，雪英老师慢慢回归"淑女"的角色形象。规训（discipline）既有"学科"的意思，也有纪律、训练、训诫等含义，福柯用它指近代产生的一种特殊的权力技术，规范化是这种技术的核心特征。他指出，现代"规训"技术在以一种高度个性化的方式轮流隔离和注视每一个个体的同时，也建构了个体的认同，生产出"驯服的身体"，让他们服从于同样标准化的程序，而个人也在对这些标准化话语的认同中建构了自己的主体性。[244]

3. 人际关系：原生家庭、伙伴关系、婚后家庭

童年是自我主体的根基，成年是童年的延续，是主体成长的内在动力源，是主体确立自我意识和实践自我价值的重要象征。[245]弗洛伊德指出："童年的影响力远比遗传的力量容易了解，也更值得我们去致力寻索。"[246]童年记忆会沉淀为人初始的文化心理性格，形成一种"集体无意识"，铸造主体的文化性格。如《我们中的一个》中的克劳德·惠勒和埃内斯特·哈韦尔因为固守着完全不同的童年记忆而形成了截然相反的性格特征：前者忧郁孤僻，后者豁达开朗。[247]自传体记忆（autobiographical memory）是一种在特定文化背景中伴随个体的持久经验，这种经验对个体的自我、情感以及个人经历具有重要意义。[248]有研究表明，最早记忆的事件主题在心理弹性的自强维度上主效应显著；最早记忆中的事件主题与印象深刻程度可在一定程度上共同预测个体当前的人格特质。[249]一般认为，童年经历包括以下范畴：亲子沟通、父母的教养方式、父母行为、家庭经济状况、学校教育、师生关系、同伴关系、邻里关系等。童年经历影响人的能力发展、性格形成、价值观、自尊与自卑心理、社会化和道德观念的演化等。具体到洪老师的因素主要有以下几个方面。

第一，原生家庭的影响

父母为子女提供了模仿和学习的机会，童年时期的耳濡目染对子女的性别角色认同无疑还是有着潜移默化的影响。洪老师对于父母言行举止印象十分深刻，对于童年的回忆中反复讲到"我爸我妈对我影响很大"，她说自己能够取得一点成就主要还是受家里人的影响，"就像我老爸那种农民比较质朴的一种负责任的态度，他要求你做什么事情，要给人家做好"。20世纪60年代，大卫·林（David Lynn）和沃尔特·米歇尔（Walter Michel）提出的性别同一性发展的理论指出，性别同一性是通过观察、模仿和强化作用而将特定的社会角色特点内化而形成的。[250] 洪老师受母亲的影响发展了对女性的性别同一性认同，继承了母亲吃苦耐劳、乐观向上的品格，也继承了父亲的不服输、服从大局等思想和精神，有一定的男性的坚毅的性格。且研究表明，在孩子的性别角色及发展中，父亲角色远比母亲角色更具有决定性；在家庭教育方式的四种类型民主型、专制型、溺爱型和放任型中，民主型家庭的孩子更有自信心，更具独立性，性格比较乐观，待人亲和，能与人较好合作，有进取精神，能较好地控制自己的行为（Langlois and Down，1980）。洪老师的爷爷和父亲都在外工作，相对比较开明，而且她的童年生活中父亲并没有缺席，父爱一直伴随。洪老师报考幼师没有跟父母商量，但父亲仍然尽力支持她的选择，对她面试成功起到了关键性的作用，说明她的家庭教育是民主的，是尊重孩子的意愿的。同时，家庭经济收入对农村女性的教育水平产生影响。[251] 此外，童年的原生家庭经历让洪老师种下了要做职业女性不做家庭妇女的愿望之树，但她父母的分工属于比较典型的传统"男主外，女主内"模式，无疑对她后来的性别刻板印象产生了潜移默化的影响。

第二，同伴关系的影响

同伴关系是帮助儿童形成和发展个性特点、社会行为、价值观和态度的一种独特而主要的方式。儿童的社交地位和同伴关系对儿童将来的社会适应性具有重要而深远的意义，包括她童年时期的性别认同及性格特征，进而影响到成年后能力与价值观的形成。童年时期她是在男女儿童中都受欢迎的孩子，后来因为班里女生少，她交往的同伴以男性为主，可能进一步强化双性性格。

4. 学习与工作两方面的自身努力与她的良好地位的获得紧密相关

女性地位（社会地位和家庭地位）既是一种文化结构，同时也是一种权力结构，它们决定于男性和女性在相对资源禀赋结构中的位置，亦即相对资源禀赋的性别结构，包括资源获得和控制能力的性别差异以及资源实际拥有的性别差异。同时社会地位和家庭地位存在着密切的关系。洪老师在家庭中平等地位的争取以及在社会地位方面的提升与其个人拥有的各种资源分不开。布迪厄把人拥有的各种资源分成三种基本的类型，即包括金钱和物质的经济资本，包括知识、技能、文凭、风格、语言方式和行为方式等的文化资本，及包括地位关系和群体联系等的社会资本。[252] 洪老师是一个能够自我要求、自我激励的人，她童年能够一直读书成为当地的乡村女孩中的例外，这与她成绩一直很好分不开。成年后她对于自己的文化资本的积累一直很重视，爱学习，爱写作，早早地就评到高级职称（相当于高校的副高），这也使她所获得的经济资本大大提升，可能也为后来社会资本的提升奠定了基础，从而也提升了她的家庭地位。第三期中国妇女社会地位调查数据也表明，与配偶相比较，已婚妇女自身的教育程度、收入水平和职业发展状况（职业级别与声望）的提高都有利于女性家庭地位的改善和平等感受的提升。[253] 总之，这个时代为农村幼儿园教师的专业成长创造了机遇，能否抓住机遇就取决于个人的努力。

（三）提升农村幼儿园教师精神生活质量的思考

1. 关注农村女教师的双重负担问题

传统社会中女性只要做好贤妻良母，现代女性则除了做贤妻良母外还要做好自己的社会工作。现代优秀女性所面临的"双重负担"或"双重标准"问题已经成为不争的事实。而社会对于男性永远只有一个标准。2010 年的调查表明，60%~80% 的女性一生中最重要的事情首先是拥有一个幸福的家庭。而男人最重要的事情还是拥有一个成功的人生。中国女性本质上还是传统的女性。[254]有研究认为，东北地区的农村女教师仍然生活在夫权和族权（以婆婆的权力为代表）的压迫之下，既要完成教师的工作，又要完成与普通农村妇女一样的家务劳动与农业劳动。（李长娟）近十年的调查呈现出一种矛盾：一方面是女性的自主意识在逐年提高，一方面是传统思想始终占领家庭领域。[255]农村女教师面临较为严重的工作家庭冲突，具体表现在有限时间与多重身份的矛盾、职业周期与家庭生命周期的矛盾、归属需要与自我实现需要的矛盾等几个方面。[256]第三章也谈到中国"职业女性可能是当今社会中最缺乏休闲时间的一个群体"，做一个家庭与事业都成功的女性往往需要以透支健康为代价。国家有必要采取措施改变这一状况，提升职业女性的生活幸福指数。如提高社会整体文明程度，改变对男女两性角色的性别刻板模式所造成的双重社会认同尺度和双重道德标准；延长带薪产假的时间，增加养育假；改变家庭内部责任的分配，减少女教师业余时间加班的任务等。

2. 加强两性平等教育与提高农村幼儿教师社会地位相结合

二元对立的性别观念在传统社会可能是适合的，但随着人类社会从传统进入现代，从农耕文明向工业化大生产时代迈进，男性逐渐丧失了在农耕时代的体力需求优势，女性也有机会接受教育，参与到社会生产中来，而社会上依然认同男性必须强于女性，必须是家庭的经济支柱。这种观念不仅使那些不能完全符合性别规范的男性处于不利地位，也束缚了女性自由发展的可能[257]，其他研究也表明这种观点具有一定的普遍性。[258]这种社会文化因素所造成的性别心理差异，往往使人的个性（无论男性还是女性）不能得到充分的发展和解放。对13个"特岗计划"实施省/区5966名特岗教师的大型网络抽样调查发现，特岗教师女性化趋势日益显著，农村籍女大学生已经成为乡村教师的主体，表征了乡村教师女性化的未来趋势，未来男教师将进一步减少。[259]改革开放以来，农村教师社会地位有改善，但未有实质性提升。[260]有必要切实提高农村教师的地位及收入和待遇，增强农村教师职业对男性的吸引力；加强两性平等教育，让两性都能够自由发展。

3. 培养兼有男性和女性优良品质的双性化人格的农村幼儿园教师

国际上主张"无性别教育""消除教育中的性别刻板模式""培养学生双性化人格"的全新教育思想。[261]我国也有众多学者倡导不论是男孩还是女孩，都应在发挥自己性别优势的基础上，注意向异性学习，也就是女孩在保持温柔、细心的优势的同时增强独立自主，男孩在保持独立意识的同时增强温柔和细心，实现尊重自然性别特征前提下的男女平等发展。[262]有研究者竭力倡导实施双性化教育的途径，例如，鼓励积极的跨性别交流，管理儿童既要"因性施教"又要注意不要"因性有别"[263]。双性性格的农村女教师可能具有更好的心理弹性以适应农村的生活环境，也具有更强的能力在农村的环境中争取男女平等。此外，每个农村幼儿园教师也需要通过持续的自身努力提升自我的精神生活品质。正如李小江教授所说，中华人民共和国的成立为妇女解放扫清了许多社会障碍，但真正的解放必须靠自己努力，从每个女人自己做起。[264]

最后让我以一首诗来结束本章。

只要有一个女人[265]

南希·史密斯

只要有一个女人

觉得自己坚强

因而讨厌柔弱的伪装

定有一个男人

意识到自己也有脆弱的地方

只要有一个女人

讨厌扮演幼稚无知的小姑娘

定有一个男人

想摆脱无所不晓的高期望

只要有一个女人

讨厌情绪化女人的定型

定有一个男人

想可以自由地哭泣和表现柔情

只要有一个女人

觉得自己为儿女所累

定有一个男人

没有享受为人之父的全部滋味

只要有一个女人

得不到有意义的工作和平等的薪金

定有一个男人

不得不担起对另一个人的全部责任

只要有一个女人

想弄懂汽车的构造而得不到帮助

定有一个男人

想享受烹饪的乐趣而得不到满足

只要有一个女人

向自身的解放迈进一步

定有一个男人

发现自己也更接近自由之路

下　篇

福建省农村幼儿园教师生存状态的现状考察

第四章 职前农村幼儿园教师生存状态

第一节 分散实习生存状态
——对幼师生实习日记的叙事研究

《幼儿园教育指导纲要（试行）》指出："教师在教育过程中应成为幼儿学习活动的支持者、合作者、引导者""关注并敏感地察觉幼儿在活动中的反应。当按计划的活动或提供的材料不能引起所期望的反应时，教师应主动反思，寻找原因，及时调整活动计划或教育行为，使之适合于幼儿学习"。这实际上是要求教师具有教育智慧，而教育智慧来源于教学经验，是通过对具体情境和教学事件的关注和反思而形成的实践能力。教育实习是使师范生形成教育智慧的重要途径。本节对实习生实习日记进行了研究，希望能够为改革高师学前专业的教育实习提供一些有价值的资料。

一、研究方法

1. 研究对象与内容

本研究的对象为我校学前教育专业 2004 级 87 名大专班实习生。2006 年，他们分散在不同城乡的 59 所幼儿园实习。研究内容为职前教师的实习生存状态，具体分为实习环境（重点研究实习指导）和专业实践两个方面。

2. 研究方法

本研究主要采用叙事研究的方法。本文中的叙事材料是指师范生的"实习日记"。写实习日记是我系实习任务的重要内容之一，但一般只是作为给予实习成绩的依据，很少有老师会去仔细阅读这些实习日记，往往更多的是看学生"有没有写日记"，而不是看学生"写的是什么或写得怎么样"。笔者采用随机抽样的方式抽取 30 本实习日记进行认真阅读，并做了 27000 多字的阅读笔记，从中有一些感想和发现，在此与大家分享。

二、分教实习学生实习的故事

学生实习回来，私下里与之交流，问战果如何，结果众说不一。有的说受益匪浅，有的却黯然神伤，决定改行了……为什么差异如此之大？我们来看实习日记中讲述的故事（省略了日记的日期与作者，不同日期或不同作者的日记用"/"隔开，少数地方用化名标明了日记作者）。

叙事 1　实习生笔下的指导老师

（一）教师的生存环境

环境（包括物质环境和精神环境两方面）是幼儿园的隐性课程，不仅影响着幼儿的成长，也对教师（包括实习生）产生潜移默化的影响。实习生笔下的幼儿园，物质环境迥异，同时，教师的精神状态的巨大差异也反映出幼儿园不同的心理氛围，有带给教师灵感的宽松的心理环境，有阻碍教师创造性的高压的心理环境，有让教师懒散马虎的放任的心理环境。

物质环境的对比——"齐全"与"简陋"

节选日记一：整个房间分为五个小间，教室、寝室、男女卫生间，另洗手与喝水一间，放置书包与拖鞋一间，设施齐全，班级都有钢琴、电视机、录音机、扩音器等，有两教两保。环境优美、清静，空气新鲜，远离市区，空间宽大。

节选日记二：第一次进入幼儿园，印象不佳。场地是租的，就二楼一个办公室，三楼才是教室。幼儿园因资金问题很多内容都不能直观地呈现给幼儿，所有的课基本上是讲解，此外就是看住孩子。

教师精神状态的差异

拥有"灵感"的教师

节选日记三：……听课时我努力捕捉着指导老师上课时的那份灵感，偶尔被她那滑稽的说话逗得我咯咯直笑。她上表演游戏课《拔萝卜》。讲故事后，叫孩子来扮演故事中的人物。被叫到的孩子太兴奋啦，模仿的动作也特到位，尤其是到最后哗地向后倾倒，"萝卜拔起来了！"那阵欢呼、雀跃，使全班小朋友兴趣到了极点。自由组合的角色扮演开始了，小朋友自行挑选头饰扮演他们喜欢的角色，我和指导老师也参与了其中，歌声、吆喝声、笑声……响成一片，好一幅师幼同乐图啊！

习惯了"被骂"的教师

节选日记四：节目还没排好，估计周五要挨批了。另外一个老师说："反正天天被骂，皮也厚了。也没什么啊！"园长要求节目创新，却又不提供表演服装等支持。/为迎接上面的检查加班到夜里1点多，做了很多东西，园长还说不够多，尽量做更多，把我们几个老师都折腾个半死。

"数倒计时"的教师

节选日记五：明天放假，今天老师也没心思上课，时不时看着墙上的钟数着倒计时。每次年段教研，老师都说这周没什么好讲的，没什么内容，然后随便讨论点什么。

（二）指导教师与儿童

实习日记记录了两类指导老师。第一类指导老师组织学习活动能够从幼儿的兴趣与需要出发，重视游戏活动的组织，能够给幼儿自由自主活动的时间和空间，并尽可能使儿童在亲历中获得真实的经验。他们大多尊重幼儿的主体性，有的还能不断解决工作中的问题，进行反思性教学。在生活上他们往往也能关心爱护幼儿，在幼儿摔倒时能够认真检查，关怀爱护。当幼儿犯错误时能采取有助于幼儿反省的教育方式，如对打人的幼儿采取孤立，让大家不理他。第二类指导老师组织学习活动基本不关注儿童的兴趣与需要，教材中心比较严重，老师教完书上的内容了事。有的还对幼儿进行小学化的考试。在日常生活中，对幼儿不关心，在幼儿犯错误时往往采取有损幼儿尊严与身体健康的惩罚，罚站是最普遍的，还有赶出教室、关进储藏室、不让吃点心、让幼儿蹲马步等行为，有时还会迁怒于幼儿。

让教育适合儿童

寻找孩子的兴趣点

节选日记六：幼儿园的科学课是特色之一，老师利用各种问题引导和启发孩子去思考和探索，让孩子在探索中发现问题并解决问题。在每一堂实验课中，老师都记录幼儿的所有语言，以寻找他们的兴趣点，并生成主题。（这所幼儿园还尽力创造条件给幼儿提供生活中学习的机会，如安全教育去消防教育馆现场模拟高层建筑物中火灾的逃生求救，幼小衔接教育去参观小学与小学生交流等。）

做孩子游戏的观察者

节选日记七：指导老师上体育游戏课《冰棒》，她在游戏中只是当一位观察者，但幼儿的游戏热情并未因此减退，反而更加有规则性。

为幼儿提供真实的经验

节选日记八：为组织认识昆虫的活动，指导老师提前十来天抓了毛毛虫、蜜蜂、蜗牛、青蛙、蝌蚪、蜘蛛等放在班上，让幼儿观察。

当幼儿犯错及发生意外时

节选日记九：一幼儿特皮，自由活动时打打这个，碰碰那个。老师来了，叫我们都不理他，他就不哭了。户外活动时老师特别注意孩子的安全，每个区域都有人看护，但有个小朋友反跪着滑，摔了下来，老师认真检查他的脚，还好有惊无险。

要儿童适应教师

节选日记十：听指导老师上 10 以内加法。老师问：我们昨天学了什么你们知道吗？幼儿异口同声地说：不知道。老师不知所措，但继续教她的新课，不管下面幼儿的反应。一讲完就让幼儿把本子拿出来，写下她说的那些题目，走出去了。全班幼儿开始大吵大闹。

当幼儿犯错及发生意外时

节选日记十一：下午吃点心时有小朋友又骂脏话，老师就把那几个小朋友的点心倒掉，把他们赶出教室，声音很大，全体幼儿吓到了，以致吃点心时没有一点声音。

有位老师来班上借 CD 片，匆忙跑出去，刚好一幼儿洗完手回来，幼儿被撞倒了，鼻梁破皮了。班上老师生气地警告小朋友以后不许跑（实际上是老师在跑）。

（三）指导老师与实习生

指导老师对实习生的态度迥异，有的指导水平高，对实习生耐心、热情，让实习生感到她们是"耐心"的、"可爱"的。她们指导时能侧重于如何引导儿童自主学习。有的对实习生基本上没有指导，让实习生感到她们是"冷漠"的、"让人害怕"的。她们偶尔的指导，也更多侧重于如何"管住"小朋友。这两类教师形成鲜明对比。

实习生对指导老师的评价

"耐心"与"可爱"

节选日记十二：第一次上课，指导老师对课做了十分详细的评价，让我对幼师这个职业有了另一番理解。/写了《各种各样的纸》的教案，指导老师做了指导，还做了示范教学。/我向指导老师交流了些体会，她是一位亲切又可爱的年轻老师，乐于把她的知识传授给别人，也是一位很谦虚的人，我欣赏她也钦佩她。

"冷漠"与"让人害怕"

节选日记十三：实习快结束，自己还没上几次课，指导老师也没叫我上。（即使）我上课，她也很少给我建议，也没教我写教案。只因为她不想上或是忙，请假才轮到我上课，结果没人听课，没人指导。/指导老师并不怎么指导，也没安排，想要我上就上，不然就让幼儿看电视。指导老师让我很害怕……

指导老师语录

"乱"是教师自身的原因

节选日记十四：你限制了幼儿的表演空间，都是由你来当导演，让幼儿当演员，你说怎么做就怎么做。如果让幼儿自导自演，充分发挥想象力大胆表演就不会如此乱了。/当一名真正的幼师不能只用学校里的知识，而要在教学中不断发现问题，不断解决问题，一步步提高自己的教学水平。/当班上很乱时不是孩子的问题，而是老师上课内容不生动，不吸引孩子，是老师自身的原因。

"凶"才能制得住孩子

节选日记十五：上课时还是要建立一点威信。/ 对付这些小朋友有时不能太好，有时可以惩罚一下最坏的小朋友，这样其他的小朋友就会害怕。

叙事 2　实习生笔下的自我

（一）实习教学经历

教学是实习生最关注的一项实习任务。在实习教学时，有的第一次试教即进入角色，被孩子们感染得忘了自我，有的几次下来已颇有心得，虽然境况不同，成功的原因却是一样的，即她们心中都有孩子。但也有不少学生的体验是"失败"的，有的到实习快要结束了还感叹"自己永远都不会进步"，有的虽然自认为能"成功地"组织活动，但这种成功是值得思考的，活动多半是"小学化"的、"成人化"的，如满足于"幼儿专心听"、把幼儿的作品分成等级、让幼儿配合老师，跟上老师的思路，这些与新课改强调老师要随时调整自己的教育计划来适应幼儿兴趣与需要是相反的。

"一种成功"

我被他们感染得忘了自我

节选日记十六：第一次开课，看到小朋友那一张张纯真可爱的小脸，我不那么紧张了，一堂课下来，我和小朋友们交流蛮好的，我的提问他们也争先恐后地回答，有的还答得出人意料的好。小孩子的思维很活跃，童真直率得让我感动，我简直被他们感染得忘了自我，一个上午相处其乐融融。指导老师除了表扬我的课上得不错之外，还就如何应付突发事件稍做了指点。（W 同学有过小学代课教师经历，很珍惜大学的学习机会。）

备课不用背教案

节选日记十七：第二次还算成功。发现备课不用背教案，只要记得教学过程，知道下一步怎么走，上课时要灵活，抓住重点。第三次独立授课结合了游戏、舞蹈、音乐，让幼儿在活动中学，效果不错。

"两种失败"

可自己永远都不会进步

节选日记十八：第三次上课，无所谓了，没有第一次那么在乎了，有了应付的思想。孩子不安静，由他们去。做教具也累，这老师也挺挑剔，这也不行，那也不行，弄得我都有点不想做了。又听好友说老师夸她上课上得好，心理更加不平衡，可自己永远都不会进步。（Z同学大学时有多科补考。）

把他们的画分成三等

节选日记十九：上美工《苹果之家》，之后把孩子的作品收上来，把他们的画分成优良中三种成绩，然后按成绩高低从上至下贴在美工角。其他老师都没想到这么做，而我做了，觉得开心。（S同学各科成绩平平）。

（二）实习保育与参与环境布置

学生的实习日记普遍反映出幼儿教师的工作是烦琐而辛苦的，但做好心理准备的学生在实习期间心态较好，能主动照顾幼儿的生活，主动参与幼儿园的教玩具制作、环境美化的工作，他们认为工作"累"却也"有趣"，尽自己所能为孩子服务，把工作当作"享受"，有的还由衷感慨"幼儿老师真好"，并由此增强了对职业的信念。他们往往与指导老师相处融洽，也能很快得到幼儿园的认同，学到的东西也就更多。对幼师职业缺乏了解又无心理准备的学生缺乏主动学习与竞争的意识，只是被动地等待着老师来指导，他们普遍轻视保育工作，不喜欢在托班实习，埋怨工作任务太重，他们在实习中享受到的不是乐趣，而只有一个"累"。下面是实习日记中的较典型的片断。

实习保育

主动照顾孩子

节选日记二十：每天我都那么早地来到园里，到孩子们的寝室里，帮他们穿穿衣服，叠叠被子，打开窗子透透风，小朋友看我这么早，都亲切地向我问好。个别还拉着我的手去看他自己的作品。

开始郁闷

节选日记二十一：总是在小小班，开始郁闷。照顾幼儿的生活虽然也要学，可我认为还是教学方面更为重要。而且带班老师并没有教我该做什么，她对我没要求。让我感觉继续待下去会被击倒。

真想离开这个地方

节选日记二十二：带班老师是黑龙江人，有点架子，还很老油条。我刚去，她就给我活干了……前面两周只上三次课，其余都做保育员的事，没事时听课，我很不甘心，真想离开这个地方。

参与环境布置

学到这么有趣的手工活……

节选日记二十三：实习工作虽然挺累的，可我觉得特有趣，干劲十足。让我兴奋的是，今天我新学了几样手工活，可开发智力。如果教给孩子，那是多么的带劲。我用白纸粘贴在卡纸上，一片一片地贴，可以根据自己的想象，贴成各种各样的图形，美丽极了，而且特别典雅。授课之余，还可以学到这么有趣的手工活，实在是一大享受也。

干这行真的好累

节选日记二十四：墙壁实在大，昨天画了四只动物（狮子、老虎、狗、熊猫），但还挺空的。估计还要画两只动物、一座房子、一棵大树及草坪。她们老师说要是做不完，五一期间就进来加班。一听我都气死了……干这行真的好累。

（三）迎接六一儿童节

要是时光能倒流……

L同学很优秀，很上进，尤其各项技能很好。她最初是满怀激情，但最终却后悔选择了这个专业，令人深思。

节选日记二十五：实习期间她的主要任务是帮幼儿园排三个节目：两个舞蹈，一个模特秀。她认为技能特别重要，她除了上课之外，每天的生活就是练琴、听音乐、跳舞，曾说"很感谢舞蹈老师，锻炼了我的舞感"。最后的节目也得到了家长的好评。但她对幼教工作也没有稳定的信念。最初决心成为"幼儿心目中的好老师"，"热情高涨"。她"早晨七点半就来教室等幼儿"。"决定好好奋斗，把自己投身于教育事业，做一名优秀女教师"。她带着愉快的心情迎六一，把排练节目也当作"幼教事业"，"每天都一次又一次苦练和期待"（成功）。后来，这位学生的情绪出现了波动与转折。

节选日记二十六："烦人的时候，真有点想改行"。/有时候想到排舞那种痛苦的感觉，多少次想放弃，为了能留下来，付出也是值得。/觉得人生无趣。/要是时光能倒流，我一定会在高中奋斗，而不会选择教师这个专业。真的很羡慕金融、广电专业。每次想想自己需要付出比别人多，心里就有种难以说出的感觉。

（四）实习生的收获

学生在日记中总结了自我的收获。有的实习生活比较充实、愉快，收获较大。他们对幼师职业所需要的教师素质有了积极与正确的体验与认识，如"知识、经验与技能技巧同样重要"、要有"童心""爱心"、要成为幼儿的"伙伴或朋友"，"要了解幼儿的内心世界"，"要有应变能力和观察能力"等，也由此认识到自身的不足。不少同学谈到的则是教学水平提高了。这些同学对幼师职业的认同程度较高。对于幼儿园教师的不良行为，他们还能提出质疑。

但另一类实习生不是对指导老师表示强烈不满，就是感到自己被当成了免费的劳动力而叫苦叫累，有的甚至因此而动摇了自己从事幼师职业的信念，还有的则因指导老师的水平有限而形成了片面甚至是错误的幼儿教育观念。如组织活动满足于幼儿"听话"，教师中心严重，忽视幼儿的自主探索，重上课，轻游戏；过于重视常规、纪律、教师威信等，过于肯定惩罚与奖励在幼儿教育中的作用。

做一个有爱心的幼儿教师

节选日记二十七：这一个半月以来，我受到了老师和孩子们的热切关爱。在与孩子们的交往中，我深深体会到孩子如此渴求一位能跟他们友好相处，知识、能力比较全面的，能倾听自己心声的伙伴或朋友……我以真诚的心、朴实的情，以一名普通老师的身份打动了园里的领导、老师和可爱的孩子们。/一个多月的实习，我从一名无知、刚出校的大学生变成了一个拥有丰富经验，充满爱心的幼师。我了解了这个职业的伟大与艰辛。/我的指导老师常能站在幼儿的角度看问题，让她成为幼儿的一分子。我想今后要成为孩子的良师益友，而不是一个苛刻的老师。孩子的心灵是一方最纯净的沃土，孩子的世界是一个充满了真善美的童话。/一个半月的实习获得的是中专三年、大专两年都没有机会学到的东西……

以后就当幼儿教师吗？

节选日记二十八：要画很大一张画，布置走廊。累了个半死才画一半，因为教室很宽敞。/ 昨天画得半死的画，竟然不要，还要另画动物世界。/ 写家园联系册，要写 30 个。静下来时，都在想，我以后就当幼儿教师吗？ / 实施教学的时候真的要软硬相结合，对小朋友挺管用的。感谢学姐让我带班学到了以前在学校里所学不到的东西。

三、研究结论与思考

1. 物质环境与精神状态密切相关

好的物质环境、好的精神状态、好的师幼互动、好的实习指导是环环相扣，密切相关的。研究发现，实习指导教师的物质生存环境有好坏之分，相应的指导教师的精神状态也迥异，好的物质环境更有可能造就拥有"灵感"的教师，这样的教师则更有可能追寻适合儿童的教育，带来良好的师幼互动，为师范生展示优秀教师的素养。本研究中，实习环境和实习指导较差的园所主要为民办幼儿园和农村幼儿园，但是并非绝对化。因此，通过评估选择合适的实习点非常重要。

2. 实习生的成长存在两极分化现象

实习生无论在实践能力还是工作态度方面都存在两极分化的现象。有的学生的实习日记洋溢着积极进取精神，充满与孩子相处的趣事以及成功与收获的喜悦。有的学生的日记则更多是郁闷、疲惫和失败情绪。这与实习生本来的素质有关，一般来说，在校期间成绩优秀的学生在实习期间相应的更优秀，但也大量存在成绩好实习中受挫的事例。可能涉及高师课程设置的合理及教学的有效性等问题，也可能与学生素质是否全面有关。

3. 通过对分散实习幼儿园的评估保证实习质量

实习的一个重要目的是使学生毕业后具有在幼儿园独立从事教学和教育工作的能力，获得从事幼教工作的自信，需要学生有充分锻炼的机会，更需要质量高的幼儿园以及素质高的指导老师。叙事 1 反映出幼儿园的环境、指导老师素质以及实习效果存在两极分化现象，可见好的幼儿园之重要。像美国就规定，"第一次实习应尽可能安排在最好的学校里，另外的实习最好安排在典型的情境里"[267]。我国研究者也提出：一个标准的学前教育机构应有……质量较高（如为当地示范园）、效果较好（如能满足大学教育需要）的实习基地园[268]。集中实习比较容易做到把学生安排到一两所示范性幼儿园，但现在毕业前的实习，我们应学生要求采取学生自由联系实习园所进行分散实习的方式，一部分学生往往实习后就能留在实习园里工作。我们这次实习，87 名毕业生就分散在不同城乡的 59 所幼儿园。像这样的分散实习，一般高师不负责联系实习幼儿园的前期工作，也不管幼儿园的质量，只是对学生进行遥控。这样往往因实习幼儿园良莠不齐，严重影响学生的培养质量。因此加强评估工作有助于保证实习质量。

可以采取以下方法：①布置调查作业：让每所幼儿园的实习生组成一个小组，每个小组写一份对实习幼儿园情况的调查报告，并进行评价，提出意见与建议，既为学校提供了幼儿园的情况，也可锻炼实习生的社会调查、分析问题与解决问题的能力。②分析学生的实习日记：我们统一布置了写实习日记的作业，但一般只是作为实习生成绩的依据之一。其实实习日记是了解幼儿园的一个更真实可靠的途径。日记一般是学生真情实感的流露，在日记中他们往往会对实习幼儿园与指导老师做出真实的评价。不过，分析日记是一个很花时间与精力的工作。③通过网络进行了解：现在，好的幼儿园一般都有自己的网站，从上面可以了解幼儿园的基本情况。没有网站的幼儿园更可能是小型的没有知名度的幼儿园。我们可以对每所幼儿园按是否有利于实习生成长做出等级评估，并记录在案。一则可以给下一届学生的实习提供择园信息，尽可能避免学生去环境差的幼儿园。二则可以对那些实习生评价好的幼儿园给予一定的"惠"与"利"，如对实习效果好的幼儿园，减免教师进修学费、允许免费查阅图书资料、义务为其指导课题研究等，以利于高师院校与环境好、指导老师素质高的实习幼儿园的长期合作，保证实习质量。（研究也发现幼儿教师的生存环境值得人们关注，简陋的工作环境与过低的工资待遇是产生"低自尊""冷漠""不负责任"的幼儿教师的重要原因，限于篇幅，这里不做论述。）

4. 建构新型教育实习模式，全面提高实习生素质

叙事 2 表明实习生自身的素质是影响实习质量的关键因素，而实践能力是大多数同学的弱项。虽然学了学前心理学却仍不知如何与儿童交往，学了学前教育学组织学习活动时却仍用成人的标准教育儿童，学了各领域的课程教学法却还是不会组织教学活动，学了手工制作与舞蹈却不知道如何教给幼儿。无论是技能课还是理论课都很难直接转化为实践的能力。很多知识其实在大学都学过，却没有得到内化，仍像没有学过一样。这不能不引起我们反思。同时，学习被动，对幼儿园环境的承受能力差也反映出学生较差的心理素质。这说明我们需要建构新型教育实习模式，全面提高实习生素质。目前，我国各师范院校陆续探索了以下教育实习模式：混合编队教育实习模式[269]、全程教育实习模式[270]、协作型教育实习模式[271]、连续性教育实习模式[272] 等，国外的主要教育实习模式有[273]：美国的交互—自省型教育实习模式，英国以中小学为基地——重负荷教学训练教育实习模式，德国两段式教育实习模式，法国自主化训练教育实习模式。

其中，杭州幼儿师范学院"全实践"教育实习理念对我们学前教育专业具

有直接的借鉴意义：①把"全实践"的理念引入教育实习，提高实习生实践能力。目前很多"专升本"的师范学院纷纷办起了学前教育专业，从课程设置到师资设备都还在建设中，由于条件的限制，学生的实践环节很不完善。教师教育的实践反思模式"强调幼儿教师应以'行动''实践'为平台，将书本的、外显的、公共性的知识通过实践性反思转化为内在的、高度个性化、经验化的个人知识"[274]。根据这一理论，浙江师范大学杭州幼儿师范学院提出了"全实践"的理念，它在于使学生在步入教学一线之前就获得教育实践性知识和实践智慧，值得广大新成立学前专业的师院借鉴。其主要做法如下[275]：第一，由幼儿园一线幼儿教师、在读专（本）科生和研究生、学院专业教师组成"行动小组"，采取定期或不定期方式开展现实情境下的或网络条件的虚拟现实互动。第二，从新生入学的始业教育起就让学前专业学生接触幼儿园实际，每周一个单元，一直持续到毕业。实践始终跟其他所学课程贯通着。第三，实践场地除了学校的实验室、技能训练场馆以及实习基地园之外，还通过对实际教学情境文本、视频教学案例的共同研讨、反思，丰富学生的实践心理场。第四，为专、本科学生制订了二年和四年的专业实践计划，将实践环节放置在中心地位，整合实践课（实习、见习）、技能课与文化课，并使各学期目标具有层次性和递进性。"全实践"的模式使学生在"实践—反思—再实践—再反思中获得实践智慧。②把职场训练的理念融入教育实习，提升实习生在职业竞争中获胜的心理素质。福建省幼师专业的大学生就业前景不乐观。笔者了解到公办幼儿园已经停止招聘国家编制内的教师好多年了，现在的毕业生要么是去私立幼儿园，要么是去公办园做临时教师，待遇总体偏低。私立园的待遇即使是大型的收费较高的园教师月工资也就1000元左右，小型私立园一般是500元左右，而到公办园当临时教师则只有400元。男幼师的待遇大概高出1/3左右。也就是说最优秀的毕业生最多也只能拿到1000元左右的月工资（2007年左右的数据）。

一方面，优秀毕业生改行的会比较多，另一方面要想进待遇相对好的幼儿园则存在较大的竞争。这就要求我们把职场训练融入教育实习以增强学生在职业竞争中获胜的能力。职场训练方式有职业研究与职业指导、角色观察、职业角色扮演、角色扮演反思等，可以让实习生通过职业研究充分了解职业市场，而不能仅依靠老师所提供的信息，一方面做好自由择业的心理准备，另一方面为选择一所理想的实习园所做准备；通过角色观察充分了解实现中的幼师职业，了解幼儿教师的工作是烦琐的，教育教学工作只是一个方面，还有很多其他的事情，以增强从事幼师职业的心理承受能力；通过角色扮演充分实践幼师职业角色，并懂得如何才能在幼师职场中立足；通过角色反思自己判断该职业的价值，决定是否从事这一职业。

相关研究发表于《当代学前教育》2008 年第 1 期，有删改。

第二节 支教实习生生存状态
——实习后乡村执教意愿减弱者之视角

2007 年教育部颁布《关于大力推进师范生实习支教工作的意见》以来，实习支教工作的推行得到了广大师范院校的响应，相应的研究也得到重视。研究者最关注的莫过于实习支教的价值、意义与成效，对于实习支教过程中实习支教生的生存状态研究较少。本节对 6 名实习后不愿做农村幼儿教师的实习支教生进行了深度访谈，以揭示导致其乡村执教意愿减弱的深层机制，希望为问题的解决提供一点线索。

一、研究过程

（一）选择研究方法

目前，"师范生实习支教的瓶颈，主要表现为实习目标和支教使命的冲突"。[276] 因此，我们需要解决的问题是如何在支援农村教育的同时"帮助学生有效完成实习任务"。但参与实习支教的师范院校上百所、师范生数万名、支援的农村学校与幼儿园也是数以万计，实际遇到的问题有一定的共性同时也是千差万别的，其中普遍性问题的发现与解决需要通过量化研究来实现，而地域性问题的发现与解决则有赖于深入情境的质性研究。本研究主要采用半结构化的深度访谈聆听了 6 名实习后不愿做农村幼儿教师的实习支教生的声音，从当事人的描述、体会和感想出发来呈现高师学前教育专业的大学生在农村幼儿园实习支教期间的真实专业生活状态，同时收集他们的实习日记和实习期间的作业，结合实地观察笔记等进行分析。

（二）选择研究对象

实习支教总体来说是有效的，但也有相当一部分学生较少从中受益，本研究采用目的性抽样，从这部分学生中选择研究对象，希望在深入、细致、系统地收集与分析资料的基础上发现本专业、本地存在的影响实习支教有效性的独特问题，以寻求提高全体学前教育专业实习支教生培养质量的对策。具体采用效标抽样、同质型抽样，选择了在 Y 市顶岗实习、实习结束后不愿意再做乡镇教师的 6 名学生做研究，其中部分学生终身从教意愿也减弱。实习之前，她们之中有 3 名是喜欢做幼儿教师的，她们都喜欢孩子，填报大学志愿时自主选择了本专业，有 2 名是被调剂，1 名是家人代为选择专业。（详见表 4.2-1）。在分析时笔者怀着好奇对 6 名学生实习生存状态进行了一定的比较。

表 4.2-1　受访实习支教生情况

研究对象	生活地	专业性向	支教点	支教点背景
小 J	城市	自主选择	X 园	在镇上，距城约 1 个小时车程
小 Y	城市（独生）	自主选择	D 园	在镇上，距城约半小时车程
小 M	乡镇	自主选择	B 园	在村里，距城约 70 分钟车程
小 C	城市	被调剂		
小 L	乡镇（独生）	被调剂，但喜欢孩子	L 园	在镇上，距城约 2 个半小时车程
小 P	乡镇	姐姐代选		

（三）设计研究工具

专业生活状态与日常生活状态共同组成教师的整体生存状态。生存状态指在日常物质和精神环境以及特定的历史文化背景下，人们表现出来的各种生活形态。现有研究多从心理健康、学历状况、经济待遇、工作强度、继续教育、社会地位 6 个方面研究，如杨莉君等从幼儿教师的身份、工作压力、工资待遇、职业幸福感及专业成长对中部地区农村幼儿教师的生存状态进行了调查（杨莉君，2010）。参照已有研究并考虑到实习支教的实际情况，本研究主要关注实习支教生实习期间的专业生活状态，并把它分为专业指导需求与满足、承担的工作与身份地位以及自我实现与专业成长三个方面，据此设计访谈提纲，主体部分共 37 道题目，背景信息部分有 6 道题。

（四）分析研究资料

主要参照 Carney（1990）分析抽象阶梯框架进行分析（陈向明，2000：274）。第一，将对 6 名学生的初次访谈录音转录成文本。第二，反复阅读资料，对每一个文本分别进行初次登录，码号为 35 个。第三，辨别资料整体中的主题和趋向。反复阅读 6 个文本，寻找资料中的重点和空白点，寻找本土概念，并根据空白点进行二次访谈，两次访谈文本共约 70 页。第四，将二次访谈的完整文本的本土概念整合、浓缩，最终提取出"乱、放、累、低、差、怕"6个本土概念（本土概念是"被研究者经常使用的、用来表达他们自己看世界的方式的概念"（陈向明，2000：284））和"实践中的困境"等 6 个码号进行第二次登录。第五，结合实地观察与日记等资料解读与检验每一个本土概念的基本含义。

二、支教实习生眼中的生存状态叙事

（一）专业指导需求与满足

1. "乱"——实践中的困境

当谈到实习工作最大的困难时，"知识与技能不足"和"班级管理难"是大家普遍提到的。反复阅读 6 名学生最初一个月的实习日记，"乱"是出现频率较高的词，无论是"自主选择"者（J、Y、M）还是"被动选择"者（C、L、P）在最初上岗时都面临场面的混乱。小 J 描绘自己的第一次活动说"整节课下来就一个字：乱，最后实在上不下去了，只好草草结束了……中午打电话给妈妈，我很不争气地流下了眼泪"。还有诸如"故事讲完开始提问场面就开始乱了"，"教群舞真的很难，因为人多，现场显得很混乱……真是力不从心啊"等描述。小 P 写道："实习第一天就上岗，实在是压不住这群小魔头，班级像炸开了锅……"不过，在分析两组同学遇到的最大困难时，发现"自主选择"组的三名学生一致谈到技能方面的，如制作教具、绘画、早操编排等，而"被动选择组"三名学生不约而同谈到班级组织与管理的困难，似乎前者后来在与孩子的沟通方面比后者更顺利。

目前，师范生学习中的师徒制被称为认知学徒制，它的环境设计的要素包括内容、方法、顺序、社会性四个方面[277]，与传统的学徒制相比，认知学徒制有很大的改造：在指导内容上，强调把领域知识（理论知识）的学习与启发式策略等（实践技能）的学习结合起来；在指导方法上，强调把教师的示范、辅导与学生的反思、探索结合起来；在指导顺序上，强调把纵向的难度递增与横向的广度递增（多种情境）结合起来；在环境创设上，强调把真实的情境与合作学习、自主学习结合起来。实习支教的模式在这几个方面都存在一定的问题。

第一，实习支教的学生受到的实习指导内容是不全面甚至不规范的。根据认知学徒制，实习内容主要是运用教育理论知识解决实践问题的专家策略知识。2012 年颁布的《幼儿园教师专业标准》规定了幼儿教师要具备的七项能力，除了教育活动的计划与实施外，还包括环境的创设与利用、一日生活的组织与保育、游戏活动的支持与引导等六项。意味着这七个方面都要作为实习指导的内容。实际上他们在城区园实习的两周更多限于听课与制作教具。另外有一个周末培训内容虽然较广泛，但效果不佳。研究对象中有 3 位认为"收获不大"或"几乎没用"，因为有的培训跟高校教师上课一样的，"理论性太强"；一些偏远乡镇的实习支教生（如小 P）因为不想在城乡之间来回奔波而没有参加。另外，幼儿教育理论以及国家的有关规定与农村幼儿教育实践存在诸多矛盾，必然影响到理论运用于实践的效果。如理论上学前教育"以游戏为主，过美好童年"，但农村实际上"以知识和安全为主，户外游戏时间不达标"，"家长还希望教孩子识字和拼音"。因此支教生在农村幼儿园顶岗时遇到的各种问题几乎都是新问题，他们大多缺乏解决问题的经验支撑从而导致混乱局面。

第二，缺少规范的实习指导方法。根据认知学徒制，"示范、辅导、脚手架、反思、探索"是实习指导的方法，前三种方法以指导教师的示范与辅导为主，后两种方法以指导学生自我反思与探索为主。实习支教生得到的前三种指导不规范或不足，而后两种指导基本上没有，缺乏足够的观摩优秀教师的经验以及与优秀教师互动的机会。这样就意味着在半年的实习支教中，实习生基本上是通过自我摸索来适应"新的岗位"。

第三，实践课程的顺序安排不符合学生的学习特点。根据认知学徒制，实习内容的顺序要符合三条原则：逐渐增加复杂性、逐步增加多样性、全局技能优先于局部技能。Z 校的实习支教在这三个方面都表现出不足：第一，实习内容难易倒置。实习支教是按照城市见习 2 周——乡镇顶岗——城市见习 1 周、实习 1 周——乡镇顶岗的顺序来安排，顶岗前没有实习，只在中间穿插了 1 周实习和几次周末培训。还没有实习就直接顶岗这个顺序不符合实习生的学习特点，就像还没学会走路的孩子，一开始就让他跑，结果当然会摔跟头。此外，为了支援农村教育，保证实习支教生"源源不断"，Z 校在每届招生数有限的情况下，把两个学前专业班分成上下学期实习支教，实习时间分别在三年级上学期与下学期。大三上学期实习班则要在两年内学完主要的专业课程，课程的密度与强度加大，学生没有足够的时间消化吸收。

第四，缺乏自主学习的内部动机。班杜拉的社会认知理论强调人的内部动机，他认为，我们接受的大多数信息都来自与他人的互动，但能学到什么，取决于个人的"动因"，即意向、预见、自我反应以及自我反省。他认为"行为、环境和人（及其信念）是相互作用的"，但"行为也能创造环境"。[278] 调查表明，一些实习支教生被农村幼儿教师"同化"，用低标准要求自己，并且因为怕苦怕累而不参加周末培训与城区园的实习，延缓了专业成长的速度。可能因为去农村实习支教最初几年是学校的强制性政策，很多同学其实是有情绪、不情愿的，没有抱着正确的学习态度。

2. "放"——与指导老师关系疏离

Y 市教育局为实习支教生安排了两类指导老师：一类是城区的市机关幼儿园和实验幼儿园的教师，一类是乡镇中心幼儿园的教师。这里的"放"表明指导老师对实习生的"放任"与"放手"。在与指导老师的关系上，"自主选择"者（J、Y、M）和"被动选择"者（C、L、P）没有实质性的区别。先说城区指导老师对实习支教生的"放"。小 J 的日记表明了在城区园的两周里第一周观摩了同一位老师的五个活动，每个活动 30 分钟左右，听课前后的大部分时间包括下午都在帮班级做教玩具："一到班级，认识了老师，马上就被叫到小朋友的寝室帮老师做教具。"小 Y 说"没有学到特别多东西，第一周只是打下手，第二周自己选一个课上，也没有具体指导"。小 P 说"（有时）老师去开会了，叫我们四个（实习生）看着班级……（后来）上课时老师（也）都没在听啊！"这也可能与指导不到位有关，有的学生干脆请假不参加城区园的实习。小 C 两周轮流实习只去了两天，因生病请假回去了 3 天，第二周也没去，她觉得再去那边也没什么用。

再说农村中心园指导老师对实习支教生的"放"。一些农村中心幼儿园指导老师一开始就堵住了实习支教生向他们请教的路或"经常不在"。如小 M 说"专业指导几乎没有，都是自己摸索，我刚去的第一天指导老师就对我说：'应该是我要向你学习，我什么都不会'。"因而，她"最困难的是既要做保育员的工作又要做教师的工作，园长和教师都不帮忙"；小 C 说"从来我上课的时候，她都没有去听过……我负责我的，她负责她的，然后不要出现安全事故"；小 L 说"我们的指导老师很忙，她也是我们幼儿园的财务管理，所以整个班级她都放手让我来做"。小 L 希望"放手让我做"，但不满意"都让我做"。小 Y 和小 P 也谈到指导老师"挺忙"，"在园时间太少"，因为她们"要么是小领导、要么是骨干，经常要忙别的活，要参赛，要培训"，因而他们一开始就习惯了"队友之间互相听课"。L 同学谈到的唯一指导是说课稿的指导，因为教育局统一组织实习支教生参加说课与片断教学比赛。

有研究认为，实习生与指导教师师徒关系有四种类型，即合模式和谐、疏离式和谐、投契式和谐与区隔式和谐[279]。这四种类型对实习生个人教学效能感的提升作用不同，合模式和谐作用最大，疏离式和谐与投契式和谐次之，区隔式和谐作用最小。[280]可以说部分实习支教学生与指导老师的关系是不够和谐、疏离和隔膜的，往往只能靠自己的摸索渡过难关。疏离式和谐的师徒关系是"当事人面对价值观不合的人，或赋予负面评价的人，为了避免发生冲突，则以保持距离的方式，给自己一个舒适的空间，以面对自己的真实感受与评价，并保有一个悠然自在的自我。在不得已又必须有所触碰时，则以形式化的礼仪行为维系一个淡然的和合关系"（黄丽莉，2007：202）。为什么会形成这种疏离与隔膜关系？

第一，实习支教生与城区幼儿园指导老师的隔膜关系的形成存在时间、老师与学生各个方面的因素。①时间过短。在城区幼儿园实习时间只有两周，一周见习，一周实习。实习支教生来不及和指导老师建立稳定的感情。②指导老师任务繁忙。与中小学教师相比，幼儿教师的任务是多元的。仅教育活动计划与实施这一项，幼儿园教师也比中小学教师难，除了教具外，还需要人手一份学具，再加上游戏活动的玩具制作。1996 年出台的《幼儿园工作规程》指出"幼儿园应因地制宜，就地取材，自制教具、玩具"。所以实习生一去，指导老师就抓紧让他们帮忙做教玩具。此外，老师还会有一些别的任务。小 P 说她们去的那两周期间幼儿园刚好"在做教师评估"，老师就把更多时间花在开会与准备上面了。两周之内真正用于指导的时间是十分少的，以至给学生们的感觉是"没怎么指导"。③指导压力大。这几年来，Z 校学前专业实习支教生都是在只有 2 周见习经验，没有实习经验的前提下开赴乡镇的，实习指导的任务全部由当地县级市的机关幼儿园和实验幼儿园承担，一个园承担周末培训，另一个承担分批轮流实习指导，难免疲于应付。指导教师产生实习指导倦怠可能与指导任务过频、指导时间过长有关。④实习生方面的原因。在城区园实习两周期间，前两届有些学生没有坚持下来，有的"中途离开"，有的甚至连"脸都不露"，给园长和老师留下不好的印象，对待坚持下来的学生有时候也难免冷淡与质疑。

　　第二，实习支教生与农村指导老师关系疏离的原因主要与农村幼儿教师的素质较低有关。如 X 园当时所有的在编教师包括园长均为小学转岗。从学历来看，当时好几所园的园长是幼师职业中专毕业一二十年的老教师，没有编制，园里自聘老师多为非学前专业的中专、高中、初中毕业生，都没有进修和培训过。小 M 的指导老师即为非学前专业的代课教师。所以，这些名义上的"指导老师"确实是没有自信来担负本科学前教育专业的学生的实习指导任务，从一开始就明确了"要向实习学生学习"的态度，一方面是谦虚、也有防卫的成分。其次，农村幼儿教师比城区幼儿教师事务更繁忙，国家规划的幼儿园班级工作人员配备是"两教一保"，但乡镇中心园很多只有一位教师，也没有保育员。支教生也可能认为"指导老师水平都不高（小 M 语）"而不屑于请教吧。因而，他们的指导教师实际上只是搭班教师。实习支教生与指导老师的交往更接近于两个成人间的临时共事，各忙各的，互不干扰。

（二）承担的工作与身份地位

1. "累"——承担了一个教师的工作量

由研究可知，6 名实习支教生没有真正意义上的指导老师，至少都独立承担了一个教师的工作量，而且比城里的幼儿园教师工作时间更长。教学工作至少是五个半天，没课时也要待在班上。工作内容涉及五大领域活动的组织、环境创设、协助保育员给孩子分饭、梳头、看午休、与家长沟通，有时候还要帮指导老师完成私人任务。因此，"忙"和"累"是他们对实习生活的描述。如小 C 说："你一整天都得在班上……生病了也得在。我实习第二天就'热伤风'导致上吐下泻和虚脱，想去休息一下，但是……有人要来检查，园长说你最好在班上，那我就待在班上了。……我们一出去看病园长就不高兴……认为我们实习生娇生惯养。"所以刚开始觉得"一天过去、一周过去好慢啊，觉得找不到工作的热情……"也因这件事，时过境迁小 C 仍然对园长有强烈的不满情绪，这直接影响了她在实习中的投入程度和实习的意愿。她实际上也是带着抵触的情绪度过那一个学期的实习支教生活的，园长不让她们请假，但小 C 利用去城区园见习的机会请假回去了。小 J 说"每周组织七次活动，一天大概九个小时，早上八点到下午五点（有时是四点多）"。小 Y 说"中午小朋友睡了才能走，傍晚要等到最后一个小朋友接走才能下班"。小 J 和小 P "对小朋友越来越没耐心"，大家"总的感觉就是累"。

缺教师是农村幼儿教师工作量大的根本原因。农村幼儿园教师编制短缺是全国性的问题。我国第一个幼儿园教职工编制标准是 1987 年国家劳动人事部和原国家教委联合下发的《全日制、寄宿制幼儿园编制标准（试行）》，该标准"本身的可行性存在问题"，一直未能得到贯彻执行，各地实际一直参照中小学编制配置标准在操作，以致幼儿园教师编制很容易被中小学挤占。[281]同时，"中小学教师编制政策本身存在着城市取向，导致农村幼儿园教师编制极缺"。[282]中心幼儿园教师缺编短期内必然无法解决。2011年5月笔者调查了Y市八所乡镇中心幼儿园教师的情况，当时在职教师共75人，在编教师只有14人，仅占在职教师总数的18.7%。而在编教师以小学转岗教师为主，或为新入职教师（以大专学历为主）。令人欣慰的是，2013年1月，教育部印发《幼儿园教职工配备标准（暂行）》，明确了教职工与幼儿的配备比例，幼儿园的班级规模及相应的专任教师数及保育员数。所以近年来，福建农村幼儿教师的素质有大幅度提升。2015年笔者调查发现，经济条件较好的某县近五年新招聘公办幼儿教师130人左右，已基本解决中心园教师缺编问题，只有农村公办小学附设学前班还无法配备公办幼儿教师。但一些偏远县幼儿教师依然缺编严重。同时对于实习支教生来说，如果没有处理好与幼儿园的关系，情感上的不愉快更会导致一种心灵上的累。

2. "低"——没有教师的身份与地位

支教生面临着教与学身份认同的二元分离。有五名学生认为自己在幼儿园地位"很低"。虽然孩子让她们感受到"教师"的身份，她们自己也以为去支教，去奉献，应该得到"支教教师"应得的尊重，或者起码是"实习老师"的地位。但实际上当地的老师和园长只是把他们当"实习生"，这种态度让学生们感到失落。她们在幼儿园也没有专门的备课场所。小C说"最出乎意料的是她们介绍我们的时候，总是说'实习生'，而不是实习支教生，也并没有把我们当老师看……我因为……在人际沟通方面的障碍，导致了长达一个多月感受到园长的低气压"。小C说她宁愿去"连灯都没有，还要挑水，孩子都很淳朴"的地方，但 B 园虽然在村里，但那个村很富裕，那里的孩子都是宠大的，习惯不好。小 J 说："我们在 X 园地位很低……把我们当杂役工……把我们排除在外。有一次打扫卫生说我们不会干活，之后还在他们开会时特意骂我们。我们那天刚好回去比较晚，意外听到了。"X 园的支教生曾状告幼儿园不给宿舍安装网络，园长对学生这样"告状"很不满。后经过协调，还是解决了宿舍上网问题。小 P 谈到被幼儿园"连哄带骗"从园内较好的宿舍搬到园外"养鸡场"的楼上的事。她们原本住在幼儿园内，在她们去市区培训两周回来后，行李就被搬出去了。而这并没有征得实习支教生的同意。P 在日记中这样描述新的住处："看完住的地方，我崩溃了。那是房间吗？简直就是垃圾堆……我对园长的埋怨又深了好多……"不过，与小 P 同在 L 园的小 L 却对这件事看得淡："我们三个人搬到一个有点破的房间，虽然很简陋，但是我们三个人在一起真的很温暖。十几个人挤一个卫生间，有时候也是笑料百出"，小 L 的日记多处表达出喜欢那里"淳朴的民风"，称之为"可爱的"小镇，认为"跟小屁孩在一起很好玩"。唯有她认为园长"把我们当正规的老师看待，比如平时有家长会会给我们和家长沟通的机会，每周的例会也会让我们参加并允许我们提意见"，小 Y 也认为园长不错，"生病让休息，还吩咐阿姨煮了药给我们喝"。

目前，我国有各种支教政策，包括"研究生支教团""西部志愿者计划""农村硕士""三支一扶""特岗计划"等多种形式，这些支教都是选择大学毕业生到农村支教，有各种政策的支持。[283] 但实习支教是尚未毕业的在校学生到农村去实习同时支教，其唯一的政策依据是 2007 年教育部颁布的《关于大力推进师范生实习支教工作的意见》，现行法律对实习支教学生法律地位和待遇并没有界定，因此他们的身份是不明确的，权利也得不到保障。有人指出，"应从立法上对支教学生的教师资格做出特殊规定：支教学生经高师院校岗前培训、考核、验收，达到《中华人民共和国教师法》和《教师资格条例》

要求的素质和能力，取得合格证和上岗证的，在顶岗实习支教期间和范围内具有教师资格，享有教师的权利，承担教师的义务"。[284]

（三）自我实现与专业成长

1. "差"——较长时间的"专业失败感"

实习支教生获得成功需要更长的时间，获得的成功体验也相对较少。学生们虽然两三星期后都能独立管理班级，但"没有成就感"是访谈中反复出现的观点，言谈中埋怨的情绪也比较明显。如小 J 认为自己"收获不大，没有什么成就感，经常处于很迷茫的状态……到后面感觉越来越差……不知道自己这么久到底学了些什么，就是带孩子，有些倦怠感"；小 P "因为一直搞不定那群小朋友，觉得很失败"，小 C 和小 Y 也认为几乎没有成功感。但小 M 和小 L 觉得"收获很多"，虽然她们也因小朋友的安全方面或自身知识技能缺乏无法胜任顶岗而"倍感压力"。

Furlong 区分了四种不同的教师专业训练水平：直接实践、间接实践、实践原则和学科理论。[285] 实习支教的专业训练停留在直接实践的机械重复，这样的经验就带有很大的偶然性，不能与经验背后潜藏的普遍的实践原则或学科理论联系起来。这样的经验也就只适合具体情境，不能举一反三，以至于每次遇到的问题都像是新问题，导致较长时间的"专业失败感"。"专业失败感"又会导致较低的自我效能感。班杜拉指出，影响自我效能感的因素有行为主体自身成败的直接经验、观察他人行为而获得的替代性经验、别人的言语劝说、行为主体的情绪和生理状态。其中"实践的成败经验是个体建立自我效能感的最可靠的基础"，"其他途径的效能信息对个体自我效能感的影响往往要以实践的成败经验为参考的依据"[286]。教师专业意识的觉醒是"从模仿开始"，专业技能的形成靠"反复实践和打磨"，教师实践智慧的形成则需要"对反思的反思"，这就需要"在优秀的指导教师的引领下理解和运用理论知识解决教学问题"[287]。因此，缺乏优秀教师的指导可能是导致职业失败感的关键因素，这也是支教生最为不满之处。小 C 提建议时很渴望"支教前可以在市区比较好的幼儿园先实习一两个月，有一个经验丰富的教师，她可以坐在那边听一下你的课，给你些建议，就像一个长期从事幼教的人给一个菜鸟的建议"。也有研究认为支教生的人格特征与教学效能感显著相关，内外倾人格特征对支教生的教学效能感有显著正向预测作用。[288] 在"自主选择"的三名学生中，小 M 的成就感最多，在"被动选择"的三名学生中，小 L 的成就感最多，也许与她们的人格特征相关。

2."怕"——职业认同未能形成

经过一整个学期的顶岗实习，六名学生基本都"不愿意"今后做乡镇幼儿园教师，对去乡镇工作感到"害怕"，"不想过那种生活"，对教师职业也产生了"疑惑"与"动摇"。她们在体验了基层幼儿园教师的工作状态之后，并未产生改善农村幼教现状的责任感，也没有获得对教师的身份认同。小 L 说："去那种偏僻的地方，说实话，我觉得有点害怕。首先教师住的方面蛮艰苦的（楼下都是鸡场，每次遇到赶集特别吵，旁边有一些农民半夜会杀猪）；另外我觉得工作负荷非常大；还有专业方面不会提高太多；跟家长沟通这块很困难，因为家长的素质有差距。所以我不会想要待乡镇幼儿园。"小 C 是"因为付出没人给予肯定，家长觉得你就是带小孩的，在乡镇当老师，差不多就是被当成保育员对待"。不过小 M 态度相对较含糊，她说"没有愿不愿意啦，主要是那里的人文关怀还不好，与在乡镇无关"，人文关怀不好指的是遇到困难教师不支持，园长不理解，包括 C 说到的生病了园长不让休息等。似乎只要有人文关怀，乡镇也是可以的。

对于是否愿意终生从事幼教事业，"自主选择"的三名学生中小 J 本来"喜欢"幼儿教师的职业，但"实习支教后对这个专业产生了疑惑"；小 M"本来是充满信心的，（现在）有点动摇，觉得其实幼儿园也没有想象中的那么单纯"；只有小 Y 支教半年仍然愿意终身做幼儿教师。"被动选择"的三名学生中小 C 和小 P 明确表示"不愿意"且坚定了改行的决心，因为"在这个岗位上没有收获到幸福感"，"本身就不是很喜欢教师这个职业"，小 L 则说虽不敢保证终身，但说"我觉得应该会工作好多年吧！"

认同感是一种社会心理稳定感，具有群体性或社群性。一般认为，课堂教学实践是职业认同形成的唯一途径，职业认同需要在课堂实践中证实。[289] 因此世界各国都把延长实习时间作为师范生获得职业认同的积极措施。但是本研究表明，仅仅延长实习时间并不必然导致职业认同。Sugrue 分析了影响职业认同的因素，提出实习教师对职业认同的默认和改变与教学理论有关。[290] 而教学理论最重要的来源是教师"自身的教学经验和反思"以及他们"和同事的日常交流"。[291] 也有人认为，"在实习环境的构成要素中，人际互动对实习生身份认同的影响最大，而人际话语沟通是人际互动中最显著的方式。认同的过程是在外部权威话语和内部话语的张力作用中伴随着自我效能感的提高而实现的。"[292] 可见，职业认同的形成，在较长的实习时间的条件下，还要加上对实践经验的反思和对话。这些还不是全部。有研究表明，影响教师职业认同的因素还包括职业情感、职业薪酬、职业环境、职业声誉地位等多个维度[293]。职业认同与工作满意度呈非常显著的正相关，与职业倦怠呈非常显著的负相关[294]；职业认同、工作满意度和情感承诺呈显著正相关[295]。

六名学生不愿做乡镇教师的原因也是一个多元因素的组合体，除了乡镇幼儿园地理位置偏、经济条件较差、工作负荷大、社会地位较低等原因外，最重要的是缺乏专业成长的良好环境。此外，无论是城区幼儿园还是农村幼儿园，指导教师大多把实习支教生当作减轻自身负担的资源，没有为实习支教生做出敬业与奉献的榜样。而园长则把实习支教生当作免费的代课教师，对实习生的人文关怀相对不足。调查的四所幼儿园中有三所，实习支教生都与园长有着这样那样的矛盾。这对支教生形成负面的职业情感影响相当大。"自主选择"的学生可能因为本来喜欢孩子才能战胜负面的情感仍然愿意当幼儿教师。总之，实习教师对教师职业身份认同的实现是其不断与实习环境的多种构成要素之间互动的结果。

三、研究结论与思考

（一）结论

1. 影响实习支教生专业生活状态的因素错综复杂

综上所述，导致实习支教生师幼互动实践困境在于实习支教的学生受到的实习指导内容不全面、实习指导方法不规范、实践课程顺序安排不合理以及缺乏内部学习动机等因素；导致城区实习指导不到位的因素包括实习时间过短、指导老师任务繁忙、指导压力大、实习生没有主动学习的动机等；导致农村支教点实习指导老师放手不管的原因则主要在于其不具备指导的能力以及工作量过大。农村幼儿园教师编制短缺、现行法律对支教学生法律地位并没有明确界定是"工作累""地位低"的主要原因。造成专业失败感的主要原因在于对实践经验缺乏理性反思，以至于实践停留于机械重复的状态。影响实习支教生职业认同的因素则十分复杂，涉及教师是否能够通过反思形成自己的教学理论、是否能够与专业人员合作与交流、对工作是否满意以及幼儿教师职业的社会地位等各个方面。

2. 专业生活状态的体验与专业性向有不可分割的关系

专业性向是指适合教学工作的个性倾向（人格特质），如耐心、爱心、情绪稳定、心理健康、平衡、泰然自若等，更多是人先天所拥有的特质。[296] 世界不少国家选幼儿教师时都要求其良好的个性素质，关键是"喜欢和儿童在一起"。本研究发现"半中心参与、边缘地位"是实习支教生专业生活的一般状态，具体表现为"乱"与"放"，"累"与"低"，"差"与"怕"。即实践中常面临混乱的局面，但指导教师却对她们放手不管；承担了幼儿教师的中心工作（除决策之外），身心疲累，但却处于实习生的边缘地位；较长时间体验着"差"而无成就感的工作状态，以至害怕做农村幼儿教师，职业认同未能形成。但是不同的学生体验有一定的个别差异。本研究在对"自主选择"和"被动选择"两类学生做比较时，虽然其他各种体验有些趋同，但她们遇到的最大困难明显分为两类，前者一致谈到技能方面的困难，如制作教具、绘画、早操编排等，而后者不约而同谈到班级组织与管理的困难，似乎前者在与孩子的沟通方面比后者更顺利，而且自主选择的三名学生都表示"喜欢孩子""和幼儿相处非常愉快"。这三位虽有两位明确不愿意做乡镇幼儿教师，但仍然愿意终身做（城市）幼儿教师（虽然有些动摇与疑惑）。在被动选择的三名学生中小 L 觉得自己会较长时间做幼儿教师，虽然高考时是被调剂到学前教育专业，但从其实习日记来看，她不仅很喜欢孩子，文字间还处处表现出乐观与幽默，对于被搬到破屋子住的事，也能坦然接受。因此，专业性向可能是造成相同场景不同体验的关键因素之一。

（二）研究启示

选择实习支教的参与者不能忽视其专业性向。改善生存状态的措施涉及方方面面，包括高校培养方案的优化、政府相关政策的完善、幼儿园指导教师队伍素质的提高、农村幼儿园整体生存环境的改善、实习支教生个体学习动机的激发等各个方面。对高校而言，要先安排在城市园实习，后安排去乡镇园顶岗，建立远程指导平台，提高实习支教生的行动研究能力，尤其要对参与者实行"自愿"与"选优"原则，保证其专业性向适合做幼儿教师。所幸这些措施 Z 校均已经尝试实施。

（林贤惠、高珊珊、陈晓云、朱纯真、潘霞、江倩、王铭、陈莹等同学参与了访谈与转录的工作，在此表示感谢。）

相关研究发表于《教育学术月刊》2016 年第 7 期，有删改

第三节　支教实习生生存状态
——实习后乡村执教意愿增强者之视角

"实习支教"是我国教师教育史上一种教师培养制度的创新，每一所师范院校都在摸索着前行。本节希望能够通过4名实习结束后仍然愿意做农村幼儿教师的学生的反馈总结经验，揭示其积极的专业情感与专业认同形成的深层机制，为职前教师的培养提供生动的个案与可能的理论参考。

一、研究方法

(一)研究对象

本研究采用综合式抽样的方法，先请实习支教结束后的同学自愿报名参与初次访谈，共有12名学生报名。然后根据研究目的采用效标抽样、同质型抽样从中选择了4名"专业认同"良好的学生作为研究对象，编号分别为H、A、X、Z，她们的实习园所分别为D、L、N、Q园。

(二)研究工具

本研究采用半结构化的深度访谈聆听实习支教生的声音，同时收集她们的实习日记和实习期间的作业，结合实地观察笔记等进行分析。生存状态指在日常物质和精神环境以及特定的历史文化背景下，人们表现出来的各种生活形态。在查阅已有文献的基础上，本研究把实习支教生的生存状态分为环境与身心健康、专业指导需求与满足、承担的工作与身份地位以及自我实现与专业成长四个方面，据此设计访谈提纲。

（三）分析研究资料

主要参照 Carney（1990）分析抽象阶梯框架进行分析[297]。具体包括初次录音的转录，反复阅读并进行初次登录，辨别资料整体中的主题和趋向，寻找资料中的本土概念和空白点，并根据空白点进行二次访谈，整合两次访谈文本，最终提取出"人情味、很健康、成了小朋友心目中的妖怪？"等 16 个本土概念和"积极职业情感的形成"等 8 个码号进行第二次登录，最后结合其他资料解读与检验每一个本土概念的基本含义。

二、支教实习生眼中的生存状态叙事

（一）环境与身心健康

1. 园所"破旧"但有"人情味"——物质与精神环境

两名学生谈到园所"破旧"（小 X 没谈到、小 Z 所在园刚换成新园舍）、小镇"偏僻""空气质量差""硬件设备不完善""师资匮乏""教玩具少""没有区角"等，但几名学生一致认为当地村民很"热情"，小 X 说"家长会请我们吃饭"，"老师很喜欢我们"，她日记中写到"刘老师煮的菜很好吃，像是在家里一般，很幸运遇到的老师那么好，那般照顾我们……"（9/26）；小 A 原以为那"是个蛮夷之地"，后来发现"是一个人情味很浓的地方"，"园长很爱我们（因为我们平时工作积极主动）"；小 H 与老师"相处得跟姐妹一样""保育员像妈妈一样照顾我"；小 Z 说支教点"山好水好人更好，民风淳朴哦"，日记多处表达感动，如立冬那天园长"帮我们这三个实习生进补……心里暖暖的"，在钟老师家"度过了 2011 年的最后一天……很温馨，有家的感觉"。

2. "很健康"" ——稳定的健康状况

四名学生中，三位的健康状况稳定，"睡得好""心情愉快""很健康"，一位偶尔有"感冒"。进一步阅读 4 人的日记，几乎没有提到生病的情况。

有研究认为，幼儿教师的心理健康水平比一般人要好得多，他们在人际关系方面较少产生问题，行动积极。[298] 也有研究认为，农村幼儿教师整体生活满意度较高，专业认同度与专业热忱高，总体精神生活处于较为丰盈的状态 [299]。从当地的园长和教师对实习学生的爱与关心来看，她们的心态似乎与这一研究结果一致。传统乡村社会的"人情味"在这些小镇仍然保存着，给了实习学生一个较好的精神家园。

（二）承担的工作与身份地位

1. "轻松"或"辛苦"——不同的工作量及体验

小 X 和小 Z 没有顶岗，她们觉得"轻松"，小 X 每周都会组织 3 个半日活动，其他时间协助工作。小 Z 说："在乡镇中，我们幼儿园的师资算是最齐全的，每个班都有两教一保。"因此，她一周只需负责 2 个半日活动。进一步翻阅她们的实习日记，发现仅小 Z 在开学第一天和期中某一天两次提到累。小 H、小 A 是全职顶岗，她们都觉得"真的很辛苦"，"因为一整天你的一双眼睛要盯着三十多个小朋友，而且还不都是乖乖坐着，会到处乱跑。随时都怕他们发生什么事。"小 H 早上 7 点多工作到下午 5 点多，每周负责 5 个半日活动组织，其他时间配班；小 A 一般负责 7 个半日活动组织，其他时间配班。

从学生们的反馈来看，顶岗的学生都会觉得累。是实习还是顶岗与幼儿园的教师是否充足有关。笔者 2011 年 5 月在 Y 市各乡镇中心园调研时，各园普遍缺教师，N 园 5 个班、Q 园 3 个班、L 园 4 个班均无在编教师，只有离市区较近的 D 园 6 个班有 5 位在编教师。随着《国务院关于当前发展学前教育的若干意见》的颁布，"学前教育三年行动计划"在福建得到落实，2011 年全省计划新增幼儿园教师 3853 名[300]，Y 市作为县级市当年新增 50 名。因而九月新学期时各个乡镇园基本都有了编内教师，Q 园在编 7 名，园长也是新调去的。N 园六个班则共有 18 名教师，所以在这两所园的实习生都不用顶岗。D 园本来教师充足，但由于当年教育局有明文规定各班的幼儿人数，很多小朋友因名额的限制而不能入园，导致家长闹事，园里临时扩招了一个班，（9/2）所以小 H 就得顶岗。L 园最为偏远，之前因为缺乏师资而停办，2010 年得益于 Z 校 2007 级 5 名实习生的支教而恢复运营，2009 级的同学也仍然要顶岗。

2. "实习生"或"免费劳动力"？——身份与地位

四名学生几乎一致认为支教园对她们比较"重视"："每周组织例会要求都到"，"没有被忽视的感觉"，六一节的表演小 A 还担任了主持人。但小 A 对本班的"指导老师"有些不满。小 A 在一次排练后反思了自己的地位问题："今天开始排练（六一活动）走秀部分，把我气得最后胃疼……从节目的挑选、音乐的选择、舞蹈的编排、动作的设计、服装的准备大大小小的事情都由我全权负责……有时会想我们实习生来到这边到底是被当成了什么？……我们似乎就是一任劳任怨的免费劳动力。做牛做马不说，还有可能受到别人的蔑视。虽然（别的）老师对我们很好，但是想想还是会有那么点不是滋味。（5/15）"

小 A 多次强调自己"实习生"的身份，强调自己是来学习的，应该得到指导。但在教师编制不足的 L 园，实习生更多地像"代课教师"。她们承担了一位以上教师的工作量，却没有代课老师那样独立的社会地位和相应的经济待遇。四名学生一个学期后每人总共领到 1000 元的支教补贴。目前，我国有各种支教政策，包括"研究生支教团""西部志愿者计划""农村硕士""三支一扶""特岗计划"等多种形式，这些支教都是选择大学毕业生到农村支教，有各种政策的支持。[301]但实习支教是尚未毕业的在校学生到农村去实习同时支教，其唯一的政策依据是 2007 年教育部颁布的《关于大力推进师范生实习支教工作的意见》，现行法律对实习支教学生法律地位和待遇并没有界定，因此他们的身份是不明确的，权益也得不到保障。

（三）专业指导需求与满足

1. "成了小朋友心目中的妖怪？"——实践中的困境

大家遇到的困难包括"家长工作（小 H 和小 X）""游戏活动的组织（小 Z）""布置环境方面和写教案（小 X）""突发情况处理（小 H）"，小 Z 等几名学生还遭遇了"编早操失败"。但大家共同的困难则是"教学组织"与"建立班级常规"。小 A 曾十分深刻地反省自己："……现在的自己已经很少会蹲下来与孩子对话，突然想起大一时老师介绍我们看的电影《看上去很美》……对照自己，也许自己在小朋友心目中也和妖怪一般，只会用小红花、各种奖励要挟他们，强制他们……做一个听话机器……逐步扼杀孩子的天真、童趣。可是要做一个既可以保护住孩子的天真与想象，又让他们遵守纪律的老师真的很难！（4/25）"

很多研究都发现了实习教师或新教师与幼儿交往的困境[302]，包括如何做到亦师亦友、如何兼顾团体需求与个别需求。有研究认为这种困境是因为新教师缺乏良好的教学效能感和教学监控能力，在教学中存在着较多的无效行为、低效行为或无关行为，不能根据教学情境的变化灵活地采取恰当的教学行为。[303]本研究中的四名学生都是在只有两周见习经验的基础上开始实习或支教的，一切都在摸索之中，还需要不断尝试各种与孩子互动的方式。

2. 褒贬不一——多样化的专业指导

学生在乡镇实习期间，Z 校与 Y 市教师进修学校还为师范生提供了周末培训、轮流实习等指导活动。轮流实习指每位在乡镇园的实习生，有两周的时间进城跟班学习；周末培训团队由 Y 市实验幼儿园和机关幼儿园骨干教师组成，在周末对实习生进行各方面的专业技能培训，每位老师讲一个自己擅长的专题。此外，每一届实习生组织一次说课与片断教学比赛。四名学生对这些指导有何体验呢？

①"我什么都不会"——小 A 的"指导老师"

小 X 谈到"支教园老师很负责，会去听课，提意见、指导的内容包括教学、写教案等方面"；小 Z 说"幼儿园的老师对我们都很用心……"她说指导老师（小学转岗，孕妇）"人很好，平时很照顾我，也给我在教学上提出了宝贵的意见，她有时候也会跟我说一些交际方面要注意的问题……（有一次）居然挺着个大肚，爬到半山腰的宿舍来指导（说课）。"小 H 见习了两周后，开始顶岗，她和指导老师（蔡老师）两人搭班，蔡老师住市区，早上以小 H 为主，下午以蔡老师为主，两人分工合作，配合还不错。小 H 谈到蔡老师在教学方面、怎么能够引起幼儿的兴趣、与家长沟通的方法等进行了指导。只有小 A 说指导老师"完全不管"："见到了班主任 L 老师，她对我说的第一句话是'我什么都不会，还要向你请教'，我瞬间呆掉。我是来学习的，没人指导怎么行！（2/10）""和我们班这个老师确实不太好沟通。我曾经试图把我的想法告诉她，希望她能给些建议，可是每回她都回答：'你觉得怎样就怎样做吧。'她有事都让我去做，而且从来不给我任何指点，以至于现在有些事情我也觉得没必要和她说了，基本上都是我们各做各的。这种相处模式很糟糕，我和她对孩子的要求不同，所以很难使孩子建立良好的常规……比如我要求孩子有良好的秩序，上厕所、进卧室都要排好队，可是她每次都让他们随意进出。（2/28）。"小 A 和园长提过 L 老师的事，园长说她自己每周安排两节音乐课在小班，可以供小 A 观摩学习。不仅如此，有时候 L 老师还对小 A 的工作起到干扰作用："吃早点的时候，L 老师又开始练琴了……班上也吵得要死，琴声吵得我没法管……

后来我让孩子看书，琴声还是没有停过。现在对她已经很不满了（3/5）。"

指导教师与实习生师徒关系有四种类型，即合模式和谐、疏离式和谐、投契式和谐与区隔式和谐。对个人教学效能感的提升上合模式和谐作用最大，疏离式和谐与投契式和谐次之，区隔式和谐作用最小。小 X、小 Z 和小 H 与指导老师的关系大致属于合模式和谐，"合模式和谐关系"在于双方都能按照自己角色的规矩、责任行事，"大多经历着理性、平和、安定、踏实、配合良顺、情理兼顾的感受"[304]，她们的指导老师在一定程度上履行了指导任务。不过，小 A 与指导老师的关系不属于以上任何一种，二者之间不和谐，有一些小冲突。L 园只有 3 位在编教师（含园长），L 老师是幼儿园自聘的编外教师，同时是当地中心小学的校长夫人，这种冲突关系的形成可能存在多种因素，如作为校长夫人可能有某种优越感，作为编外教师又可能缺乏主人翁意识，或作为偏远地区的农村幼儿教师可能平时工作量太大等。据一名学生说 2011 年 Y 市出台新文件，规定代课教师工资封顶 1200 元，在原来 1600 元的基础上下降了400 元，而且面临下岗命运。该生日记中写道："规定一出，打垮了几个代课老师的干劲，没了上课的心情。她们商量着在临走前把自己的心声以某种方式反映出来。"不过，笔者查阅有关文件，并未见关于代课教师工资上限的规定。在教育部、人力资源和社会保障部、财政部、中央编办《关于妥善解决中小学代课教师问题的指导意见》指出要"通过择优招聘、转岗使用、辞退补偿、纳入社保、就业培训等多种有效途径妥善解决代课教师问题"。

②"有一些作用"或"学到很多"——在城区幼儿园实习的不同体验

在市区示范园见（实）习的两周，小 Z 认为"有一些作用"，去的那两周"刚刚好是幼儿园训练早操的时候，老师们把重心都放在早操上，都没怎么上课"。其他同学都听较多的公开课。如小 X 第一周平均每天听三节课，可能正好碰上公开课周，她认为"实幼的张老师真好……太幸福啦……每个人出去总会遇到不同的人，我们幸运遇到了个好老师"。她在教学技能和手工方面学到很多。小 A 除了教玩具制作技能、手指游戏方面的收获外，尤其学到了小班孩子的常规培养策略，她回到乡镇后现学现用："首先，利用琴声，让幼儿学会听琴声，听到不同的音乐知道自己该做什么。其次，就是多多表扬孩子。刚开始的时候，如果有一两个孩子做到了就要大力表扬。最后，用手指歌和小朋友互动。"

在实幼的两周见（实）习因为是轮流去，在不同的时段与不同的班级，与指导老师的关系不一样，每个人的体会也不一样。第一，幼儿园的一个学期中每个时段会有不同的工作重点，开学初要学新早操，期中的时候会有各种公开课，迎接各种级别的评估，有大大小小的节日（六一节、元旦节等）活动，有的幼儿园还会有一些特色活动如读书节、艺术节、科技节等，期末整理孩子档案，大班要准备毕业典礼等。因此不同时段去看到的东西不一样。第二，不同班级老师的个性及责任心不一样。调查表明，在学生轮流实习的 11 个班级中，有 5 个班学生不满，有 6 个班获得好评。5 个班差评的原因分别为老师脾气不好，喜欢训孩子；老师把自己的孩子带到班上来；老师冷漠不理人；指导太少，只有上课点评。好评的原因主要是"老师很好"，包括给了很多建议、详细指导、很严格要求等，还有老师很热情、班级常规很好等。

③"偏理论"或"受益匪浅"——对周末培训的不同评价

周末培训小 A 因为太远没去，其他 3 人有两人认为"偏理论，有一定帮助"。唯有小 Z 对周末培训的效果最为肯定，日记中的记录也最详细：早上培训的内容是编早操……如果能在园长把早操的任务交我们之前开设该多好，至少我们的早操就不会编得"惨不忍睹"（11/20）。有一次培训先看教学视频《接着往下排（中）》，然后我们自己设计，老师点评。觉得这次的培训真的受益匪浅，在大学里偏向于理论知识的传授，而这次培训老师会时不时提一些在她平时教学过程中的例子（11/12）。在教授画儿童画的技巧方面，也学到了挺多，关于颜色渐变、色彩的搭配、图形图案，考试的时候如何让自己的作品脱颖而出等。在欣赏她的作品的时候我被深深吸引住了……（11/19）发觉自己慢慢喜欢上了画画……可能是深受上次培训的影响。（11/28）副园长（的片断教学）上的真的很精彩，我们都忍不住鼓掌。不管是从教态、语言组织、设想幼儿的回答……都做得很好，很从容淡定。（12/3）今天是传说中的 Z 老师来给我们培训，真的是太有才了，居然能画出这么多好看的画，而且风格都不一样。还有很多是关于迪斯尼的图片，还学会了一些方便简洁的画法，可谓收获颇多哦。（12/17）这次音乐游戏培训不单单只是口头传授，还让我们亲身体验，让我们也参加到游戏的环节中，更直观让我们感受音乐游戏所带来的乐趣（12/18）。

培训内容与方式是影响学生评价的关键因素。第一届实习生周末培训还存在过于偏理论的问题，经过调研反馈，第三届的周末培训内容与方式逐渐得到改进，更多落实到学生的实践技能培养，同学们不满的内容减少。路途的远近也是影响学生反馈的因素之一。因为学生们分散在七八个乡镇，有的离城较远，路途的遥远影响了学生们参加培训的积极性。如小 A 所在的 L 园距城约 100公里，2 个半小时车程，得坐早上六点左右的车才能赶上九点的培训。在 L 园实习的历届学生放弃参加周末培训的居多。

（四）自我实现与专业成长

1. "活动成功激发了我的课程生成"——教师的实践智慧初显

四名学生都认为"收获很大"，收获主要表现在"教学""班级常规""绘画、手工技能"等的提升上。小 X 的整本日记几乎找不到负面情绪，心态非常好，不急不躁，一点一点的进步，包括"第二次上课顺畅""得到家长的认可"、学了好多"手指操"和"群体游戏"，"怎么让孩子睡得更安稳，如何帮小朋友盛饭"等。小 A 最初就是想去锻炼自己，她最自豪的是"教具制作大赛获得了全园的第一名"，"六一"汇演她是主持人，她排的节目挺成功，孩子的"常规变得好很多"。小 H 认为"一周之后适应了""有成就感"，懂得了怎么"与孩子有效地互动""怎么做能让孩子喜欢你""（教学）怎么设计让孩子觉得不会枯燥"，得到了"配班老师的赞赏"和"孩子的信任与喜爱"。从她的实习日记来看，实习半个月第一次组织活动《手指真灵活》就取得了"小小的成功"（9/13），她很善于反思，当组织手工活动《热带鱼》折双三角形的环节孩子"全都乱套"后，她"打算利用图谱再上一次"，并把双三角形的折法编成了一首儿歌："变变变，变出一座山，两个小朋友来爬山，你往前趴，我往后，到了山顶再分开"（9/14）。她也能根据孩子的兴趣应变，并能把孩子的生活自然融入课程，显示出较好的课程生成素养，这在实习生中比较少见。四天假期之后，她开展了讲述活动——我的旅游记，请小朋友互相说说假期都去了哪里，玩了什么，心情如何？她说"讲述活动很成功，同时也激发了我的课程生成，我决定下次开展一个'旅游团'的表演游戏"（10/19）。

有研究认为，新教师教学适应的实质是教师实践性知识的生成和自我的专业成长，主要通过模仿、反复实践和打磨、教学反思、对反思的反思、积极学习等方式来实现。[305] 只有当她们与幼儿互动的实践经验积累到一定程度，并通过模仿、自我的反思与积极学习内化为"实践理论"，才能在孩子的互动中灵活应变。小 H 认为自己当时"满腔热血，对自己也对孩子们负责……平时生活中，我就是一个善于反思自己的人"。（见 2016–5–11 的追踪访谈）

2. "当幼儿教师是件很幸福的事"——积极职业情感的形成

四名学生今后都"愿意做乡村教师"。大家都"很怀念"实习支教的日子，回想起来"比较幸福""比较美好",虽然"痛苦也是有的"。大家愿意做乡镇幼儿教师的共同理由都是"喜欢孩子"。如小 Z 说她最大的感受是"当幼儿教师其实是件很幸福的事""虽然幼儿园老师的工作很辛苦……责任也很大……但能跟小朋友一起玩耍,跟他们一起相处是一件很开心的事。就算是很调皮的小朋友也有一些闪光点,都值得我们去关心"。小 X 听到孩子们说"老师,早上好!"感到幸福满溢,而且这种幸福感"持续得很是久远的"。当和孩子们玩老鹰捉小鸡后她感到"当幼师,也是件幸福的事"。(10/18)

实习学生愿意当乡村幼儿教师主要是因为喜欢孩子,同时也得到来自孩子的积极反馈。如小 X 的爸爸说她脾气不适合当幼师,但是实习的过程中,她发现自己喜欢孩子:"白天和他们进行户外活动,玩得很开心……我喜欢和他们玩,喜欢回答他们简单又有趣的问题……我也不知道自己合适不合适,可就我现在来说,我是喜欢的。"(9/13)同时她也得到了孩子们的喜欢:"这一天,很开心,很幸福,像吃了甜甜圈……小欣爸爸问孩子最喜欢哪位老师,孩子说的竟然是我。我真是百感交集……我这时就想,应该善待孩子,他们是那样的纯净。善待了他们,也就善待了自己。"(10/17;12/25)喜爱孩子是适合做幼儿教师的人格特点,人们把这种适合教学工作的个性倾向称为教师专业性向。[306]专业性向更多是人先天所拥有的人格特质,也有后天人生经历的影响,如自信、热情、耐心、爱心、有支持力、有条理、情绪稳定、心理健康、奉献精神、合作性强等。喜欢孩子这一专业性向是形成对幼儿教师职业积极情感认同的前提条件,而实习为师范生发现自己的专业性向提供了机会。

四个人也有些不一样的理由。如,小 H 希望"改变乡村孩子的现状",小 X 认为"乡镇有充分展示自己的魅力和技能的空间",小 A 和小 X 认为"乡镇教师工作压力不如市区的大""比较没有升学负担",小 Z 认为"乡镇的老师比较不会出现钩心斗角的事,相处会比较融洽。"

三、研究结论与思考

（一）"人情味"给了实习学生成长的精神家园

　　四名学生在实习支教期间身心健康状态良好。农村小镇还保存着传统乡村社会的"人情味"，给了实习学生一个较好的精神家园。但也存在一些不利于实习生身心健康的因素。如，个别偏远乡镇中心园因教师缺编而导致顶岗实习学生工作量过大，与编外教师之间产生矛盾冲突等，实习生权益得不到保障。在工作量及体验方面，没有顶岗的学生觉得在乡镇实习很轻松，她们的实习日记中几乎找不到负性的情绪，她们在实习的幼儿园也能得到一定的指导。但顶岗的同学觉得很累，日记中的负性情绪相对多一些。偏远乡镇中心园教师缺编还需要得到持续的关注。

（二）大环境的融洽关系有助于化解小环境的紧张关系

　　实习生面临的共同困难是"教学组织"与"建立班级常规"。这对新教师而言是正常现象，她们的成长要通过模仿、反复实践、反思、积极学习等方式来实现。顶岗的两名学生虽然没有模仿的对象，其中小 A 与指导老师关系还有些紧张，一般来说，"消极、紧张的人际关系可能造成实习教师的情感枯竭，无法对教师职业形成认同"[307]，但四名实习生最终都对幼儿教师的职业形成了积极的情感认同。可能是幼儿园大环境的融洽关系给小 A 提供了较广的人际支持网，包括幼儿的爱与喜欢、园长的信任与重视、家长的信任与肯定、园内其他老师的关心，因而她的美好回忆总体多于痛苦的回忆。小 H 的成长可能同时还得益于她的善于反思。对于影响实习生职业认同的因素，主流研究均持有一种社会建构的观点，即实习生对教师专业身份的认同是与"重要他人"包括指导教师、同伴、学生、亲朋等互动建构出来的。[308] 从本研究来看，实习生与幼儿的积极互动是影响其对幼儿教师职业认同的关键，同时，指导老师、同伴、家长、园长等都是实习生成长的重要他人。

（三）"专业性向"与职业幸福感密切相关

四名学生的专业成长包括实践智慧初显、对乡村幼儿教师职业的积极情感的形成等。情感是影响专业认同形成的内在因素之一。影响实习教师专业认同的积极情感包括周围的人对实习教师的认可与支持，克服困难与不和谐并赢得学生的尊重，尤其是师范生对教师工作的喜爱可以激发强烈的专业认同。[309] 本研究发现，具备"爱孩子"的专业性向是实习生专业成长的前提因素，因为爱孩子、喜欢孩子，她们也得到了孩子的爱和喜欢，进而获得更多的职业幸福感。因为"孩子们所喜欢的是那些本来就喜欢孩子、离开孩子就不行、而且感到跟孩子交往是一种幸福的人"。[310] 对孩子的喜爱促进了对乡村幼儿教育的责任感和积极的职业情感认同。此外，多样化的专业指导也起到一定的补充作用，在示范性幼儿园的两周，大家"学到很多"，周末培训对小Z的作用尤其明显。

（四）实习的过程是一个专业性向自我发现的过程

这是本研究的一个意外发现。我们原本想要探究在农村实习学生的生存状态及其发生机制，但我们同时发现专业性向是需要通过实践得以发现与明确的。很多人在实习之前并不清楚自己到底是不是适合做教师，有些原本认为自己适合做教师的人也可能在实习之后发现自己并不适合。所有的人通过实习都会获得一些实践技能，但在职业情感方面却会出现两极分化的现象：经过实习后，有的因挫败感而想转行，有的则感受到幼教工作的兴趣与成就感。[311] 可以说通过实习，师范生发现并明确了自己是否具备教师所需的专业性向。莫里森（Morrison，2013）对13名在南澳大利亚的薄弱学校工作的新教师研究后发现，通过实践，有的教师（如 Emily）"对自己长期以来的信念提出质疑"，她"原来一直认为自己是一个适合教书的人"，但是经过一段时间的实践，发现自己面临太多的独自无法解决的挑战因而决定离开教师行业。[312] 本研究中有三名实习生是被调剂到学前教育专业的，但她们都在实习中发现了自己喜爱孩子的天性，体验到了当幼儿教师的"幸福感"。鉴于专业性向与职业幸福感的密切关系，如何增强师范生的专业性向与教师职业的匹配度值得大家关注。如可以通过提供职业体验机会引导学生尽早发现自己的专业性向，从而能够根据专业性向选择报考专业，师范院校的大类招生与分流应真正体现对学生专业性向的尊重。

相关研究发表于《教育评论》2017年第2期，有删改。

第四节　给孩子幸福的童年
——小 S 同学生存状态个案研究

我想为小 S 单独写一个个案。首先小 S 当过班长，我对她印象特别好；其次我喜欢读她的实习日记，我常常被她的日记感动；最后，我曾经遇到必须尽快从学校宿舍二楼搬家到七楼的问题（二楼需要尽快腾出来给民族教师培训班的学员住），当时我爱人在外地读博士，孩子又小，在我疲惫不堪时，小 S 主动带领几名学生帮我打扫卫生，本研究也算是表达我对一名优秀学生的谢意吧。同时，在展现她支教期间的生存状态的基础上也着力揭示其积极的专业情感与专业认同形成的深层机制，希望为实习教师的专业成长与培养提供有益的参考。除了访谈，小 S 的实习日记也是本研究的重要资料来源。前面的资料整理完成一段时间后我又约小 S 写了一篇自传，以便能够在她完整的人生经历的基础上来理解她。

一、小 S 同学自传

父亲的宠爱

1990 年农历十二月廿四的这天，我在沿海的一个小村庄里出生了。后来，听我妈妈提起，她生我的时候，同一天出生的孩子里只有我一个是女孩，那些生男孩的妈妈们都跟我妈妈说，等我爸爸来看到生女儿肯定会不开心。我妈肯定地说不会。事实上，我爸到医院之后看到生的是女儿，开心得不行。我一直认为肯定是因为这样，才导致现在的我跟男孩子一样的性格。我爸告诉我，我出生的那会是我家最富有的时候，所以可能也有一部分觉得我带来了福气，本来就疼女儿的他打小就特别疼我，我童年的所有美好的回忆都是跟他有关的，他是我生命中特别重要的存在。

从小爱学习

我是农村长大的孩子，我的童年都是在山里，在河边，在树上，在田里等地方晃荡着长大的。所以直到现在为止，我都没能像我妈妈希望的那样成长为一个安静温柔的女孩子，有着一颗特别不安分的心。我爸爸告诉我，我比同龄所有的孩子都早开始读书。那会儿我的隔壁邻居是幼儿园老师，她在自己家开办了幼儿园，还没到岁数的我，会自己偷偷躲在门口听老师讲课，爸爸看我那么喜欢，就跟老师商量提前让我坐在里面开始学习。小时候我还喜欢跑到隔壁姐姐家借中国名著看。老实说，爸爸说的这些我一点印象都没有了，我才知道我小时候这么爱学习。长大后的我依然喜欢读书，我一直觉得读书是一件很幸福的事情。

遇上好老师

1997年，我在我们家附近的小学开始了我的读书之旅。大概是还没开窍的缘故，我的成绩特别不好。印象特别深刻的是，那会儿就算被别人欺负，老师也从来不会帮我。村里的小学只办到二年级，所以三年级的时候我转学到隔壁村，也是我们附近最大的小学里读书。我突然就变得特别爱读书，成绩也越来越好，四年级的时候我已经是学校出名的好学生了。也就在这个时候，我遇到了生命中很重要的启蒙老师——教我语文的卓海云老师。我到现在都记得她温柔美丽的样子。她不只是教我读书，还教了我如何更好地面对自己，面对生活，她帮我磨掉了被爸爸宠着长大的所有娇气，让我变得坚强。一直读到小学六年级毕业，我都是特别优秀的存在，不只是学习好，各项课外活动我也都积极参加并能获得优秀成绩，不过老师让我学会不骄傲，所以往后不管我获得了什么，我也从来不会因此而洋洋得意，反而更能脚踏实地。

第二个人生导师

2003 年 9 月，我以优秀的毕业成绩考入了中学，开始初中生活。因为入学成绩比较好，班主任也一开始就比较关注我。后来的我，不止一次地庆幸初中三年遇到了这么好的老师，还有陪伴我整个初中生涯的同学们。小学毕业的时候，我爸爸就出国了，在青春期最容易叛逆敏感的时期，他并没有跟我一起经历，幸运的是，我遇到了我第二个人生导师。他的鼓励和欣赏还有支持，让我初中三年依旧优秀地完成了学业，并很好地养成了自己的性格。这些累积的财富在往后的每一次挫折都帮助我许多。

意外录取学前专业

可惜的是，中考失利，我并没有考到理想的高中，但我属于比较随遇而安的类型。高中三年，从之前的走读生变成了寄宿生，第一次住在集体宿舍，不安有，兴奋也有。但是也成长了很多，不再像初中时那么单纯，我发现原来除了读书之外，还有很多复杂的事情，我们需要思考的东西还有很多，需要选择的也有很多。高中三年，我的语文成绩都很好，在高考报考的时候我选择了师范院校，我一直觉得一个老师对学生来说特别重要，因为我自己就深受影响。我也很喜欢中国文字，所以报考的时候无一例外地全部选择了汉语言文学，然而命运爱开玩笑，中考失利之后，高考再次不尽如人意，我没有考到自己想要的专业，反而是学前教育专业。说真的，录取结果刚出来的时候，我看到这四个字愣了有十分钟之久，才打开网页百度，我甚至连这个是什么专业都不知道。了解之后，我安慰自己，也挺好的，看着好像可以学好多琴棋书画的样子。

那里更需要我们

2009 年 9 月，我一个人拖着行李箱，离开家，坐了七个多小时的汽车兜兜转转来到了我的大学。真正地开始专业学习的时候，我也就慢慢爱上了它。对我来说它是新鲜的，是不曾接触过的，跟大多数人一样，我对它一开始的了解就是教幼儿园。深入了解之后，我才知道它是那么有趣，那么不可思议。大学四年，我努力学习，吸收关于它的相关知识，也取得了比较好的成绩。大三实习支教的时候，跟另外四个同学一起选择了当时条件最差的 L 园，我觉得那里更需要我们。半年的支教生活让我对这个专业的理解也更加深刻，我也更加清楚自己的方向和想要实现的目标，我想让孩子们真正地享受幼儿园生活并能从中收获幸福的童年。

毕业之后，我选择考回了自己的家乡，分配幼儿园的时候，也选择了离家最近的那所刚建立的幼儿园……

二、小 S 同学生存状态叙事

（一）环境与身心健康

小 S 说："虽然我们这边比较简陋，但是不知道为什么我们都住得很开心，还觉得特别好，也许是这里的人很热情吧！"

1. 偏远——L 幼儿园的环境

L 园最为偏远，离市区三个小时，坐落在河边。2010 年之前，这所小学附属幼儿园办过，后因为缺乏师资而停办。网上"关于 2009—2010 学年下学期开学检查的情况通报"表明，该"中心园没有教师、园舍破损，无法开展教学，10 名学生寄在民办园学习"。后来政府投资了 30 多万元重建，落成一栋两层楼的房子，活动室的面积都很小。

2010 年 9 月我校 2007 级 5 名实习生（2 名男生，3 名女生，后来有 2 名女生请病假回家了）的支教让这所幼儿园得以恢复运营，这一年招了 110 个孩子，分为 4 个班。最初，实习生住在重建后的幼儿园里，条件不错，有洗衣机、热水器、宽带（努力争取，到 11 月中旬才有的），每个班还有一台电视，还有 DVD。但当时管理上是"公办民助"，把私立园的园长请过来管理，园长舍不得购买教玩具，甚至连与教材配套的挂图、磁带等都没有。每个班只有最简单的积塑，小中大班都一样。实习生想做环境创设，园长说没必要。座谈时学生们多有抱怨："我们一来，园长就把原来的教师辞退了，把我们当劳动力。""这边很穷，什么都没有，很多课没条件上。""有一次我们去买了最基本的教具、纸笔等，才花了 60 多元，园长还把我们说了一顿。她说'做教具都没必要，你能不用教具把孩子吸引住才算本事'，只让我们在黑板上用粉笔画。园长最喜欢我们用粉笔画。"不过，在心理环境方面，学生们反映"在乡下更多感受到的是人文主义的关怀……有个老师嫁女儿邀请我们过去，我们跟乡镇机关的领导也是经常见面"。2007 级的两名男生非常受欢迎，其中一名男生实习的第二天就被任命为代理副园长，在当教师的"主业"外，还要当保育员、门卫、电脑修理工、电子琴组装师傅等。他带头在幼儿园里创设了种植区和养殖区，种上小白菜、萝卜、芥菜、芹菜等蔬菜，养起了小鸡等，为幼儿的科学教育开辟了实验园地。另一名男生担任元旦晚会总导演，排演了该镇有史以来从没有过的晚会，得到了当地领导和群众的高度评价。2011 年上半年 2008 级去了 7 名实习支教的学生，除此之外，幼儿园没有一位教师，只有两名看孩子的保育员，再加园长。

2009 级的学生实习时 L 园仍然是 4 个班，有了 1 位正式的园长、2 位正式教师和 2 位自聘的非专业教师，实习生仍然要顶岗。这时候设备仍然"很不好，需要什么资源都要让园长去市区买。也没有大型的玩具，只有一个大的滑滑梯，小朋友都没得玩"。在管理方面，幼儿园的例会要求实习生都参加，"但园里没有一个很完整的制度"，往好的方面说，园里把孩子们交给实习生，给了他们教育教学上充分的"自主权"，实习生"一个人当班"，他们"想做什么都可以去做"，其实是幼儿园缺少师资，更缺少对实习生的指导能力。

2. 生病——健康状况欠佳

小 S 他们住在镇上弃用的车站二楼改成的宿舍。中午在幼儿园吃饭，免收伙食费。她说实习支教期间"心情挺好的，睡得也很好"，但是身体上生病的次数却比较多。日记中 6 次提到生病，有一次休息了四天，有一次休息了半天，其他几次都硬撑着没请假，因为幼儿园缺人，没有老师可以顶替她。在生病的时候她仍然坚持去参加培训。其中两篇摘录如下："早上醒来的时候发现自己生病了。喉咙好疼，头特疼，而且咳得厉害，感觉自己发烧了……但只能挣扎着起床，因为人手已经很不够了……"（2/23）"昨晚也没睡好，早上没吃上早饭，结果在车上连吐都吐不出来，下车的那瞬间，反胃让我连走路的力气都没有了。头开始疼，肚子连着胃一起抗议，整个早上都很难受。午饭很丰盛，只可惜我实在无福消受，没怎么吃。等到一天结束，坐上返回的车时，我整个人快虚脱了。"（5/5）

因为小 S 是 5 名学生中生病次数最多的，我特别反复读了她的日记。发现她的情绪波动也是五名受访学生中最明显的一位，情绪最易随着小朋友行为的变化而变化，因孩子的"乖"而感动而幸福，因孩子的"皮"而"抓狂""气到吐血"等，情绪的波动可能也与她的多次生病有一定的关系。比如她的日记中 19 次写到与一名调皮的"G 小朋友"爱恨交织的交往过程，举其中三次为例："G 骑着木马一直去压女孩子的跳绳，害得我一直盯着他（但他后来主动帮忙修好了松掉的跳绳）……下午我都被 G 缠着……要多亲密就有多亲密啊……

我发现他其实是很缺乏安全感的孩子，很需要人关心。"（2/13）"G 抢别的小朋友的玩具，屡教不改……画画课的时候，竟然极其认真安静……悲剧的是，他一画完就开始四处用画笔破坏别人的画……"（2/28）"几乎成为每一天会发生的事，G 又打架了，今天更狠……C 的脸被抓得惨不忍睹……我是彻底不知道该怎么办了……我真的不愿意看见他以后变坏……保安大哥说 G 是三代单传的孙子，所以他家里人宠上了天。"（5/14）

（二）承担的工作与身份地位

累——工作量及体验

小 S 在中班，她说班上"有全园最难管的小朋友"。实习期间，她平时周一到周五都在幼儿园上课，周末还自觉到幼儿园做环境创设、备课。问她对支教生活的感受，她的回答不太确定，有时说"不觉得累"，有时说"虽然山里面很累，但是很充实"。但从她的日记来看，她是感到很累的。她平时每周组织 6 个半天教育活动，其他时间也很忙的："白天在班上基本没有什么空闲时间，连有人打电话我都没办法接（2/16）"。"不得不提的累啊！阿汤哥去进行两周培训，Y 老师十分'体贴'地把他的课全让我上了。还安慰我说，等他回来我去培训的时候，就让他来上我的课……为了方便我上课，周计划也让我写了，并说我爱上什么就排什么课。（2/27）""这一周天天排练……把我累得够呛。明天又要坐车去市区培训了。（5/18）"

小 S 的"指导老师"住在市区，每天要坐下午三点的最后一班车离开小镇，平时白天也经常请假，临时把她的任务交给小 S，另一名同学去城里培训的两周期间，小 S 更承担了全班 2/3 以上的任务，因而她的日记中多次提到"困""辛苦""累"等字眼。而前面所说的"睡得很好"其实是因为太累："像我这种平常很晚睡，比较容易失眠的人，刚刚进入这种生活的时候，每天一躺下就睡着了，但是，后面适应这种生活的时候，就不觉得累了。"

"只是实习生"？——身份与地位

小 S 刚去实习支教的前 20 天内，"指导老师"多次请假临时让其代上课或完成其他任务，包括带操、制订周计划等：（2 月 14 日）Y 老师突然进来跟我说，让我下午上课，还给了我她写的教案……（2 月 17 日）Y 老师一到幼儿园就跟我说，她今天请假有事要离开，今天的课由我们两个来上了……连备课的时间都没有……结果可想而知……（2 月 21 日，来园第 13 天）Y 老师让我带早操，"可是口令什么的我压根不知道啊，所以场面很混乱，Y 老师却说，我发现你们的组织能力不是很好啊！（三八节那天）保育员请假参加村里的活动，Y 老师去了办公室，班级就交给了小 S 一个人，因午饭时场面混乱，小 S 感到"分身乏术"，不由感慨"这么忙乱的时候，她怎么还能走呢？我只是一个实习生，经验明显不足……真的累得够呛啊！"不过，小 S 除了偶尔埋怨外，并没发牢骚。

（三）专业指导需求与满足

"怎样靠近孩子的心？"——实践中的困境

小 S 遇到的困难在教学方面包括"游戏活动、音乐活动等的组织缺乏设备与材料（如积木、乐器、表演道具等），数学活动缺乏操作教具，因此，语言类活动是最多的；在班级管理方面不知道如何"建立班级常规"，尤其是如何与类似上文中 G 那样调皮与捣蛋的孩子交往是小 S 头疼的问题，怎么样把这样的孩子"教得更好一点"是她最大的困难。

从访谈和日记来看，小 S 十分爱孩子，支教之初就满怀着美好的职业理想，"很想好好给孩子们，也给自己留下美好的回忆"，但她常常体验着"心有余而力不足"的无奈："来到这里后，看着天真可爱的孩子，我也尝试用爱、用耐心来慢慢教他们，但是，他们根本不听我的。每一次，只能用喊的，用凶的，他们才能安静。我看见他们害怕的样子，沉默的样子，不知所措的样子，我觉得自己好像大灰狼。这样的我，我自己都不喜欢……我想，我应该进入他们的世界，知道他们爱的、喜欢的……发呆、沉默、哭泣，他们的每一个表情，我都想知道他们在想什么……要怎样才能靠近这群孩子的心呢？我很想真正地走进他们的世界，好好帮助这些孩子。（2/29，3/5，3/28）"而当孩子再次表现乖巧时，她再一次怀着美好的愿望。

在获得的指导方面，小 S 的指导老师 Y 老师经常性"不在场"，连她自己的任务都交给实习生，在指导方面更谈不上了，用小 S 的话是"不怎么管"。小 S 与指导老师维持一种疏离式和谐，内心不满，但对于其安排的任务都去完成，他们的互动类似于一种"压迫性互动"。周末培训小 S 虽然坚持去，但每次都因晕车而严重不适，学习效果不佳。同时她认为"周末培训的模式不是很好，老师还是以讲为主"。不过，幼儿园有开展手工制作、区角玩具设计等比赛，还有开展公开观摩课评比等。

此外，我们作为小 S 的大学老师，因为离实习支教点太远，而高校的师资也不足，无法驻点指导，只能轮流去，每次去一位老师，时间为一周。指导老师不分专业，不管哪一个专业的老师去，都要负责整个县级市所有实习支教学生的指导。这样的结果导致所有专业的学生都得不到充足的专业指导。因为要负责的学生太多，每个老师到每个点都只能稍作停留。我 2011 年第一次去实习点指导就深有体会。那一学期总共安排五位指导老师（多为不同专业）轮流指导，每人去一周。在一周之中，我利用一天半的时间跑完了市区五个实习点（晚上还有市区学生赶到我住宿的宾馆请教关于毕业论文的问题），其他时间都用来跑乡镇的实习点，每天至少两个点，与学前专业学生座谈完，有时间就听听课，再利用吃饭前的时间找在同一个乡镇实习支教的小学教育、心理学、体育学等专业的实习学生谈一谈，同时还要抽机会找实习点的领导与老师了解情况。那一周我每天起早贪黑，马不停蹄地跑，到周五晚上为止，仍然有一所乡镇幼儿园没能去，只好利用周六所有实习支教生集中到县城培训的机会再和那所园的两名实习生座谈。我作为学前教育专业的老师肯定重点指导学前教育专业，其他专业我只能附带指导。其他专业的老师去的时候也一样。因此我来到每个实习点时，学生们都反映前几位其他专业的老师往往只是和她们见个面、问几句话就走了。这意味着整个学期实习支教的学生顶多得到高校教师一次时间短暂的专业指导。

（四）自我实现与专业情感

1. "给孩子一个幸福童年"——对"幼儿教师作为教育专家"身份的认同

小 S 的表达很有诗意："从不知道他们一个人的名字到现在闭着眼睛听着声音就能知道是谁在说话，这是一个很美妙的过程。从最开始的气急败坏，到现在的从容……只要能让这单纯的笑容永远留在孩子们脸上，即使再疲惫又怎样呢？……（孩子们）让我明白了一个幼师最开心的不是自己获得了什么，而是你让这群孩子得到了温暖……成为一个合格而优秀的幼儿教师，不是你掌握了多少技能，而是你能让这群孩子幸福快乐……在这里实习让我更坚定自己的教育观念，就是平等对待孩子……"

有研究发现，实习生对教师身份的认识有两种典型的理解：一种认为"教师即学科专家"，孤立地强调学科知识的重要性，强调教师授业、解惑的作用；一种认为"教师即教育专家"，强调"教书还要育人"，将"知识的学习与学习者的心理、社会、文化环境因素统筹起来整体考虑"。[313] 对"教师作为教育专家"的身份认同（也可叫职业角色认同）对于幼儿教师来说是更为重要的，小

S 通过实习认识到"教书育人"的重要性，把"给孩子一个幸福童年"作为优秀教师的标准，说明她形成了对"幼儿教师作为教育专家"身份的认同，认识到了学科知识与教育性知识结合的重要性。在小 S 工作一年多以后，笔者与她聊天时，发现她的理想依然是"给我的孩子们一个真正意义上的童年"。说明实习生对"教师作为教育专家"身份认同利于其在未来的工作中进一步发展作为教师知识基础核心部分的学科教学知识（PCK），从而更好地促进幼儿在知识、能力、伦理和道德方面的全面发展。

2. "愿意做乡村教师"——对乡村幼儿教师职业的积极情感的形成

当问到是否愿意终身从事幼儿教师职业，小 S 很干脆地回答"愿意待在幼儿园，觉得当老师挺好的，以后想开个幼儿园"。再问她"经过实习支教是否愿意做乡镇中心幼儿园的教师"时，她的回答仍然是肯定的，理由是"市区已经有很多老师了，自己去作用不大，而乡镇更需要老师"。小 S 觉得实习支教生活"挺享受""挺喜欢"。在日记中，她描述了这样的情境：很喜欢坐在幼儿园走廊的扶手上，阳光晒在身上，懒洋洋地，看着小朋友们在我前面的空地上开心地玩着笑着，觉得这种生活很幸福……也许条件很艰苦，也许没有想象中那么好，但是，一个月后，因为孩子，我们爱上了那个地方，爱上了幼儿园，爱上了这份职业。（3/10）"这一切的疲惫在面对那些可爱的孩子天真的笑容的时候，就都消失了。"（4/18）当园长让中班大班的孩子去烈日下拔草时，小 S "心里特别不舍得"，"看着他们汗水滑落，手脚都是泥土，甚至还会有蚊虫叮咬，我终是忍不住，直接气呼呼地让他们回教室了……这里的孩子家长都好几天才会为他们洗一次澡，今天拔草的事若不给家长说，孩子们肯定会很难受。我想说，这里的孩子让我很心疼。（5/8）"

小 S 高考时是被调剂的，但她在实习中发现了自己喜爱孩子的天性，形成了对乡村幼儿教师职业的积极情感认同。小 S "最初从来没想到自己会成为一名幼师……来到学校真正接触后，我就爱上了这一职业……我想为孩子们真正地做些事，让他们在幼儿园可以度过美好的时光……我想，我是真的爱那里的孩子"。（3/13）在市区幼儿园培训时，她态度认真，"脑袋里想的都是怎样更好地回去教（支教点）那边的小孩子"（3/19），晚上散步时，她心里也在"想着这里的孩子的未来"，从而下定决心"尽力去做"。（4/17）看得出小 S 在实习中进一步增强了对乡村幼儿教育的责任感。

三、研究结论与思考

（一）小 S 同学生存状态小结

　　小 S 实习所在的幼儿园偏远，硬件条件差，教师和教玩具同样缺乏，实习生需要顶岗，工作量大。与小 S 搭班的"指导老师"每天要坐下午三点的最后一班车离开小镇回市区，因此下午的任务就全是小 S 的（我不知道实习生没去的时候那位老师离开后谁来替她），其实上午那位老师也常常缺席，造成小 S 工作量过大，尤其是班上还有全园最难管的孩子，缺乏实践经验的她常常会陷入困境，以致身心俱疲，常常生病，但多带病坚持。小 S 的心里时时装着孩子们，无论她在哪里，她总在思考着如何给孩子一个幸福快乐的童年。她把孩子的"幸福快乐"看得比"知识技能"更重要，在"教师即学科专家"和"教师即教育专家"两种教师观中，她似乎倾向于后者。她因为爱孩子、心疼乡村的孩子而认真对待实习支教的每一天，常常带病坚持。实习结束后，她仍然愿意今后到乡村幼儿园工作，她深切地体会到"乡镇更需要老师"，我们可以看到她有了一种对乡村幼儿教育的责任感。外部环境的艰苦与她内在积极专业认同形成鲜明的反差。

（二）S 同学生存状态形成的原因分析

1. 外部生存环境的根源探寻

第一，农村教师缺编严重，实习生通过顶岗缓解农村教师匮乏的问题是本来的政策意图之一。从大环境来看，我国农村在 20 世纪 90 年代中后期到 21 世纪初期，全国范围内出现了近十年的农村教师招聘断层，即"十年农村教师荒"，农村教师的短缺以及教育公平的压力的理念倡导，促成了农村教师的多渠道补充机制，包括"三支一扶""特岗教师"计划等[314]。这些计划在短时期内只能是杯水车薪，师范生的实习支教政策也是在这个时期出台。我国在以忻州师院、西南大学、江西师大、河北师大等院校为试点的实践经验基础上，2007 年 7 月，教育部颁布了《关于大力推进师范生实习支教工作的意见》，要求所有高年级师范生到中小学进行不少于一学期的教育实习，强调各地政府和中小学应积极安排和接收师范生到农村学校进行实习支教。2008 年初，教育部师范教育司印发了《师范教育司 2008 年工作要点》，其中第六条就是"进一步推进师范生实习支教"。实习支教已渐成燎原之势，逐渐由点及面地向全国各地延伸。据不完全统计，仅在 2008—2009 学年，全国就有 124 所师范院校派遣了 8.5 万名师范生到 1.6 万所农村中小学校进行实习支教。[315]2010 年 11 月《国务院关于当前发展学前教育的若干意见》指出"以县为单位编制学前教育三年行动计划，有效缓解'入园难'"，乡镇中心幼儿园迅速发展，导致农村幼儿园教师的缺乏较农村中小学教师更甚，去农村幼儿园实习支教的学生必然主要以顶岗为主。此外，地处偏远乡镇园，教师缺编更严重，教师不安心。从具体的生活空间来看，"学前教育三年行动计划"在福建得到落实，2011 年全省计划新增幼儿园教师 3853 名[316]，Y 市作为县级市新增教师 50 名，此后每年都有小幅增长。2011 年 5 月笔者调查了 Y 市八所乡镇中心幼儿园教师的情况，当时在职教师共 75 人，在编教师只有 14 人，仅占在职教师总数的 18.7%，

2014年时一些乡镇园的教师在编率达到50%。2011年时，地处偏远乡镇的幼儿园，教师缺编更严重，分去的教师往往因为家在县城而不能安心工作。

第二，人际交往中的"负性事件"影响健康。一方面，在与幼儿的互动中，个别问题行为的孩子造成的负性事件比较频繁，给了小S巨大的心理压力。学龄前儿童的问题行为相对其他年龄段偏高，在不同的班级又会有些差异，个别班级孩子的问题行为会相对较多，造成频繁的"负性事件"。研究表明，负性生活事件与心理健康成反向相关。[317] 教师的职业压力能预测其躯体化症状。[318] 尤其是学龄前儿童的问题行为容易使教师在躯体上出现各种不良反应，即躯体化症状，包括心血管、胃肠道、呼吸和其他系统的不适，以及焦虑等其他躯体表现。[319] 本研究似乎印证了这一研究结论。儿童健康的行为心理的塑造，需要老师付出大量心血和精力，对于没有经验的实习生来说，那就需要付出更多的心血，可能影响到实习学生的身心健康。也有研究发现"教师情绪来自师生认同、目标、期待与行为四者交互的耦合度"，如教师期待的目标与学生的行为不一致就产生沮丧，学生正面反馈则增加自信心与内在满意感。[320] 小S的情绪随着G的表现而呈现十分明显的起伏，孩子对抗时感到十分沮丧，孩子乖巧时则感到开心。很多研究都发现了实习教师或新教师与幼儿交往的困境[321]，包括如何做到亦师亦友、如何兼顾团体需求与个别需求。如果班上没有令人十分头疼的孩子，实习老师的身体状况似乎也好些。另一方面，小S与指导老师的互动类似于一种"压迫性互动"。有研究认为，"以不对称权力关系为特征的压迫性互动可能限制实习教师的自主性，使其自身拥有的资源无法产生可能的学习和成长力量"。[322] 好在这所幼儿园的园长及当地的家长都挺有人情味，大环境的融洽关系在一定程度上克服了专业成长小环境的不足。

2. 专业成长与专业认同的根源探析

第一，"专业性向"是实习生专业成长的关键前提。我国台湾地区的学者发现：影响实习教师"高意愿—有承诺"任教决定的重要因素是对幼儿教育有兴趣，喜爱孩子[323]；无论普通大学、技职院校或师范体系学校的幼教实习教师，对于想成为一位幼教教师的首要原因是喜爱孩子。[324] 喜欢孩子这一专业性向可能是形成对幼儿教师职业积极情感认同的前提条件，而实习为师范生发现自己的专业性向提供了机会。喜爱孩子的实习生更相信"幼儿教师即教育专家"，认为孩子的幸福快乐比知识技能的学习更重要。研究发现，"相信'教师即教育专家'"或"相信'教师专业本质上是教育学'"的学生更有可能选择教师职业。[325] 因为，认同"教师即学科专家"身份的实习生崇信专业知识，难以形成对教师职业的认同；认同"教师即教育专家"的实习生能够审视专业知识与教育性知识的关系，能够使两种知识形成良性互动，从而帮助实习生坚定对教师职业的认同。

　　第二，实习生在进入师范院校之前的人生经历中形成的关于教师理想身份的"前见"（lay theories）决定了他们学习的内容与方向。研究发现，除了实习期间的观察和自身的教学经验外，生活史也是形成理想教师身份的重要影响因素。[326] 实习教师关于教师理想身份的"前见"很多是在生活过程中慢慢嵌入实习教师的生命之中，是他们进入师范院校之前就存在的关于教和学的"先入观念"。有学者认为，实习教师入校之前关于教和学的信念创造了一个过滤新信息的框架，在课程学习中，这个框架决定学生选择什么信息和忽视什么信息。（cf. Stenberg 2011a）职前教师的信念如此之强以至于他们在教育期间会抗拒改变。（Richardson 1996）小 S 在去实习支教前就认为"乡镇更需要老师"，因而主动选择去最偏远的幼儿园支教，在她的实习总结中有一段话表明了她内心原本就有的一种责任心："我相信'一个人的选择决定一个人做事情的心态'。因为是自己的选择所以我们不会嫌弃这个地方的条件；因为是自己的选择所以不会对这里的孩子有偏见；因为是自己的选择所以会全心全意教育孩子。"小

S 对待农村幼儿教育的这种态度与责任心显然与她的成长经历不可分。比如，小 S 大学期间的后两年担任班长的经历，以及从小到大的所有人生经历都会影响其对教师身份的认同。有研究发现，实习生在职业价值观因子得分存在显著差异，有学生干部经历的显著高于没有学生干部经历的实习生。担任学生干部的经历使得他们在一定程度上对教师职业的责任、义务和价值有着更深刻的体会。[327] 就如小 S 那样在实习之前就已经决定要为最偏远的农村孩子带去温暖。总之，"前见"对实习生专业成长的影响是潜在的也是深远的。当然对教师职业的积极情感倾向也与其他许多因素相关。对于影响实习生职业认同的因素，主流研究均持有一种社会建构的观点，即"社会互动"可以被看作实习生创生教师专业身份的重要媒介，而实习生对教师专业身份的认同正是与"重要他人"包括指导教师、同伴、学生、亲朋等互动建构出来的。[328] 从本研究来看，实习生与幼儿的积极互动才是影响其对幼儿教师职业认同的关键。

（三）对职前幼儿教师教育的启示

1. 改革高师实践课程，提高实习支教生的实践能力与乡村适应性

首先，可以借鉴"全实践"[329] 的理念，使实践课程贯通于八个学期，使见习、模拟实习、学徒式实习、实习支教秩序渐进安排，在实习支教前为师范生奠定良好的实践能力基础，还要增加地方性知识与乡村儿童心理等方面的培训。其次，实习生的经验可以通过两种方式得到积累与分享，即"叙事化与概念化的方式"[330]，包括形成"叙事化"的教育故事或案例，再通过与理论对话使案例上升为"实践理论"。波斯纳（G. J. Posner）指出，没有反思的经验是狭隘的经验，充其量只能形成肤浅的知识。同时，他还提出了一个教师成长的公式：经验＋反思＝成长。"叙事化与概念化的方式"是反思的重要方式。最后，通过行动研究来验证自己的"实践理论"。科尔伯格提出了教师教育经验反思

四阶段循环模式，即具体经验—观察分析—重新概括—积极验证。[331] 也就是说，教师在获得了具体经验，并进行了叙事化与概念化之后，还要回到实践中进行验证。此外，要规范实习支教的指导，探索高校、当地政府与幼儿园有效合作的机制等。

2. 把激发实习生内部动机与营造幼儿园良好的成长氛围相结合

理想的实习的任务是渐次增加，先保育工作、班级管理、集中教育活动、半日活动，最后才到承担一日活动的组织与管理。但在缺编的乡镇园是不可能做到的。因而实习生的自我成长信念就很重要。班杜拉的社会认知理论强调人的行为也能创造环境。在环境中能学到什么，取决于个人的"动因"，即意向、预见、自我反应以及自我反省。小 S 的主观能动性主要体现在为孩子的发展而尽力，但在"指导老师"面前仍然没有从学生这一角色影子里走出来。需要引导实习生确立与指导教师的"合作伙伴"关系，在实践中发挥自己的主观能动性，与指导老师共同学习与发展，也能礼貌地拒绝指导老师不合理的要求。此外，乡镇园自然散发的人情味可以进一步加以发展成非正式的志愿者组织，负责为实习生提供生活与专业等全方位的关心与服务，为顶岗实习的学生营造一个更有保障的良性成长氛围，促进实习生与园长、园内较多的教师、家长以及幼儿的积极互动。

3. 选择专业之前为学生提供发现自己专业性向的机会

霍兰德提出的"职业性向理论"认为某种性向的劳动者只有与同一类型的职业相结合，才能达到适应状态。即具备某种职业所需要的专业性向，将来从事该种职业会更容易获得成功。[332] 目前一般大学的实习安排在大三或大四，很多师范生在实习之后发现自己不适合当老师，决定改行，不过这时候已经有些晚。如果高中阶段能够有一些职业体验的课程，让学生在高中阶段就能发现自己的专业性向，以便学生在高考填志愿时能够选择适合自己的专业就读与发展，他将来在职业生活中就有可能获得更多的幸福感。高中阶段缺乏职业体验课程的话，大学阶段的实习至少要分为两次，在大一下与大三下，或大二上与大四上都可以。让学生在第一次实习时就对自己的专业性向有一些认识。一些大类招生后来才分流的学校在分流前一定要让学生有一次实习的经历，这样他们可以发现自己是否具备某个岗位所需要的专业性向，保证学生按自己的专业性向来选择专业。不适合的人如果当了幼儿教师往往容易对孩子造成不可挽回的伤害。

4. 教师教育要建立在师范生关于教师身份的"前见"的基础上

有研究者认为[333]，教师教育者应该对实习教师关于教师身份的"起点"（"前见"）有一个清晰的认识，以便在他们的教师教育过程中通过有意义和有效的方式支持他们的专业成长。（Katariina Stenberg et al., 2014）英国2011年发布的教师教育的新标准和指南已开始强调为学生提供机会反思评价他们自己与教学相关的"前见"，并引导学生探索"我想要成为的教师"（The teacher I wish to be）。更值得我们思考的是英国的新标准强调为教师教育者提供不断的批判性反思他们所承担的角色的机会，因为要引导学生反思，教师教育者需要对自身的角色和专业自我有强烈的认识。（Catherine Furlong, 2011）我国教师教育也需要借鉴他国的新标准，通过与师范生的对话来了解其关于教师的"前见"，也可以引导师范生讨论和探索"我想要成为什么样的教师"等问题，帮助教师教育者了解学生的各类前见，有针对性及早引导师范生认识到自己对于教师身份的认识与理想的教师身份的差距，从而有意识地建构理想的教师身份。

第五章　职后农村幼儿教师生存现状 [1]

第一节　"外在"生存环境问卷调查

2010 年,《国家中长期教育改革和发展规划纲要（2010—2020 年）》（以下简称《规划纲要》）和《国务院关于当前发展学前教育的若干意见》（以下简称《国十条》）提出"重点发展农村学前教育"、"努力扩大农村学前教育资源","将幼儿园作为新农村公共服务设施统一规划,优先建设"。正确认识和评估农村幼儿教师的生存环境是提高其生存质量的前提,而教师生存质量的提升不仅是民生改善的重要组成部分,也有助于提升作为基本公共服务内容之一的农村幼儿教育服务水平,有助于国家"重点发展农村学前教育"目标的实现。

一、研究对象与方法

（一）研究工具

教师的生存环境是教师赖以生存和发展的物质和社会条件的综合体。本研究采用问卷调查法,以马斯诺需要层次理论和布迪厄文化资本等理论为基础,主要参考了杨莉君（2010）、张云亮（2012）等人的研究成果设计问卷,从农村幼儿教师的经济地位、工作与生活环境、工作负荷、社会身份地位、文化地

1　本章的调查把生存状态相关问卷与继续从教意愿相关问卷整合于一张 A3 纸的正反面进行发放（调查时间为 2016—2017 年间）。

位等方面调查农村幼儿教师生存环境。本问卷的信度（Cronbach's Alpha=0.82）与结构效度（KMO=0.79，Bartlett 检验 P<0.001，所有因子的共同度在 0.60 和 0.92 之间）良好。

（二）研究对象

问卷调查主要以福建省农村幼儿园（含个别县镇幼儿园）教师为调查对象，调查了闽西地区 5 个区县（武平、永定、上杭、连城等）67 所幼儿园，闽南地区 10 个区县（主要有南靖、云霄、漳浦、长泰等）的 53 所幼儿园；还有闽东和闽北 9 个区县的 19 所幼儿园，共 139 所，原则上平均每所幼儿园发放 6 份问卷，老中青各 2 份，但调查发现，很难找到 46 岁以上的教师。问卷调查教师共 660 人（详见表 5.1-1）。此外还访谈了园长、教育局幼教专干和教师进修学校教研员。

表 5.1 — 1　调查对象的来源及其构成

所在地	地区方位			园所性质			年龄（岁）			专业			编制	
	闽南	闽西	其他	公办	民办	其他	30以下	31-40	41以上	学前	非学前师	非师	有编	无编
县城	27	54	19	71	26	3	57	39	4	50	33	17	72	28
乡镇	264	211	44	420	88	11	299	188	32	371	105	43	394	125
村	36	5	0	12	26	3	7	19	15	28	7	6	3	38
总计	327	270	63	503	140	17	363	246	51	449	145	66	469	191
%	49.5	40.9	9.5	76.2	21.2	2.6	55.0	37.3	7.7	68.0	22.0	10.0	71.1	28.9

（三）调查程序

首先，发放问卷。问卷主要由分布在各地的课题组成员发放与回收，其次由本人依托各类培训班发放。课题组成员有教育局工作人员、进修学校教研员和幼儿园教师三种，大家共同商定主要按地区方位和年龄对调查对象进行随机分层抽样。事先进行电话和书信沟通，包括调查对象尽可能涉及县域内所有的乡镇，原则上每所幼儿园 30 岁以下、30~45 岁和 45 岁以上的教师各 2 份，所有的题目匿名客观填写完整等。培训班的问卷由本人现场发放与回收，其他问卷邮寄给课题组成员，通过其组织园长开会，由园长带回给本园教师填写。共发放问卷 850 份，回收 678 份，其中有效问卷 660 份。另外走访了永安、福安、武平、漳浦、长泰、平和等地的幼儿园 10 余所。其次，走访教育局和教师进修学校十余处，收集了一些地方的学前教育三年行动计划和学前教育工作总结、领导的发言稿、地方志学前教育相关内容等材料。问卷采用 SPSS 20.0 进行统计与分析。主要采用描述分析、非参数检验来分析定类、定序等分类变量间的关系，包括单样本的 Kolmogorov–Smirnov 检验，两个或 K 个独立样本的检验等。

二、研究结果与分析

（一）农村幼儿教师的经济地位

主要从工资薪酬和福利待遇两方面来考察农村幼儿教师的经济地位。

1. 月收入属中下水平，无编教师收入远低于有编教师

从表 5.1–2 来看，本次调查对象的月平均工资为 2074 元。有 50.9% 的人月工资收入低于 2000 元。分析表明，农村幼儿教师的月收入水平因有无编制、不同性质园所（公办、民办）、不同地区级别（县、乡、村）等存在显著差异，其中，编制的有无差异最显著，即无编制教师的收入要远远低于有编制教师。而无编制教师恰恰是农村幼儿教师的主体，如 2015 年，龙岩市幼儿园教职总数 8742 人，在编只有 2819 人[334]。从福建省的三年行动计划来看[335]，2015 年，全省公办园 2234 所，民办园 5357 所，公民办幼儿园结构为 3 : 7。其次收入的地区差异，闽南地区显著低于闽西地区，闽南地区高于 2500 元以上的比例只有 8.6%，闽西地区有 28.2%。实地调查时也发现一些经济发展好的乡镇（如漳浦的赤湖镇，福安的下白石镇），公办园教师的工资与乡镇府工作人员的工

资相当，也不低于县城教师。访谈发现，部分区县对乡镇公办幼儿教师补贴200~3000元不等。

此外，有84%的教师认为工资能"及时也足额"发放，还有16%的教师认为不能及时或足额发放；有44.8%的教师认为收入和支出的关系是"入不敷出"，40.7%的教师认为收支刚好平衡，仅有14.5%认为"略有结余"。61%的教师认为工资收入在当地属于"中下水平"，36.1%的教师认为属于"中等水平"，仅有2.9%的教师认为属于中上水平。

表5.1－2　2016—2017年间农村幼儿教师月收入水平（元）

	%	1200以下	1200~1500	1500~2000	2000~2500	2500~3000	3000~4000	4000以上	月平均（元）	年平均（元）	卡方	P
编制	有	2.2	1.3	32.3	37.0	17.6	8.8	0.9	2262	27144	253.223	.000
	无	18.8	28.3	40.8	6.3	3.1	2.1	0.5	1622	19464		
方位	闽南	6.7	16.0	51.2	17.5	4.0	4.6	0.0	1854	22248	174.868	.000
	闽西	9.0	2.6	20.8	39.4	18.2	8.9	1.1	2240	26880		
性质	公办	6.2	4.2	30.5	33.7	16.4	8.2	0.8	2181	26172	111.616	.000
	民办	7.8	25.7	50.0	10.0	3.6	2.1	0.7	1730	20760		
地区级别	县城	2.0	6.1	31.6	32.7	16.3	8.2	3.1	2249	26988	31.174	.000
	乡镇	7.3	8.1	34.8	28.8	13.5	7.0	0.4	2072	24864		
	村	14.6	29.3	41.5	7.3	4.9	2.4	0.0	1659	19908		
总计	计数	46	60	228	184	88	45	5	2074	24888		
	%	7.0	9.1	34.8	28.0	13.4	6.9	0.8				

2. 约四分之三办理了社会保险，无编制教师参保比例远低于有编教师

在福利待遇方面，62.7%的教师享受到了完整的"五险一金"（即养老保险、医疗保险、工伤保险、失业保险、生育保险和住房公积金），13.3%的教师办理了部分社会保险，6.3%的教师没有保险但有一定的补助。尚有17.7%的农村幼儿教师"没有办理任何社会保险和住房公积金"：其中民办园、村办园分别达67.5%、56.2%。

研究表明不同性质的幼儿园、不同地区方位的农村幼儿教师在"五险一金"的享受方面差异显著，教师参保比例无编教师（29.8%）远低于有编教师

（94.8%），民办教师（9.5%）远低于公办教师（78.9%），村（12.5%）、乡镇（65.1%）低于县城（70.4%）。此外，年龄在 26~35 岁之间得分最高，即这个年龄段的教师参与保险的比例高，说明近几年考入编制的新教师多。

表 5.1 — 3　农村幼儿教师"五险一金"的分析

		有无编制	园所性质	地区方位	县乡村	年龄
五险一金	卡方	18.641	271.116	160.006	61.309	85.752
	P	.000	.000	.000	.000	.000
	N	648	648	648	648	648

总的来说，工资收入属中下水平，约四分之三的教师办理了社会保险。有编制教师的经济地位远高于无编制教师，村办园和民办园教师经济地位最低。

（二）农村幼儿教师的工作与生活环境

本研究主要从教职工人员配备、具备的资源场所、住房条件来考察农村幼儿教师的工作与生活环境。

1. 教职工人员配备达标率超过六成，但民办园教师配备不足超七成

在幼儿园人员配备方面，63.3% 的教师所在班级为"两教一保"，有 13.1% 的教师所在班级为"一教一保"，还有 12.0% 的教师只能"一教包班"（见表 5.1-4）。其他情况有"两教包班""两个或三个班共一个保育员"等。离国家规定"全日制幼儿园每班配备 2 名专任教师和 1 名保育员，或配备 3 名专任教师"[336] 还有很大的距离。研究表明，不同性质、地区级别的幼儿园差异显著。民办园教师配备不足的比例（74.7%）远大于公办园（10.3%），乡镇园（23.3%）大于县城园（13.7%）。笔者实地调查发现有些公办园园舍建设好后因缺教师而长期无法投入使用。

表 5.1 — 4　农村幼儿园班级教职工人员配备及情况

		一教包班	一教一保	两教一保	其他	卡方	P
园所性质	公办 %	2.8	7.5	75.4	14.3	248.94	.000
	民办 %	42.8	31.9	22.5	2.9		
地区级别	县城 %	5.3	8.4	80.0	6.3	53.97	.000
	乡/镇 %	9.3	14.0	63.3	13.4		
	行政村 %	61.0	12.2	24.4	2.4		
总计	计数	78	85	412	76		
	%	12.0	13.1	63.3	11.7		

2. 拥有各类资源的教师比例均低于 50%，图书资源尤缺

就教师能自由享用的幼儿园公共资源而言，选择拥有多媒体教室、电脑房、图书报刊室、教师休息娱乐室、教师健身房的教师比例分别为 45.5%、42.6%、23.4%、14.7% 和 1.8%，还有 28.0% 选择"以上都没有"。多媒体教室和电脑房的拥有率最高，但能享受图书报刊室和教师休息娱乐室的教师低于 15%（见图 5.1-1）。笔者走访闽南地区某镇中心幼儿园，教室里连教玩具柜都没有配齐，两名刚毕业不久的女老师自己买了压缩板在改装旧柜子；走访闽西某镇中心园，2013 年新建的园舍仅有三间教室，没有任何配套房舍，园长没有办公室，教师没有备课室，更不用说其他设施设备了。

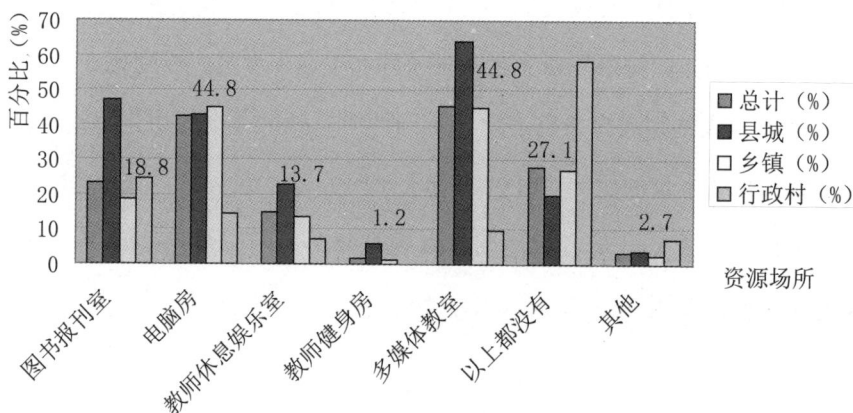

图5.1-1 农村幼儿教师所在幼儿园具备的资源场所

3. 六成多教师处于"寄居"状态，乡镇公办园教师住房条件最差

在住房解决方式上，33.5% 的教师自有住房，29.6% 的教师由单位提供宿舍，29.3% 的教师与父母（或其他亲人）同住，还有 7.6% 的人自己租房。在住房配套方面，70.6% 的人厨房、卫生间均有，18.7% 的教师只有独立的卫生间或厨房，10.7% 的教师厨、卫均无。分析表明，农村幼儿教师的住房条件因地区级别、园所性质等不同而存在显著差异。村级幼儿园教师自有住房比例高于县城，两者又都高于乡镇，住房配套条件也好于县城，好于乡镇；相对公办园教师，民办教师住房条件也更好。乡镇中心园教师缺乏周转宿舍，教师一般住在幼儿园空余的教室里，这些教师年龄以 30 岁以下为主，多为未婚的年轻人，为了编制会远离家乡工作；村办园和民办园教师年龄以 31 岁以上为主，多已结婚成家，他们往往不符合考编条件，多选择在家附近就业。

表 5.1 - 5　农村幼儿教师住房情况分析

		住房解决方式						住房配套					
		单位提供	自己租房	与父母同住	自有住房	卡方	P	厨卫均有	只有厨	只有卫	厨卫均无	卡方	P
园所性质 %	公办	35.1	6.8	28.2	29.9	28.77	.000	65.0	1.6	20.1	13.3	11.82	.000
	民办	8.7	10.9	36.2	44.2			89.9	1.4	6.5	2.2		
地区级别 %	县城	16.2	11.1	30.3	41.4			82.8	1.0	4.0	12.1		
	乡镇	33.8	6.4	30.1	29.7	2.24	.000	66.7	1.6	20.8	10.9	6.97	.001
	村	9.8	12.2	17.1	60.9			90.0	2.5	2.5	5.0		
总计	%	29.6	7.6	29.3	33.5			70.6	1.5	17.2	10.7		

总的来说，幼儿园缺教师的情况不容忽视，尤其是民办园；农村幼儿园各类硬件教育资源不足且不均衡，教师的文化学习、娱乐休闲设施尤缺。乡镇公办幼儿教师住房条件尤需改善。

（三）农村幼儿教师的工作负荷

本研究主要从工作时间、工作强度（师生比）来考察农村幼儿教师的工作负荷。

1. 五成以上工作时间超标，无编制教师工作时间最长

从工作时间来看，平均每天工作 6~8 小时和 8~10 小时的教师比例分别为 39.8% 和 41.8%。笔者走访闽南某乡镇中心园时，园长说因为工资低，老师必须有时间通过农业劳动贴补家用，就采用两位老师上下午轮班，这样工作时间在 6 小时以下，占比为 2.7%。10 小时以上的占比为 14.2%。研究表明，不同地区工作时间无显著差异，有无编制、不同班级人员配备工作时间差异显著：班级教职工人数与工作时间成反比，即一教包班工作时间最长，两教一保工作时间最短；无编制教师工作时间显著长于有编制教师。

2. 工作强度较大，乡镇公办园工作强度最大

调查表明：16.3% 的教师班级在 25 人以下，33.6% 的班级有 26~35 人，37.5% 的班级有 36~45 人，更有 12.4% 的班级人数达到 46 人以上，人数超标的比例为 49.9%。离《幼儿园教职工配备标准》规定的全日制幼儿园"全园保教人员与幼儿比"为 1 ∶ 7 ~ 1 ∶ 9 的标准还有一定的距离。分析显示，在 P < 0.001 的水平上，有无编制、不同地区方位、园所性质和地区级别的班级人数差异显著：正式编制教师班级人数多于无编制教师；闽西地区教师班级人数多于闽南地区 [337]；乡镇教师班级人数多于县城；公办园班级人数多于民办园，前者班级平均人数多于 35，后者班级平均人数少于 26。一些地区的三年行动计划也提到公办园"超规模、超班额"严重存在 [338]。

表 5.1 — 6　农村幼儿园班级人数交叉分析

		25 人以下	26 人—35 人	36 人—45 人	46 人以上	合计
有无编制	有编	6.4%	35.0%	43.1%	15.2%	100.0%
	无编	40.7%	30.2%	23.8%	5.3%	100.0%
地区方位	闽南	28.3%	37.8%	30.8%	3.1%	100.0%
	闽西	3.7%	24.8%	46.3%	24.5%	100.0%
园所性质	公办	6.8%	34.4%	43.7%	14.7%	100.0%
	民办	46.4%	31.2%	18.1%	4.3%	100.0%
总计	N	107	221	247	81	656
	%	16.3%	33.6%	37.5%	12.4%	100.0%

总的来说，约一半的教师班级人数超标且工作时间过长，工作强度大。民办园教师更多因为一教包班和一教一保而延长了工作时间，有编制的公办园和闽西地区更多班级人数超标。

（四）农村幼儿教师的社会身份地位

本研究主要从入编情况、权益保障方面考察农村幼儿教师的社会身份地位。

1. 公办园九成以上教师有合法的身份地位，但村公办幼儿园教师九成以上无编制

参与调查的教师中有 71.1% 有编制，28.9% 的人没有；83.0% 与单位签订了劳动合同，16.8% 没有；74.3% 单位有工会和党团组织，25.1% 没有。结果表明，县乡村幼儿园之间、民办园和公办园之间在编制、合同和工会组织等方面差异显著。公办园教师约 90% 有编制[339]，民办园教师则 95% 无编制（5% 为公办教师派驻民办园；即民办公助教师），公办园约 90% 签订了合同，民办园则只有 65%；县城和乡镇教师拥有编制与合同的比例大致相当，都是百分之七十多，而村办幼儿园"三无"教师比例则远远高于县城和乡镇，无编教师更达 92.7%。访谈发现福安、南靖虽大量增加幼教编制[340]，但其农村附设学前班都没有给予编制，基本由村校自聘教师。而村办园是新增公办性质幼儿园的主体，

"评估报告"显示我国 2011—2014 年教育部门办园新增 19672 所。其中，在乡村 10689 所，占比 54.34%，城区仅占比 11.83%，镇区占比 33.83%。[341]

表 5.1 — 7 幼儿园教师社会身份地位分析

			有编制	无编制	有合同	无合同	有工会	无工会
地区级别	分析	卡方	86.87		33.81		52.78	
		P	.000		.000		.000	
	县城	%	72.0	28.0	87.8	12.2	84.2	13.7
	乡／镇	%	75.9	24.1	84.7	15.1	76.1	23.5
	行政村	%	7.3	92.7	50.0	50.0	27.5	72.5
园所性质	分析	卡方	401.02		49.19		226.33	
		P	.000		.000		.000	
	公办	%	90.7	9.3	88.8	11.2	88.3	11.7
	民办	%	5.0	95.0	65.2	34.8	24.4	75.6
	总百分比	%	71.1	28.9	83.0	16.8	74.3	25.1

2. 晋升机会少，但乡镇晋升机会显著大于县镇

晋升机会得分显著低于中间值 3（MSD = 2.240.99）。52.3% 的教师认为获得晋升的机会少，40.4% 的教师认为晋升机会一般，只有 7.2% 的教师认为晋升机会多。不同性质园所、不同地区级别和地区方位的幼儿园教师及有无编制在晋升机会方面差异显著。公办园晋升机会也显著大于民办园；闽南地区晋升的机会均大于闽西地区；乡镇的晋升机会显著大于县镇。因为乡镇公办园缺编多，教师普遍年轻，一些年轻教师也有可能很快走上园长等管理岗位。

总的来说，农村公办园幼儿教师社会地位显著高于民办园教师，但公办性质的村幼儿园教师多无编制。农村幼儿教师晋升机会总体偏少但也会有例外的机会。

（五）农村幼儿教师的文化地位

文化地位是由文化资本及提升文化资本的机会等决定的。文化资本指一个人受教育的程度，学历的高低，所掌握的知识，能发挥作用并为其带来经济效应的非金钱物质的资本。它包括文化素养、文化产品和经过认证的文凭、职称等三个方面。[342] 本研究从学历、职称和提升文化资本（专业成长）的机会来考察农村幼儿教师的文化地位。其中职称评定是现阶段幼儿园教师最重要的文化资本，同时又是教师资本逐步积累的结果，它直接决定教师的经济待遇、社会声望。

1. 学历较高，职称较低：公办教师文化地位显著高于民办教师

参与调查的教师 40.6% 的人已达本科以上学历，39.8% 为专科学历，中专（高中）以下学历不到两成。不过无职称教师的比例达到了 38.9%，47.0% 的教师为初级职称，中级职称只有 10%，高级职称只有 0.2，保育员（有保育员资格证书）担任教师的比例为 3.3%。数据表明，公办园和民办园之间教师的职称与学历差异最显著，公办园教师职称学历显著高于民办园，如漳州市"全市 8730 名民办幼儿园专任教师、园长中，无职称者 8666 人，占 99.27%。具有教师资格者 1059 人，仅占 12.13%。"[343] 其次是地区级别差异，县城教师学历显著高于乡镇和村，但职称方面情况有些趋同。（见表 5.1-8）

表 5.1 — 8　调查对象的来源及其构成

	学历			职称			
	F=23.02，P=.000			F=14.31，P=.000			
	本科	大专	中专	无职称	初级	中级	其他
县城（%）	56.0	29.0	15.0	47.0	36.0	15.0	2.0
乡镇（%）	40.3	42.4	17.3	33.9	50.7	10.5	4.9
村（%）	7.3	34.1	58.6	85.4	7.3	2.4	4.9
总计（%）	40.6	39.8	19.6	38.9	47.0	10.0	3.5

同样，教师职称评定机会得分显著低于 3（MSD = 2.351.01），45.3% 的农村幼儿园教师认为职称评定机会少，以致有教师反映"从教 15 年与刚毕业的新教师一样的待遇"。46.6% 的教师认为机会一般，只有 8.1% 的教师认为机会多，公办园教师职称评定的机会也显著大于民办园教师。

2. 专业成长机会较少，不同性质、不同地区的园所教师差异显著

调查表明，农村幼儿教师的专业成长条件显著低于中间值 3，所有项目的平均分为 2.40。可见农村幼儿教师专业成长机会是比较少的。获得在职培训的机会相对多一些，获得专家支持的机会最少。检验表明，不同性质园所、不同地区级别和地区方位、不同年龄的幼儿园教师在专业成长条件与机会方面存在显著差异。民办园教师各种专业发展的机会显著少于公办园教师；乡镇园教师机会均少于县城幼儿园教师；闽西地区幼儿园教师专业成长的机会略多于闽南，可能因为其近年来一直在实施"共推原中央苏区县学前教育连片振兴建设工程"，提升幼儿教师整体素质。（见"三年行动计划"）

表 5.2－9　农村幼儿教师的专业成长条件平均值

	MSD	K-S Z	P	少（%）	一般（%）	多（%）
您获得在职培训的机会	2.620.99	6.98	.000	37.5	46.9	15.6
您参加各种教学比赛的机会	2.420.94	5.78	.000	50.6	38.3	11.1
您外出参观、学习的机会	2.401.05	5.41	.000	50.5	35.6	13.9
您专业发展自主选择的机会	2.560.96	6.68	.000	41.5	45.5	13.0
您专业发展获得专家支持的机会	2.001.24	6.59	.000	67.5	27.7	4.8

总的来看，参与调查的教师学历较高而职称很低，民办园和村办园教师文化地位最低。

三、研究结论与思考

（一）福建省农村幼儿教师生存环境有了很大的改善

在经济地位方面，参加社会保险的比例较高，且闽西地区比例更高；在工作与生活环境方面，将近一半的教师所在幼儿园拥有了电脑房和多媒体教室；在社会身份方面，公办园幼儿教师的入编率、劳动合同的签订率均达到约90%；在文化地位上，参与调查的教师超过80%具有专科以上学历，与福建省妇女的总体受教育水平相比，农村幼儿教师算是高学历的人群了[344]；乡镇公办园人才缺乏也给了一些优秀年轻教师迅速走上了园长等管理岗位的机会。这说明国家"重点发展农村学前教育"等精神在福建省得到贯彻落实。[345]从2011年起实施学前教育发展三年行动计划，2011—2013年，省级以上投入12.22亿元，下达民办园补贴金7991万元；实施学前教育专项工作奖补政策，省级以上财政安排奖补资金1.56亿元。[346]2012年以来，全省八个设区市也大多出台了支持学前教育发展的文件。此外，国家对老区的支持政策多少使幼儿教师受益，闽西因中央苏区县多而享受到国家更多的补助。

（二）福建省农村幼儿教师生存环境还存在诸多问题

1. 整体经济地位偏低，常"入不敷出"，村办园和民办园教师月收入尤低。首要原因在于老区经济整体欠发达。政府投资主要用于发展经济与改善民生。"由于战争创伤的影响，以及自然地理等多种原因，迄今为止，原中央苏区……经济发展仍然滞后，民生问题仍然突出，贫困落后面貌仍然没有得到根本改变……基础设施薄弱……"[347]因此，中央和省政府的财政投入主要用于生活"基础设施建设"（如"五通"工程）、"解决突出的民生问题"（如危房改造）和教育基础设施（如增加园舍）等，而老区乡村连基本建设的配套资金都拿不出，更不用说提高教师工资。如据龙岩市的普查，至 2012 年底，全市有人居住的革命基点村 95% 以上的存在沉重的债务，负债合计 10.19 亿元，其中修路、新农村建设等公益性债务 89.35%。[348] 其次，我国学前教育财政性经费投入过低，根据国际经验"毛入园率在 60%~80% 之间的国家，财政性教育经费支出学前教育经费占比平均为 7.73%"。2014 年，我国学前教育三年毛入园率已经达到 70.5%，但财政性学前教育经费占比仅为 3.5%。（"评估报告"）再次，学前教育经费未列入财政预算。虽然《国十条》和教育部"二期行动计划"要求"地方根据本地实际，研究制定公办幼儿园生均公用经费标准或者生均财政拨款标准"，省里也要求各级政府出台相应标准，但是有些市教育局提出由于"省里没有出台生均公用经费标准，多数县没有把生均公用经费列入财政预算"。说明国家、省、市、县、乡镇、村各级政府都没有明确学前教育生均公用经费标准。

2. 部分教师工作与生活环境较差，工作压力较大。三成多的教师班级教职工配备不达标；各类资源尤其是文化学习等设施拥有率低，民办园和村级幼儿园更甚；六成多教师处于"寄居"状态，乡镇公办园教师住房条件尤需改善；多数教师工作超负荷，民办园教师以时间超标为主，公办园教师以班级人数超标为主。可能的原因包括：首先，国家大力发展农村学前教育是农村幼儿教师供不应求的主要原因。国家和地方近年探索了各种农村幼儿教师补充机制，包括定向培养计划、免费师范生、特岗教师计划、到农村幼儿园工作退还学费等政策，但调查表明这些措施效果甚微。[349] 由于农村幼儿教师生存环境欠佳导致极少毕业生愿意到农村任教。第二，民办园和村办园主要是"以生养员"，低廉的收费不足以改善办园条件。如漳州全市民办幼儿园保教费每生每月 150 元以下的占到 83.07%；每生每月 150~350 元的占 12.63%；每生每月 350 元以上的仅占 2.36%。[350] 第三，农村幼儿园管理层级过低等导致经费无法保障。2003 年教育部等五部委颁布的《关于幼儿教育改革与发展的指导意见》首次明确了各级政府在农村学前教育事业发展中的具体职责：县政府负责本区域公办园的建设和管理；乡（镇）政府负责举办乡（镇）中心幼儿园，筹措经费，改善办园条件。（庞丽娟等，2013：15）显然经费保障层级过低，尤其是老区经济欠发达县，往往连工资都难保证，更不可能解决住房问题。第四，国家有关支持老区建设发展的文件中大多没有与《国十条》衔接，只有两个文件中提到"加快实施学前教育三年行动计划"[351]。一些地方的文件中也有忽视学前教育的现象，如福建省三明、宁德在《关于支持和促进革命老区加快发展的实施意见》中也没有提到对学前教育的支持。

3. 拥有公办教师身份的比例不高。农村幼儿教师仍然是非编教师唱主角，不仅大量民办幼儿园教师没有编制，公办性质的村小附设学前班也普遍没有给予公办教师编制。由于各种原因，全国公办园比例一直不高，1997 年《全国幼儿教育事业"九五"发展目标实施意见》的文件指出逐步推进幼儿教育社会化的发展方向，更是导致大量公办幼儿园"关、停、并、转、卖"[352]。因此，近几年国家发展学前教育的主要目的在于构建"广覆盖、保基本"的学前教育公共服务体系。不过，幼儿园增加了，教师的编制并没有增加。虽然 2010 年《国十条》提到"配齐幼儿园教职工"，也在 2012 年《关于加强幼儿园教师队伍建设的意见》中进一步强调该要求。但国家并没有出台统一的幼儿园教师编制标准，而是要求具备条件的省（区、市）"自己"制定公办幼儿园教职工编制标准（教育部 2013 年出台的《幼儿园教职工配备标准（暂行）》并非编制标准）。而在另一文件中提出"严格控制机构编制和本届政府财政供养人员只减不增有关精神"[353]，一方面三年行动计划要求大量增加公办幼儿园，一方面规定不能增加编制，那么新增农村公办园教师编制从哪里来呢？显然相互矛盾。目前尚未发现福建省及各市、县制定的幼儿园教师编制标准。2001 年中央编办、教育部、财政部《关于制定中小学教职工编制标准的意见》指出"小学附设幼儿班和工读学校教职工编制标准可参照中小学教职工编制标准"，这一标准是与 20 世纪八九十年代的小学附设学前班政策相适应的，但学前班教师编制往往被小学挤占。1997 年《教育部关于全国幼儿教育事业"九五"发展目标实施意见》已明确要求"农村绝大多数乡镇应建立一所中心幼儿园"，后来又多次强调，到现在独立的乡镇中心幼儿园已成为农村幼儿教育的主体，迫切需要新的幼儿教师编制标准尤其是独立的编制标准保障教师队伍的供给。

4. 文化地位有待提升。教师培训机会少，职称普遍很低，民办园和村办园教师几乎无职称。目前，中央和省政府投入学前教育的资金主要用于"新建、改建、扩建一批安全、适用的幼儿园"，提高普及率，其次是资助家庭经济困难幼儿，教师队伍建设相对投入较少。而地方政府在教育基本建设上仍有资金缺口。如龙岩市在 2013—2015 年间投入 24407 万元新建幼儿园，投入 1049 万元补贴普惠性民办园，投入 200 万元补贴低保家庭儿童，但同时"配套资金缺口大""特别是贫困县配套资金难以到位"。各地对于幼儿教师队伍建设还处于次要考虑的方面，远不能满足农村教师发展的需求。如漳州三年来参加国培 303 人，省培 75 人，园长培训 736 人，不到全市教师的十分之一。公办园教师职称低的原因在于新教师为主，同时教师研究能力弱，难以发表论文；民办园教师无职称的原因在于学历不达标、专业不对口、无教师资格等，因而无法参评职称。2015 年 8 月国家《关于深化中小学教师职称制度改革的指导意见》（"本意见也适用于幼儿园"）指出"在乡村学校任教 3 年以上、经考核表现突出并符合具体评价标准条件的教师，同等条件下优先评聘"。2017 年中共中央办公厅、国务院办公厅印发《关于深化职称制度改革的意见》"对在艰苦边远地区和基层一线工作的专业技术人才，淡化或不作论文要求"。今后农村公办幼儿教师的职称有望得到提升。

（三）改善福建省农村幼儿教师生存环境建议

1. 将要出台的学前教育法对学前教育经费保障可以考虑做特别的规定。全国财政性幼儿教育经费在财政性教育经费所占的比例从 2000 年到 2009 年一直维持在 1.3% 左右，在有限的 1.3% 的教育经费中有 70% 被用于极少数示范幼儿园，城镇和农村普通公办幼儿园所获得的财政教育经费不足 30%。[354] 农村教师与政府存在从属关系，其生存环境依赖于政府体制的力量，有倾斜性和有力度的学前教育法律、法规、政策是改善农村教师生存质量的关键。"所有的问题的解决都要归之于一个长期稳定的法律保障"[355]。目前我国正在加快出台学前教育法的步伐，希望对农村地区"学前教育经费保障的具体办法"给予特别的关注。

2. 完善学前教育法规的配套文件，提高农村幼儿园财政保障的主体级别。如《国十条》等学前教育行政法规需要与其相应的配套文件，与农村发展有关的（新农村建设、老区建设、乡村教师支持计划等）政策也要把学前教育和幼儿教师考虑进去，从而使关于幼儿教师（含民办）地位和待遇、编制、职称方面的精神能够得以"落实"。有学者提出"省级统筹，以县为主"[356] 的学前教育管理体制改革，使公办的村级和乡镇级的幼儿园至少由县级以上政府保证财政经费的投入。对于欠发达的老区县如闽西地区的一些县，在一定的时期内学前教育财政保障的主体重心还可以提高到市、省一级，从而为农村幼儿园园舍的标准化建设及配套设施的完备建设、教师周转房等建设提供可能。

3. 农村公办幼儿园园舍等物质条件建设要与教师队伍建设和校园文化建设等同步。经过两个学前教育三年行动计划，农村公办幼儿园园舍数量迅速增加，但教师队伍的补充、培训并没有同步跟上，农村幼儿教师职称评定则历来是老大难的问题，教玩具等配套设施、校园文化建设也滞后。现在各地都在着手制订第三期学前教育行动计划，希望能把重点放在教师队伍建设与校园文化建设上面。如果教师的数量和质量问题不解决，再多的园舍也不可能成为真正意义上的幼儿园。此外，幼儿园的设施设备在满足幼儿生活、运动、游戏和学习的需求之外，也需要体现对幼儿教师的人文关怀，要有教师的文化学习与休闲的处所，使教师精神生命的持续生长成为可能。如，有的国家农村的每个行政村都有一个非常漂亮的美术馆或剧场，由政府出资建造"[357]。正如有学者指出"优良的师生生活乃是学校文化的根本指向。人文校园即学园、乐园和家园的融合"。[358] 在人文校园中，幼儿教师与孩子才能共同快乐成长。

第二节　乡镇中心幼儿园教师生存环境实地考察

《国家中长期教育改革与发展规划纲要（2010—2010 年）》（以下简称《规划纲要》）指出：“重点发展农村学前教育。努力提高农村学前教育普及程度。着力保证留守儿童入园。……发挥乡镇中心幼儿园对村幼儿园的示范指导作用。”2010 年，《国务院关于当前发展学前教育的若干意见》（以下简称《国十条》）提出了“多种形式扩大学前教育资源……逐步完善县、乡、村学前教育网络”，“多种渠道加大学前教育投入”以及“统筹规划，实施学前教育三年行动计划”等措施。现在农村学前教育的发展情况如何？我们希望通过研究发现农村公办幼儿园普遍面临的困难，为政府的进一步决策提供借鉴，从而有助于促进城乡幼儿教育的均衡发展，实现学前教育的公平。

一、研究概述

目前福建省的农村公办幼儿园主要有乡镇中心幼儿园和村级幼儿园。鉴于乡镇中心园是国家的重点建设对象，村级的公办园还未普及，只在省内部分区县开始成立，本研究以乡镇中心幼儿园为研究对象，采用实地考察、深度访谈等方法走访了省内 C 县、L 区、N 县、P 县、Y 县、Z 县的 6 所乡镇中心幼儿园，访谈了 6 位园长，征得其同意，访谈过程均有录音。同时走访或电话采访了各区县的教育局幼教行政人员以及幼教教研员。调研时间、园所情况及园所面临的困难概述如表 5.2-1 所示：

表 5.2 — 1 6 所乡镇中心幼儿园概况及面临的困难

调研时间	幼儿园概况	面临的困难
2015-2-6	DX 中心园：1999 年创办，2014 年 9 月搬新园舍。6 个班，3 名在编教师。	1. 教师缺编严重。 2. 教师队伍不稳定。 3. 教师的培训缺乏。 4. 设施设备教玩具缺乏。
2015-9-25	CH 中心园：1998 创办，2015 年改建好一栋大楼。12 个班的孩子并成 9 个班，20 名在编教师。	1. 教师缺编。 2. 教师队伍不稳定。 3. 教师的学习缺乏经费与制度保障。 4. 与业务无关的工作比较多。
2015-10-16	GK 中心园（靠近市区）：2013 年创办，全新园舍。9 个班，21 名在编教师。	1. 园长认为自己最大的困难就是缺乏专业指导。 2. 区幼教专干认为教师提升的困难在于缺乏有针对性的外出培训学习制度的支持。
2015-10-27	CX 中心园（靠近县城）：2003 年创办，2015 年搬入新园舍。5 个班，15 名在编教师。	1. 设备方面没有钢琴，班级里面没有电视。 2. 教师队伍没有形成梯队。
2015-10-27	YX 中心园：1997 年创办，二期工程正在建。18 个班的孩子并成 12 个班。33 名在编教师。	1. 教师缺编。 2. 新教师素质有待提高。 3. 教师的工作量大。
2015-11-3	HT 中心园：2013 年创办，新园舍。3 个班，6 名在编教师。	1. 教师缺编。 2. 没有保育员。 3. 园长、教师的培训缺乏。 4. 办公经费等缺乏。

注：以上在编教师数均含园长在内。

二、乡镇中心幼儿园教师生存发展的困境

调研发现，乡镇中心园硬件建设取得了瞩目的成就。6 所中心幼儿园都已经全部或部分地用上了新的园舍或新的大楼。建设一所全新的幼儿园，投入一般都是千万元以上。改建、扩建也得好几百万元。其次是农村幼儿园园长与教师队伍建设也取得了一定的成就。目前对农村幼儿园园长与教师各类培训数量较多，形式也多样。有县级的继续教育、园际帮扶与交流、县城园长与骨干教师到农村挂职等，有市级短期集中培训、片区交流、名师送教下乡，以及在部

分区县实行的新教师跟岗培训等，3 位园长还参加过省级培训，1 位参加过国家级的园长培训。但走访的过程中也发现了乡镇中心幼儿园生存发展面临的困难。

（一）办园经费不足

Y 县学前教育办的何主任谈到三年行动计划只解决园舍建造问题，办公经费、教玩具等都没有。在这方面乡镇公办中心幼儿园还不如民办幼儿园。民办幼儿园有国家专项的购置教玩具的经费，按生均拨款。而公办的乡镇中心园的教玩具费、办公费反而无法解决，因为学前教育不是义务教育，学前教育的经费还没有纳入地方政府的财政预算，基本上靠学费维持日常办公开支，属于"以生养师"。Z 县教师进修学校的教研员也说，目前乡镇中心园要想得到镇政府的更多经费支持要靠园长会跑，靠私人交情。笔者在 HT 中心园调研发现幼儿园的户外体育器械、绿化带这些都还没有，幼儿园后面的一块地有一部分开垦为孩子的种植园地，还有一大片是荒芜的土地，还没有开发成孩子的活动区域。调研当天下午五点多，下班时间四位年轻的女教师还在用三合板自己装订玩具柜，足见经费的紧缺。该园一共只有一百零几个孩子，每个孩子每学期的学费 500 元，一年收到的学费只有十来万元，园里的设施设备、教玩具、办公费、水电费、维修费、自聘人员工资等支出都靠收取的学费来支付。有调查表明，全国的情况也大抵如此。三年行动计划的专项经费一般都投入到了园舍的新建与改扩建，对于设施设备等经费则缺乏。只有很少的省份建立了专项拨款标准和制度，绝大多数地区还没有针对当地学前教育发展采取专项拨款等方式进行经费支持。[359]农村幼儿园办园经费的不足势必恶化农村幼儿教师的生存状态。

（二）教师缺编严重

Y县教育局局长谈到两个三年行动计划省里财政专项经费建起了一大批乡镇中心幼儿园，但是教师缺编严重，编外的代课教师的工资没有办法解决。如DX幼儿园全园6个班，目前只有4名编内教师（2015年9月新增1个班和1位编内教师），自聘10人左右；CH中心园因为缺少教师，12个班的孩子并成了9个班，平均每个班46人左右。YX中心园600多个孩子，共12个班，大班的孩子达到50多个，有7个代课老师，等幼儿园的二期工程完成后，将拆成18个班，教师的缺口更大。HT中心园3个班，加园长一共6位老师，园长也得带班。笔者就缺编问题与Z县教师进修学校的教研员进行了交流，她认为主要是入园适龄幼儿多，招聘的新教师不能满足需求。该县这几年招聘新教师的名额逐年递增，由20多个到40多个，但仍然不够分配。从N县教师进修学校的教研员处得知：该县近五年新招聘公办幼儿教师达130人左右，已基本解决中心园教师缺编问题，但农村公办小学附设学前班还无法配备公办幼儿教师。此外，很多园所没有配备保育员。保育员配备是县级、市级示范性幼儿园评估的必备条件之一。但目前新办园或部分贫困县幼儿园因经费缺乏，保育员配备不齐。如Y县作为贫困县，很多乡镇中心园没有保育员，经费足一些的幼儿园会在小班两三个班合起来配一个保育员，中大班保育工作由老师自己承担。

（三）教师队伍不稳定

教师队伍不稳定。教师队伍不稳定的原因有多方面。有的因为当时幼儿园条件不好，如DX中心园2014年还在旧园舍的时候，新招编内教师留不住；C

县最偏远的某乡也如此，教师留不住。有的是因为新办园教师的正常流动。如 HT 中心园创办才两年半，总共 6 位教师，第二年就有教师请产假、有教师去县城实验幼儿园跟班学习。有的是因为幼儿园的发展速度快，新园所缺乏有经验的教师，老牌的中心幼儿园就成了输送教师的摇篮。如 CH 中心园是市级示范性幼儿园，3 年内调走了 10 个骨干教师，现三分之一左右的老师是年轻教师（其中 6 个是非学前专业）。教师的不稳定影响了幼儿园教育教学的常规化和质量提升。如 HT 中心园园长谈到"今年带班的两位老师到了明年的新学年又全部都换新老师了。这样就没有老带新的过程（新教师只能自己摸索）。"

（四）高层次培训不足及培训缺乏针对性

比较成熟的中心园需要更高层次的培训。像 CH 中心园已是市级示范性农村园，园长和教师都希望有专门针对课题研究方面的专业支持，希望在课题研究方面能有独立的经费，希望教师培训能有相关制度的支持。但一方面该园离县城较远，不容易得到专业上的指导，课题研究主要靠自己摸着石头过河，另一方面幼儿园在行政与经费方面都属于中心校管，所有的培训与学习都需要中心校的校长审批。而新办园的园长则表示希望跟岗学习。如 GK 中心园的园长 1987 年毕业于当地某职中的第一届职业幼师班，长期在小学任教，2013 年才开始担任园长。所以她认为自己已经是幼儿教育的"门外汉"，最大的困难就是缺乏专业人员的指导。L 区的幼教专干也希望有相应的政策支持园长与教师到高水平的幼儿园"跟岗"学习。笔者了解到有的县曾经探索过园长的跟岗学习。如 Y 县学前教育办主任谈到大概 2010 年的时候县里曾经尝试过乡镇中心园园长到县实验幼儿园挂职锻炼的做法。县里有文件，实验幼儿园的园长按照文件对乡镇中心园的园长进行指导。但后来因为实验幼儿园园长本身任务重，乡镇中心园还不稳定，园长有很多工作要做，没有实行多久。Z 市教育局的幼教行政区人员也认为，园长长期去别的园跟岗，自己的幼儿园谁来管？如何满足新办乡镇中心园园长的培训需求还值得进一步探索。

三、几点思考

（一）各级政府要将学前教育经费列入财政预算，保障农村幼儿园经费

调查表明，办园经费不足是乡镇中心幼儿园普遍存在的困难之一。我国一直过多强调学前教育的福利性与非义务性，对于其基础性和公益性认识不足。近年来开始对普惠性民办幼儿园的教玩具经费进行专项资助，可是公办的乡镇中心幼儿园的教玩具经费反而没有稳定的来源。《国十条》第四条指出"各级政府要将学前教育经费列入财政预算。新增教育经费要向学前教育倾斜……各地根据实际制定公办幼儿园生均经费标准和生均财政拨款标准。"从调查来看，这一条精神在所调查县还没有得到落实。1987 年以来，我国开始实行"地方负责，分级管理"的学前教育管理体制，但因为对不同层级政府间职责没有明确规定，以至于最后"管理发展学前教育的责任被挤压到了最下层级——乡镇政府"，因而统筹协调和财政保障能力严重不足。有研究者指出：学前教育管理体制改革的重点在于实现管理主体重心和财政保障重心的"双上移"，即行政管理的重心从乡镇提升到县级政府，统筹管理的重心进一步提升到省级政府，同时，财政投入保障的重心则以中央支持下的地方政府为主，且经济社会发展水平越落后的地区，财政保障的主体重心应越高。[360]世界上许多国家和地区的政府已经开始发挥政府职能保障学前教育公益性，"积极实行免费学前教育政策"[361]。韩国在 2004 年《学前教育法》明确规定政府承担全部生活在农村、离岛和边远地区儿童的学前教育经费。[362]我国各级政府应逐渐增加学前教育的经费投入，尤其要保障农村学前教育经费，从而促进城乡幼儿教育的

均衡发展，实现学前教育的公平。

（二）相关部门尽快出台幼儿园教师配备标准，平衡农村幼儿教师供需

　　农村幼儿园教师编制短缺是全国性的问题。我国现有的唯一的幼儿园教职工编制标准是 1987 年国家劳动人事部和原国家教委联合下发的《全日制、寄宿制幼儿园编制标准（试行）》，该标准"本身的可行性存在问题"，一直未能得到贯彻执行，各地实际一直参照中小学编制配置标准在操作，以致幼儿园教师编制很容易被中小学挤占。[363] 同时，"中小学教师编制政策本身存在着城市取向，导致农村幼儿园教师编制极缺"。[364] 中心幼儿园教师缺编短期内必然无法解决。编制内教师不足带来的直接问题是幼儿园需要自聘教师，自聘教师的工资只能由幼儿园收取的幼儿学费来支付，加大了幼儿园办园经费不足的缺口，使农村幼儿园的运转雪上加霜。为了省钱，幼儿园往往会减少班级数，班额的增大加重了农村幼儿教师的负担。《规划纲要》第四部分第五十五条指出要"制定幼儿园教师配备标准"，相关部门尽快出台幼儿园教师配备标准。有学者建议国家各相关部门"制定幼儿园教师编制单列政策，修订编制标准，重点向农村倾斜，并对农村在岗不在编教师试行人事代理制度，使之享受正式教师待遇"（庞丽娟等，2013）。这样可以在一定程度上缓解教师不足的问题。农村幼儿园只有编内教师充足才有可能按《幼儿园工作规程》规定的班级人数来编班，减小班额，从而减轻幼儿教师的负担，提高农村幼儿教师的职业幸福感，并进而提高农村幼儿教育的质量。

（三）改善偏远乡镇的整体生活环境，留住农村幼儿教师

教师队伍不稳定一般来说属于发展中的问题。当幼儿园各方面条件改善、新教师培训完成、乡镇中心园的数量达到足够满足适龄幼儿的入学需求时，教师队伍就会逐渐稳定下来。但对于较偏远的乡镇，则非短期内能解决。需要幼儿园的大环境（如交通、待遇等）得到整体改善才有可能真正得到解决。《国十条》第三条指出"对长期在农村基层和艰苦边远地区工作的公办幼儿教师，按国家规定实行工资倾斜政策"。2015 年开始，Z 市部分区县对乡村幼儿园教师有一定补贴，如 Z 市某区的乡镇园教师比城区园教师每月工资多 350 元、绩效多 150 元，Y 县乡镇园教师一般每月多 200 元，最偏远的一个乡镇教师工资则多 300 元。N 县对几个边远山区镇每个教师每学期补助 300~3000 元不等。同年，C 县也开始制定农村公办幼儿教师工资补贴方案，但还有部分县城、乡教师的工资没有得到改善。希望《国十条》所提出的工资倾斜政策能普遍得到落实。

（四）完善农村幼儿园教师培训保障机制、增强各级培训的针对性

幼儿园教师培训的政策制度保障不足是全国普遍存在的问题，有研究概括了幼儿园师资培训的三无状态，即"无规划、无经费、无机会"（庞丽娟等，2013）。为了提高农村幼儿教师的质量，《规划纲要》第四部分"保障措施"第十一章"重大项目和改革试点"部分指出："推进农村学前教育……对农村幼儿园园长和骨干教师进行培训。"教育部、财政部从 2011 年起，在中西部地区实施"幼儿教师国家级培训计划"，但国培计划的受培人数有限，每年全国集中培训也就数千人，算上网络研修也就数万人，相对庞大的农村幼儿园教师队

伍的总数只是杯水车薪。如 2014 年我国大陆农村学前教育专任教师数为 96 万人（含县城）。[365] 有些地方教育行政部门还会把有限的名额给城市示范性幼儿园，也存在学员重复培训的现象，而真正需要培训的农村幼儿教师往往没有机会。因此，要扩大农村幼儿园教师省级、市级培训的规模，增加农村幼儿园教师参加省市级培训的机会，同时要增强培训形式的针对性。目前一般的农村幼儿教师培训以短期集中培训的形式为主。对不同类型、不同年龄的教师的培训没有区分。有调查表明，不管哪一个年龄段的教师，对案例研究和跟岗研修（也叫"影子学习"，指"在较长的时间中对参观对象的活动进行观摩学习，形影不离"）两种形式的培训的需求比例都是最大的，其他形式的培训需求则有年龄差异。如 30 岁以下的教师最欢迎实地考察，其次是案例研究；30~45 岁的教师最欢迎名师指导，其次是听课评课；45 岁以上的教师最欢迎教研讨论，其次是专家讲座。[366] 如何更好地满足不同类型园长与教师的需求还值得探索。如针对新办乡镇中心园园长对跟岗培训的需求要探索城乡园长的交流制度。如各高校学前教育专业硕士研究生在实习的半年之中可以有一部分时间到乡镇中心园挂职园长，把原来的园长替换出来到优秀园长身边跟岗学习，当然挂职前一定要有在优质幼儿园实习的丰富经历。

第三节　"内在"精神生活面面观

越来越多的学者呼吁要正视教师的完整生命对于教师专业活动的影响。[367] 从哲学的角度看，"人有自然生命和自为生命两重生命，人也有着实体存在和价值存在两重性的存在"[368] 即具有现实性和有限性的事实世界以及具有理想性和无限性的意义世界。[369] 实体存在主要依赖于外部的环境，价值存在则体现着人的内在精神状态，是生命的本质。已有成果主要是从精神生活的某一个方面进行研究，很少把精神生活状态当作一个整体来探究；在研究方法上，主要采用问卷法、观察法和访谈法，但问卷法对数据的分析大多仅停留于频数统计，较少分析不同个人特征与环境特征的农村幼儿教师精神生活状态的差异。本研究从实证的角度分析农村幼儿教师的整体精神生活状态，并欲探明不同年龄、教龄、职务、职称、专业、学历、编制、园所性质、班级幼儿人数、地区的幼儿教师精神生活状态的差异，以便在关照整体的基础上提出更有针对性的建议以促进不同的群体教师精神生活质量的提升。

一、研究对象与方法

（一）研究工具

童世骏等人采用梁漱溟的观点，认为精神生活是人类生活中区别于物质生活和社会生活的一部分，并将精神生活划分为三个维度，即心理生活、文化生活和心灵生活。[370] 该分类有助于全面理解精神生活的含义，而姜勇等人正是从这三个维度出发，自编了《幼儿教师精神生活状况问卷》[371]。本研究借鉴这一分类并主要参考了姜勇等人的研究成果设计问卷。问卷封闭题共 110 道选择题，另有 3 道开放题：您为什么选择成为一名幼儿教师？您最渴望哪些方面得到改善？您觉得最值得您自豪的是什么？满意度（符合度）之类的题目一般采用 Likert 5 点量表法，按 1~5 级评分。但统计时把 1~2 级，4~5 级加以合并。本问卷的信度（Cronbach's Alpha=0.82）与结构效度（KMO=0.79，Bartlett 检验 $P < 0.001$，所有因子的共同度在 0.60 和 0.92 之间）良好。本研究初步假设某些不同群体的农村幼儿教师的精神生活质量可能存在显著差异，如公办园教师精神生活质量可能显著高于民办园教师，专业对口的教师精神生活质量可能显著高于专业不对口的教师等。

（二）研究对象

与第一节研究对象相同，但研究内容不同，660 名教师中县城、乡镇和行政村分别为 100、519、41 人；公办、民办和其他（含公办转制或公办委托承包等）分别为 503、140、17 人；研究生、本科、大专、中专（高中）、初中学历分别为 10、258、263、118、11 人；无职称、初级、中级、高级（小中高）、其他（主要为保育员级别证书，一些保育员担任托班教师）人数分别为 257、310、70、1、22 人。根据 2016—2017 年之间发放的调查问卷显示，不同地区级别、园所性质、年龄、专业、编制的对象在不同地区的人数分布详见表 5.3-1。

表 5.3 — 1　调查对象的来源及其构成

所在地区	地区级别			园所性质			年龄（岁）			专业			编制	
	县镇	乡镇	行政村	公办	民办	其他	35 以下	36~45	46 以上	学前	非学前师	非师	有编	无编
闽南地区	27	264	36	190	126	11	236	73	18	259	45	23	169	158
闽西地区	54	211	5	259	7	4	210	60	0	139	106	25	245	25
闽北地区	2	24	0	24	0	2	22	4	0	18	2	6	25	1
闽东沿海	17	20	0	30	7	0	36	0	1	33	0	4	30	7
总计	100	519	41	503	140	17	504	137	19	449	145	58	469	191

（三）数据处理

数据采用 SPSS 20.0 进行统计与分析。主要采用描述分析、非参数检验等来分析定类、定序等分类变量间的关系，包括单样本的 Kolmogorov-Smirnov 检验，两个或 K 个独立样本的检验等。

二、研究结果与分析

（一）农村幼儿教师心理生活状态总体良好，地区、园所性质和专业不同差异显著

心理生活相对于"肉体生活"而言，包括人的认知、情感和意志等心理活动。本研究主要从对社会经济地位（以工资收入为例）的满意度、对工作与生活环境的体验、对压力状况、对社会身份地位的体验、对专业成长条件的体验等方面进行研究。

1. 对工资收入普遍不满意，不同地区、不同性质幼儿园教师得分差异显著

农村幼儿教师对月工资的满意程度显著低于中间值 3（$M \pm SD = 2.40 \pm 0.90$，$P < 0.001$），一半以上的人对工资收入不满意，六成以上的人认为自己的工资收入与当地收入相比处于中下水平。开放题"您最渴望哪些方面得到改善？"91.7%的人希望提高工资待遇；分别有 27.6% 和 27.2% 的人希望改善医疗保险和住房津贴。或者希望给一些生活补贴、交通补贴、班主任补贴、保育工作补贴等。有的说"太多农村教师兼职了保育员的工作""工作量和收入非常不成正比"。分析表明，对职业的经济地位体验不存在教龄、职称、专业、学历、班级人数、县乡、编制差异，但不同地区方位、幼儿园性质、职务、区县、年龄的教师体验得分差异显著，闽西地区教师满意度显著低于闽南地区，公办园教师满意度显著低于民办园。

2. 对工作和生活环境整体比较满意，不同职务、教龄、园所性质教师差异显著

从表 5.3-2 来看，所有相关的项目得分都显著高于中间值 3，说明了农村幼儿教师总体对工作和生活环境是比较满意的，同事关系得分最高。开放题中，老师认为农村家长、孩子"更淳朴"，农村"幼儿园拥有更多的乡土自然与文化资源"、可以"与孩子同乐，利用本土资源，共同沉浸在乡村教学"。进一步分析发现，不同年龄、职称、专业、学历、地区级别、编制、班级人数的教师的体验总分无显著差异，不同职务、园所性质、教龄存在显著差异。年级组长、园长的满意度高于班主任、保教主任，一般教师满意度最低；民办园教师满意度显著高于公办园。工龄 6~10 年、11~15 年的满意度高于 5 年及以下、16~20 年的，即"中间高，两头低"。

表 5.3 － 2　农村幼儿教师对工作与生活环境的体验

	M±SD	K S Z	P	不符合(%)	一般(%)	符合(%)
我觉得幼儿园同事之间的关系很融洽	4.06±0.75	6.180	.000	0.8	22.1	77.1
我认为幼儿园的管理制度很合理	3.61±0.84	5.764	.000	5.6	39.9	54.5
我觉得我的生活环境非常好	3.52±0.90	6.431	.000	7.6	45.9	46.5
我觉得幼儿园的工作环境非常好	3.51±0.93	6.643	.000	8.4	46.9	44.7
我认为幼儿园能提供充足的教学用具和活动场地	3.43±0.97	5.865	.000	12.8	43.0	44.2

3. 认为工作负荷稍偏大，不同地区和不同性质园所教师体验得分差异最显著

调查表明，有 45.0% 的教师认为工作量偏大，46.3% 的教师认为工作压力很大。其他人认为工作量正常或清闲，工作压力有一点或一般。开放题也有四成多的农村幼儿教师希望减少工作量或工作压力。但有约 50 位（7.6%）教师回答乡村教师工作压力相对更小，"生活节奏适中""有一定的时间学习、发展"和"照顾家庭"。不同职务、专业的教师得分无显著差异，不同地区方位、

园所性质、地区级别、年龄、教龄、职称、学历的教师体验得分差异显著，其中以地区差异最显著。闽西地区（如武平县）教师对工作量与工作压力的体验均显著大于闽南地区（如南靖县）的教师。民办园教师工作量显著大于公办园，但二者对工作压力体验无显著差异。县镇教师对工作量的体验较大，乡镇教师相对较小，但对工作压力的体验无显著差异。访谈时闽西地区某乡镇园教师考进县镇的幼儿园后"后悔了"，她认为"（县）城里老师被当作工作机器"。

4. 对自身职业社会身份地位总体表示肯定，不同专业背景的教师得分存在显著差异

表5.3-3中所有选项的符合程度均显著高于中间值3，说明农村幼儿教师对自身职业的社会地位总体是表示肯定的。他们感受到了孩子的尊重、家人的支持、园长的欣赏、家长的肯定，在不同的人群中，体验到的孩子的尊重程度最高，孩子的回馈是教师的重要精神支柱。不同年龄、教龄、职称、学历、地区级别、园所性质、地区方位的教师在这些选项上无显著差异。但不同专业得分差异显著，毕业于"学前教育"专业的得分显著高于"非学前教育师范类"，说明专业对口有助于教师形成对社会地位的自我肯定体验。还有18.8%的教师对幼儿教师的社会地位高持否定态度。有少部分教师反映职称评定太难，以至"从教15年与刚毕业的新教师一样的待遇"。

表5.3 — 3　农村幼儿教师对社会身份地位的体验

	M±SD	K-S Z	P	不符合(%)	一般(%)	符合(%)
我在工作中能够得到孩子的欣赏与尊重	4.22±0.78	6.193	.000	1.6	14.0	84.4
从事幼教事业能够从家人那里获得认同和尊重	4.05±0.89	5.579	.000	3.2	23.3	73.5
与园长交往中，我能够得到欣赏和认同	3.87±0.76	6.298	.000	1.3	32.5	66.2
与农村公众交往中，我的职业能够得到尊重	3.86±0.80	6.755	.000	5.3	27.6	67.1
我认为在现实中幼儿园教师的地位很高	3.21±0.96	6.781	.000	18.8	51.6	29.6

5. 在工作中获得了一定的成就感，不同专业、不同地区教师得分差异显著

调查表明，所有选项的符合程度均显著高于中间值 3，说明农村幼儿教师在工作中有自己的发展目标与规划、有相当的工作干劲，获得了一定的成就感。分析显示：不同年龄、教龄、职务、职称、学历、班级人数、地区级别的农村教师在以上五个选项上无显著差异。不同专业、不同地区教师体验总分差异显著。如毕业于"学前教育"专业的教师得分显著高于"非学前教育师范类"，表明专业对口的教师专业成长的体验更多；闽南地区教师得分显著高于闽西地区；民办园成就感得分显著高于公办园。同时，他们也认为编制和农村的地域因素会是影响或阻碍专业成长的重要因素。

表5.3 — 4　农村幼儿教师对专业成长的体验

	M±SD	K-S Z	P	不符合（%）	一般（%）	符合（%）
在接下来的几年工作中，我有自己的发展目标与规划	3.52±0.82	5.885	.000	7.3	41.8	50.9
我感到工作中干劲十足	3.43±0.87	6.510	.000	7.6	48.5	43.9
工作中，我获得了很大的成就感	3.31±0.83	6.923	.000	10.6	51.9	37.5
我认为编制对教师职业发展的影响非常大	3.60±0.90	5.908	.000	6.4	41.6	52.0
我认为因为在农村的缘故，专业发展很难得到提升	3.47±0.95	6.446	.000	10.5	45.6	43.9

（二）农村幼儿教师对文化休闲生活总体不满意，不同地区和园所性质教师差异显著

文化生活是相对于"经济生活"而言的生活。本研究主要调查幼儿教师文化艺术喜好、文化生活实际状态和文化生活的体验。

1. 六成以上喜爱文化艺术，不同群体间没有显著差异

农村幼儿教师对艺术"非常喜欢，自己也有一技之长"的比例为23.2%，"喜欢，有一定的欣赏水平，但没有特长"占39.5%，选择"一般"和"不喜欢"的为33.5%和1.7%。不同群体的幼儿园教师都没有显著差异，说明六成以上

的农村幼儿教师有一定艺术素养，将近四分之一有艺术特长。

2. 文化生活较欠缺，业余时间以打理家务为主

①平时在园的文化活动。调查表明，订了一份报纸和杂志的教师比例为56.1%和50.9%，教师每周在幼儿园经常享受的文化休闲娱乐方式中，"休息室喝茶""体育锻炼""电脑室上网"的比例分别为24.2%、19.7%、19.1%，"图书室看书"只有14.1%。还有39.7%的教师选择"无上述活动"，比例最高。②节假日中的文化活动。50.5%回答"什么都没组织"，回答有"组织体育比赛（乒乓球、羽毛球等）""举办晚会""组织看电影和演出""组织看展览"的分别只有18.2%、10.2%、8.6%、6.5%。③业余休闲中的文化活动。打理家务（68.8%）和照顾孩子（51.1%）是农村幼儿教师业余时间的主要任务，看电视（48.9%）和上网（51.4%）则是在家获取文化信息的主要渠道，选择读书看报和看电影或演出的教师比例只有1/3左右。可见，看书读报作为文化生活的代表活动已经让位于上网的方式。访谈闽南地区某乡镇中心幼儿园园长时，她很认同网络化的学习方式，认为"智能手机阅读这种碎片化的学习可能会越来越流行，现在她们年轻人的阅读习惯更倾向于图文方式的"。她因势利导向本园的教师推荐了"汉唐幼教"等微信公众号。④文化休闲娱乐时间。调查表明，有将近1/4（24.8%）的教师每周用在文化休闲娱乐的时间"几乎为零"，51.4%的教师每周的文化休闲为"1~5小时"，14.4%的教师文化休闲时间为"6~10小时"，每周文化休闲娱乐时间低于5小时的占到76.2%，每周有11小时以上文化休闲时间的仅为3.3%。总体来说，无论在幼儿园还是在家里，农村幼儿教师的文化生活比较欠缺，四成教师无任何文化娱乐活动。

3. 对文化生活总体不满意，不同编制、地区方位、园所性质的教师体验差异显著

农村幼儿教师对在园和在家的文化休闲生活的质量与丰富性表示否定（所

有的选项得分都显著低于中间值 3），他们也不认同"自己的社会交往范围越来越宽"。（表 5.3-5）分析表明，不同职务、教龄、专业的幼儿教师对文化生活的体验得分无显著差异，也不存在显著县乡差异。但有无编制、不同地区方位、园所性质、学历、年龄、职称的教师体验得分差异显著，以上因素按显著性由高到低排列，有无编制差异最显著，不同职称差异显著性最低。无编制教师得分（M=14.60）显著大于正式编制教师（M=12.25）；闽南地区教师文化生活体验得分显著高于闽西地区；民办园教师得分显著高于公办园教师。

表 5.3 — 5　农村幼儿教师对文化生活的体验

	M±SD	K-S Z	P	不符合（%）	一般（%）	符合（%）
我觉得幼儿园的文化休闲设施很完善	2.50±1.02	6.953	.000	41.1	45.9	13
我在幼儿园能享受很好的文化休闲生活	2.41±1.01	6.751	.000	45.4	44.5	10.1
在下班以后和节假日，我享受到了很好的文化娱乐休闲生活	2.76±1.00	6.819	.000	32.4	48.7	18.9
我觉得幼儿园在节假日组织的文化休闲娱乐活动很丰富	2.42±1.01	6.471	.000	46.3	42.8	10.9
我觉得自己的社会交往范围越来越宽	2.82±1.04	6.736	.000	30.5	47	22.5

（三）农村幼儿教师大多具有良好的专业精神，地区和园所性质不同的教师差异显著

按照童世骏的观点：心灵生活是精神生活的核心内容和典型形式，是人类对生活本身的意义与价值的超越性反思。本研究主要从教师的专业精神来考察幼儿教师的心灵生活。教师专业精神是指教师基于对教育工作的社会价值的认识和判断，在自己工作过程中表现出来的道德感、认同感以及事业心，包括专业道德、专业理念、专业信念、专业情感、专业追求。[372] 本研究着重考察专业信念和专业情感两个方面。

1. 具有积极的专业情感，不同地区、园所性质、专业的教师差异显著

专业情感主要调查教师对职业的喜爱、满足、自豪之情等。表5.3-6中所有选项的符合程度均显著高于中间值3，说明农村幼儿教师具有积极的专业情感。具体来看，将近60%的教师很喜欢幼儿教师的职业，有40.7%的教师对现在的生活状况满意，但也有12.6%的农村幼儿教师对现在的生活状况不满意。从教师对日常工作的描述来看，有15.5%的教师用"如鱼得水，踌躇满志"来描述自己的日常工作状态，有49.8%的教师"心如止水，自得其乐"。认为工作中"战战兢兢，如履薄冰"或"人微言轻，疲惫不堪"的教师均为14.3%，还有6.1%则用"索然无味，得过且过"来描述自己的日常工作状态，这些比例加起来占了34.7%。

分析表明，不同教龄、职务、职称、地区级别的教师喜爱程度得分无显著差异。有无编制、不同地区方位、园所性质、专业、学历、年龄的老师喜爱程度得分差异显著。如，民办园教师得分（M = 4.01）显著大于公办园教师得分（M = 3.66），"学前教育"类教师，对幼教行业不适应、不喜欢的为31.6%，"非学前教育"类教师这一比例为41.7%。不同人数只在满意度上有差异，班额越大，满意度越低。

表5.3 — 6   农村幼儿园教师的专业情感状况

项目	M±SD	K-S Z	P	不符合（%）	一般（%）	符合（%）
我很喜欢幼儿教师这份职业	3.74±0.88	5.427	.000	4.3	36.3	59.4
我对现在的生活状况很满意	3.37±0.95	6.326	.000	12.6	46.8	40.6
我觉得作为幼儿园教师很幸福，很自豪	3.64±0.95	5.671	.000	6.5	40.7	52.8

2. 专业信念比较坚定，不同地区方位、园所性质、专业差异显著

专业信念主要调查职业价值观、职业忠诚度、情感承诺、职业继续承诺等。四个选项的得分都显著大于中位数3，说明教师们专业信念比较坚定。有

83.9% 的教师认为幼儿教育对幼儿未来和社会发展很重要，平均得分最高，为 4.32 分。有的认识到"农村留守儿童……未来是否有理想，是否愿意奋斗，是否有奋斗的能力，全部依赖于农村老师的教育"。有 52.8% 的教师愿意一直从事幼教事业，矢志不渝，对自己未来的发展前景很乐观和有较大的可能再次选择幼儿教师职业的教师均为 47%。但尚有近 20% 的教师否认了再选择此职业的可能性。分析表明，不同年龄、教龄、职务、职称、地区级别的教师专业信念得分无显著差异。不同地区方位、园所性质、专业差异显著，闽西地区、公办园、"非学前教育"类教师得分显著低于闽南地区、民办园、"学前教育"类教师。

表 5.3 — 7　农村幼儿园教师的专业信念状况

项目	M±SD	K-S Z	P	不符合(%)	一般(%)	符合(%)
我认为幼儿教育对幼儿未来和社会发展很重要	4.32±0.82	7.805	.000	2.0	14.2	83.8
我愿意一直从事幼教事业，矢志不渝	3.62±0.96	5.389	.000	7.8	39.4	52.8
我对自己未来的发展前景很乐观	3.51±0.91	6.238	.000	7.9	45.1	47.0
如果还有选择职业的机会，我还会选择幼儿教师	3.36±1.14	4.728	.000	19.9	32.9	47.2

综上所述：幼儿教师的专业精神不存在年龄、教龄、职称、县乡差异，但有无编制、不同地区方位、园所性质、学历、班级人数、专业、职务在职业的总体满意度方面存在显著差异。从卡方值来看，有无编制、地区差异对专业精神状态的影响最大，职务的影响相对最小。无编制教师得分（M=27.11）显著高于正式编制教师得分（M=24.92）；闽南地区幼儿教师的得分（M=26.82）大于闽西地区教师（M=24.06）；民办园教师的得分（M=27.45）显著高于公办园教师（M=25.00）；中专学历教师得分显著高于大专、本科学历教师；随着班级人数的增加满意度降低；"学前教育"类教师总体满意度（M=25.97）高于"非学前教育"类教师（M=24.26）。

三、讨论

（一）农村幼儿教师精神生活的整体状况

1. 农村幼儿教师心理生活体验满意与不满意并存

农村幼儿教师对幼教职业的社会身份地位总体表示肯定，对工作和生活环境整体比较满意，在工作中获得了一定的成就感；但对于工资收入普遍不满意，认为工作负荷偏大。原因可能如下：①教师收入水平偏低。有研究表明，20 世纪 80 代至 90 年代初，教师的工资水平在 12 大行业中始终居于末位[373]，尤其 1997 年《全国幼儿教育事业"九五"发展目标实施意见》的文件指出逐步推进幼儿教育社会化的发展方向，导致大量公办幼儿园"关、停、并、转、卖"[374]，收入也达新低。直到 2010 年左右，幼儿教师地位才从社会边缘渐次走向政策中心，短时间内工资水平不可能有大的改变。②农村幼儿教师缺口大。2015 年《国家中长期教育改革和发展规划纲要（2010—2020 年）》中期评估学前教育专题评估报告显示 2011—2014 年我国教育部门办园在乡村新增 1.07 万所，占比全国新增幼儿园的 54.34%，但，2010—2014 年间[375]，乡村幼儿园仅新增教师 2.49 万人，占全国新增教师的 9.03%。平均每所新增的乡村幼儿园只有 2.3 位教师，由此可见农村幼儿教师缺口之大。本调查教师班级达到"两教一保"的比例为 63.3%，其他多为"一教一保"或"一教包班"，导致在职教师负荷偏大，而其中相当部分的非编教师则增加了幼儿园自聘教师的经费负担。

2. 农村幼儿教师对文化休闲生活总体不满意

六成以上的农村幼儿教师有一定艺术素养与爱好，这是提升教师的文化生活品质的良好基础。但他们文化生活较欠缺，业余时间以打理家务为主，因而他们对文化休闲生活总体不满意。读书看报的教师比例偏低，而碎片化的手机上网阅读方式已逐渐流行。原因可能如下：①文化生活设施匮乏。2010 年以来，乡镇中心幼儿园如雨后春笋般迅速发展，但目前的投入主要在基本的园舍上，文化生活方面的设施还未及考虑。本调查发现，能享受图书报刊室和教室休息娱乐室的教师比例十分低，分别只有 23.4% 和 14.7%。②女教师工作与家庭的"双重负担"。女性是农村幼儿教师的主体，以 2014 年为例，全国幼儿园教师 114.42 万人，女性为 112.08 万人，占 97.96%。国内外的研究都表明女性用于家务劳动的时间大大多于男性，尤其是我国家庭的家务劳动大部分仍主要由女性承担。[376] 同时负有家庭和工作双重责任的"职业女性可能是当今社会中最缺乏休闲时间的一个群体"[377]，因为面对工作太多而时间太少的矛盾，女性一般是放弃掉自己的阅读、兴趣爱好、锻炼与独处等活动。

3. 农村幼儿教师大多具有良好的专业精神

约一半以上的农村幼儿教师追求有意义的心灵生活，专业信念比较坚定，具有积极的专业情感，对职业的总体满意度比较高。主要原因可能如下：①职业兴趣与职业的匹配度不同。具有良好专业精神者其职业兴趣与职业匹配度高。从开放题来看，2/3 左右的教师"喜欢孩子"，对幼儿自然流露喜欢、幸福和爱的情感；"喜欢幼儿教师的职业"，自豪"当个农村孩子王"。因而这部分农村幼儿教师"愿以满腔热情，谱写幼儿教师之歌"，"把幸福带给农村的孩子们"，他们在比较贫乏的物质环境中能够淡泊名利，享受与孩子共同生活的乐趣，让人看到他们"落花无言，人淡如菊"的精神境界，他们的职业生活是"充满劳绩而诗意的栖居"。而具有消极的专业情感、专业信念不坚定者其职业兴趣与职业不能匹配。开放题表明1/3 左右的农村幼儿教师选择职业仅仅是为了谋生。②工作中的成就感、职业前景与社会地位。相关分析发现，专业情感与工作中的成就感及社会地位有较高相关（相关系数大于 0.5），与幼儿园民主管理和融洽同事关系及家人的支持等方面的工作与生活环境有中等程度相关（相关系数都在 0.4~0.5 之间）；专业信念则与职业前景、生活满意度以及家人的支持有较高相关。此外，对职业的不同适应性也有一定程度的相关。而这些选项上的得分都显著大于中间值 3。

（二）不同群体精神生活质量存在显著差异

1. 民办园教师精神生活质量显著高于公办园教师

二者在工资满意度、工作与生活环境满意度、文化生活满意度、专业情感和专业信念等方面都存在显著差异。民办园教师体验得分显著高于公办园教师。有编制教师和无编制教师也呈现出类似的结果，即无编教师在以上各项上的得分显著高于有编制教师。这一结果让笔者感到意外。仔细分析数据发现有它的合理性：①公办园教师虽然在工资收入、五险一金等方面显著高于民办园教师，但同时他们的职称、学历也是显著高于民办园教师的，如公办园教师本科学历比例为 50.3%，民办园教师中专 / 高中学历比例为 54.5%，但本调查样本中公办园教师的平均月收入只高出民办园教师 451 元。显然相对于二者的文化资本差异，经济地位的差距是很小的。此外，学历低，职业期待相应更低。调查发现，中专学历教师对职业的总体满意度显著高于大专、本科学历教师。②相关分析表明，工作与生活环境与教学资源、管理制度、同事关系有较强相关，相关系数分别大于 0.7、0.6 和 0.5，与社交圈子、工作适应性以及家人的支持有中等程度的相关，相关系数大于 0.4。研究发现公办、民办园教师在管理制度、同事关系、家人支持方面没有显著差异，但在教学资源、文化休闲资源、社交圈和工作适应性有显著差异，且民办园教师得分显著高于公办园（只有多媒体设备、教师休息室公办园强于民办园。）民办园教学资源的充足一定程度上得益于这几年国家对民办园大力扶持。《国家中长期教育改革和发展规划纲要（2010—2020 年）》提出"积极扶持民办幼儿园"，鼓励"县级以上人民政府根据本行政区域的具体情况设立专项资金，用于资助民办学校"。《国务院关于当前发展学前教育的若干意见》指出要"采取政府购买服务、减免租金、以奖代补、派驻公办教师等方式，引导和支持民办幼儿园提供普惠性服务"。笔者走访或电话访问了闽南地区部分县教育局的幼教干部，各地对普惠性民办园都有专项经费的支持，主要用于购买教学具；而一些新建的乡镇公办园在教学具的配备方面反而没有资金来源。民办园教师适应性得分更高可能由于目前政府对民办园的业务监管还不到位，民办园教师专业素质方面的要求相对较低，而公办园教师要迎接各种检查与评估，各方面专业素质要求都较高。③文化生活满意度与文化休闲设施高度相关，民办和公办园教师文化休闲设施得分分别为 M=2.77，M = 2.44。④更高比例的民办园教师（71.3%）是出于喜欢幼教职业（公办园教师这一比例为 56.3%），而且他们不满意某个幼儿园可以毫无牵挂地跳槽，更高比例的公办园教师是为了"编制"才选择当幼儿园教师，也因为受编制所限即使不满意也只能较多地选择忍耐。分析也发现，民办园教师的成就感显著高于公办园，因而民办园教师的专业情感和专业信念显著高于公园教师。此外，有研究发现除了第一年外，工作 2~5 年组的教师职业承诺程度最低，其他教龄段得分都显著高于 2~5 年组[378]。本研究中的公办园教师教龄约七成在 5 年以下，正处于职业承诺最低的阶段。

2. "学前教育"类教师精神生活质量显著高于"非学前教育"类教师

二者在工作与生活环境体验、社会地位体验（尤其在同事关系的融洽度和幼儿园的管理制度的合理性两项上）、成就感、专业感情、专业信念等多个方面都存在显著差异，"非学前教育"类教师精神生活体验得分显著低于"学前教育"类教师。原因可能有以下几个方面：①"职业兴趣"与幼教职业不合。本次调查发现，"非学前教育"类教师原有专业"五花八门，有体育、艺术、中文、政治、历史、生物、管理、小学教育等，其中有师范专业也有非师范专业，他们当幼儿教师的原因大多是因为当时'自己的专业没有招教师'，或招收的名额非常少，考两三年都没考上，后来了解到幼儿教师的岗位名额多，因而'为了入编''为了生计''随波逐流'地进入了幼教行业"。还有一部分从小学转岗教师在原单位是"富余教师"，她们对转岗的原因陈述多半是"领导把我调到幼儿园"。所以，"非学前教育"类教师一般是因无法自主选择与自己专业对口的职业而迫不得以转行，所以其专业发展自主选择机会显著低于科班教师，对幼教职业的喜爱程度也相对较低。②对新岗位适应难度大。"非学前教育"类在任教的头几年，前置的职业、生活和教育经历对他们的教育教学观念和行为的影响比入职专业培训的影响更大[379]，他们的适应比科班教师相对更难。有研究表明，小学教师转岗到幼儿园之后"适应缓慢，对待专业发展较消极"[380]，转岗适应期"平均为3年左右"[381]。③对"非学前教育"类教师培训政策执行延后或培训有效性不高。《国十条》指出"为有志于从事学前教育的非师范专业毕业生提供培训"，地方相关政策也规定取得相应培训证书以后方可上岗[382]。但本次调查发现，培训政策的执行力度各个市县不一，多有延后，同时培训有效性不足。④管理制度高控或放任。"非学前教育"类教师往往在心理上存在"很深的失落感和焦虑感"，需要一段特殊的适应期。但政府和幼儿园的管理上没有充分考虑他们的需要。另有调查发现，科班教师往往因转岗教师能力不及而不愿意与其搭班[383]，有的转岗教师认为幼儿园比中小学更加集权化，园长说了算，教师没有发言权[384]。本调查还发现"管理上的放任"。如某乡镇中心幼儿园2013年新建，在编教师均为"非学前教育"类，但新园仅有三间教室，连园长和教师办公室都没有，因此园长也很少来幼儿园，有的教师虽然在幼儿园工作三四年了，自我感觉专业上仍然"吃力"，因而她们对幼儿园人际关系和管理制度更不满意。

3. 闽南地区教师精神生活质量显著高于闽西地区教师

二者在工资满意度、工作压力体验、成就感、文化生活体验、专业情感与信念方面的得分差异显著，闽西地区教师的工资满意度、成就感、文化生活体验、专业情感与信念得分均显著低于闽南地区教师，而对工作量与工作压力的体验则显著大于闽南地区的教师。这种结果也有些意外，因为本调查中闽西地区教师的月平均工资、参加社会保险的比例均高于闽南地区教师。可能有以下原因：①压力体验与成就感的差异可能是由于闽西地区教师班级人数显著多于闽南地区。2014 年闽南地区部分县乡已开始实施幼儿入园电脑派位，把班生额严格控制在《幼儿园管理条例》规定的范围之内，闽西地区在控制幼儿园"大班额"方面步伐相对慢一些，对于"公办园就近入学和电脑派位招生工作"2015年刚在个别县试点[385]。成就感的差异又会影响专业情感与信念。②专业情感与专业信念差异可能主要与两地"非学前教育"类教师的比例不同有关。闽西地区"非学前教育"类教师的招聘比例可能高于闽南地区。以龙岩和漳州为例，前者参加我校转岗和非专业教师培训者为 150 人左右，后者参加我校相应培训者只有 41 人。由此可以判断，闽西地区招聘学前专业的幼儿园教师的难度大于闽南地区。此次调查，"非学前教育"类教师分别占闽西和闽南地区教师的 64% 和 30%。③文化生活体验差异主要与两地的文化休闲设施差异有关。分析显示两地教师对文化休闲设施的评价差异显著，闽西地区教师得分（M = 2.22）显著低于闽南地区教师（M = 2.73）。④工资满意度的差异原因与以上民办与公办园教师的差异原因类同。因为本次调查中的所有民办园教师均来自闽南地区，而大多"非学前教育"类的公办园教师来自闽西地区。

四、建议

"在幼儿园里，教师的生活状态如同镜子般的映射在幼儿身上。"[386] 蒙台梭利认为，教师的工作是"为儿童的精神服务"，他"必须像火焰一样用它的温暖去振奋、活跃和鼓舞所有的儿童"。[387] 苏霍姆林斯基曾说："教师要成为学生的知识的源泉，就要永远处在一种丰富的、有意义的、多方面的精神生活中。"[388]

（一）提高农村幼儿教师的经济地位及减轻其工作负荷

农村幼儿教师的经济地位和社会地位与国家政策有着密切关系，如《国家中长期教育改革和发展规划纲要（2010—2020年）》提出"重点发展农村学前教育"，并且提出了"依法落实幼儿教师地位和待遇"的具体任务。2010年《国务院关于当前发展学前教育的若干意见》第三条指出"对长期在农村基层和艰苦边远地区工作的公办幼儿教师，按国家规定实行工资倾斜政策"。笔者调查的闽南地区的部分区县对乡村幼儿园教师补贴200~3000元不等。但从调查来看，仍然有些地方没有落实这些政策，需要进一步落实。此外，多渠道减轻农村幼儿教师的工作负荷，落实"多种形式扩大学前教育资源"，按照2013年《教育部关于印发〈幼儿园教职工配备标准〉（暂行）通知》的文件精神，补足配齐农村幼儿园教师编制。

（二）提升农村幼儿教师的文化生活品质

兰德曼等哲学家认为人的生命是一种文化的存在，或者说文化是人的"第二天性"，人是"文化的创造者"，也是"文化的产物"，[389] "贫困文化与贫困教育相互影响"，贫乏的文化氛围会阻碍现代学前教育观念的及时传播，成为乡村学前教育发展的巨大障碍。[390] 因此，幼儿教师需要高品质的文化生活不断完善自身和提升教育水平，包括完善农村幼儿园文化休闲设施，丰富农村幼儿教师尤其是闽西地区教师和公办园教师的文化休闲生活。"山川名物，地之灵；语言文字，人之灵""读书不独变气质，且能养精神"[391]，要为农村幼儿教师提供环境优雅的图书报刊室。梭罗在一百多年前就曾呼吁"让我们有高贵的村子"，"宁可少造一座桥，多走几步路"，但要舍得请"一切有学问的社团"到乡村来做报告。[392] 我也想说"让我们有高贵的乡村学校"。碎片化的手机阅读和令人眼花缭乱的网络阅读永远无法代替"读书"和与"大师"面对面交流的舒适与惬意。正如有学者认为，今天正在走向网络化社会中的"数学化生存"，极有可能再次将人的精神生活和灵魂世界排挤到一个日益边缘化的角落，从而成为"人文精神"失落的时代原因和历史根源。[393] 丰富多彩的文化艺术活动是乡村所迫切需要的。此外，要特别考虑如何解决女教师"双重负担"问题，让女教师拥有更多的文化休闲时间。它关系到包含幼儿园教师在内的整个农村教师队伍的精神生活质量问题。有人预测"大约十年后，中青年女教师将成为乡村学校教育教学工作的中坚力量"。[394] 女教师肩负着工作与家庭的双重责任，她们应该在家中和单位里得到相应的支持。如改变家庭内部责任的分配，减少女教师业余时间加班的任务等，提高社会整体文明程度，改变对男女两性角色的性别刻板模式所造成的双重社会认同尺度和双重道德标准等。希望农村教师无论男性还是女性都将能在休闲中"放松、消遣、发展、创造以及感觉超越"（亨德森，2000）。

（三）引导农村幼儿教师在创造中体验心灵的欢乐

心灵生活更多是人与自我关系的生活。高质量的心灵生活不仅追求人生的社会价值，同时追求生命的内在尊重与欢乐。我国社会历史的发展过程中一直强调"师"对于"道""知识与技术"的工具价值，强调教师劳动的外在社会价值，因而把教师的劳动看成是传递性的工作。20 世纪 90 年以来，《中华人民共和国教师法》等相关法律政策开始强调教师劳动的创造性，赋予了教师除了进行教育活动之外的开展教育改革、从事科学研究、参与专业学术团体和发表意见等作为专业人员的权利，鼓励教师在工作中勇于探索创新。叶澜认为，"职业生活的质量不仅与职业性质、社会发展水平相关，还与每个人的职业自我意识与价值追求相关"，"只有用创造的态度去对待工作的人，才能在完整意义上懂得工作的意义和享受工作的欢乐。"[395] 很多农村幼儿教师已经能够淡泊名利，享受田园之美，与孩子"共同沉浸于乡村教学"，在此基础上，如果有意识地利用本土资源开展幼教研究，以此作为与儿童精神交流的媒介，将更能享受心灵的持久的欢乐与充实，体验到生命的意义与尊严。因此，教育研究素养的提升应成为农村幼儿教师的培养与培训的最高阶段的使命。

（四）有针对性地关注不同群体精神生活质量的提升

对于农村公办幼儿园教师，要保证其收入不低于同等学历的城市教师和中小学教师收入，要更多关注农村公办幼儿园文化休闲生活设施的建设，为农村公办幼儿园教师搭建各种专业社团交流的平台。对于"非学前教育"类教师，要评估大量招聘非学前教育师范类幼儿园教师政策的适宜性，考虑减少这类教师的比例；及时落实相应的培训政策，优化培训方案；幼儿园建立更民主的管理制度，定期听取"非学前教育"类教师的意见与建议，建立'能进能出'的良性流动机制"，对于经过培训和实践确实不适应工作且离职意愿强烈的教师允许其转离幼儿教师岗位。对西部地区幼儿园关键要补足配齐公办幼儿园教师，关注文化休闲生活设施的建设，丰富教师的文化生活，要减少非学前教育类教师的招聘比例。对于仅为了谋生而从事幼教工作的人，更要帮助他们心灵的自我成长，使他们能够找到乡村幼教生活的乐趣。此外，普遍提高农村幼儿教师的精神生活质量可能需要关注选拔和培养真正适合与喜欢幼儿教师职业的人。

第四节　"内在"精神生活之继续从教意愿研究

2010年《国家中长期教育改革和发展规划纲要（2010—2020年）》（以下简称《规划纲要》）和《国务院关于当前发展学前教育的若干意见》提出"重点发展农村学前教育""努力扩大农村学前教育资源""将幼儿园作为新农村公共服务设施统一规划，优先建设"。这些政策促进了农村幼儿教育的蓬勃发展。2015年，《规划纲要》中期评估学前教育专题评估报告显示2011—2014年我国教育部门办园新增19672所。其中，在乡村10689所，占比54.34%，镇区占比33.83%，城区仅占比11.83%。另据统计[396]，2010—2014年间，幼儿园新增教师数量69.99万，其中城区42.15万、镇区25.35万、乡村2.49万，增幅分别为91.07%、62.51%和9.03%。乡村幼儿园增长的比例远远大于城区幼儿园，但是乡村幼儿园教师的增长率却远远低于城区幼儿园教师。可见，农村幼儿园教师的缺口之大。在职教师队伍的稳定性对于农村幼儿园的生存和发展就显得至关重要。目前国内外对农村教师的从教意愿研究主要有两个方面：一是师范生的农村从教意愿，二是农村中小学教师的流失与留教意愿。目前对农村幼儿园教师继续从教意愿的研究成果很少，但是农村幼儿园教师的继续从教意愿及其影响因素与师范生及中小学教师的相比有其独特性。师范生的从教意愿关涉"愿不愿去"，在职教师的继续从教意愿则关涉"愿不愿留"；师范生尚未毕业，身处城市之中，对未来有着无数的理想；在职教师已经处在农村的场景之中，他们考虑职业的去留可能更为现实。另外，与中小学教师相比，幼儿园教师面对的教育对象年龄最小，幼教职业对爱心、耐心等要求更高，专业性向对其继续从教意愿的影响可能更大。因此，只有探明农村幼儿园教师的继续从教意愿及其影响因素方面的特点与规律，才有可能找到提高农村幼儿园教师群体从教意愿、保持农村幼儿园教师队伍稳定的有效途径和措施。

一、研究现状

"从教意愿"即个体是否愿意从事教师职业的内在态度，是特定主体对专业认知或教师职业认同显性的、综合的表征形态。[397]意愿强则"意味着个体发自内心地认可教师职业，并直接对个体从事教师职业及成长为优秀教师产生积极影响"[398]。农村幼儿园教师的继续从教意愿一方面对其专业成长意义重大，能显著预测其工作绩效[399]，另一方面对于保证农村幼儿园教师队伍的稳定性，维持农村幼儿教育的持续发展意义重大。但研究数据也表明：师范毕业生存在不愿意去农村从教的倾向[400]，即使是农村生源，其回乡执教意愿也不强[401]；国家政策规定毕业后要去农村从教的免费师范生农村从教意愿也很低[402]。同时，近年乡村幼儿园教师流失意愿处于较高水平[403]，流失现象普遍[404]。

国外研究发现影响教师继续从教意愿的因素包括学校环境特征和教师个人因素。前者涵盖了学校的地理位置、安全保障、学生的影响、对教师发展的专业支持等要素。具体结论包括：地理位置偏僻、生活不便的学校教师继续从教意愿低[405]，安全保障低的学校教师继续从教意愿低[406]，低教学成就感、难以找到理想配偶的乡村教师继续从教意愿低（不过，乡村学校规模小、自然环境好、教师有更多的自由与自主也成为其吸引人之处）[407]，职业发展方面专家指导不足、复式教学备课困难、资源匮乏等问题也导致低继续从教意愿[408]。有研究归纳了更多教育情境因素的影响，认为教师个体的身份背景（如种族、性别）和能力水平、课堂要求（如班级人数和学生构成）以及学校环境（如学校结构、人际关系、对教师的教学指导状况）等因素主要通过影响教师的工作表现、效果、教学体验而影响从教意愿。[409]如行为不良学生人数较多会导致教师的失败体验而降低从教意愿，学校领导的管理方式和热情互助的群体则能提高教师的继续从教意愿。国内研究认为影响乡村教师继续从教意愿的因素包括个人、家庭、学校、社区生态环境各方面。[410] 农村幼儿教师社会支持、职业承诺都对离职意向具有显著的负向预测效应[411]；新教师在从教前就不喜欢教师行业是他们消极从教的重要内因。[412]

二、研究方法

（一）研究对象

本章问卷研究对象均相同（不同的研究内容整合在一张 A3 答题纸上，正反面都有，相当 4 张 A4 纸的内容）。此外，在经济中等发展县的 2 所乡镇中心幼儿园各选 1 位教师进行走访：一为闽西 F 园 Z 老师，她是我校的培训学员，她因为幼儿园遇到一些发展的阻力请笔者义务协助做一些家长工作，笔者于 2017 年 6 月 21 日实地采访了她，并于 2017 年 10 月 11 进行了微信追踪采访；一为闽东 X 园 L 副园长，笔者于 2016 年 5 月 17 日实地采访了她，她是笔者的学生帮忙联系到的对象。我加了两位教师的微信，有问题时会在网上进行交流。

（二）研究工具

①继续从教意愿问卷。根据布鲁姆教育目标分类学中情感领域目标的五个层级选择了中间层级"评价—信奉"作为设计的参考，达到这一层级发展水平的人"具有对事业和信仰的献身精神，可以为达到某个目标做出不懈的努力……不会轻易改变他们的信念"[413]，具体设置 2 道题目调查农村幼儿园教师的持续意愿（"我愿意一直从事幼教事业"）和复选意愿（"如果还有选择职业的机会，我还会选择幼儿园教师"），分别反映态度的坚持性和坚定性。问卷的

信度（Cronbach's Alpha=0.833）良好。②影响因素问卷。根据霍兰德（Holland N.N.）职业兴趣理论[414]假设专业性向除了影响人的初次择业意向外，也影响人的继续择业意向；根据生活质量理论[415]假设教师的主观生活质量对其继续从教意愿的影响不可忽视。在这两个假设的基础上结合已有研究成果，把影响农村幼儿园教师继续从教意愿的因素分为个人主客观因素、生活质量因素和社会支持因素，以此建立指标体系（详见表5.4-1）。其中，生活质量有主观、客观、主客观相结合3种观点，客观生活质量侧重于社会成员所享有的物质条件的状况或程度，主观生活质量侧重考察社会成员对所处的生活状况的主观评价，综合的生活质量则是二者的结合。问卷分为封闭题和开放题两部分：前者共34道题目，选项采用Likert 5点量表法，分为很不符合、较不符合、一般、比较符合、非常符合五个程度，按1~5级评分；后者共4道题，包括"您为什么选择成为一名幼儿园教师？""作为幼儿园教师，您觉得最自豪的是什么？""与城市老师相比，您最大的优势在哪？""如果可以，您最渴望哪些方面得到改善？"以便能够更深入和全面地揭示影响农村幼儿园教师继续从教意愿的根源所在，弥补封闭题的不足。问卷的信度（Cronbach's Alpha=0.778）和结构效度（KMO = 0.868，Bartlett检验达到极其显著性的水平）良好。③访谈工具。访谈提纲为3道开放题，包括"您对今后的生活有何打算？对未来有什么期待？""在接下来的几年工作中，您自己的发展目标与规划是什么？""如果还有选择职业的机会，您还会选择做幼儿园教师吗？请您说说继续做幼儿园教师或者放弃的理由？"目的在于通过个案更深入地挖掘农村幼儿园教师继续从教意愿的影响因素，与问卷调查所得的面上数据相互补充。

下篇 福建省农村幼儿园教师生存状态的现状考察 333

表 5.4 — 1　继续从教意愿影响因素指标体系

个人因素	1. 客观因素：年龄、教龄、职务、职称、专业、学历、编制 2. 主观因素：职业喜爱度、职业适应性、工作成就感等	共 10 道题目，如"我很喜欢幼儿园教师这份职业"
生活质量因素	1. 客观生活质量因素：工资、五险一金、住房、教学资源、文化休闲设施 2. 主观生活质量因素：对工资的满意度、文化休闲生活体验、职业幸福感、总体满意度、对发展前景的态度	共 10 道题目，如"我觉得作为幼儿园教师很幸福，很自豪"
社会支持因素	1. 社区：社会地位、公众尊重 2. 园所：园所性质、园所位置（县乡村）、园所管理、在职培训、专业自主、职称评定机会、工作量、园长认同、同事关系、班级人数、师幼关系 3. 家庭：家人的支持	14 道题，如"从事幼教事业，我能够从家人那里获得很大的认同与尊重"

（三）研究过程与数据处理

　　问卷发放过程同第二节。在此基础上选择两位教师进行了走访。问卷数据采用 SPSS 20.0 进行统计与分析。在选择数据处理的具体方法时，笔者先参考相关统计分析文献[416]根据变量以有序等级变量为主的特点，采用了非参数检验来判断继续从教意愿在个人因素、生活质量因素、社会支持因素方面的差异，采用斯皮尔曼相关系数来判断继续从教意愿与上述三者的相关关系，筛选出 17 个与继续从教意愿显著相关且相关系数大于 0.2 的变量（均为有序等级变量）进行有序回归分析，得到了回归系数达到显著性水平（$P < 0.05$）的变量共 9 个（见表 5.4 — 8 和表 5.4 — 9）。但有序回归未能算出最大似然值，因而无法推断累计概率。后来笔者多次请教本校数学与统计学院博士教师与心理学专业擅长心理统计的教授，他们认为一方面可以尝试二项分布近似正态分布处理，另一方面如果不需要像统计学数据那么精确的结论，也常把多等级变量视同连续变量处理。根据这些建议，笔者进一步学习了统计学文献，发现有学

者认为"属于二项分布的问题，若试验次数 n 较大，一般都用正态分布近似处理"。[417] 同时，笔者也查阅了大量核心期刊的文献，发现把 pearson 积极相关系数用于多等级变量的论文很普遍。[1] 基于以上认识，笔者又尝试了连续变量的一套分析方法，采用了 T 检验、皮尔森相关和多元线性回归分析，发现所有的结果与第一套方法的十分接近，九个达到显著性水平的变量完全相同，并且惊喜地得到了两个回归模型（见表 5.4–10）。最后本研究结合问卷开放题和访谈数据深入分析原因。[2]

三、研究结果与分析

（一）农村幼儿园教师继续从教意愿总体情况

对于"我愿意一直从事幼教事业"选择不符合、一般和符合的比例分别为7.8%、39.4% 和 52.8%；对于"如果还有选择职业的机会，我还会选择幼儿园教师"选择"不符合""一般"和"符合"的比例分别为 19.9%、32.9% 和47.2%。农村幼儿园教师的持续意愿（M ± SD = 3.62 ± 0.96，P=0.000）和复选意愿（M ± SD = 3.36 ± 1.14，P=0.000）的得分均显著大于中位数 3。可见农村幼儿园教师继续从教意愿比较强的比例在 47.1%~52.8% 之间，32.9% 属于摇摆不确定状态，19.9% 如果有机会可能会选择新的职业。

1　如在中国知网全文选项输入"pearson 相关"和"满意度"，可得到文献 1816 篇，其中 CSSCI 期刊文献446 篇，输入"皮尔逊相关"和"满意度"，可得到文献 53 篇，其中 CSSCI 期刊文献 26 篇。这些文献发表的期刊几乎涵盖了所有教育学 CSSCI 期刊。包括一级期刊《教育研究》，以及其他理科类期刊如《统计与决策》《数理统计与管理》《科学与科学技术管理》《软科学》；这些文献的作者不乏教授或博导。

2　相关研究结果后来整理成一篇论文向本专业唯一的 CSSCI 刊物投稿，顺利通过初审、同行专家匿名评审，经过两次艰难的修改——第一次收到了 16 条多达 5 页的修改建议，第二次又收到 12 条修改建议，之后终于通过主编终审。因刊物篇幅所限以及线性回归分析数据相对完整，论文仅呈现一套分析方法。详见李云淑. 农村幼儿园教师继续从教意愿及其影响因素 [J]. 学前教育研究 ,2018（1）:36-48.

（二）农村幼儿园教师继续从教意愿在三类变量上的差异

1. 农村幼儿园教师继续从教意愿在个人主客观因素变量上的差异

表 5.4 − 2　继续从教意愿在个人因素变量上的差异检验结果

		年龄	教龄	职务	职称	专业	学历	编制	喜爱程度	适应性	成就感
持续意愿	卡方	9.992	10.002	14.955	1.651	10.481	9.582	−4.078	343.117	116.877	160.052
	P	.075	.188	.005	.895	.001	.048	.000	.000	.000	.000
复选意愿	卡方	5.710	8.346	7.820	11.319	8.603	17.688	−5.734	409.093	122.596	177.731
	P	.335	.303	.098	.045	.003	.001	.008	.000	.000	.000

注："编制"项目采用两个独立样本的 U 检验，其他项目均采用 K 个独立样本的 H 检验。

从数据来看，不同年龄、教龄、职称、学历的农村幼儿园教师的继续从教意愿没有显著差异，不同职务在持续意愿上存在显著差异（$P < 0.05$），个人因素的客观方面不同专业、不同学历、有无编制在持续意愿和复选意愿差异均显著（$P < 0.01$），学前专业毕业的教师持续意愿和复选意愿得分（$M = 3.63$ 和 $M = 3.34$）均显著高于非学前专业毕业教师（$M = 3.31$ 和 $M = 2.98$），非学前专业毕业的教师在复选意愿上的得分低于中位数 3，说明如果有其他更好的就业机会，他们离开幼教队伍的可能性更大。科班出身的幼儿园教师和有编制的幼儿园教师相对更稳定。个人因素的主观方面的体验与感受不同，继续从教意愿差异显著，从卡方值来看，不同喜爱程度的教师继续从教意愿差异最显著，很不喜欢幼教职业者继续从教意愿低（持续意愿 $M=1.54$，复选意愿 $M=1.23$），非常喜欢幼教职业者从教意愿高（持续意愿 $M=4.62$，复选意愿 $M=4.68$）。

2. 农村幼儿园教师继续从教意愿在生活质量因素变量上的差异

表5.4－3   继续从教意愿在生活质量因素变量上的差异检验结果

		工资	工资满意度	五险一金	住房	教学资源	文化休闲设施	文化休闲生活	幸福感	满意度	发展前景
持续意愿	卡方	11.601	34.698	7.353	1.572	56.679	56.697	71.365	174.318	265.392	313.918
	P	.021	.000	.061	.666	.000	.000	.000	.000	.000	.000
复选意愿	卡方	15.431	42.136	16.796	1.359	32.242	68.497	89.058	181.143	261.580	269.190
	P	.004	.000	.001	.715	.000	.000	.000	.000	.000	.000

除不同住房情况的教师从教意愿没有显著差异外，其他生活质量因素的差异都会造成继续从教意愿的显著差异。如，认为本园教学资源匮乏的教师继续从教意愿得分为2.84，认为本园教学资源充足的教师得分则为3.866。主观生活质量得分不同，继续从教意愿差异最为显著。对自身发展前景有信心、工作满意度高、职业幸福感强的农村幼儿园教师继续从教意愿得分显著高于相反体验的教师（复选意愿最高M值分别为4.58、4.69、4.21，最低M值分别只有1.90、1.79、1.94）。客观生活质量差异所导致的继续从教意愿差异相对较小。如工资收入的差异对继续从教意愿影响较小。

3. 农村幼儿园教师继续从教意愿在社会支持因素变量上的差异

表5.4－4   继续从教意愿在社会支持因素变量上的差异检验结果

		社会地位	公众尊重	园所性质	县乡村	园所管理	在职培训	专业自主	职称评定	工作量	园长认同	同事关系	班级人数	师幼关系	家人支持
1	卡方	77.787	60.067	18.811	.039	112.646	02.740	31.393	23.824	23.807	65.417	106.593	16.949	66.676	134.430
	P	.000	.000	.000	.981	.000	.029	.000	.000	.000	.000	.000	.005	.000	.000
2	卡方	80.715	48.351	30.099	3.870	91.383	35.400	43.786	34.034	39.438	74.850	76.853	19.793	45.478	91.210
	P	.000	.000	.000	.144	.000	.000	.000	.000	.000	.000	.000	.001	.000	.000

1＝持续意愿，2＝复选意愿

从表5.4-4来看，社会支持因素的差异大多会造成继续从教意愿的显著差异。社会支持度高的教师继续从教意愿得分显著高于相反情况的教师。如，没有得到公众尊重的教师复选意愿得分为 2.71，得到尊重的教师得分为 3.64。在 P 值相同的情况下，比较卡方值，家人的支持度不同，继续从教意愿差异最显著。家人不支持的农村幼儿园教师教师持续意愿得分为 2.43，家人支持的得分为 4.000。这也说明家的归属感是农村幼儿园教师工作动力的源泉。值得注意的是，幼儿园所在地理位置的县乡村的差异下教师继续从教意愿的差异并不显著，且乡镇幼儿园教师的复选意愿的得分（M=3.29）反而显著高于县镇的幼儿园教师（M=2.79）。

（三）农村幼儿园教师继续从教意愿影响因素的相关分析

1. 农村幼儿园教师继续从教意愿与个人主客观因素变量的相关分析

在个人因素变量中，除职称外，其他各因素与持续意愿的相关性都具有显著性，但有中等以上强度相关的变量（相关系数大于 0.5）的只有喜爱程度；相关系数在 0.3~0.5 之间较弱相关的变量有对职业的适应性和成就感，和职务、学历、编制只有微弱的相关。与之相比，复选意愿与个人因素各变量的相关关系趋势大体一致，与职称、学历、编制、专业性向、适应性等因素的相关性稍有增强。值得关注的是喜爱孩子、喜爱幼教职业的专业性向与继续从教意愿的相关性最强，意味着真正爱这一行的幼儿园教师继续从教可能性最大。

表 5.4 — 5　继续从教意愿与个人因素变量的相关分析结果

继续从教意愿		职务	职称	专业	学历	编制	喜爱程度	适应性	成就感
持续意愿	Spearman 的 rho	.100*	−.030	−.122**	.114**	.159**	.722**	.352**	.492**
	显著性	.011	.438	.002	.004	.000	.000	.000	.000
	N	647	652	655	655	655	655	607	646
复选意愿	Spearman 的 rho	.054	−.124**	−.115**	.160**	.225**	.791**	.374**	.514**
	显著性	.173	.002	.003	.000	.000	.000	.000	.000
	N	645	650	653	653	653	653	605	644

**. 在 0.01 水平（双侧）上显著相关。*. 在 0.05 水平（双侧）上显著相关。

2. 农村幼儿园教师继续从教意愿与生活质量因素变量的相关分析

　　生活质量因素与农村幼儿园教师的继续从教意愿的相关性也都具有显著性。但教学资源、文化休闲设施、五险一金完整度等客观生活质量因素与继续从教意愿的相关系数都在 0.4 以下。主观生活质量与继续从教意愿相关度较高，如发展前景、总体满意度和职业幸福感与其有中等以上强度相关（相关系数大于 0.5）。

表 5.4 — 6　继续从教意愿与生活质量因素变量的相关分析结果

		工资水平	工资满意度	五险一金完整度	教学资源	文化休闲设施	文化休闲生活满意度	幸福感	发展前景	总体满意度
持续意愿	Spearman 的 rho	−.111**	.216**	−.099*	.291**	.280**	.307**	.512**	.682**	.621**
	显著性	.005	.000	.012	.000	.000	.000	.000	.000	.000
	N	651	642	643	652	650	648	653	653	653
复选意愿	Spearman 的 rho	−.114**	.252**	−.161**	.209**	.317**	.357**	.528**	.639**	.622**
	显著性	.004	.000	.000	.000	.000	.000	.000	.000	.000
	N	649	640	641	650	648	646	651	651	651

3. 农村幼儿园教师继续从教意愿与社会支持因素变量的相关分析

　　除幼儿园所在地区级别（县、乡、村）外，其他社会支持因素变量与农村幼儿园教师继续从教意愿的相关性都具有显著性，但相关系数都在 0.5 以下。继续从教意愿与家人的支持、园所管理制度的合理性、同事关系、社会地位、园长的认同、师幼关系、公众尊重（含家长）等七项的相关系数在 0.3~0.5 之间，与园所性质、园所的县乡村不同位置、专业自主、职称评定、工作量的大小、班级人数等因素的相关系数均在 0.1~0.3 之间。其中与家人的支持相关性最高。不过，访谈 Z 老师时，她说，下辈子还想当老师，但是不想当幼儿园老师，理由是"幼儿园没有男同事"。她认为有男同事的单位人际关系会更和谐，管理者会更得心应手。说明同事关系对教师尤其是幼儿园管理者的继续从教意愿有一定的影响。

表 5.4 — 7　继续从教意愿与社会因素变量的相关分析

		社会地位	公众尊重	园所性质	县乡村	园所管理	在职培训	专业自主	职称评定	工作量	园长认同	同事关系	师幼关系	家人支持
持续意愿	Spearman 的 rho	.328**	.300**	.154**	.005	.413**	.153**	.212**	.127**	.178**	.310**	.401**	.315**	.452**
	显著性	.000	.000	.000	.899	.000	.000	.000	.001	.000	.000	.000	.000	.000
	N	650	653	655	655	651	650	646	639	650	642	651	654	655
复选意愿	Spearman 的 rho	.330**	.270**	.192**	.076	.367**	.214**	.251**	.122**	.240**	.328**	.334**	.248**	.369**
	显著性	.000	.000	.000	.053	.000	.000	.000	.002	.000	.000	.000	.000	.000
	N	648	651	653	653	649	648	644	637	648	641	649	652	653

**. 在 0.01 水平（双侧）上显著相关。*. 在 0.05 水平（双侧）上显著相关。

（四）农村幼儿园教师继续从教意愿影响因素的回归分析

为了进一步探明各因素与继续从教意愿间的相关性和相关程度，本研究尝试建立回归模型，用回归模型进行估计和预测。"变量间存在相关关系时，也就具备了建立预测关系的基础"[418]，回归分析有助于对预测关系的数量化描写。本研究通过等级相关分析所筛选出的 17 个与继续从教意愿显著相关的变量均为有序等级变量，从理论上看，可以首选有序回归。最后得到回归系数达到显著性水平（P < 0.05）的变量共 9 个（见表 5.4 — 8 和表 5.4 — 9）。再结合多元线性回归分析的模型可知，喜爱程度、发展前景、满意度、家人支持 4 个因素能够预测持续意愿的 62.5%，说明在这四个因素趋好的情况下，教师们坚持幼教职业的可能性为 62.5%；而喜爱程度、教学资源等 8 个因素能够预测复选意愿的 67.0%（见表 5.4 — 10）。喜爱程度、发展前景、满意度 3 个因素是影响持续意愿和复选意愿的共同因子，而家人的支持主要影响持续意愿，公众尊重等 5 个因素则主要对复选意愿产生影响。以上 9 个因素中，个人因素中的喜爱程度与主观生活质量因素对继续从教意愿影响最大，其次是家人的支持和公众的尊重等社会支持因素，工资和教学资源等客观生活质量因素影响最小。

表 5.4 — 8　持续意愿有序回归检验参数估计值

		估计	标准误	Wald	df	显著性
阈值	[g1.5 = 1.00]持续意愿	−8.178	1.476	30.685	1	.000
	[g1.5 = 2.00]	−7.153	1.461	23.966	1	.000
	[g1.5 = 3.00]	−3.862	1.457	7.030	1	.008
	[g1.5 = 4.00]	−1.610	1.448	1.236	1	.266
位置	[g1.1=1.00]喜爱程度	−5.564	.642	75.074	1	.000
	[g1.1=2.00]	−4.065	.559	52.949	1	.000
	[g1.1=3.00]	−2.045	.275	55.340	1	.000
	[g1.1=4.00]	−1.092	.241	20.610	1	.000
	[g1.1=5.00]	0a	.	.	0	.
	[g1.4=1.00]发展前景	−1.743	.525	11.033	1	.001
	[g1.4=2.00]	−2.534	.461	30.256	1	.000
	[g1.4=3.00]	−2.192	.360	37.046	1	.000
	[g1.4=4.00]	−1.445	.350	17.082	1	.000
	[g1.4=5.00]	0a	.	.	0	.
	[g1.6=1.00]总体满意度	−1.799	.574	9.824	1	.002
	[g1.6=2.00]	−2.000	.486	16.899	1	.000
	[g1.6=3.00]	−1.791	.423	17.925	1	.000
	[g1.6=4.00]	−1.737	.417	17.388	1	.000
	[a5.3=1.00]家人的支持	−.930	.792	1.380	1	.240
	[a5.3=2.00]	−1.284	.580	4.900	1	.027
	[a5.3=3.00]	−.694	.217	10.226	1	.001
	[a5.3=4.00]	−.448	.168	7.152	1	.007
	[a5.3=5.00]	0a	.	.	0	.
	[d4=1.00]工资满意度	1.888	.688	7.536	1	.006
	[d4=2.00]	1.763	.674	6.835	1	.009
	[d4=3.00]	1.935	.683	8.028	1	.005
	[d4=4.00]	1.558	.698	4.987	1	.026

表 5.4 — 9　复选意愿有序回归检验参数估计值

		估计	标准误	Wald	df	显著性
阈值	[g1.2 = 1.00]复选意愿	−8.926	1.386	41.498	1	.000
	[g1.2 = 2.00]	−7.713	1.377	31.354	1	.000
	[g1.2 = 3.00]	−5.892	1.369	18.520	1	.000
	[g1.2 = 4.00]	−3.600	1.357	7.042	1	.008
位置	[g1.1=1.00] 喜爱程度	−4.375	.550	63.178	1	.000
	[g1.1=2.00]	−4.484	.495	81.911	1	.000
	[g1.1=3.00]	−3.411	.289	139.181	1	.000
	[g1.1=4.00]	−2.036	.249	66.797	1	.000
	[g1.1=5.00]	0a	.	.	0	.
	[g1.4=1.00] 发展前景	−1.584	.468	11.427	1	.001
	[g1.4=2.00]	−.824	.390	4.473	1	.034
	[g1.4=3.00]	−.853	.305	7.839	1	.005
	[g1.4=4.00]	−.593	.295	4.031	1	.045
	[g1.4=5.00]	0a	.	.	0	.
	[g1.6=1.00] 总体满意度	−.919	.498	3.397	1	.065
	[g1.6=2.00]	−1.220	.400	9.308	1	.002
	[g1.6=3.00]	−.942	.341	7.614	1	.006
	[g1.6=4.00]	−.865	.335	6.660	1	.010
	[g1.6=5.00]	0a	.	.	0	.
	[d4=1.00]工资满意度	1.888	.688	7.536	1	.006
	[d4=2.00]	1.763	.674	6.835	1	.009
	[d4=3.00]	1.935	.683	8.028	1	.005
	[d4=4.00]	1.558	.698	4.987	1	.026
	[a5.6=.00]幸福感	−2.838	1.266	5.023	1	.025
	[a5.6=1.00]	−1.083	.527	4.218	1	.040
	[a5.6=2.00]	−.822	.472	3.030	1	.082
	[a5.6=3.00]	−.631	.269	5.508	1	.019
	[a5.6=4.00]	−.311	.237	1.722	1	.189
	[a5.6=5.00]	0a	.	.	0	.
	[g2=1.00]适应性	−.528	.253	4.356	1	.037
	[g2=2.00]	−.491	.266	3.394	1	.065
	[g2=3.00]	−.761	.324	5.532	1	.019
	[g2=4.00]	−.328	.215	2.338	1	.126
	[g2=5.00]	0a	.	.	0	.
	[a5.2=1.00]公众尊重	1.195	.489	5.969	1	.015
	[a5.2=2.00]	.669	.510	1.722	1	.189
	[a5.2=3.00]	.325	.233	1.945	1	.163
	[a5.2=4.00]	.607	.212	8.229	1	.004
	[a5.2=5.00]	0a	.	.	0	.
	[b6.1=.00]	2.155	1.413	2.326	1	.127
	[b6.1=1.00]教学资源	1.194	.512	5.431	1	.020
	[b6.1=2.00]	1.274	.342	13.891	1	.000
	[b6.1=3.00]	.740	.281	6.961	1	.008
	[b6.1=4.00]	.530	.263	4.053	1	.044
	[b6.1=5.00]	0a	.	.	0	.

表 5.4 — 10　多元线性回归模型汇总

持续意愿模型汇总				复选意愿模型汇总				
模型	R	R 方	调整 R 方	标准估计的误差	模型	R	R 方	调整 R 方	标准估计的误差
1	.720ª	.519	.518	.66818	1	.769ª	.591	.590	.73107
2	.773ᵇ	.597	.596	.61188	2	.797ᵇ	.635	.634	.69076
3	.786ᶜ	.617	.615	.59717	3	.804ᶜ	.646	.645	.68083
4	.792ᵈ	.627	.625	.58971	4	.811ᵈ	.657	.655	.67122
					5	.814ᵉ	.663	.660	.66565
					6	.817ᶠ	.668	.664	.66191
					7	.819ᵍ	.671	.667	.65866
					8	.821ʰ	.674	.670	.65612

模型 1 预测变量：喜爱程度

模型 2 预测变量：喜爱程度、发展前景

模型 3 预测变量：喜爱程度、发展前景、生活满意

模型 4 预测变量：喜爱程度、发展前景、总体满意度、家人支持

模型 1 预测变量：喜爱程度，模型 2—7 预测变量依次增加，模型 8 预测变量为：喜爱程度、发展前景、总体满意度、工资满意度、幸福感、公众尊重、适应性、教学资源

方法：步进（准则：F-to-enter 的概率 <= .050，F-to-remove 的概率 >= .100）

四、讨论

综上所述，参与调查的农村幼儿园教师的继续从教意愿得分显著大于中位数 3。继续从教意愿比较强的比例在 47.1%~52.8% 之间，19.9% 的教师如果有机会不会再选择幼儿教师。个人因素中不同年龄、教龄、职称、学历、住房条件、班级人数等的教师继续从教意愿无显著差异，但不同的喜爱程度、不同的社会支持和生活质量会导致从教意愿的显著差异。本研究结果与全国农村中小学教师长期留教意愿的比例接近（王路芳，2016），远高于师范生愿意长期在农村执教的比例 18.9%（付卫东等，2015）。

相关分析与回归分析结合问卷开放题和实地调查数据可以初步得出以下主要结论：有 9 个因素对农村幼儿园教师的继续从教意愿产生显著影响，其中个人主观因素中"喜爱程度"影响最大，"适应性"有一定影响；主观生活质量因素中"发展前景""满意度""幸福感"的影响也很重要，但"工资"和"教

学资源"等客观生活质量指标、"家人支持"和"公众的尊重"等社会支持因素的影响相对较小。

（一）专业性向是影响继续从教意愿的决定性因素

英语中"性向"叫 aptitude，意思是自然倾向、天资、能力倾向、癖性、爱好等。心理学理论表明，对某种职业的特殊潜在能力叫特殊性向[419]，这种特殊性向表现在职业中被称为专业性向（或职业性向）。"教师专业性向是适合教育工作的人格特征和成功从事教育工作的基本能力，包括心灵的敏感性、爱的品质、交流沟通的意愿、对教育工作的兴趣等人格特征和语言表达能力、交流沟通能力、逻辑思维能力等基本能力在内的职业品质"[420]。霍兰德（Holland N.N.）人格类型理论认为个人的兴趣组型即是人格组型，当兴趣指向与职业有关的活动时，就称为职业兴趣。人们倾向于选择与自我兴趣性向相匹配的职业。（Holland，1994:62-63）本研究的发现与该理论观点相符，"对幼教职业的喜爱程度"对农村幼儿园教师继续从教意愿具有主导作用，在9个因素中，它的影响力因子最大。国内对中小学教师留教意愿的量化研究较少关注人格特质的影响，只有个别对新教师的访谈研究发现是否喜欢教师行业是影响其从教态度的重要内因（刘瑞霞，2013）。

而开放题中教师的回答也证实了专业性向对继续从教意愿的影响。当问到"您为什么选择成为一名幼儿园教师"时，回答最多的是"喜欢孩子""喜欢和孩子们玩耍""喜欢看孩子们纯真的笑脸""喜欢听孩子们的童言无忌"……其次是"喜欢幼儿园教师的职业""成为一名幼师是从小的梦想"，也有的"一开始是想着先就业再择业，教着教着喜欢上了"；或因为"从小喜欢文艺""喜欢唱歌跳舞""喜欢手工画画弹琴""有耐心、爱心、责任心"等而选择了幼师职业。这些人都认为"自己比较适合这个职业"，而且也认为幼儿园教师是"崇高的职业""光荣的职业""有活力的职业"。这些回答可以看出继续从教意愿高的教师表现出相应的教师专业性向，他们具备对孩子的敏感性、爱的品质、与孩子交流沟通的意愿以及专业技能的擅长等特点。

本研究也发现"职业适应性"对复选意愿有一定的影响力，适应性较差的教师常感如履薄冰继续从教意愿低，适应好的教师如鱼得水继续从教意愿也高。根据人格类型理论，职业性向影响人的职业定向和职业选择，增强人的职业适应性和稳定性，某类型的劳动者只有与相应类型的职业相互结合，才能达到适应状态。德国一项最新调查研究也发现"成功的教师的关键因素是拥有合适的人格特质"（段晓明，2011）。所以，适应性好坏的根源还在于专业性向。

（二）主观生活质量因素也对继续从教意愿产生重要影响

本研究发现，对自身发展前景的信心、工作满意度、职业幸福感对继续从教意愿都有相当的影响，这三个因素合起来的总影响力因子也较大。此外，工资满意度对继续从教意愿有显著影响，但工资的影响并不显著，甚至工资最高段的教师继续从教意愿反而最低。其他研究发现师范生对发展前景的考虑超过对经济收入的考虑[421]，大学生活的满意度越高，对自己未来的信心越足，拥有的生活幸福感和社会公平感越高，基层从教意愿就越强烈。[422]这与本研究结论一致，不过，把主观生活质量纳入从教意愿影响因素指标的研究较少。

开放题中，当问到"与城市老师相比，您最大的优势在哪"时，那些继续从教意愿强的教师往往拥有积极的心态，能够体验到良好的社会心理环境和乡镇优势（至少117位教师的回答符合这一论断）。他们认为：幼儿园的"人际关系宽松和谐""同事相处融洽"，"特别是全省开放入编考试后，体验到了公平的竞争环境"；自然环境"和谐宁静""山清水秀""养殖和种植比较容易""有新鲜的农家菜"等；农村"幼儿园面积更大""拥有更多的乡土自然与文化资源"，可以"与孩子同乐，利用本土资源，共同沉浸在乡村教学"；农村家长"更淳朴善良""通情达理"；孩子们"更懂事""不娇惯"，因而"与他们相处容易获得幸福感"，有的说："看着孩子们一天天、一年年健康地成长，曾经的挫折、委屈、苦累和辛苦都会化作浓浓的自豪和幸福。"这些教师能看到"农村的广阔天地"就是幼儿园得天独厚的资源。

对 Z 老师的访谈进一步说明了积极心态对继续从教意愿的重要性。第一次访谈 Z 老师，F 园管理松散，她认为"有时很不能接受现状""自己的潜能发挥不出来……不管你做得好，做不好，没有人陪你，引领你……有时候感觉挺吃力的"。因此如果有机会，她希望改行。但第二次访谈时她的态度意外地有了 180 度的转弯，愿意"静下心来与孩子一起慢慢成长"，"打算继续深造学前教育本科学历"。她说："这学期我们幼儿园的老师都拧成一股绳，每天中午都在加班，大家聚在一起边谈心边工作。"老师从单干变得配合默契，园长由"很少出现"变成"积极带头"。她把这种变化归结于"书"，她说："读书，真的可以影响一个人，甚至一群人。今年看了很多书，思想上都有很大的触动。"这些读书活动是由"上面"推动的。原来"松散"状态是由于新成立的"高新区"组织机构不完备，导致无人管理。现在，重新划归原来的区，区教育局组织了读书活动，平时也有指导。镇政府组织了首届读书活动，请名师做报告"做一名有影响力的教师"，大家共读一本书《阅读，让教师更好地遇见自己》……可以看出，有组织、有意义的专业生活大大提高了教师的主观生活质量，从而增强了教师的继续从教意愿。

（三）家人的支持和公众的尊重是影响继续从教意愿的社会支持因素

调查表明，在众多社会性因素中，家人的支持、公众的尊重对继续从教意愿的影响最突出。开放题进一步支持了这一结论。一部分农村幼儿园教师更多考虑到职业对自己成家、顾家、育儿等方面的价值。有的是因为家人的支持而从事了这一职业，包括："家人的寄托""家长建议""父母喜欢师范类""听爸爸妈妈的话"；以及因"一家人都是教师""父亲曾是一名乡村优秀代课教师"而"欣赏和认同教师行业"。有的从事这一职业是为了家，包括"幼儿园老师不愁嫁""能解决夫妻异地问题""工作地点离家较近，方便照顾""能孝敬父母"，同时，幼儿园教师的职业是"身为母亲的必修课"。也有些是因为"想回家乡任教"，此时对家的情怀扩大为"乡土情怀"。对乡村中小学教师的研究发现从教意愿的首要影响因素是家庭与子女上学，其次才是工资与工作量、学校条件与管理、社会环境等[423]。本研究中，家庭有影响但不是首要的。

对 L 副园长的采访进一步说明幸福的家庭生活是作为女性的幼儿教师扎根乡镇的重要原因。她的爱人在一家效益很好的乡镇企业工作，为了有更多时间"经营家庭"，她主动放弃园长职位，只任副园长。她认为"工作只能给你带来成就感……只有生活才会给你带来幸福感"。她为了和家人在一起，有机会也不愿意调到城里："因为我老公的工作是不可能调动的……我一直都愿意呆在这种乡镇的地方。"

公众的尊重主要影响复选意愿。幼儿园教师很看重家长与社会公众的认可与尊重，当问到"作为幼儿园教师，您觉得最自豪的是什么？"回答此题的559人中有128人填写了"家长的认可与尊重""家长对我的真心感谢""家长满意的笑容"等。当然教师自豪的背后是对孩子成长的艰辛付出和自身的专业成长。家长的尊重也是对教师职业专业性的认可，能够带给教师"自我实现"的体验，从而强化继续从教意愿。

不过，农村幼儿园教师也有可能遭遇家长的信任危机。如，F 园总共只有3 个班的规模，春节过后开学初大班孩子流失了一半，转到了民办幼儿园，因为民办园给孩子提前教小学的内容。园长召集老师们数次开会讨论应对之策，也有要求大家参照民办园做法的意向。Z 老师向笔者倾诉："不知道如何教拼音？不知道幼儿园今后还能不能存在？"家长对公办幼儿园教育价值的否定往往会动摇教师的从教信心。

（四）教学资源是影响继续从教意愿的客观生活质量因素

教学资源的影响力因子相对较小。从相关分析来看，二者是正向相关，结果显示，教学资源越充足，继续从教意愿得分越高。其他研究也发现学校与社区环境对乡村教师留教意愿的影响之大，甚至强于心理特征（自我效能感、职业倦怠等）的影响（王路芳，2016）。本调查表明，农村幼儿园的教学资源还是比较缺乏的，选择配有多媒体教室、电脑房、图书报刊室的教师比例分别为45.5%、42.6%、23.4%，还有 28.0% 的教师选择"以上都没有"。对教学资源的满意度中等偏上，44.3% 的教师认为幼儿园教学资源充足，43.0% 的教师认为一般，12.8% 的教师认为匮乏。虽然近几年国家对农村幼儿教育的投入主要用于硬件建设，但有些新建幼儿园房舍离国家标准还有差距，农村幼儿园办园条件的改善仍然不可忽视。如 F 园为 2013 年新建，但仅有三间教室，没有任何配套房舍，仅有一间 2 平方米左右的陋室供园长和教师共同办公和备课，更不用说其他设施设备了。该园已有一位教师通过关系提前调到城郊条件更好的幼儿园。

五、建议

根据继续从教意愿的影响因素，有必要在农村幼儿园教师培养与选拔的过程中关注专业性向，提高主观生活质量，提高家庭与社会公众支持率，改善农村幼儿园教师的待遇和办园条件。不过，因为工资满意度、公众尊重、教学资源、适应性等因素的影响因子的值均在 0.1 以下，而家人的支持度比较高，所以在此只针对影响力比较大的因素提出建议。

（一）在农村幼儿园教师培养与选拔的过程中关注专业性向

专业性向包括人格品质与能力倾向两个方面。前者具有更多的先天性，很难通过后天的措施得到改善[424]。有研究现发近 50% 的师范生决定"一有机会就改行"就是因为他们当初是被迫读师范[425]。这对于师范院校的资源是一种浪费。也说明如果初次择业违背了自己的专业性向，有机会就会倾向于回归感兴趣的职业。因此，要保证农村幼儿园教师队伍的稳定性，选择专业性向适合的人就显得尤其重要。本次调查中发现自己喜爱幼儿园教师职业的教师比例还不到六成。不具备幼师专业性向的人进入幼教队伍不仅影响教师队伍的稳定性，更是低质量教育的源头，也是"师源性伤害"的潜在因素。我国在幼儿园教师专业标准中已把"爱心、责任心、耐心、细心"等人格特质纳入要求，但教师招考实践中还没有见到"考察教师人格特点"可操作性的执行方案。建议从以下几个方面加以考虑：

1. 探索师范招生考试中的专业性向测试

西方发达国家早在 19 世纪中期就将考察教师人格纳入师范学校招生标准中。2009 年英国和德国都开始对报考师范的学生进行"人格测验"，不仅可以"及早鉴别出不适合担任教职的人选"加以淘汰，更为重要的是，"挑选出合适的候选人"加以培养，使师范教育的资源得到有效的利用。[426] 目前的工具主要有霍兰德（Holland）的"职业兴趣测评量表"、韦斯曼（Wesman）与贝内特（Bennett）的"差异性向测验"等，[427] 也有学者提出高考科目的权重考虑专业性向，在高考时，允许考生根据自身的学科特长选择相应的高考科目，且"学科能力越强的科目对应高校专业中权重越高的科目"。[428]

2. 给予实践的机会进一步确认专业性向

笔者对职前实习教师的研究发现，专业性向还需要通过实践得以发现与明确。[429] 一般有两种情况，有的师范生实习之前并不清楚自己是否适合当教师，尤其是一些调剂的学生，实习经历让他们清晰看到自己"原来适合"当教师，增强了他们今后从业的信心。但也有的人一直认为自己适合当教师，实习后却发现教师职业对自己"并不合适"。国外对新教师的研究也有类似的发现。因此，中学阶段应有职业生涯辅导的课程，通过课内的实践活动，课外的志愿者活动等多种形式让学生对自己今后想要从事的职业有一些初步的实践经验。师范院校大类招生分流前，也应为学生提供职业体验或短期实习的机会，幼儿园招聘非学前专业的教师或转岗教师应对其相应的实践经历做出要求，实践之后自主选择的专业和就业方向才可能更接近人们的专业性向。

3. 重视人格本位的师范教育

一般认为，教师专业性向是教师从教的基本素养，是一种基础性、普遍性的素质，是教师专业发展的心理前提与素质基础，具有先天性，也具有生成性，因此人们也很关注教师教育中的专业性向教育。国际教师教育论坛"提倡教师专业性向作为教师专业发展的内容和新领域体现了教师教育的课程、教学方法及其他教育措施中"。[430] 正如有学者提出，教师教育课程要"帮助教师成为具有'人文伦理品性'"的教育者，"教育专业类课程应转向'伦理'关注"。[431] 总之，人格本位师范教育强调爱心、教育热忱的作用，重视学习做人的道理，关注"涵养完整的人"。[432] 目前探索的培养师范生人格的方法主要包括"敏感性训练""角色扮演""游戏和模拟""解决冲突""T型小组和心理疗法"等[433]。我国也有一些学校在进行全过程师德教育体系的探索（如北京理工大学开展的"德育答辩"制度），通过人格感染、文化熏陶、实践锻炼等多种方式，期待师范生对农村教师从认知到移情，进入角色，最后立志从事农村教育。[434]

（二）关注农村幼儿教育的可持续发展，提升幼儿园教师的专业生活质量

调查发现，对自己未来的发展前景有信心、觉得作为幼儿园教师幸福、对现在的生活状况满意的教师分别只有 47.0%、52.8% 和 40.7%，这样的比例不容乐观。

1. 引导农村幼儿教育健康发展，增强教师对职业前景的信心

有学者提到两种影响员工职业前景因素的层次模型。一种模型包括经济因素（如工作机会等）、社会—政治因素（如社会支持、福利体系等）、文化价值观（如家庭支持等）；另一种包括行业因素、组织背景和个人特性。[435] 说明职业前景涉及社会、组织、个人等各方面因素。本调查发现，与对职业前景信心有显著相关的因素很多，其中与社会地位、公众尊重、园长认同、管理制度、家人支持、文化生活、成就感的相关系数在 0.3~0.5 之间，与对职业的喜爱程度、生活满意度的相关系数大于 0.5。说明对职业前景的信心除了来源于职业兴趣和生活满意度，还与诸多社会支持因素相关。目前我国学前教育的立法工作已经启动，基层政府和教育行政部门正在努力为教师服务，笔者所在的城市落实《3~6 岁儿童学习与发展指南》的专业教研活动也如火如荼。结合实地调查来看，农村幼儿教育最难得的可能是公众尊重和家长的信任。目前一些农村幼儿园还在小心翼翼地迎合家长的需求。教育部一直明令禁止幼儿园教学小学化，可是现实中却存在"两种群体的目标紧张，即决策者和改革者的意愿与农民对教育期望的对立"[436]，幼儿家长对孩子读写算学习的需求与国家所倡导的以游戏为基本活动的理念产生了冲突。有必要办好农村家长学校，保证农村幼儿教育向国家的统一质量标准看齐，走上健康可持续发展的道路，让农村幼儿园教师看到职业发展的希望。

2. 以专业生活质量为核心提升幼儿园教师的职业幸福感与满意度

主观幸福感是"评价者根据自定的标准对其生活质量的整体评估"[437]，"就操作化层面而言，幸福感与主观生活质量几乎是可以相互借用的概念"[438]，"包括总体生活满意度和具体领域满意度"。有研究发现，影响幼儿园教师职业幸福感的因素主要有社会地位认知、经济收入、自我实现、社会支持、工作特点等。[439] 本调查中，农村幼儿园教师的幸福感也与众多因素显著相关。与公众尊重、园长认同、师幼关系、家人支持、成就感、生活满意度、对前景的乐观的相关系数在 0.4~0.5 之间，只有与对职业喜爱程度、社会地位的相关系数大于 0.5。除了进一步关注专业性向和提高农村幼儿园教师的社会地位外，可以从以下两方面努力。第一，关心教师的家庭生活质量。女性是农村幼儿园教师的主体，虽然当初产生性别不平等分工的基础早已不再是问题，但传统的性别角色模式却继续发挥作用，当家庭与事业冲突时，女性往往会选择家庭。因此，稳定幼儿园教师队伍，需要一个稳定幸福的大后方。一方面要减轻教师加班工作量，避免教师工作家庭冲突，助推其家庭与事业的双赢。另一方面也要努力构建更加平等的性别分工模式。第二，提升教师专业生活质量。赫茨伯格（Herzberg F.）在双因素理论中提出工作成就感、职业前景、职务晋升等"激励因素"能产生满足感，而工作环境、薪酬、上下级关系等"保健因素"只能消除人们的不满，却不会产生满足感。[440] 调研中发现一些乡镇中心园成为了当地农村幼教的招牌，很受家长欢迎，教师的幸福指数也很高。他们充分利用乡土资源，积极参与到园本课程发展之中，走出了一条专业化的特色办园之路。如果说基层政府和教育行政部门的有效管理与服务是农村幼儿园教师专业生活质量的重要外部保障。那么，外部力量的推动最终还要化为幼儿园内在的努力与追求。只有当农村幼儿园教师走上"自主的专业生活"之路，才有希望建设一支高质量与稳定的农村幼儿园教师队伍。

附录1：认知学徒理论下学前专业实习支教指导策略

实习支教的意义有两个方面：一是通过实习提高师范生的教育教学实际技能；二是可以缓解农村基础教育师资匮乏的矛盾，带动被支教学校在职教师教育教学理论水平的提升。经过历届学生的实践，我们发现，在农村幼儿教师匮乏的情况下，实习支教确实是雪中送炭。然而从学生们的反馈来看，实习支教对于促进实习生专业成长的作用有一定的限度。"实习"与"支教"的矛盾人们早已有所认识，实习支教的瓶颈在于"实习目标和支教使命的冲突"[441]，"不能帮助学生有效完成实习任务"[442]。如何突破这一瓶颈，实现"实习"与"支教"的双赢，是广大师范院校面临的现实问题。笔者希望通过个案研究，为解决实习支教的普遍性问题抛砖引玉。

一、从认知学徒制环境要素看教育实习的指导要点

认知学徒制（Cognitive Apprenticeship）是 20 世纪 80 年代末美国一些学者在对古代社会的学徒制（Craft Apprenticeship）中师傅带徒弟的学习方式改造的基础上建构的类似传统学徒制，但更强调认知学习与高级思维发展的教学模式。[443] 认知学徒制环境设计的要素包括内容、方法、顺序、社会性四个方面[444]。基于认知学徒制的教育实习指导也应具有这些特点（详见表1）。

表 1　基于认知学徒制的教育实习指导要点

构成要素	认知学徒制环境要素	基于认知学徒制的教育实习指导要点
内容：专家技能需要的知识类型	领域知识	学前教育专业的理论知识（概念、事实和程序）
	启发式策略	优秀幼儿教师运用理论知识解决实际教育教学问题时所运用的策略
	控制策略	对具体教育教学问题与解决该问题的策略进行监控、评价与修正的元认知策略
	学习策略	学习知识与技能的方法
方法：促进实习生发展专家技能	示范	老师执行一项任务，实习生观察
	辅导	实习生执行任务时指导老师观察并提供帮助
	脚手架	老师提供支持来帮助实习生完成任务
	表达	老师鼓励实习生表达出他们的实践知识与想法
	反思	老师让实习生把自己的行为与他人（优秀教师或其他实习生）的行为进行比较
	探索	老师建议实习生提出自己的问题并解决它们
安排实习活动的顺序	复杂性的递增	由易到难安排实习任务
	多样性的递增	提供多种情境中实习的机会，通过广泛的应用增强对教育教学理念与策略的理解与内化
	全局技能先于局部技能	让实习生在了解整个实习任务/明确自身专业成长总目标的前提下逐一实习执行各种技能
环境的社会特征	情境学习	在真实的情境中实习
	实践共同体	创造一个环境，让实习生之间或实习生与指导老师交流自己完成任务的不同方法
	内部动机	实习生以及指导老师积极投入实习工作，主动寻求解决教育教学问题的方案
	利用合作	实习生之间及实习生与指导老师合作完成目标

认知学徒制建立在杜威的实用主义探究取向、维果茨基的最近发展区理论、布鲁纳的发现学习理论以及莱芙和温格的情境认知社会学习理论的基础上[445]，在这种理论提出后，其中的一些原则得到广泛的关注，如美国的 PDS 学校，实习生的学习环境也比较符合认知学徒制的原则。[446]"认知学徒制模式有助于使大学所学的理论在教育实践中焕发生命力……有利于实习生在他们将来的教学工作中推广应用这一模式"。[447]

二、对我国实习支教指导问题的思考

（一）整体规划实践课程的顺序

实践支教指导不足的问题需要通过对实践课程的整体规划来解决，而不仅考虑实习支教那一个学期，关键是学生先要做好顶岗的准备。如把见习、模拟实习、学徒实习、顶岗支教四类由易到难的实践课程按顺序安排，学生必须经历前三个过程才可能成为初步的"合格教师"，进入顶岗实习。尤其是传统的学徒实习不可或缺，它是保证师范生成为技术熟练者的最有效培训模式。美国规定，"第一次实习应尽可能安排在最好的学校里，另外的实习最好安排在典型的情境里"[448]，学徒实习可以在本市的基地园进行。目前，本市实践基地园只承担见习指导任务，学校有必要拿出一部分实习经费用于增加至少一个月的学徒式实习，让本市的基地园充分发挥其作用，高校则自始至终需要承担起指导责任。

（二）全面安排实习支教内容

根据《专业标准》，实习内容至少包括教育活动的支持与引导、游戏活动的支持与引导、一日生活的组织与保育、环境创设与资源利用、与指导老师、同学的互动、自我专业发展 6 大模块（见表 2）。实习支教前，高校要设计专业的实习内容，并为每一项内容制定具体要求。可以分为共同性内容与选择性内容两部分，如家庭教育指导、综合性主题活动设计与实施、早操编排、行动研究等可以作为选择性内容。学生可以在达到共同要求的基础上根据所在实习支教点的实际情况选择个性化的实习内容。

表 2　实习内容菜单

环境创设与资源利用	一日生活的组织与保育	教育活动的计划与实施	游戏活动的支持与引导	与指导老师、同学的互动	自我专业发展
班级环境创设开发与利用 家庭社区资源 家庭教育指导	一日活动计划 保育 个别教育（个案研究） 早操编排	五大领域活动：计划与准备、实施、评估 节日活动 开展综合性主题活动	区域环境创设 区角游戏的指导	听课与观摩 参与教研活动 组织教研活动（对乡镇教师观念的更新）	理论学习 实习日记 行动研究 案例与叙事

（三）规范教师的实习支教指导

幼儿园要选择优秀教师担任指导老师，以给予实习生最好的示范与辅导。高校教师要发挥引导实习生"表达、反思与探索"的作用。要设计实习指导手册，可分学生版与教师版，学生版主要包括实习目的、实习内容与要求、实习过程记录与反思等部分。教师版主要包括指导内容、指导方法与形式、指导记录与反思等部分（如表 3）。指导方法包括示范、辅导、研讨、课题研究等；指导形式有实地观察、座谈、在线交流（尤其重要）、电话交流、阅读学生实习手册等，实习指导可以把指导、评价与学习结合起来，如座谈可以以园为单位，把实习生自评、小组互评和教师总结结合起来，在线交流则可以突破空间的限制，全班同学参加，还可邀请幼儿园指导教师参与。主要记录学生完成任务的数量与质量、教师的体会感想等。如果轮流指导，前一位指导教师要与下一位指导教师进行交接，保证每位实习生每月得到至少一次指导。教师根据自己的指导时间确定课时，学校根据指导记录审定工作量。

表 3 实习支教指导记录表

实习生所在幼儿园：   指导老师：   指导日期：

实习生姓名	各项实习任务完成数量与质量						遇到的问题	教师评语	指导反思	指导方法与形式	指导课时
	环境资源	生活保育	教育活动	游戏活动	见习记录	自我发展					

（四）建设实习支教的"学习共同体"

要对实习支教指导进行整体规划，使实习支教各方卷入者形成"学习共同体"（见表4）。第一，高校要发挥引领、协调与指导作用。第二，要减轻支教地城市基地园的实习指导压力，要缩短指导时间，探索更有效的指导方式，如改轮流实习为岗前集中培训，探索有针对性的下乡指导，或针对不同实习点的需求，或针对实习生的弱项。第三，乡镇园指导教师的安排可以打破传统的一对一的做法，选拔相对优秀的教师，按专长分配指导任务，发挥集体指导的力量，如有手工制作特长的教师可以对所有实习生进行相关指导。第四，激发实习生的内部动机，使之成为自我专业成长的主人。社会认知理论认为，我们接受的大多数信息来自与他人的互动，但能学到什么，取决于个人的"动因"，也就是个人的主观能动性，所谓"行为也能创造环境"。目前，实习支教生并没有从学生这一角色影子里走出来。要给实习生一个自主表达，平等参与的环境，确立实习生与指导教师的"合作伙伴"关系，而不是"指导与被指导"的关系，让实习生尽快地向教师角色转变。此外，共同体可以就实践中的共性问题合作开展行动研究。

表 4　各方主体在学徒实习与顶岗实习中的责任

	高校	本地基地园	支教城市基地园	被支教乡镇园	实习支教生
学徒实习	指导实践、联系理论组织反思与探索	提供辅导和脚手架			有指导的实践、反思与探索
顶岗实习	需求调查、指导实践、开设讲座、行动研究		技能培训、有针对性的指导、行动研究	按专业特长承担集体实习指导、行动研究	基本独立顶岗、自主反思与行动研究

　　总的来说，只有精心设计实践课程，整体规划实践课程的顺序，全面安排实习支教内容，规范教师的实习支教指导，建设实习支教的"学习共同体"，才有可能真正实现"实习"与"支教"的双赢。

附录 2：实践取向的高师学前教师教育课程改革

教师教育是一门"实践教育学"，既非规范性的教育哲学，也非经验性的教育学科，而是"为教育者提供为了合理的教育行动所需要的实践知识"。[449] 以学院为基地的教师教育模式使理论与实践脱离，美国的 PDS 学校探索了新型的模式，使教师教育从大学为本转向以中小学校为本。我国《教师教育课程标准（试行）》提出"实践取向"的教师教育基本理念，指出"教师是反思性实践者，在研究自身经验和改进教育教学行为的过程中实现专业发展"。[450] 以知识为价值取向的教师发展是一种经典的教师专业发展观，而以实践为取向（Practice-Oriented）的教师专业发展观则是另一种新的视角，认为"教师专业发展即专业实践的改善"。[451]

一、教师专业发展理论的三种取向

教师专业发展理论主要有三种取向：理智取向、实践－反思取向和生态取向。理智取向强调知识基础，主张教师通过科学知识的学习提高其专业性；实践－反思取向更强调教师的实践性知识，主张通过反思实现专业发展；生态取向关注教师成长环境中的各种文化、社群、合作、背景等因素。[452] 教师教育课程广义上包括教师教育机构为培养和培训幼儿园、小学和中学教师所开设的公共基础课程、学科专业课程和教育类课程。本文专指教育类课程。

《教师教育课程标准（试行）》指出，实践取向的"教师教育课程应强化实践意识，关注现实问题，体现教育改革与发展对教师的新要求。教师教育课程应引导未来教师参与和研究基础教育改革，主动建构教育知识，发展实践能力；引导未来教师发现和解决实际问题，创新教育教学模式，形成个人的教学风格和实践智慧"。实践取向教师教育的理论基础有缄默知识、情境认知与学习（situated，cognition and learning）和协同教学等理论。因此，实践取向教师教育课程要着眼于整合理论与实践、课程与教学、知识与情感、规范与创新等教师教育综合目标，强调师生共同参与情境、强调协商与对话、强调理论知识的检验、修正与创新，强调实践能力的获得与实践智慧的生成。

二、高校、政府、中小学协同创新"三位一体"教师教育模式的探索

协同理论由德国斯图加特大学理论物理学教授赫尔曼·哈肯提出。协同学的基本原理是协同效应原理、自组织原理和有序原理，其中协同效应原理是核心。[453] 所谓协同效应是指在一个系统内各个要素之间存在着竞争与合作的相互作用，而且呈现相对无序状态。人们可以对系统中各要素施加影响，当外界力量达到一定程度时，系统内的要素会呈现出协调、合作的态势，达到一种有序状态，从而能够更好地发挥系统的作用。[454] 闽南师范大学自 2007 开始成为福建省教师教育本科人才培养模式创新实验区，近几年来一直探索高校、政府、中小学协同创新"三位一体"（university-govenrment-school，UGS）的教师教育改革新模式。2010 年，学校根据教育部的精神，进行了师范生人才培养模式改革，积极开展师范生实习支教工作。这些是我们学前专业教师教育课程改革的大环境。UGS 协同创新"三位一体"教师教育模式具体是指在培育义务教育师资队伍过程中，高等院校、地方政府（教育行政部门）、中小学校

（含幼儿园）三位合作，以县级教师进修学校为基地，建立教师教育创新实验区，辐射全县中小学和幼儿园，实施师范生"实习支教"与在职教师"置换培训"和"校际交流"同步改革，构建教师职前培养、入职教育与职后培训"一体化"体系。其目标是：实现高校、地方政府和基层学校互动合作的教师教育管理一体化，教师职前培养与职后培训有机衔接的教育过程一体化，大学教师、中小学教师与师范生合作学习的专业发展一体化（如图1）。[455] 学校与地方政府、教育行政部门签定"教育合作协议"，先后出台创新实验区"实施意见"和"管理办法"等，尝试构建师范生"实习支教"与在职教师"校际交流""置换培训"同步改革方案。[456] 学校先后选派八批次 4500 多名师范生到实验区进行一学期实习支教，实验区建设覆盖面、受益面广泛。2012 年，闽南师范大学永安市教师教育创新实验区被评为全国"大学生校外实践创新基地"。2013 年闽南师范大学《高校、地方政府、中小学"三位一体"教师教育人才培养模式改革》列入教育部"创新教师培养模式"示范性项目。

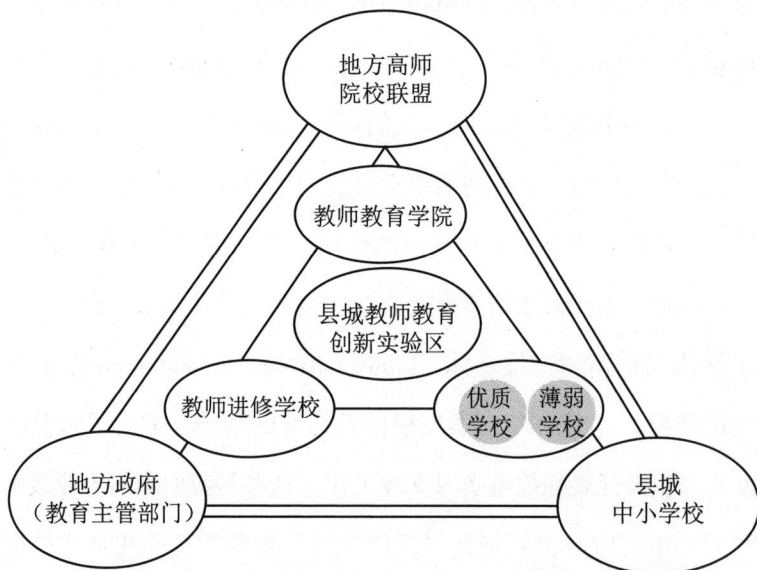

图 1　协同创新"三位一体"教师教育模式图

我校还同时进行配套改革。第一，把建设"教师教育创新实验区"和实施"卓越中小学教师教育计划"列入"创新平台"和"重大专项"建设项目，支持各院系立项进行本科质量工程建设[457]；第二，强化教师职业技能训练、提高学生的综合素质。学校投入专项资金450万元建设教师职业技能实训中心，师范生实习支教后必须通过教学能力考评和技能测试，取得"合格证书"方可毕业；第三，初步构建了学历教育与非学历教育沟通的教师教育职前培养与职后培训"一体两翼"课程体系；第四，构筑"课堂教学—课外活动—社会实践"对接平台；第五，学校开展"2+2+3"模式的"卓越教师"培养改革试点，实施师范本科与教育硕士衔接方案，提高师范生准入和培养质量。[458] 此外，我校还建立了高校教师教育协同创新联盟，联合拓宽开门办学的发展路径和运行机制。和赣南师范学院、长春师范大学、肇庆学院等四所高师院校，以培育中小学高素质师资为目标，以协同创新机制为动力，针对县域城乡义务教育师资配置和义务教育发展实际，在已有基础上进行协同创新，推进农村义务教育均衡发展的研究和探索。（李进金，2013：序）还与美国、英国、德国、加拿大等国家的高校建立了友好合作关系。学校积极开展闽南文化与台湾地区的交流研究，与台湾地区明道大学、中州科技大学、成功大学、台北教育大学、稻江科技暨管理学院等 高校均保持着良好、稳定的校际交流关系。与台湾明道大学合作开展广播电视新闻学（影视多媒体技术方向）等5个专业的"校企"闽台高校联合培养本科人才项目，与台北城市科技大学合作招收国际经济与贸易专业学生，促进了学校与台湾地区高校间的密切联系。学校与英国诺森比亚大学开展了"3+1"项目，即在校生第四年赴诺森比亚大学学习本专业或者其他专业，获得两校毕业证书和学士学位证书。2014年3月15日，学校与漳州"赣州商会"签订了校企合作协议。[459]

三、实践取向的学前教育专业教师教育课程改革

依据新"标准"改革培养方案，合理设计教师教育课程的目标与内容。

近几年，与学前教育相关的"标准"陆续出台，如，《教师教育课程标准（试行）》《幼儿园教师专业标准（试行）》《3~6岁儿童学习与发展指南》等。这些文件对学前教师教育或幼儿园教师提出了新的要求。如《教师教育课程标准（试行）》把幼儿教师的专业能力分为"理解幼儿的能力""教育幼儿的能力"和"发展自我的能力"三大块，并且把"教育实践与体验"作为教师教育的三大课程目标之一，要求师范生有"观摩教育实践""参与教育实践"和"研究教育实践"的体验与经历。《幼儿园教师专业标准（试行）》把幼儿教师定位为"专业人员"，并把专业能力分为环境创设与利用，一日生活的组织与保育，游戏活动的组织与支持，教育活动的设计与实施，激励与评价幼儿，与幼儿、同事及家长等沟通与合作，反思与发展等七个方面。《3~6岁儿童学习与发展指南》"说明"部分提出了实施"指南"的三条原则，包括"遵循幼儿的发展规律和学习特点；关注幼儿身心全面和谐发展；尊重幼儿发展的个体差异"。具体要求包括"珍视幼儿生活和游戏的独特价值，创设丰富的教育环境……""注重学习与发展各领域之间的相互渗透和整合"等。

根据上述文件的精神，结合我校 UGS 模式的理念，我们把培养"具有实践智慧的反思型幼儿教师"作为教师教育课程改革的目标，以实现从技工型教师向专业化教师的转变。根据目标调整了课程结构：第一，优化理论课程。如减少了传统的"三学"的课时，降低必修模块学分，增加选修模块学分，增加了幼儿教师专业成长、儿童观察与评价、儿童剧创编等实用选修课程；优化了"幼儿园教育活动设计"课程结构，把"领域活动的设计"与"渗透与整合性课程的设计"作为两个并列的重点；改革理论课程的教学，与台湾教师协同教学。第二，强化技能课程与实践课程。把以前8周的见（实）习调整为20周，

制定了详细的见（实）习方案，落实七大专业能力的培养；请幼儿园一线教师和高校教师共同承担技能课程与教材教学课程。第三，使理论与实践紧密结合。实践课程贯通八个学期，与理论学习相互支撑。除了教育教学活动外，保育、教研活动、管理会议、家长学校活动都纳入实践内容。（见表1）

表 1 实践课程计划表

学期	教育实践内容	教育实践形式	课时安排	相关负责人	结合课程
1	入门教育（幼儿教师的一天）	参观幼儿园	一天	教研室	
2	制订专业生涯规划、形成专业理想	专题讲座、现场观摩座谈会、看教育电影等	一周	辅导员专业教师	《幼儿教师专业成长》
3	幼儿园：幼儿一日生活保育 早教中心、托儿所：0-3岁婴幼儿一日生活	见习 社团活动	一周 一天	教研室 早教部	《儿童心理学》《学前卫生学》
4	幼儿园课程教材、教育教学工作；早教中心亲子活动、特殊儿童教育	见习、社团活动	一周＋一天	同上	《学前教育学》《幼儿园课程》
5	写教案、说课、教具制作、环境创设、模拟试教	课外活动（比赛）微格教学、见习	90学时	辅导员专业教师	五大领域教育 手工制作、环境创设
6	城区优质园：幼儿园所有的保育教育、教研活动、家长学校活动 实习支教动员、农村留守儿童心理、实习支教中的问题与对策	学徒式实习岗前培训：思想动员专题讲座新老交流	一个月数课时	教研室 辅导员优秀实习生	《幼儿园教育活动设计》《学前儿童家庭教育》《学前教育研究方法》
7	乡镇中心园：幼儿园所有的保育教育及教研活动	顶岗实习支教	一个学期	实习支教中心、教科院	通过各种反思与以前的理论学习产生联系
8	毕业论文设计、笔试面试技巧、毕业生技能测试	专题讲座		专业教师、教师教育学院	

本设计还突出了以下特点。第一，各学期实践目标层层递进，通向实践能力的提高。如《幼儿园课程》这门课的实践重点是让学生熟悉今后要用的教材，加强对幼儿园正在使用的教材、正在实施的课程的研究。五大领域教育重点在于设计与实施分领域的活动，使学生对各个领域的目标、内容、方法与评价有清晰的了解。在此基础上，《幼儿园教育活动设计》帮助学生树立幼儿园的一日活动皆课程的观念。训练学生一日活动的设计与组织，突出整合性的主题活动设计。各学期目标具有层次性和递进性。第二，在实践内容上进行了拓展。增加职业生涯规划与就业指导方面的内容。聘请幼儿园园长和优秀教师与学生面对面围绕幼儿园教师的知能结构、专业品格等进行座谈；增加了0~3岁婴幼儿教育的见习与实践，通过学生社团实践活动来实施；小学见习和实习可以根据支教点的需求来决定。很多学校只开了《教师口语》，需要改成《幼儿教师口语》，并与相应的见习相结合。除了教育教学活动外，保育、教研活动、管理会议、家长学校活动都要纳入实践内容。此外，可以增加关于农村留守儿童心理的学习专题讲座。

（二）理清幼儿教师的能力结构，落实专业能力的培养

1. 研究幼儿教师的能力结构

理清教师能力层次结构有助于探究能力形成的规律。综合有关教师能力结构理论，[460] 我们发现幼儿教师的能力分为四个层次。第一层：一般能力（即智力）。第二层：学科技能，它是专业能力的基础。包括对儿童文学听、说、读、写等技能，计算、统计、编儿童体操（儿歌、简单的舞曲）等技能，简单实验技能，社会研究技能，以及弹（琴）、唱（歌）、跳（舞）、画（画）、制（作手工）等技能。第三层：与教育实践直接相联系的课程设计、实施与评价等能力，以及伴随着教育教学全过程的教育教学监控能力。教育监控能力是教师对自己

所从事的教育活动或过程进行自我认识、自我调节和自我控制的能力。[461] 它不是某一种单独的能力，而需要伴随着第二层次的各种能力的存在而存在。教师的各种能力要得到高水平的发挥，与高水平的教育教学监控能力有着很大关系。第四层：有利于深化幼儿教师对教学实践认识的教育科研能力。（见表2）第一个层次的能力需要渗透在各类课程之中逐渐形成。第二层次的能力主要通过各类技能课程来培养，并通过见习、实习得到锻炼与运用，最后融入教师的专业能力之中。第三个层次的能力则需要在前两个层次能力形成的基础上进一步通过教材教法课程与实践课程来培养。

表 2　幼儿教师的能力结构设想

第一层：一般能力	观察力、记忆力、思维力、想象力、注意力					
第二层：学科技能	编儿童体操、弹琴、唱歌、跳舞、画画、制作手工等					
第三层、第四层：专业能力	课程设计：对学习、游戏活动的整体规划	"课程教学"：学习活动、游戏活动、一日生活的组织与指导	课程反思与评价、教育叙事等	课程资源开发：环境创设、家园社区合作、同事合作	专业发展：制订发展规划，持续学习	专业引导（骨干教师）
	教育监控能力（课程与教学反思能力）					
	教育研究能力					

2. 精心设计实践课程

我们的实践课程分为共同性实践课程与选择性实践课程两大类：①共同性实践课程。我们的共同性实践课程共四类，按照见习—模拟实习（微格教学）—学徒式实习—顶岗支教（协同创新"三位一体"）这样由易到难的顺序安排。见习安排在大二两个学期，模拟实习安排在大三上学期，结合五大领域的教学法课程进行，学徒式实习安排在大三下学期或大四上学期，在学校附近的优质园进行或在实习支教地的城区幼儿园进行，实习支教安排在大四上学期，在乡镇中心幼儿园进行。②选择性实践课程。导师指导的个性化活动、社团活动（如儿童教育部、芗涛剧社、志愿者中心）、技能比赛、暑期实践等。我们为每个大一、大二的本科生安排了校内导师，导师根据自己的特长为学生安排个性化实践活动。我们的社团丰富多彩，如儿童教育部主要开展蒙台梭利幼儿教育课程的培训与周末亲子活动和暑期实践活动。芗涛剧社学前专业的学生主要排演各种童话剧；每学期学生都可以参加一些技能比赛，如全校性的师范生教师职业技能竞赛，院内的学前专业技能竞赛等。

3. 协同创新"三位一体"幼儿教师教育模式的探索

通过几年的摸索，我们的协同创新"三位一体"幼儿教师教育已经形成较有效的模式，实习支教期间还为师范生同时提供岗前培训、周末培训、轮流实习、说课片断教学比赛、公开课等丰富的实践活动。永安市教育局还出台了专门的文件，尝试安排示范园教师到薄弱乡镇幼儿园支教，顺带指导实习支教学生。[462]

实习支教的指导体现了协同教学的原理。协同教学是一种教师合作的教学组织形式，打破以教师个人为主的教学方式，由不同专长的教师组成教学团队，对班级的学生采取大班教学、小组讨论、独立学习或者个别指导的方式，来完成某一单元或者某一领域的教学活动。[463] 我校与永安市教育局及幼儿园合作建立了专长互补的实习支教指导教师团队。①岗前培训指导团队。由校实习支教指导中心、学生所在院系领导、辅导员、专业教师和完成实习支教的优秀实习生共同组成。领导与辅导员主要负责学生的思想与安全教育等，专业教师负责技能培训，优秀实习生负责与学弟学妹交流实习体会与经验。②实习指导团队：由高校教师、县城（县级市）幼儿园优秀教师和乡镇中心园优秀教师组成。高校教师负责制定实习方案（含目标与内容要求、评价方式等），支教点负责落实。对每名实习支教生，县城教师负责指导两周实习，乡镇中心园教师负责指导其他时间。③周末培训指导团队：由不同专长的幼儿教师组成，在周末对学生进行各方面的专业技能培训，每位老师讲一个自己擅长的专题。2009 级实习生安排了 6 次周末培训，共计 21 课时（如表 3）。内容涉及儿童画技能、声乐技能、早操的编排、说课、片断教学、领域活动设计（科学、语言、艺术）、环境创设、表演游戏（含手指操）、角色游戏和结构游戏的设计与指导。④片断教学与说课比赛指导团队。城区幼儿园教师负责片断教学与说课技能的集中指导，实习支教生所在乡镇中心园负责对学生进行片断教学与说课比赛的小组与个别指导及训练，最后由城区优秀幼儿教师组成的评委团对学生的说课与片断教学比赛表现进行共同评议。⑤公开课指导团队。由实习支教生所在班级指导老师负责指导学生的公开课的设计，中心园的优秀教师组成评议小组负责听课与评课，如果遇到高校教师巡回指导到该园，高校教师也同时参与听课与评课。

表 3　2013—2014 学年下学期教育专业实习支教学生技能技巧培训安排表

内容	课时	内容	课时
儿童画技能	2	语言领域	1
声乐技能	2	艺术领域（音乐）	1
早操的编排	3	环境创设	1
说课	1.5	表演游戏（含手指操）	3
片断教学	1.5	角色游戏	1
科学领域（常识、数学）	3	结构游戏	3

我校也建立了与台湾地区合作培养大学生的机制，学前专业 2010 级有 4 名学生、2011 级有 7 名学生赴台湾稻江科技暨管理学院、屏东教育大学等高校交流学习一学期，我们对学生在台湾地区学习的课程进行学分互认。此外，我们还进行了学前专业卓越教师培养的试点[464]，2010 级有 10 名学生入选。我们为卓师班的学生安排了四年的校内导师、两年的幼儿园骨干教师导师和最后

一年的优秀校友导师，提供了更多的实践的机会。

（三）以反思与行动研究帮助师范生积累与提升实践性知识

教师的知识更多是一种实践性知识。实践性知识具有以下特点：①情境性。教师的实践知识植根于生动、具体、完整的教育场景中，是按照任务逻辑或问题来表征的，以案例或故事的形式而积累。②经验性。教师的实践经验并不一定都是有价值的，也不一定都是正确的，它是未经检验和深入反思的非理性的知识。③默会性。实践知识是基于教师个人经验对对象的直觉和下意识把握，很多具有教育机智的教师往往只能停留在实践的层面上，很难表达出来。教师的实践智慧源于实践性知识，它是一种缄默知识，缄默知识是通过社会化（socialization）、外化（externalization）、组合（combination）与内化（internalization）这四种途径来获得的。[465] 这四种途径都离不开反思（或合作反思）。波斯纳（G. J. Posner）指出，没有反思的经验是狭隘的经验，充其量只能形成肤浅的知识。同时，他还提出了一个教师成长的公式：经验 + 反思 = 成长。林崇德教授也提出：优秀教师 = 教育过程 + 反思，这里的反思包括备课时的反思、教学中的反思和教学后的反思。[466] 秉持教师专业发展的实践 – 反思取向的学者阵容庞大，他们主要提出了三种反思的方式：康内利等主张"叙事"，包括写日记、传记、讲故事、信件交流、参与观察等方式；特巴等倡导"合作的自传"，即一组教师各自写成长自传，然后相互进行批判性评论；还有些学者主张通过"生活史"的叙述进行反思。（王建军，2004：80–81）国内有学者指出，教师的经验可以通过两种方式得到积累与分享，即叙事化与概念化的方式，[467] 这也是教师反思的重要方式。

1. 关注师范生"行动研究"能力的培养

行动研究是引导师范生自主反思的关键。有研究者把教师的专业发展看作是教学研同期互动的过程，他们认为"研"是教师自主发展的"母胎"，从时间上看，是先有"研"的启动，"研"一经启动"学"就相继运作起来，这是一种瞬间发生的事，没有"研"就没有"学"的发生。[468] 教师教育课程可以把行动研究分为三个层次：

①模拟的行动研究。先结合《学前教育研究方法》理论学习进行。可借鉴行动学习法与行动导向教学法[469]，如让已经完成实习支教的学生把自己在实习支教过程中遇到与教育教学有关的关键问题列成一个清单，让低年级学生在实习支教前结合课程的学习开展模拟的行动研究。先假设自己遇到这些问题会如何解决？然后运用理论设想解决问题的方案，最后高年级学生再介绍自己在实习支教中解决问题的经验，同时用视频呈现当时的真实情境，让学生可以检验自己的方案。这样的经验交流帮助低年级学生增强解决实践问题的信心与经验。通过模拟体验如何发现问题、提出问题、如何猜想、如何通过不断的实施进行验证、如何记录、如何与人合作与交流等。

②有指导的行动研究。我们可以对传统的学徒制模式进行改造，使经验反思、理论学习与研究结合起来。如见习时帮助实习生描述他们"师傅"的"实践性理论"。因为实践知识的缄默性，师傅本人也很难全部说出来，就只能靠实习生自己去悟。尼克等认为，可以通过帮助实习生描述他们师傅的实践性知识，使之把所学的正式理论与实践性知识联系起来，同时，师傅的个人知识也会成为师范生个人知识形成的资源[470]。因此，见习活动可以按照观察—描述—评议的过程来开展。最后的评议很重要，大学教师要帮助实习生指出其师傅实践性知识背后的理念，使实习生体悟出师傅的"实践理论"。学徒式实习时我们还指导学生通过行动研究来解决实践中的问题。依托课题与实践基地，使高校师生与幼儿园教师形成研究共同体。选题围绕国家幼教课改精神，围绕幼儿园园本课程开发的实际需要，不仅有助于师范生研究意识与研究能力的提高，

为其今后在实习支教中进行独立的行动研究打下基础，也促进了在职教师的成长，同时有助于幼儿园形成园本课程特色。行动研究按照发现问题—设计方案—行动并记录—反思与改进的过程来开展。教师对学生的行动研究过程进行全程跟踪。在设计解决问题的方案阶段要求学生先阅读相关的理论文献，设计出的方案一定要有理论依据，而不仅仅是运用师傅的经验来教学。

③"独立的行动研究"。行动研究素养是提高实习质量的关键，行动研究的过程也是师范生根据运用理论进行"教学实验"的过程。实习支教因为是顶岗，少有指导老师，学生主动性的发挥尤其重要。首先，支教前，学校设计实习手册，实习内容围绕幼儿教师所需要专业能力开列成菜单式，并为每一项内容制定具体要求或需要达到的能力标准体系。学生可以在达到共同要求的基础上根据所在实习支教点的实际情况选择个性化的实习内容。其次，对行动研究要做出明确的要求：第一，要对实习全过程中所遇到的问题进行记录，列一个问题清单；第二，选择几个问题展开行动研究：有针对性地阅读理论，设计解决问题的方案—实施方案，验证理论—评价与反思；第三，记录行动研究的全过程。要求每个学生完成至少一个行动研究报告。

2. 鼓励师范生"叙述"自己的实践与行动研究过程并进一步"概念化"

有关研究表明：[471] 教师把自己的经验加以"叙事化"的过程是促进其成长的重要因素。但如果仅仅停留在"叙事化"阶段，就难以获得进一步质的飞跃，只有能够将自己的经验理论化的教师才可能真正成长为一个专家型教师，才可以随时将自己的实践性知识与理论性知识相互转化。要想在职前教育中培养反思型教师，实习生经验的积累和提升必须经历"叙事化"和"概念化"两个阶段。叙事化帮助实习生疏理与积累在见习与实习中获得的大量经验，使之成为便于交流与分享的"叙事文本"，如听课与评课记录、实习日记、调研报告、行动研究报告等，"概念化"的过程是案例与故事进行理性分析的过程，最后形成实践智慧。从"实践性知识"到"故事、案例"再到"实践理论"是一个逐渐过滤和提升的过程。（如图2）我们要求实习支教生对自己在教学情境中获得的直观经验层次的"实践性知识"加以记录与反思，形成"叙事化"的教育故事或案例，这个过程可以实现部分隐性知识的显性化。然后，组织师范生结合案例或故事阅读相关理论或者与专业教师进行交流，对"叙事"进行反思性批评形成"实践话语"[472]，它不再是纯粹的教育叙事，而是叙事与理论的结合体，是与学术理论相对的"实践理论"。

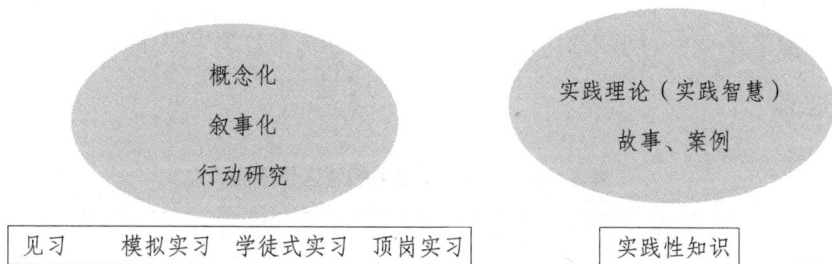

图2　从"实践性知识"到"实践智慧"过程示意图

（四）实践课程的评价：形成性评价与终结性评价结合

1. 对学生发展的评价

实践课程是一个长达八个学期的过程，这个过程中学生的实践学习表现适合采用"档案袋评价"和"研讨式评价"相结合。档案袋评价的意义在于使教师能够评价学生的每一点成长和进步，以及培养"学生自己评价"的习惯和能力。首先，针对每一次实践活动的作业定期开展集体的评价与反思活动，包括学生自评、小组互评和教师点评。教师要对学生的作业进行理性的分析与评价，促进学生对实践经验的"概念化"。这样的评价活动需要定期开展，比如，每次见习结束后、模拟实习完成后、实习支教中期、实习支教结束后等，请学生记录研讨中自评、小组互评及教师给自己的评语与成绩等级。这样每一次研讨的过程既是评价的过程，也是实习指导与学生学习的过程。在期末我们还利用问卷进行一次量化的评价，同时在毕业前对师范生进行一次专业技能测评。

2. 对教师指导的评价

以实习支教的评价为例，我们每学期都派专业老师对实习支教的指导情况进行调研，以总结经验，发现问题，改进指导，促进学生发展。表4是我们对2008级学生进城轮流实习进行的较全面的记录情况，在学生实习的11个班级中，有6个班学生们表达了不满，有5个班获得较好的评价（详见表4，班级去掉了序号，对事不对人）。表5是2009级3名学生眼中的城区优质园周末培训。

表4　2008级同学眼中的城区优质园轮流实习

	班级	实习生对教师指导的反馈
好评班级	小班	老师很热情。周一就把要上的内容给我们，让我们准备。之前会给我们看教案。课后也会评课
	小班	老师很好，班级常规也很好。我上绘画课。老师说小班的绘画教学有两个要点……回来乡镇园后我进步很大
	中班	老师很好，上课很好。我上音乐课，因在乡镇园没上过，上砸了。老师给了很多建议，学到很多
	中班	周一到周三是见习，常规组织得很好，是用钢琴曲来组织……周四、周五我们上课，老师很严格，教案指导我改了很多遍
	大班	两位老师都很好……老师详细指导我。如上《郊游》，我做了图谱，老师告诉我图谱要事先安排好位置……
差评班级	小班	老师不爱理人……
	中班	在实幼一周很无聊……老师因为排节目没听我的课……有个老师不错，另一个一直训孩子……
	中班	周四我上课那天比较有意义，老师有指导。其他天没学到东西
	大班	总的收获不大。老师上课很随意。有一位老师没怎么指导，另一位指导比较详细。但指导上不全面，只是上课有指导，常规方面没有得到指导
	大班	……班级很乱。有个老师的孩子在小班，却常把孩子带到大班来，这个孩子很爱指挥大班的孩子
	大班	实习效果不太好。周一参观小学回来画小学，（后来）都是实习的同学上课。上午没指导，下午语言课和游戏指导两次

表 5 2009 级学生眼中的城区优质园周末培训

内容	优点
儿童画技能	生 1：老师跟我们说到一些画儿童画的技巧，我觉得受益匪浅。她提供以前的一些作品供我们参考，讲解了关于颜色渐变、色彩的搭配、图形图案，在考试的时候如何让自己的作品脱颖而出等……同学们对这方面也挺感兴趣
早操的编排	生 1：……观看一些早操的视频，并结合她所编排的早操进行讲解，也给我们提供一些编排早操的网站，最后让我们现学现用，提供一段音乐让我们进行编排。同学们热情也很高……
片断教学	生 2：由一位副园长执教。老师技能各个方面都非常强，给我们示范的一节片段教学非常精彩……这是在高校里头很难学到的 生 1：第一次看副园长是如何进行片段教学，让我们瞠目结舌，真的是好难哦，自己在台上要自导自演，当成是自己底下就有一群小朋友在听你上课……我们都忍不住鼓掌
科学领域(数学)	生 1：……首先让我们观看一段教学视频《接着往下排（中）》，并对此次的教学活动进行点评。视频中的老师上得真的很好，整个教学活动适时引导，大部分是让幼儿自己去尝试感知……受益匪浅
环境创设	生 1：老师是美术专业出身的，J 幼儿园的环境创设也大部分是他负责的，他给我们提供了很多他环境创设的思路和技巧，并结合图片跟我们分享他的一些观点，如怎样进行颜色的搭配，如何废物利用等方面，觉得挺不错的
结构游戏	生 2：教师指导我们自己进行结构游戏，在自己动手操作过后也对结构游戏有了更深一层的理解 生 1：老师先教授一些有关结构游戏的知识，并让我们观看一些小朋友结构游戏时完成的作品，小朋友真的很厉害，作品很漂亮。后来我们也分成了"街道组"和"公园组"进行比赛……老师重点讲材料的获得，幼儿的反应，做成的效果

2007 级的时候周末培训还存在偏理论的问题，经过我们的调研反馈，2009 级的周末培训逐渐得到改进，更多落实到学生的实践技能培养。表示不满的内容只有一部分：如认为声乐技能"没大学的声乐老师教得好""没学到一些比较实质性的东西"；数学活动的提问技巧"过程有些枯燥""同学们都炸开锅了"；角色游戏"准备的知识内容过多，培训的时候只是走马观花"；手指操"就提供一些手指游戏的内容给我们，然后请我们上去表演，感觉没多大收获"。每一次调研，我们不仅调查学生对已有实践课程的看法，还请学生提出意见与建议，以便改进。如 2009 级学生对周末培训的建议（如表 6）：

表6　2009 级同学对周末培训的建议

片断教学：内容只涉及语言的，希望也有其他领域的片段教学，为我们去应聘的时候打基础。 环境创设：可惜的是我们本身幼儿园材料的限制，没法动手试试，如在墙上用染料上色。（隐含的建议：如果根据乡镇中心园的资源与材料情况有针对性培训农村幼儿园的环境创设就更好了。） 手指操：希望讲一些各个年龄段适合什么样的手指操，如何引导幼儿学习手指操。 儿童画技能：希望再多开设一两次课，更具体深入地学习。 此外，希望增加儿童舞蹈创编和儿童歌曲伴奏。 培训时间的建议：这些培训都是在下半学期开展的。如果能在上半学期开展就好了。在我们对幼儿园还懵懵懂懂的时候，（帮助我们）有一个更准确的认识，效果会更好。

四、学前教育专业教师教育实践课程改革的成效

（一）有力地支持了农村幼儿教育的发展

　　根据教育部《关于大力推进师范生实习支教工作的意见》，实习支教的意义主要在于三个方面：第一，提高师范生素质，如实践能力、社会责任感等；第二，密切高师院校与基础教育的联系，促进理论学习与基础教育实践紧密结合；第三，提高农村学校或幼儿园的师资水平，促进素质教育的全面实施。它又包括"支教"与"更新"两个方面，前者指补充农村贫地区教师数量，缓解农村基础教育师资匮乏的矛盾，后者指促进和影响在职教师的教育教学水平，或者将在职教师置换出来，进行提高培训。因此，UGS 模式的意义可以概括为"实习""支教"与"更新"三个方面。学前专业的实习改革在支教方面成效显著。

　　学前专业实习生的支教，为当地农村幼儿教育师资的缺乏起到了雪中送炭的作用。如 2010、2011 年，我校学前教育专业的实习支教点分散在永安十余个乡镇的八所乡镇中心幼儿园，这些园当时在职教师共 75 人，在编教师只有

14 人，仅占在职教师总数的 17%。有三所乡镇园在调查时还没有一个在编教师，其中，罗坊中心园最为偏远，是由于我校 2007 级 5 名实习生的支教，这所乡镇园才恢复运营，一名男生到罗坊中心园实习的第一天晚上就被任命为代理副园长。2008 级派了 7 名实习生，加上当地一位相当于保育员的教师才把整个园撑起来。后面的每一届实习支教生都承担了至少一个教师的工作量，为我国农村幼儿教育发展做出了自己的贡献。

（二）有效促进了师范生的专业成长

学校与当地教育局、实习支教幼儿园合作已经逐步形成了协同育人机制，促进了师范生的专业成长。对 2007 级的 53 名学生的调查表明，60% 的学生认为自己的教学能力提高很大，27.1% 的实习生选择实习支教后更加喜欢从事幼儿教师这个职业。2008 和 2009 级学前教育学生入学时选择学前教育专业作为第一志愿，占总人数的 75%，因被调剂而分配到该专业的学生占 25%。经过三年的专业学习和实习支教的锻炼，基本没有改变原本的初衷，始终认同幼儿教师职业的占总人数的 72.22%，更有 16.67% 的实习生更加喜欢幼儿教师这个职业。

近三年的本科毕业生，就业签约率均在 95% 以上，就业率达 100%。毕业生在"福建省中小学新任教师公开招聘考试"中笔试、面试成绩优异，2012 年学前教育毕业生人数 40 人，参加考试并且被录用的人数为 30 人，占总人数的 75%；2013 年学前教育毕业生 76 人，参加考试并且被录用的人数为 64 人，占总人数的 85%。2014 年师本毕业生 86 人，参加考试并且被录用的人数为 82 人，占总人数的 95%，高职本毕业生 77 人，就业率 86%。没有参加考试的学生中有一部分由我校海外学院组织选派毕业生去新加坡、菲律宾等国担任汉语教师志愿者，学前专业 07、08、09 级都有学生被选送。

后　记

本书为 2018 年度福建省社会科学规划项目《闽台农村幼儿园教师精神生活叙事研究（1950 年至今）》（项目批号：FJ2018B051）的研究成果，也是我校"福建省区域农村教师发展协同创新中心"规划的研究任务"福建省农村幼儿园教师生存状态研究"的成果，本书也获得闽南师范大学学术著作出版基金资助。本书的出版离不开众多师友、同行、同事和学生的支持，在此一并致谢：

湖南师范大学的杨莉君教授、华东师范大学的姜勇教授关于农村幼儿园教师生存状态以及精神生活方面的研究成果与相关研究课题一直引导着我持续关注这一研究方向，华南师范大学的杨宁教授也为我的研究提出了中肯的建议。

华东师范大学的丁钢教授在我国率先倡导"教育叙事研究"，2004 年我在华东师范大学求学时聆听了他的相关学术报告，也从他的文章、专著和编辑的学术集刊中获得思考和写作的灵感，尤其是我的论文《课程开发中的教师专业发展：个案的叙事研究》能够发表在丁钢教授主编的《中国教育：研究与评论》（第 8 辑）上，鼓励我一直坚持叙事研究的偏好。

华东师范大学的刘良华教授关于教育叙事研究的诸多成果也是我重要的学术养分，他所说的"用钢笔录像"的比喻一直印在我的脑海中。多年前我为我校学前教育的本科生开设"学前教育叙事研究"的选修课时，他甚至慷慨地把他的专著《叙事教育学》的电子稿发给了我。

漳州市档案馆的工作人员为我寻找研究对象提供了线索，龙海市教育局幼教干部苏志红老师、台商投资区实验幼儿园王惠玲园长、长泰县实验幼儿园马阿芬园长、赤湖中心幼儿园陈艳卿园长和已毕业多年的学生潘希伉俪等介绍我认识各位研究对象。

武平县教育局朱汉招老师、南靖县教师进修学校陆莹老师、云霄县教育局何晓莹老师、漳浦县教师进修学校陈红燕老师、永安市小陶镇中心幼儿园的刘素蓉老师等众多幼教界同仁为问卷发放与回收付出了努力。漳州市教育局李丽玲老师、孙艺斌老师为我的研究提供了诸多支持，包括各种政策咨询服务。

我的硕士研究生导师吴刚平教授，他是我学术研究的启蒙人，没有在华东师范大学三年跟吴老师做课题、做项目的经验积累，就不可能有本书的出版。北京师范大学的郑新蓉教授，她的"乡村教师口述史系列"等研究成果一直是我的精神食粮，也感谢她对我的研究的肯定。

闽南师范大学教育科学学院黄清教授和沐守宽教授多年来一直鼓励我，"福建省区域农村教师发展协同创新中心"的校、院领导及余益斌教授也对我研究工作提供了宝贵的支持。同时，我校数学与统计学院杨志清博士通读了我的第五章文稿，并就量化数据处理提供了细致的指导与帮助。

芗城区实验幼儿园的陈乔婧老师和机关幼儿园的何毅娟老师不辞辛劳为我校对书稿，陈熙、洪菊、林洁琼、戴佳坪曾经协助我做过录音初次转录。

尤其要感谢接受访谈的金百玲老师、小珍老师（化名）、春华老师（化名）、陈金秀老师、燕子老师（化名）、洪雪英老师，以及小S同学，她们真诚地与我分享她们的成长经历和生命故事令我感动。

本书的出版也离不开家人的支持。女儿敏芝从小学三年级到初中一年级期间，多次陪同我下乡采访，甚至还协助了部分录音的转录工作。爱人齐宇歆博士一直以来能够包容我在家务方面的不能干，我外出调研时他都能够把女儿照顾得很好。

最后，感谢武汉大学出版社老师们的认真工作与付出。

参考文献

1　蒙台梭利 . 蒙台梭利幼儿教育科学方法 [M]. 任代文，译 . 北京：人民教育出版社，1993：577，580.

2　苏霍姆林斯基 . 给教师的建议（下）[M]. 北京：教育科学出版社，1981：295.

3　林丽卿 . 幼教实习的难题——一个美国幼教实习个案的借镜 [J]. 新竹师范学院学报，1996（9）：171–189.

4　吴畏 . 实习教师网络反思日志的研究 [J]. 上海教育科研，2009（7）：46–49.

5　张倩 . 职前教师的专业身份建构——对职前教师实习经历的实证研究 [J]. 教育发展研究，2013，33（Z2）：106–110.

6　江涛 . 边缘参与：一个师范实习小组的生存状态 [J]. 教育学术月刊，2013（11）.

7　王宪峰 . 短暂的停留——对研究生支教团的教育人类学探析 [D]. 中央民族大学，2012.

8　白娴棠 . 教育改革背景下的顶岗支教实习模式存在的问题——基于山西师范大学支教学生的视角 [J]. 现代中小学教育，2012（5）.

9　左群英 . 顶岗实习支教学生专业成长的一项质的研究 [J]. 江西教育，2011（7–8）.

10　王景芝，底会娟 . 顶岗实习生课堂情绪调节策略的探索 [J]. 河北师范大学学报（教育科学版），2015，17（6）：124–127.

11　江文慈 . 实习教师的情绪地图：社会建构的观点 [J]. 教育心理学报，

2004（1）：59-83.

12　王长江，任新成.教学观念的断裂与融合——对一位实习教师的叙事研究[J].教育探索，2012（7）：20-24.

13　杨小晶，李国栋.支教生与实习生"教育实践与体验"的比较调查研究[J].河北师范大学学报（教育科学版），2014，（3）.

14　尹筱莉，孟凡丽，冯跃武.高师院校实习支教学生从教体验与收获的调查研究[J].高等理科教育，2009（4）.

15　陈振宁.文化互动与教师成长——跨文化语境中顶岗支教实习对师范生及其职后发展的影响[J].民族教育研究，2017，28（1）：117-123.

16　杨小晶，李国栋.支教生与实习生"教育实践与体验"的比较调查研究[J].河北师范大学学报（教育科学版），2014，16（3）：124-128.

17　关明.实习支教学生思想政治教育中存在的问题、思想状况调研分析与对策建议——以新疆师范大学为例[J].教育教学论坛，2015（9）.

18　贺弘怡.走向明天——一名教育硕士顶岗实习的叙事研究[D].首都师范大学，2014.

19　弓青峰，任丽婵.实习支教提高大学生实践创新能力的调查研究[J].教育理论与实践，2017，37（9）：9-11.

20　王静，徐晓飞.扶贫顶岗实习支教对高师生心理资本影响的调查研究[J].教育理论与实践，2018，38（18）：38-40.

21　杨智颖.弱势者教育改革中教师专业认同之研究：偏乡学校教师叙事的省思[J].屏东教育大学学报（教育版），2011（3）

22　李云淑.幼儿园顶岗实习支教的专业生活状态——支教生的视角[J].教育学术月刊，2016（7）：88-96.

23　王静.地方高师支教生教学效能感现状及其与人格特征的关系[J].内

蒙古师范大学学报（教育科学版），2013，26（3）：49–52.

24 魏戈，陈向明. 社会互动与身份认同——基于全国 7 个省（市）实习教师的实证研究 [J]. 教育学报，2015（4）：55–66.

25 张红霞. 教育科学研究方法 [M]. 北京：教育科学出版社 ,2009：11.

26 戚务念. 陌生化的教育学 [J]. 教育学术月刊，2010（9）.

27 院报道组. 为发展农村教育事业做贡献——数学系"顶岗"实习调查报告 [J]. 四平师院，1975（4）：43–46.

28 李利. 实践共同体与职前教师实践性知识发展——基于教育实习的叙事研究 [J]. 教师教育研究，2014，26（1）：92–96.

29 龚晓珺. 一位民族地区初中实习教师的叙事研究 [J]. 教育理论与实践，2012（14）：30–32.

30 江涛. 边缘参与：一个师范实习小组的生存状态 [J]. 教育学术月刊，2013（11）.

31 王静. 地方高师支教生教学效能感现状及其与人格特征的关系 [J]. 内蒙古师范大学学报（教育科学版），2013，26（3）：49–52.

32 卢冬君. 顶岗实习生的一般自我效能感和应对方式关系研究 [J]. 西南师范大学学报（自然科学版），2014，39（8）：102–106.

33 张志江，肖肃. 英语顶岗支教生实践性知识构成：个案研究 [J]. 外国语文，2015，31（6）：140–144.

34 谭琳. 建设社会主义新农村与性别平等 [M]. 北京：中国妇女出版社，2007：72.

35 周险峰，等. 农村教师研究 30 年：回顾与反思 [M]. 武汉：华中科技大学出版社，2011：75–79.

36 陆珠玲. 幼儿教师生存状况调查研究 [J]. 广东教育学院学报，2001（4）：

77–80.

37　孙彦 . 农村幼儿教师的生存状态与职业承诺、专业发展 [J]. 中国健康心理学杂志，2015，23（5）：684–687.

38　周建平 . 农村幼儿教师"弱势化生存"：制度根源与破解思路 [J]. 教育研究与实验，2013，（5）.

39　谢秀莲 . 西北地区农村民办幼儿园教师队伍现状调查与分析 [J]. 学前教育研究，2007（11）：44–47.

40　朱扬寿，曾福生，陈蜀江 . 农村幼儿教师队伍现状及其发展对策 [J]. 学前教育研究，2007（12）：38–40.

41　唐海燕 . 农村民办幼儿园教师生存状态的调查与思考 [J]. 江苏教育研究，2007（1）.

42　郭丽 . 制约农村幼儿教师工作积极性的因素与对策 [J]. 教育导刊（下半月），2011（2）.

43　周燕，李冬燕 . 农村幼儿教师专业发展与生存状态研究——广州市农村幼儿教师专业发展与生存状态的调查报告教育导刊 [J].2011（11 下半月）.

44　何秀英，袁爱玲 . 农村幼儿园教师文化生存状态的文化人类学阐释——基于对广东省农村幼儿园教师的考察 [J]. 幼儿教育，2014（8）.

45　王玲玲，熊德明 . 乡镇中心幼儿园教师生存状况研究——基于 10 所乡镇中心幼儿园的个案调查 [J]. 教师教育论坛，2016，29（6）：63–66.

46　张丽敏，叶平枝 . 农村幼儿园教师工作生活质量对付出—回报失衡感的影响：超负荷的调节作用 [J]. 学前教育研究，2018（8）：28–40.

47　孙丽华 . 乡村幼儿教师的生存困境——基于一所乡村幼儿园的生活体验研究 [J]. 西北师大学报（社会科学版），2014（5）.

48　蔡军 . 农村幼儿园转岗教师的生存困境及改善 [J]. 学前教育研究，

2015（5）：10-14.

    49　闫伟鹏. 农村幼儿教师生存状态的叙事研究 [D]. 重庆：西南大学，2010.

    50　李悠. 农村民办幼儿教师职业倦怠的特点及其主观幸福感的关系 [D]. 济南：山东师范大学，2012.

    51　王杰. 甘肃省农村幼儿教师心理健康状况研究 [J]. 鸡西大学学报，2006（6）.

    52　李敏. 农村幼儿园骨干教师心目中的幼儿园教师职业形象 [J]. 学前教育研究，2013（6）：44-50.

    53　李云淑. 农村幼儿园教师继续从教意愿及其影响因素 [J]. 学前教育研究，2018（1）：36-48.

    54　张云亮. 国家扶贫县农村幼儿教师精神生活状况考察 [D]. 上海：华东师范大学，2012.

    55　郑名. 贫困农村幼儿教师心理健康特征与相关因素分析 [J]. 河西学院学报，2005（4）.

    56　梁慧娟. 我国农村幼儿园教师待遇政策探索遭遇的困难分析及其经验启示 [J]. 早期教育：教师版，2009（2）：4-7.

    57　王杰. 贫困地区农村幼儿教师专业成长的现状、问题及对策——以甘肃农村幼儿教师为例 [J]. 学前教育研究，2009（1）：15-18.

    58　杨莉君，周玲. 农村幼儿教师生存状态的研究——以中部四省部分农村幼儿教师为例 [J]. 教师教育研究，2010（5）：27-31.

    59　罗咏梅. 重庆市农村幼儿教师专业发展需要研究 [D]. 重庆：西南大学，2011.

    60　郭忠玲. 河南省民办幼儿园教师专业发展与生存状态调查研究 [J]. 内

蒙古师范大学学报（教育科学版），2012，25（8）：75-78.

61　黄胜梅，张爱群，蔡迎旗.农村幼儿教师流失意愿的调查研究——基于安徽省的调查[J].淮南师范学院学报，2012，14（5）：93-95.

62　马松翠.农村幼儿教师艺术素养现状与对策研究——以青岛市为例[J].中国成人教育，2013（16）：141-143.

63　柳阳辉.农村幼儿教师职后培训现状调查及建议[J].内蒙古师范大学学报（教育科学版），2013，26（10）：63-65.

64　周建平.农村幼儿教师"弱势化生存"：制度根源与破解思路[J].教育研究与实验，2013（5）：58-60.

65　金光发.腾冲县农村幼儿教师生存状态研究[J].德宏师范高等专科学校学报，2013（4）：72-76.

66　李悠，张晗.农村幼儿教师职业倦怠的特点及其与主观幸福感的关系[J].中国成人教育，2014（8）：115　117.

67　孙丽华.乡村幼儿教师的生存困境——基于一所乡村幼儿园的生活体验研究[J].西北师范大学学报（社会科学版），2014（5）：114-118.

68　李振峰.欠发达地区农村幼儿教师素质现状调查分析——以鲁北地区滨州市为例[J].教师教育研究，2014，26（2）：6-12.

69　黄翠华，张莉莉.广西边境地区农村幼儿教师专业发展能力现状及对策研究[J].内蒙古师范大学学报（教育科学版），2014，27（2）：108-111.

70　胡永萍.农村幼儿教师主观幸福感状况的调查研究[J].南昌师范学院学报，2014，35（2）：166-169.

71　孙彦.农村幼儿教师生存状态及相关因素[J].中国健康心理学杂志，2015，23（8）：1163-1166.

72　张地容.农村转岗幼儿教师的生存困境与出路[J].教育评论，2015（10）：

120–124.

73 姜勇，何敏，张云亮.国家级贫困县农村幼儿园教师精神状况考察——物质的匮乏与心灵的充盈 [J].学前教育研究.2016（7）.

74 张地容.农村转岗幼儿教师身份认同的困境、归因及建议[J].教育评论，2016（9）：118–121.

75 李云淑.福建省老区农村幼儿教师精神生活状况研究 [J].教育研究与实验，2018（1）：71–77.

76 李云淑.转岗与专业农村幼儿教师精神生活状态比较研究 [J].上海教育科研，2018（4）：44–48.

77 李洋，等.农村幼儿园教师队伍建设现状与促进策略 [J].学前教育研究，2018（9）：61–63.

78 Goodman, Joyce;McCulloch, Gary;Richardson, William. "Empires overseas" and "empires at home": postcolonial and transnational perspectives on social change in the history of education[J].Paedagogica historica，2009，45（6）：695–706.

79 Droit, E.Headteachers or how to assert authority in the East Berlin schools in the 1950s[J].Paedagogica historica，2012，48（4）：615–633.

80 Selwyn, Neil. "Micro" politics : mapping the origins of schools computing as a field of education policy[J].History of education，2013，42（5）：638–658.

81 刘良华.叙事教育学 [M].上海：华东师范大学出版社，2011：42.

82 周洪宇，刘训华.多样的世界：教育生活史研究引论 [M].福州：福建教育出版社，2014：15, 331.

83 叶拉吉娜，等.乡村教师 [M].汪浦，译.北京：北京出版社，1956.

84 Bryan B.Rural Teachers' experiences : lessons for today[J].Rural

educator, 1986, 7（3）: 1–15.

85   Gulliford Andrew..Book reviews——Hill country teacher : oral histories from the One–Room school and beyond by Diane Manning[J].The journal of American history, 1991, 78 : 716–717.

86   McLachlan, Elizabeth P.With unshakeable persistence : rural teachers of the depression Era[M] . NeWest Publishers Limited, 2005

87   Corbett R B K T . \ "No Flies on Bill\" : The Story of an Uncontrollable Old Woman, My Grandmother, Ethel \ "Billie\" Gammonby Darcy Wakefield[J]. The oral history review, 2008, 35（1）: 81–82.

88   Walsh, B（Walsh, Brendan）1. "I Never Heard the Word Methodology" : Personal Accounts of Teacher Training in Ireland 1943–1980[J].History of Education, 2017, 46（3）: 366–383

89   Hardy, Ian 1 ;Edwards Groves, Christine 2.Historicising teachers' learning : a case study of productive professional practice[J].Teachers and teaching : theory and practice, 2016, 22（5）: 538–552.

90   张济洲 . "乡野"与"庙堂"之间：社会变迁中的乡村教师 [M]. 北京：中国社会科学出版社, 2013.

91   姜朝晖 . 浅析民国乡村教育运动中乡村教师的角色——以晓庄和邹平模式为例 [J]. 鲁东大学学报（哲学社会科学版）, 2014（5）.

92   姜朝晖, 朱汉国 . 民国时期乡村教师的生存状况 [J]. 史学月刊, 2015（4）: 67–76.

93   王飞, 李金荣 . 基于代际差异的乡村教师支持网络构建 [J]. 当代教育科学, 2018（2）: 29–33.

94   胡艳, 郑新蓉 .1949—1976 年中国乡村教师的补充任用——基于口述

史的研究 [J]. 北京：北京师范大学学报（社会科学版），2018（4）：15-25.

95 程猛. 建国以来农村教师的身份认同变迁——以皖北田村为个案 [J]. 当代教育科学，2017（12）：22-25.

96 Ribbins, Peter；Zhang, Junhua. Culture, societal culture and school leadership – a study of selected head teachers in rural China[J].International studies in educational administration, 2006, 34（1）：71–88.

97 张文质，周顺海. 教育生命的突围 [M]. 北京：北京师范大学出版社，2012.

98 Moss，P. Structures, understandings and discourses：possibilities for re-envisioning the early childhood worker［J］. Contemporary issues in early childhood，2006，7（1）：30 − 41.

99 范昕，李敏谊. 幼儿园教师到底是什么？——从替代母亲到专业人到研究者的发展历程 [J]. 教师教育研究，2018（4）：94-100.

100 詹秀娣，郝勇. 教师专业素养视角下国家政策变迁述评——基于 NVivo11 的政策文本分析 [J]. 中国电化教育，2018（10）：76-83.

101 阮爱民.WTO 对农村教育的影响及回应策略 [J]. 高等农业教育，2001（10）.

102 高耀明. 命题分析. 笔谈：高等教育通向农村 [J]. 有色金属高教研究，1999（3）.

103 于鸣超. 现代国家制度下的中国县制改革 [J]. 战略与管理，2002（1）.

104 唐松林. 中国农村教师发展研究 [M]. 杭州：浙江大学出版社，2005：4.

105 秦旭芳，孙雁飞，谭雪青. 不同办园体制下幼儿教师的生存状态 [J]. 学前教育研究，2011（10）：28-33.

106 王慧，马晓娟. 西部农村教师的生存状态——来自甘肃的调查 [J]. 当代教育科学，2007（12）：12–14.

　107　李学书，金燕娜.教师生存状态的内涵、特征及其研究价值 [J]. 教育理论与实践，2016，36（10）：38–43.

　108　徐一帆，曾荷茗.家庭教育责任转移对农村小学教师职业生存状态的影响研究——基于对 A 镇的调查 [J]. 教学与管理，2018（33）：23–26.

　109　郑晶晶.问卷调查法研究综述 [J]. 黑龙江教育（理论与实践），2014，2（10）：31–32.

　110　宝森.中国妇女与农村发展——云南禄村六十年的变迁 [M]. 胡玉坤，译.南京：江苏人民出版社，2005：序言.

　111　刘伯红.社会性别主流化读本 [M]. 北京：中国妇女出版社，2009：3.

　112　张永英.权力参与和民主参与：改革开放以来中国妇女政治地位变化研究 [M]. 北京：人民日报出版社，2015：26.

　113　陈学明，秦博，经与权.中国传统女性观与妇女生活的变迁 [M]. 成都：四川大学出版社，2015：264.

　114　杜芳琴.历史研究的性别维度与视角——兼谈妇女史、社会性别史与经济 – 社会史的关系 [J]. 山西师大学报（社会科学版），2003，30（4）：111–118.

　115　王金玲.中国妇女发展报告 5：妇女 / 社会性别学科建设与发展 [M]. 北京：社会科学文献出版社，2014：449，454.

　116　Selwyn, Neil. "Micro" politics : mapping the origins of schools computing as a field of education policy[J].History of education, 2013, 42（5）：638–658.

　117　Droit，E.Headteachers or how to assert authority in the East Berlin schools in the 1950s[J].Paedagogica historica, 2012, 48（4）：615–633 20.

118 刘良华.叙事教育学 [M].上海：华东师范大学出版社，2011：42.

119 周洪宇，刘训华.多样的世界：教育生活史研究引论 [M].福州：福建教育出版社，2014：15，331.

120 周兵.当代意大利微观史学派 [J].学术研究，2005（3）：106.

121 Ginzburg C . Morelli, freud and sherlock rolmes : clues and scientific method.[J]. Hist workshop, 1980, 9（9）：5-36.

122 朱定秀.卡洛·金兹伯格微观史学思想述评 [J].史学史研究，2008，2008（4）：80-87.

123 王莹莹.视野下移中的农村教师生活史研究[J].四川师范大学学报（社会科学版），2013，40（3）：72-76.

124 王平.我国农村教师专业情感态度问题研究发展趋势 [J].当代教育与文化，2014，6（3）：50-56.

125 卜玉华.教师职业"叙事研究"素描.教育理论与实践.2003（6）：44-48.

126 丁钢.教育研究的叙事转向 [J].现代大学教育，2008（1）：10-16.

127 肖巍.飞往自由的心灵：性别与哲学的女性主义探索 [M].北京：北京师范大学出版社，2014：20.

128 李小江.女性乌托邦：中国女性／性别研究二十讲 [M].北京：社会科学文献出版社，2016：7.

129 龙海县角美公社石美大队党支部.重视人才投资，抓好幼儿教育 [Z].漳州市档案馆，全宗号 40，目录号 2，卷宗号 258，1982.

130 林谦能.不老的爱心——记全国先进儿童教育工作者蔡美君 [J].幼儿教育，1997，（Z1）：50 — 51.

131 省革委会批转省教育局《关于办好一批重点中小学的意见的报告》[Z].

漳州市档案馆藏，全宗号 40，目录号 2，卷宗号 175，1978.

132　福建省地方志编纂委员会 . 福建省志：教育志 [Z]. 北京：方志出版社，1998：96 — 97.

133　黄剑岚 . 龙海县志 [Z]. 北京：东方出版社，1993：809.

134　吴会蓉 . 抗战前我国的中等师范教育与初等教育之关系述评 [J]. 西华大学学报（哲学社会科学版），2004（4）：24-26.

135　李少明 . 福建历史上的基督教会学校再探 [J]. 教育评论，2006（6）：93-95.

136　吴健 . 解放战争时期《申报》师范教育史料研究（1946—1949）[J]. 海南热带海洋学院学报，2018，25（1）：122-128.

137　王成 . 民国时期农村教育及其经费问题 [J]. 长安大学学报（社会科学版），2013，15（1）：97-103.

138　教育部师范学校课程标准编订委员会 . 简易师范学校课程标准 [Z]. 正中书局，1944.

139　福建省地方志编纂委员会 . 福建省志：教育志 [Z]. 北京：方志出版社，1998：105.

140　福建省地方志编纂委员会 . 福建省志：教育志 [Z]. 北京：方志出版社，1998：102，113.

141　黄树民 . 林村的故事：一九四九年后的中国农村变革 [M]. 北京：生活·读书·新知三联书店，2002：19.

142　夏洁 . 我国道德生活领域"知行分裂"现象解读 [J]. 兰州学刊，2004（6）：79 — 83.

143　宋景堂 . 文化的力量——《文化生活》解读 [M]. 哈尔滨：黑龙江教育出版社，2007：62.

144　蒋林.新时代学校美育应回归初心再出发[J].中国教育学刊，2018（6）：74-77.

145　黄剑岚.龙海县志[Z].北京：东方出版社，1993：808.

146　龙海县角美公社石美大队党支部.重视人才投资，抓好幼儿教育[Z].漳州市档案馆，全宗号40，目录号2，卷宗号258，1978.

147　冰心.繁星·春水[M].北京：人民文学出版社，1998：19.

148　黄剑岚.龙海县志[Z].北京：东方出版社，1993：809.

149　R.麦克法夸尔，费正清.剑桥中华人民共和国史·下卷：中国革命内部的革命1966 — 1982年[M].北京：中国社会科学出版社，1998：564 — 565.

150　王殿青.中国民办教师转正研究[D].上海：华中师范大学，2009：12.

151　中国教育年鉴编辑部.中国教育年鉴（1949 — 1981）[Z].北京：中国大百科全书出版社，1984：82 — 83

152　黄剑岚.龙海县志[Z].北京：东方出版社，1993：809.

153　小岗村在安徽省凤阳县，村里在改革开放后最早推行"家庭联产承包责任制"，获得了成功.陈桂棣、春桃.中国农民调查[M].北京：大地出版社，2005：282.

154　郭小川.话剧·《龙江颂》·革命化[J].戏剧报，1964，（2）：17-21.

155　何乾三.西方哲学家、文学家、音乐家论音乐[M].北京：人民音乐出版社，1983.2，10.

156　黄剑岚.龙海县志[Z].北京：东方出版社，1993：809.

157　龙海县角美公社石美大队党支部.重视人才投资，抓好幼儿教育[Z].漳州市档案馆，全宗号40，目录号2，卷宗号258，1982.

158　龙海县角美公社石美大队党支部.重视人才投资，抓好幼儿教育[Z].

漳州市档案馆，全宗号 40，目录号 2，卷宗号 258，1982.

159　龙海县角美公社石美大队党支部 . 重视人才投资，抓好幼儿教育 [Z].
漳州市档案馆，全宗号 40，目录号 2，卷宗号 258，1982.

160　姚伟 . 儿童观及其时代性转换［M］. 长春：东北师范大学出版社，
2007：57.

161　郑三元 . 论幼儿园课程的本质 [J]. 学前教育研究，2005（3）.

162　江苏省陈鹤琴教育思想研究会编 . 陈鹤琴教育思想研究文集 [M]. 北
京：人民教育出版社，1997，48.

163　陈秀云，柯小卫 . 陈鹤琴幼稚教育［M］. 南京：南京师范大学出版社，
2012：151.

164　刘怀昭 . 从终极关怀回到现实关怀——"人文精神"讨论与红卫兵
理想主义反思 [J]. 中国青年研究，1995（6）：23–25.

165　郝大海，王卫东 . 理性化、市场转型与就业机会差异——中国城镇居
民工作获得的历时性分析（1949— 2003）[J]. 中国社会科学，2009（3）：140 —
151.

166　黄树民 . 林村的故事：一九四九年后的中国农村变革 [M]. 北京：生
活 · 读书 · 新知三联书店，2002：19，21.

167　郑有贵 . "文化文革命"时期农业生产波动及其动因探析 [J]. 中共党
史研究，1998（3）：71–77.

168　唐灿，米鹤都，陆建华，等 . 思考一代的自我反思——一项关于红
卫兵及其同代人的思想轨迹的研究 [J]. 青年研究，1986（11）：21-25.

169　叶青，陈秋兰 . "文革"时期福建经济的"三落两起"[J]. 党史研究
与教学，2013（3）：58-62.

170　新华社福建分社 . 八闽英模录 [M]. 北京：新华出版社，1992：538.

171   连榕. 教师专业发展 [M]. 北京：高等教育出版社，2006：13-14.

172   王天一. 苏霍姆林斯基教育理论体系 [M]. 北京：人民教育出版社 1992：271.

173   陈彦玲. 幼稚园实习教师任教意愿与任教承诺之探讨 [D]. 台湾师范大学，2000.

174   李辉荣. 一朵盛开在红土地上的"山茶花" [J]. 当代江西，2009（11）：56-57.

175   黎长祝. 新农村文艺宣传队的作用及发展对策——以武宣县的农村文艺队为例 [J]. 经济与社会发展，2010，8（02）：132-134.

176   朱艳，杨健科，蒋宁. 乡村文艺宣传队与白族传统体育的传承——以大理上关镇江尾村为个案的研究 [J]. 当代体育科技，2014，4（22）：119-120.

177   王天一. 苏霍姆林斯基教育理论体系 [M]. 北京：人民教育出版社 1992：271.

178   龙海县角美公社石美大队党支部. 重视人才投资，抓好幼儿教育 [Z]. 漳州市档案馆，全宗号 40，目录号 2，卷宗号 258，1982.

179   "民办教师"的概念最早出现在 1962 年教育部 330 号文件中，当时大概指"履行教师职责但是农民身份的人"。后来明确《中华人民共和国教师法》中的民办教师指"持有县级以上教育行政部门发放的民办教师任用证，并在省级教育行政部门备案的民办教师"。王殿青. 中国民办教师转正研究 [D]. 上海：华中师范大学，2009. 春华老师在 1978 年获得国家认可的民办教师身份。

180   魏峰. 乡土社会的教育政策运行——M 县民办教师的民族志 [D]. 南京：南京师范大学，2008.

181   王殿青. 中国民办教师转正研究 [D]. 上海：华中师范大学，2009.

182   黄剑岚. 龙海县志 [Z]. 北京：东方出版社，1993：809.

183 黄剑岚.龙海县志 [Z].北京：东方出版社，1993：827.

184 福建省地方志编纂委员会.福建省志：教育志 [Z].北京：方志出版社，1998：679.

185 王亲思,蔡转弯,何满利.我省民办教师队伍现状 [J].湖南教育旬刊,1989（Z1）:29-29.

186 龙海县角美公社石美大队党支部.重视人才投资，抓好幼儿教育 [Z].漳州市档案馆，全宗号 40，目录号 2，卷宗号 258，1982.

187 福建省地方志编纂委员会.福建省志：教育志.北京：方志出版社，1998：112.

188 于珍.文革时期农村基础教育的面相：一项口述史的研究 [J].中国校外教育（下旬刊）2014（7）：56，87.

189 福建省地方志编纂委员会.福建省志：教育志 [Z].北京：方志出版社，1998：100，102.

190 福建省地方志编纂委员会.福建省志：教育志 [Z].北京：方志出版社，1998：106.

191 黄树民.林村的故事：一九四九年后的中国农村变革 [M].北京：生活·读书·新知三联书店，2002：19.

192 黄剑岚.龙海县志 [Z].北京：东方出版社，1993：808.

193 龙海县角美公社石美大队党支部.重视人才投资，抓好幼儿教育 [Z].漳州市档案馆，全宗号 40，目录号 2，卷宗号 258，1978.

194 Polidore, Ellene|Edmonson, Stacey L.|Slate, John R. Teaching experiences of African American educators in the rural south.[J]. Qualitative report, 2010, 15（3）：568-599.

195 王鑫，刘茗.社会主义新农村建设中教育改革与发展研究 [M].北京：

学苑出版社，2010：4.

196　福建省人民政府《关于职业中学举办体育、美术、音乐和幼师专业班的批复》[Z].漳州市档案馆藏，全宗号40，目录号3，卷宗号13，1984.

197　周洪宇，刘训华.多样的世界：教育生活史研究引论.福州：福建教育出版社，2014：349.

198　福建省人民政府《关于职业中学举办体育、美术、音乐和幼师专业班的批复》[Z].漳州市档案馆藏，全宗号40，目录号3，卷宗号13，1984.

199　1984—1987年间，党和政府采取的一系列教育改革举措，对农村学前教育的发展起到了指导作用。1987年，召开全国幼儿园工作会议，会议强调"要着重发展集体性质幼儿园，同时提倡办个体性质幼儿园。国家对幼教事业投资要随着经济发展而逐步增长，但主要用于幼教师资培养基地建设和在职幼儿园教师的培训工作"。金铁宽.中华人民共和国教育大事记 [M].济南：山东教育出版社，1995：1777.

200　长泰坂里爱国侨胞汤登育老先生一生热爱祖国，热爱家乡，他生前渴望家乡繁荣、祖国昌盛，多次慷慨解囊捐资捐物，支持家乡教育事业，深受家乡父老的赞誉和敬佩。60年代初，家乡物质缺乏时期，他捐赠一车皮面粉、化肥帮助家乡人民渡过难关。之后，他捐建"登育幼儿园"，逢年过节就举办爱老敬老等慰问活动。汤老先生的长孙汤长福博士继承和发扬祖父爱国爱乡的光荣传统，设立了"汤登育教育基金"，为家乡培养、造就大量优秀人才。http：//zz.fjsen.com/2016–11/12/content_18692649.htm；http：//zz.mnw.cn/changtai/xw/1100691.html

201　漳州市地方志编纂委员会.漳州市志（四）[Z].北京：中国社会科学出版社，1999：2144.

202　长泰县地方志编撰委员会.长泰县志（1991 — 2007）[Z].北京：中

华书局，2014：595.

203　何东昌.中华人民共和国重要教育文献（1976-1990）[M].海口：海南出版社，1998：2118.

204　国务院教育工作研讨小组办公室、国家教委人事司.各地改善教师待遇文件汇编[Z].北京：中央广播电视大学出版社，1990：86.

205　何东昌.中华人民共和国重要教育文献（1998-2002）[M].海口：海南出版社2003：164.

206　杨念鲁，郭剑平.提高民办教师待遇的有效途径[J].人民教育，1989（2）：14-15.

207　王献玲.中国民办教师始末研究[D].杭州：浙江大学，2005:57，152 － 154.

208　史凯亮，杨玉静.新发展理念下的妇女发展与性别平等——2016年中国妇女研究会年会综述[J].妇女研究论丛，2017（1）：116-125.

209　史静寰，延建林.农村女教师：撑起中国农村基础教育的半边天[J].妇女研究论丛，2005（S1）：24-28.

210　伊恩·罗伯逊.社会学（上）[M].黄育馥，译.北京：商务印书馆，1990：417.

211　侯钧生.西方社会学理论教程[M].天津：南开大学出版社，2010.157，280 － 281.

212　皮埃尔·布尔迪厄，华康德.实践与反思——反思社会学导引[M].李猛，李康，译.北京：中央编译出版社，1998：310.

213　郑丹丹.女性主义研究方法解析[M].北京：社会科学文献出版社，2011：65.

214　安东尼·吉登斯.社会的构成：结构化理论大纲[M].北京：三联书店，

1998.

　　215　李小江.女人读书：女性/性别研究代表作导读[M].南京：江苏人民出版社，2006：173.

　　216　张永英.权力参与和民主参与：改革开放以来中国妇女政治地位变化研究[M].北京：人民日报出版社，2015：164，198.

　　217　梁浍洁，张再生.转型期中国的社会性别与公共管理——"全国公共管理与社会性别论坛暨师资培训"综述[J].妇女研究论丛，2007（5）：65-69.

　　218　上海市教育委员会.今天我们怎样做老师——上海教育名师讲坛报告集[C].上海：上海教育出版社，2000：117.

　　219　Parker D J M. Sustaining teaching careers：perceptions of Veteran teachers in a rural mid-atlantic school division.[J].Proquest llc，2016.

　　220　李云淑.农村幼儿园教师继续从教意愿及其影响因素[J].学前教育研究，2018，（1）：36-48.

　　221　刘锦涛，周爱保.心理资本对农村幼儿教师工作投入的影响：情绪调节自我效能感的中介作用[J].中国临床心理学杂志，2016，24（6）：1069-1073.

　　222　Taylor J L. The teaching experiences of African American women before，during，and after desegregation in the rural South：A narrative inquiry through the lens of resilience and Black feminist theory[D].Sam Houston State University,2009：246－268.

　　223　Polidore，Ellene Edmonson，Stacey L.Slate，John R. Teaching experiences of African American educators in the Rural South.[J]. Qualitative report，2010，15（3）：568-599.

224　Sharplin E D. Reconceptualising out-of-field teaching : experiences of rural teachers in Western Australia[J]. Educational research，2014，56（1）：97-110.

225　理安·艾斯勒. 国家的真正财富——创建关怀经济学［M］. 高铦，汐汐，译. 北京：社会科学文献出版社，2009.

226　刘宁，刘晓丽. 从妇女研究到性别研究——李小江教授访谈录［A］. 王金玲. 中国妇女发展报告 5：妇女 / 社会性别学科建设与发展［C］. 北京：社会科学文献出版社，2014：447 — 449.

227　肖巍. 女性主义教育观及其实践［M］. 北京：中国人民大学出版社，2007：2.

228　张霞."九五""十五"期间我国幼儿教师发展状况分析［J］. 上海教育科研，2008，（12）：15-18.

229　侯钧生. 西方社会学理论教程［M］. 天津：南开大学出版社，2010.157，280 — 281.

230　黄寿祺、张善文. 周易译注［M］. 上海：上海古籍出版社，2010：5，23.

231　南怀瑾、徐芹庭. 周易今注今译［M］. 重庆：重庆出版社，2011：445.

232　张红萍. 女性：从传统到现代［M］. 北京：北京时代华文书局，2016：19.

233　祝平燕，夏玉珍. 性别社会学［M］. 武汉：华中师范大学出版社，2007：161.

234　郑新蓉. 性别与教育［M］. 北京：教育科学出版社，2005：67.

235　李长娟，于伟. 乡村女教师发展的障碍及对策探析：从社会性别视

角考察 [J]. 当代教育科学，2010（15）：31–34.

236　候博君. 社会性别视角下乡村女教师自我价值的选择与实现[D]. 桂林：广西师范大学，2015.

237　徐今雅，赵思. 社会性别视角下农村女教师专业发展的实证研究——以浙江省为例 [J]. 教师教育研究，2015，27（1）：33–38.

238　王金玲，姜佳将，叶菊英. 变迁与发展：福建妇女社会地位研究（1990 — 2000）［M］. 北京：社会科学文献出版社，2016：6，126，147.

239　叶文振，夏怡然. 福建女性社会地位的变迁：1990–2000[J]. 福建论坛（经济社会版），2003（3）：61–64.

240　周玉. 变迁中的女性政治参与——基于"福建省第三期中国妇女地位调查"数据的研究 [J]. 中共福建省委党校学报，2014（1）：91–97.

241　伊万·伊里奇（Ivan Illich）. 非学校化社会 [M]. 吴康宁，译. 台北：桂冠图书股份有限公司，1992，38.

242　张丹，克里斯汀·德特黑. 教育公平视角下的教师性别意识及认知差异——以上海市小学课堂为例 [J]. 全球教育展望，2018，47（8）：69–81.

243　沈奕斐. 被建构的女性当代社会性别理论[M]. 上海：上海人民出版社，2005：150 — 151.

244　米歇尔·福柯. 规训与惩罚 [M]. 刘北成，杨远英，译. 北京：生活·读书·新知三联书店，2003. 徐金海. 学校教育中的规训与惩罚——基于福柯规训权力理论的视角 [J]. 教育导刊，2010（7）：12–15.

245　李莉. 作为象征的童年意象——论威拉·凯瑟的童年记忆 [J]. 西南民族大学学报（人文社科版），2008，29（S2）：45–47.

246　弗洛伊德. 爱情心理学 [M]. 林克明，译. 北京：作家出版社，1986.56.

247　（美）沙伦·奥布赖恩. 威拉·凯瑟集：早期长篇及短篇小说 [Z]. 曹明伦，译. 北京：生活·读书·新知三联书店，1997.1084-1085.

248　Conway M A，Pleydell-Pearce C W.The construction of autobiographical memories in the self-memorysystem [J]. Psychological review，2000，107（2）：261.

249　于淼，许燕，房志永. 童年经历能够预测个体当前的人格特征吗——最早记忆、心理弹性与人格特质的关系初探 [J]. 学前教育研究，2017（6）：21-28.

250　唐瑛. 青少年学生性别教育的缺失与引导 [J]. 教学与管理，2012（9）：61-62.

251　李春玲. 教育地位获得的性别差异——家庭背景对男性和女性教育地位获得的影响 [J]. 妇女研究论丛，2009，（1）：14-18.

252　王悦晨. 从社会学角度看翻译现象：布迪厄社会学理论关键词解读[J]. 中国翻译，2011（1）：5-13.

253　吴帆. 相对资源禀赋结构中的女性社会地位与家庭地位——基于第三期中国妇女地位调查数据的分析 [J]. 学术研究，2014（1）：42-49.

254　张红萍. 女性：从传统到现代 ［M］. 北京：北京时代华文书局，2016：156-158.

255　张红萍. 女性：从传统到现代 ［M］. 北京：北京时代华文书局，2016：226.

256　徐今雅，蔡晓雨. 工作期待与家庭守望的冲突与困惑——农村女教师工作家庭关系的质性研究[J]. 浙江师范大学学报（社会科学版），2012，37（3）：58-64.

257　马姝. 被建构的"男孩"[J]. 青年研究，2010，（4）：90-93.

258　苏静，王芳. 痛要怎么说出口——小学青年男教师生存状态面面观[J].

当代教育科学，2004，（18）：27-29.

　　259　姚岩.乡村教师队伍女性化及其社会地位再生产——以"农村义务教育阶段学校教师特设岗位计划"为例 [J]. 当代教育科学，2018，（5）：51-56.

　　260　周兆海.农村教师社会地位变迁及其深层致因——基于改革开放以来的总结与反思 [J]. 河北师范大学学报（教育科学版），2016，18（2）：89-93.

　　261　逄伟.青少年中性化述评 [J]. 中国青年研究，2009，（9）：5-9.

　　262　肖巍.女性主义教育观及其实践 [M]. 北京：中国人民大学出版社,2007：176.

　　263　胡江霞.论"因材施教"及其实施策略 [J]. 华中师范大学学报，1996（5）.

　　264　李小江.女性乌托邦：中国女性 / 性别研究二十讲 [M]. 北京：社会科学文献出版社,2016：19.

　　265　沈奕斐.被建构的女性：当代社会性别理论 [M]. 上海：上海人民出版社,2005,扉页.

　　267　郑东辉，施莉.国外教育实习发展概况及启示 [J]. 高等师范教育研究.2003（5）：69-74.

　　268　李生兰.张民选幼儿教师教育机构资质标准（高等专科层次）研制的初步成果 [J]. 学前教育研究.2005（12）：25-30.

　　269　陈冀平.混合编队教育实习模式探讨 [J]. 教师教育研究，2000（4）：55-59.

　　270　孟宪乐.师生双向专业化发展：全程教育实习模式研究 [J]. 课程 . 教材 . 教法，2003（4）：65-69.

　　271　纪勇平.协作型教育实习模式探索 [J]. 黑龙江高教研究，2004（9）：

92-94.

272　黄兆信.新世纪高师教育实习模式的构建与实践 [J]. 中国高教研究，2003（1）：87-88.

273　李崇爱，王昌善.欧美发达国家教育实习的模式与理念[J].教育评论，2005（4）：100-103.

274　秦金亮."全实践"理念下高师学前教育专业实践整合课程探索 [J]. 学前教育研究,2006（1）：47-51.

275　李学农.论师范生教育实习的职场训练[J].教育与职业.2005（33）：4-6.

276　史成明，曹健.师范生实习支教的瓶颈及其突破[J].黑龙江高教研究，2010（12）.

277　高文，等.学习科学的关键词 [M].上海：华东师范大学出版社，2009：152.

278　B.R.赫根汉，马修·H.奥尔森.学习理论导论（第七版）[M] 郭本禹，等，译,上海：上海教育出版社，2011：296-297，285.

279　黄丽莉.华人人际和谐与冲突——本土化的理论与研究 [M].重庆：重庆大学出版社，2007：9.

280　曲霞.实习期间的师徒关系对师范生自我效能感的影响研究 [J]. 教师教育研究，2013（7）：62-67.

281　洪秀敏.确实保障幼儿教师权益 [N]. 中国教育报，2010-7-23.

282　庞丽娟、张丽敏、肖英娥.促进我国城乡幼儿园教师均衡配置的政策建议 [J]. 教师教育研究，2013,（3）.

283　郑银力."支教生"政策的执行力研究 [D]. 上海：华中师范大学，2014.

284　武建国.师范生实习支教的法律对策探析 [J]. 教育理论与实践，

2010，（11）.

285　Maynard, T., Furlong, J. Learning to teach and models of mentoring. In D. McIntyre, H. Hagger, and M. Wilkin（Eds）, Mentoring：Perspective on School-Based teacher Education[M]. London：Kogan Page.1993：76，71.

286　高申春.人性辉煌之路——班杜拉的社会学习理论 [M].武汉：湖北教育出版社，2000：269.

287　蒋衡.从顶岗实习看实践取向的教师教育课程 [J].教师教育研究，2013（4）.

288　王静.地方高师支教生教学效能感现状及其与人格特征的关系 [J].内蒙古师范大学（教育科学版），2013，（3）.

289　Goodson, I.F., Cole, A.L.Exploring the teacher's professional knowledge：constructing identity and community[J].Teacher education quarterly，1994，21（1），85–105.

290　Sugrue, C.Student teachers' lay theories and teaching identities：their implications for professional development[J].European journal of teacher education，1997，20（3），213–225.

291　范良火.教师教学知识发展研究 [M].上海：华东师范大学出版社，2003：210.

292　刘强.话语在实习教师职业认同中的作用 [J].教育学术月刊，2014（6）.

293　李佳丽.幼儿教师职业认同研究 [D].金华：浙江师范大学，2013.

294　刘玲.教师职业认同与工作满意度、职业倦怠的关系研究 [D].合肥：安徽大学，2014.

295　罗杰，等.教师职业认同与情感承诺的关系：工作满意度的中介作用 [J].心理发展与教育，2014（3）.

296　连榕.教师专业发展 [M].北京：高等教育出版社，2006：13-14.

297　陈向明.质的研究方法与社会科学研究 [M].北京：教育科学出版社，2000：274.

298　邱莲.广东地区幼儿教师 16 种人格因素测查分析 [J].健康心理学杂志,2003（1）：42-44.

299　张云亮.国家扶贫县农村幼儿教师精神生活状况考察 [D].上海：华东师范大学，2012.

300　福建省教育厅.福建省学前教育三年行动计划（2011 ~ 2013 年）[EB/OL][2016-4-29].http：//www.fzedu.gov.cn/jyzc/zcwjjd/2012/07/31/19362.html.

301　郑银力."支教生"政策的执行力研究 [D].上海：华中师范大学，2014.

302　林丽卿.幼教实习的难题——一个美国幼教实习个案的借镜 [J].新竹师范学院学报,1996（9）171-189.

303　傅道春.教师专业成长与发展 [M].北京：教育科学出版社，2001：16.

304　黄丽莉.华人人际和谐与冲突——本土化的理论与研究 [M].重庆：重庆大学出版社，2007：186.

305　康丹.幼儿园新教师的教学适应过程与方式 [J].学前教育研究,2014（5）：11-16.

306　连榕.教师专业发展 [M].北京：高等教育出版社，2006：13-14.

307　张玉荣.社会互动与实习生的身份认同 [J].教育学术月刊,2012（11）：52-57.

308　魏戈、陈向明.社会互动与身份认同——基于全国 7 个省（市）实习教师的实证研究 [J].教育学报，2015（4）：55-66.

309 IngeTimostsuk and Aino Ugaste.The role of emotions in student teachers'professional identity[J]. European journal of teacher education.2012，35（4）：421-433.

310 王天一.苏霍姆林斯基教育理论体系[M].北京：人民教育出版社，1992：271.

311 郑立俐.幼稚园实习教师集中实习困扰问题及调适方法之研究[D].台北：台湾师范大学，1998.

312 Chad Morrison.Slipping through the cracks：one early career teacher's experiences of rural teaching and the susequent impact on her personal and professional identities[J].Australian journal of teacher education.2013，38，（6）：116-135.

313 张玉荣、陈向明.何以为师？——实习生的知识转化与身份获得[J].教师教育研究，2014（3）.

314 郑新蓉.共和国五代乡村教师代际特征研究[J].贵州师范大学学报（社会科学版），2016（3）：120-127.

315 高伟山.124所师范院校开展实习支教[N].中国教育报，2009-11-26.

316 福建省教育厅.福建省学前教育三年行动计划（2011～2013年)[EB/OL][2016-4-29].http：//www.fzedu.gov.cn/jyzc/zcwjjd/2012/07/31/19362.html.

317 王景芝.幼儿教师心理健康及相关因素的调查研究[J].教育理论与实践,2005（5）.

318 张豹，周晖.幼儿教师压力、职业承诺与职业倦怠及躯体化症状的关系[J].中国健康心理学杂志,2008（7）.

319 刘瑛.学龄前儿童行为问题与幼儿教师心理健康水平的相关研究[J].西华师范大学学报（哲学社会科学版）,2006（4）.

320　孙彩霞，李子建.教师情绪的形成：生态学的视角 [J].全球教育展望，2014（7）.

321　林丽卿.幼教实习的难题——一个美国幼教实习个案的借镜 [J].新竹师范学院学报，1996（9）171-189.

322　张玉荣.社会互动与实习生的身份认同 [J].教育学术月刊,2012（11）.

323　陈彦玲.幼稚园实习教师任教意愿与任教承诺之探讨 [D].台湾师范大学，2000.

324　马惠雯.不同学校体系的幼教实习教师任教意愿及教学信念的探讨 [D].台南女子技术学院，2006.

325　Erika Lofstrom，Katrin Poom - Valickis，Markku S. Hannula & Samuel R. Mathews.Supporting emerging teacher identities：can we identify teacher potential among students？[J].European journal of teacher education，2012，35（4）：421-433.

326　Catherine Furlong. The teacher I wish to be：exploring the influence of life histories on student teacher idealised identities[J].European journal of teacher education，2013，36（1）：68-83.

327　李旭红.实习教师职业认同的特点 [D].长春：东北师范大学，2011.

328　魏戈，陈向明.社会互动与身份认同——基于全国7个省（市）实习教师的实证研究 [J].教育学报，2015（4）.

329　秦金亮."全实践"理念下高师学前教育专业实践整合课程探索 [J].学前教育研究,2006（1）.

330　吴刚平.教育经验的意义及其表达与分享 [J].全球教育展望，2004（8）.

331　马兆兴.对重构教师培训实践课程的思考 [J].教育理论与实践,2005

（2）.

332　吴秋芬．教师专业性向与教师专业发展 [J]. 教育研究 ,2008（5）.

333　Katariina Stenberg，Liisa Karlsson，Harri Pitkaniemi and Katriina Maaranen.Beginning student teachers' teacher identities based on their practical theories[J].European journal of teacher education. 2014，37，2：204 –219.

334　龙岩市．第二期（2014-2016 年）学前教育三年行动计划推进情况汇报．内部资料．

335　福建省教育厅等．福建省第二期学前教育三年行动计划（2015-2017 年）[EB/OL]. http：//www.fjedu.gov.cn/html/xxgk/ghjh/2015/10/10/15754d1f–1c30– 415b–9d49–53d4801e1a6d.html[2015-9-28].

336　教育部．关于印发《幼儿园教职工配备标准（暂行）》的通　知 [EB/OL].http：//www.moe.edu.cn/publicfiles/business/htmlfiles/moe/ s7027/201301/147148.html[2013–1–8].

337　2014 年闽南地区部分县乡已开始实施幼儿入园电脑派位，把班生额严格控制在《幼儿园管理条例》规定的范围之内，闽西地区在控制幼儿园 "大班额" 方面步伐相对慢一些，对于 "公办园就近入学和电脑派位招生工作" 2015 刚在个别县试点。

338　福安市．第二期学前教育三年行动计划（2014-2016）.内部资料．

339　因调查样本少，公办园实际的缺编率远大于本调查的结果。如龙岩市 "大部分县市未按省定标准给予核编、进编"，学前教育师资紧缺。

340　福安市 2013 年有幼儿园教师编制 618 名，实际教师 416 人，缺编 202 人，但该市的 2014 — 2016 年的 "三年行动计划" 中新增公办教师 320 名。

341　《国家中长期教育改革和发展规划纲要》中期评估学前教育专题评估报告 [EB/OL].http：//www.moe.gov.cn/jyb_xwfb/xw_fbh/moe_2069/xwfbh_2015n/

xwfb_151124/151124_sfcl/201511/t20151124_220650.html）．

342　李金奇．资本与地位：农村教师社会地位的社会学考察 [M]．北京：中央编译出版社，2012：63．

343　以新三年行动计划为契机，积极推进学前教育改革发展——漳州市2015年学前教育工作总结．内部资料．

344　福建省妇女总体受教育水平不高。高中或中专学历占15.1%，而大专及以上学历仅占4.1%。王金玲、姜佳将、叶菊英．变迁与发展：福建妇女社会地位研究（1990 — 2000）[M]．北京：社会科学文献出版社，2016：115．

345　详见2009的《福建省贯彻落实〈国务院关于支持福建省加快建设海峡西岸经济区的若干意见〉》、2011的《关于支持和促进革命老区加快发展的实施意见》和《福建省人民政府批转省教育厅等部门关于加快原中央苏区县和财政特别困难老区县基础教育发展若干措施的通知》等。

346　刘群英．福建省妇女发展报告（2011 — 2013）[M]．北京：社会科学文献出版社，2014：75 — 85．

347　国务院．关于支持赣南等原中央苏区振兴发展的若干意见 [EB/OL]．http：//www.fjslch.com/news/2134.htm．

348　省老促会、省老区办．福建老区"美丽乡村建设"的调查与思考 [EB/OL].http：//www.fjslch.com/news/2672.htm．

349　庞丽娟、洪秀敏．中国学前教育发展报告——农村学前教育 [M].北京：北京师范大学出版社，2013.123．

350　漳州市教育局、市发展和改革委员会、市财政局．关于编制报送第二期学前教育三年行动计划（2014-2016年）的方案．内部资料．

351　《关于支持福建省加快建设海峡西岸经济区的若干意见》《关于加大脱贫攻坚力度　支持革命老区开发建设的指导意见》《乡村教师支持计划

（2015—2020年）》等都没有提到学前教育或幼儿园教师。

352 庞丽娟、洪秀敏.中国学前教育发展报告——农村学前教育[M].北京：北京师范大学出版社，2013：12.

353 中央编办、教育部、财政部.关于统一城乡中小学教职工编制标准 的 通 知 [EB/OL].http：//www.moe.edu.cn/publicfiles/business/htmlfiles/moe/s8471/201412/181014.html.[2014 — 11 — 13].

354 王默，洪秀敏，庞丽娟.聚焦我国民办幼儿园教师队伍的发展问题、影响因素及政策建议[J].教师教育研究，2015，27（3）：36–42.

355 庞丽娟，王敬波，常晶.为中国学前教育发展而立法[EB/OL].http：//www.jyb.cn/zcg/xwy/zbxw/201703/t20170308_471099.htm[l2017–03–08].

356 庞丽娟，范明丽."省级统筹 以县为主"完善我国学前教育管理体制[J].教育研究.2013（10）：24 — 28.

357 周维宏.新农村建设的内涵和日本的经验[J].日本学刊，2007（1）：127–135.

358 刘铁芳.何谓学校：从学园到家园[J].教育研究与实验，2014（5）：1 — 9.

359 赵晟.农村幼儿园园长培训问题及改进策略研究——以某"幼师国培"短期集中研修班为例[D].长春：东北师范大学，2014.

360 庞丽娟，范明丽."省级统筹 以县为主"完善我国学前教育管理体制[J].教育研究,2013,（10）.

361 夏婧，韩小雨，庞丽娟.推行免费学前教育，保障学前教育公益性——澳门免费学前教育政策研究[J].学前教育研究,2010（9）.

362 刘云艳，岳慧兰，杨晨晨.韩国的学前教育政策、现状、问题及启示[J].外国教育研究，2013（7）.

363 洪秀敏.确实保障幼儿教师权益[N].中国教育报，2010 — 7 — 23.

364　庞丽娟、张丽敏、肖英娥.促进我国城乡幼儿园教师均衡配置的政策建议[J].教师教育研究，2013（3）.

365　葛振江.大陆幼儿教师发展政策走向及战略思考.第四届海峡两岸学前教育论坛报告[R].2015-10-12.

366　张雁.农村幼儿园教师分层培训课程模式的建构——以"国培计划"山西省农村幼儿园骨干教师培训为例[J].教育理论与实践.2015（2）.

367　冯建军.课程变革与教师专业发展[M].成都：四川教育出版社，2004：163.

368　高清海.人就是"人"[M].沈阳：辽宁人民出版社，2001：212.

369　柴秀波、刘庆东.生存与意义：从意义角度对生存状态的哲学考察[M].北京：中国社会科学出版社，2011：103.

370　童世骏.当代中国人精神生活研究[M].北京：经济科学出版社，2009：3—9.

371　姜勇，何敏，张云亮.国家级贫困县农村幼儿园教师精神状况考察——物质的匮乏与心灵的充盈[J].学前教育研究，2016，30（7）：31-39.

372　饶见维.教师专业发展——理论与实务[M].台北：五南图书出版公司，2005：206.

373　周兆海.农村教师社会地位变迁及其深层致因——基于改革开放以来的总结与反思[J].河北师范大学学报（教育科学版），2016，18（2）.

374　庞丽娟、洪秀敏.中国学前教育发展报告——农村学前教育[M].北京：北京师范大学出版社，2013.12.

375　教育部.中国教育统计年鉴[Z].北京：人民教育出版社，2010—2014，186—187.

376　郑丹丹.女性主义研究方法解析[M].北京：社会科学文献出版社，

2011：175 — 176.

377　卡拉·亨德森等.女性休闲——女性主义的视角 [M].刘平，季斌，马岚，译.昆明：云南人民出版社，2000：234.

378　康晓霞.幼儿教师职业承诺的发展特点 [J].学前教育研究，2008（9）.

379　张世义.20 世界 90 年代以来国外转岗教师相关研究综述 [J].外国教育研究，2013（5）.

380　秦莉，谢鸿斌.农村幼儿园转岗教师状况及专业发展调查研究——以绵阳市为例 [J].中国教育学刊，2015（11）.

381　蔡军.农村幼儿园转岗教师的生存困境及改善 [J].学前教育研究 2015（5）.

382　福建省教育厅.关于做好 2012 年幼儿园教师补充工作的通知 [EB/OL].http：//xiamen.huatu.com/.

383　王艺芳.幼儿园转岗教师的个体经历分析与转岗制度的完善 [J].学前教育研究，2015，（5）

384　李雄.王小花在幼儿园为适应———一个农村幼儿园转岗教师适应性个案研究 [J].基础教育，2013（6）.

385《龙岩市第二期（2014–2016 年）学前教育三年行动计划推进情况汇报》.内部资料.

386　高杉自子.与孩子们共同生活：幼儿教育的原点 [M].王小英，译.上海：华东师范大学出版社，2009：94.

387　蒙台梭利.蒙台梭利幼儿教育科学方法 [M].任代文，译.北京：人民教育出版社，1993：577，580.

388　苏霍姆林斯基.给教师的建议（下）[M].北京：教育科学出版社，1981：295.

389　M.兰德曼.哲学人类学[M].阎嘉，译.贵阳：贵州人民出版社，1988：11.

390　宋农村.中国乡村学前教育发展研究[M].北京：人民出版社，2014：241.

391　陈继儒.小窗幽记[M].北京：中华书局，2013：152，181.

392　亨利·戴维·梭罗.瓦尔登湖[M].徐迟，译.北京：中国宇航出版社，2016：101.

393　冯建军.生命与教育[M].北京：教育科学出版社，2004：4.

394　柯倩婷.中国妇女发展20年：性别公正视角下的政策研究[M].北京：社会科学文献出版社，2014：60.

395　上海市教育委员会.今天我们怎样做老师——上海教育名师讲坛报告集[M].上海：上海教育出版社，2000：117.

396　教育部.中国教育统计年鉴[Z].人民教育出版社，2010—2014，186—187.

397　蒋亦华.本科院校小学教育专业学生从教意愿的调查研究[J].教师教育研究，2008（6）：62-67.

398　张河森，林云，崔莎莎.艺体类免费师范生从教意愿实证研究——基于华中师范大学免费师范生的调查[J].教师教育研究，2016（4）：57-63.

399　赵小云，郭成，薛桂英.幼儿教师薪酬制度知觉与工作绩效的关系：任教意愿的中介作用[J].心理与行为研究，2016，14（3）：346-351.

400　齐梅，马林.师范生农村从教个体决策意向的分析[J].华南师范大学学报（社会科学版），2011（5）：108-111.

401　江静.农村生源本科师范生回乡执教意愿调查研究[D].桂林：广西师范大学，2016：26.

402 付卫东，付义朝.地方师范生享受免费教育及农村从教意愿的影响因素——基于全国 30 所地方院校的调查 [J].河北师范大学学报（教育科学版），2015（1）：114-120.

403 黄胜梅，张爱群，蔡迎旗.农村幼儿教师流失意愿的调查研究——基于安徽省的调查 [J].淮南师范学院学报，2012，14（5）：93-95.

404 万湘桂.县域学前教育师资配置问题与思考——基于湖南省 8 区县调查的分析 [J].社会科学 2015（10）：73-80.

405 Collins，T.Attracting and Retaining Teachers in Rural Areas. ERIC Digest. [J].1999：4.

406 Mcewan，P.J.Recruitment of rural teachers in developing countries：an economic analysis[J].Teaching & teacher education，1999，15（8）：849-859.

407 Monk，D. H.Recruiting and retaining high-quality teachers in rural areas[J].Future of children，2007，17（1）：155.

408 Goodpaster，K.P.S.，Adedokun O A，Weaver G C.Teachers'perceptions of rural STEM teaching：Implications for rural teacher retention.[J]. Rural educator，2012, 33（3）：9-22.

409 Kapadia|Kavita|Coca，Vanessa. Keeping new teachers：a first look at the influences of induction in the Chicago public schools. research report.[J].Consortium on Chicago school research，2007：68.

410 王路芳.乡村教师留教意愿研究——基于全国 22 个省市乡村教师的调查 [D].上海：华中师范大学，2016：42.

411 唐文雯，苏君阳，吴娱，等.农村幼儿教师社会支持与离职意向的关系研究——以职业承诺为中介变量[J].教师教育研究，2015，27（6）：66-71.

412 刘瑞霞.新入职教师从教意愿之质化研究 [D].兰州：西北师范大学，

2013：42.

413　吉尔伯特·萨克斯.教育和心理的测量与评价原理（第四版）[M].王昌海，张树东，赵丽波，译.南京：江苏教育出版社，2002.75 — 79.

414　Holland, N.N.Holland's guide to psychoanalytic psychology and literature-and-psychology[M].New York：Oxford University Press，1994：62 -63.

415　邢占军.测量幸福 [M].北京：人民出版社，2005：76.

416　杜强等.SPSS 统计分析从入门到精通（第 2 版）[M].北京：人民邮电出版社,2014：125 — 128,132 — 137,263,194 — 200.

417　王孝玲.教育统计学.第 4 版 [M].华东师范大学出版社,2007：71.

418　邓铸，朱晓虹.心理统计学与 SPSS 应用 [J].上海：华东师范大学出版社，2009：189.

419　朱智贤.心理学大词典 [Z].北京：北京师范大学出版社，1989.802.

420　吴秋芬.教师专业性向的内涵及其特征 [J].中国教育学刊，2008（2）：37-40.

421　岳奎等.免费师范生的就业冲突及其规避——基于一项关于免费师范生就业意向调查的分析 [J].教育研究与实验，2011（2）：32 — 35.

422　付义朝，付卫东.首届免费师范毕业生就业意向及其影响因素分析——基于全国 6 所部属师范大学免费师范毕业生的调查 [J].华中师范大学学报（人文社会科学版），2011（4）：144-152.

423　王艳玲，李慧勤.乡村教师流动及流失意愿的实证分析——基于云南省的调查 [J].华东师范大学学报（教育科学版），2017，35（3）：134-141.

424　王建军.课程变革与教师专业发展 [M].成都：四川教育出版社，2004：91 — 92.

425　王颖.普通高师毕业班学生职业认同调查研究——以廊坊师范学院

为例 [J]. 教师教育研究，2009（5）：29–34.

426 段晓明.国际教师专业标准改革的新趋势[J].教育发展研究，2011（2）：81–83.

427 胡森.教育大百科全书.第9卷（教育研究方法）[M].张斌贤，等，译.重庆：西南师范大学出版社，海口：海南出版社，2006:3–5.

428 柳学智.高考科目设置与专业性向测定——破解新一轮高考改革困局 [J].中国考试，2015（8）：3–10.

429 李云淑.农村幼儿园实习生生存状态及其影响因素研究[J].教育评论，2017（2）：140–144.

430 劳德斯·昆萨炳.教师特征中的价值与态度维度：走向教师教育改革 [A].周南照，赵丽，汪友群.教师教育改革与教师专业发展：国际视野与本土实践 [C].上海：华东师范大学出版社，2007：175.

431 姜勇，庞丽娟.论教师教育课程的精神关注：文化·伦理·智慧 [J].教育科学，2008（3）：75–78.

432 黄光雄.能力本位师范教育 [M].高雄：复文图书出版社，1984：23.

433 胡森.国际教育百科全书（第8卷）[Z].贵阳：贵州教育出版社，1990：75.

434 王淑莲.师范生扎根农村精神的养成 [J].教育评论，2011（5）：30–32.

435 伍锡康（Patricia Fosh），李环.中国大陆、台湾、香港服务业女性职业前景——一项英国经济、社会科学基金项目（ESRC）研究计划 [J].中华女子学院学报，2004（2）：41–47.

436 葛春.变革背景下农村教师的"体制内生存"与"日常反抗"[M].南京：江苏大学出版社，2016：18.

437 Diener, E.Suh E. Lucas, et al.Subjective well–being：Three decades of

progress[J].Psychological bulletin.1999，125（2）：276-302.

438　韩湘景.中国女性生活状况报告 No.9（2015）[M].北京：社会科学文献出版社，2015：278 — 279.

439　操凯，杨宁.广东省欠发达地区幼儿园骨干教师职业幸福感现状及其影响因素——基于社会质量理论的视角 [J].学前教育研究，2014（2）：12-20.

440　张燕.幼儿园管理 [M].北京：北京师范大学出版社，1997：10-11.

441　史成明，曹健.师范生实习支教的瓶颈及其突破[J].黑龙江高教研究，2010（12）.

442　王艳玲."实习支教"热的冷思考——兼议高师教育实习改革 [J].教育发展研究，2009（4）.

443　高文.认知学徒制——一种基于情境的有效学习模式 [J].外国教育资料，1998（5）.

444　R.基思·索耶.剑桥学习科学手册 [M].徐晓东，等，译，北京：教育科学出版社，2010：61.

445　高文等.学习科学的关键词 [M].上海：华东师范大学出版社，2009：147-148.

446　李强.美国教师专业发展学校中教育实习的研究及其启示 [D].长春：东北师范大学，2008; 石楠.美国高校教师在教师专业发展学校中参与行动之研究 [D].保定：河北大学，2011.

447　王强、刘晓艳.认知学徒制与教育实习——对 S 师范大学教育实习的分析归纳研究 [J].全球教育展望.2007（4）.

448　郑东辉，施莉.国外教育实习发展概况及启示 [J].高等师范教育研究.2003（5）.

449　沃尔夫冈·布列钦卡.教育知识的哲学 [M]. 杨明全，译.上海：华东师范大学出版社，2006：211.

450　教育部教师工作司.教师教育课程标准（试行）解读 [M].北京：北京师范大学出版社,2013.

451　陈向明，张立平.求内涵、寻路径、慎思辨——第十一届上海国际课程论坛综述 [J]. 教育发展研究 2014（2）.

452　王建军.课程变革与教师专业发展 [M].成都：四川教育出版社，2004：71-72.

453　H·哈肯.关于协同学 [J].自然科学哲学问题丛刊，1983（1）：8.

454　孟繁英.论"协同教学"的课堂模式与学生心理发展 [J].课程与教学研究，2000（1）：82.

455　李进金.地方政府统筹下的教师教育模式改革与机制运行——以漳州师范学院为例 [J].大学.2011（11）.

456　李进金.地方高校教师教育改革与发展研究 [M].厦门：厦门大学出版社，2013：3-4.

457　关于公布人才培养模式创新实验区等质量工程校级项目的通知，漳师院 [2009]155 号.

458　李进金，李建辉.关于执行"教师教育课程标准"的实践与思考——以地方高师院校为研究对象 [J].漳州师范学院学报（哲学社会科学版）.2012（3）.

459　http：//baike.baidu.com/view/2440504.htm？ fr=aladdin[EB/OL] 浏览时间 2014-8-17.

460　饶见维.教师专业发展——理论与实务 [M].台北：五南图书出版公司，2005：178；朱超华.教师核心能力论 [M].广州：广东高等教育出版社，2007：41，61.

461　庞丽娟.教师与儿童发展 [M].北京：北京师范大学出版社，2003：96.

462　永安市教育局.永安市教育局关于派遣城区公办幼儿园教师到薄弱乡镇幼儿园支教的通知.[EB/OL] http：//yasyyey.fjyajy.com/onews.asp？id=1812010-10-27.

463　张德锐.协同教学：理论与实务 [M].台北：五南图书出版公司，2002.

464　李进金主持"高校、政府、中小学'三位一体'的教师教育改革试点——卓越教师·学前教育专业".闽政办福建省政府办公厅 [2011]83 号）.

465　郭秀艳.内隐学习和缄默知识.[J].教育研究，2003（12）.

466　林崇德.教育的智慧：写给中小学教师 [M].北京：开明出版社，1999：46-50）.

467　吴刚平.教育经验的意义及其表达与分享 [J].全球教育展望.2004（8）.

468　金美福.教师自主发展论：教学研同期互动的教职生涯研究 [M].北京：教育科学出版社，2005.10.

469　秦旭芳.行动学习法与行动导向教学法的相似诱导——教师职业成长的条件、过程、机制 [A].中国学前教育研究会学前教育教师专业发展委员会首届年会暨全国高师学前教育第六届学术研讨会会议论文集 [C]：2010：148.

470　尼克·温鲁普等.教师知识和教学的知识基础 [J].北京大学教育评论.2008（1）.

471　李云淑.课程开发中教师专业发展个案的叙事研究 [A].中国教育：研究与评论（第八辑）[C].北京：教育科学出版社，2005

472　佐藤学.课程与教师 [M].钟启泉，译.北京：教育科学出版社，2003：232.